成年後見制度と障害者権利条約

東西諸国における成年後見制度の課題と動向

早稲田大学教授
田山輝明【編著】
Tayama Teruaki

三省堂

はじめに

　本書は、文部科学省の研究費（基盤研究費(C)）および早稲田大学プロジェクト研究所（比較成年後見法制研究所）の研究資金による研究の成果である。また本書は、研究会に参加し、その成果を論文などとして寄せてくれた研究者の共同研究の成果でもある。

　研究の出発点において、われわれは、現行成年後見制度の改善という観点を重視していた。しかし、障害者権利条約との関連が、われわれに大きな課題を設定することになった。わが国は、同条約に2007年に署名したが、成年後見制度にどのような形で影響を及ぼすかは必ずしも明らかではなかった。それがこの間に、障害者団体とその関係者の方々のご努力で、われわれ法律研究者（特に後見法の研究者）にとっての課題が少しずつ具体化してきた。

　そこで、本書では、まず、成年後見制度の全法秩序における位置付けについて検討した。これは、現行制度自体の法的位置付けであり、法的評価をも含む。すなわち、今日のような少子・高齢化社会における成年後見制度に対する国家の責任を検討しなければならない。第1編では、この問題に取り組んだ。この問題は、現行法の解釈によってもある程度は対応できるが、かなり本質的な問題点を含んでいる。すなわち、制度改正上の課題とならざるを得ない。現時点で成年後見制度に関する制度改正を提言するならば、真正面から現に投げかけられている課題に取り組まなければならない。

　障害者権利条約が提起している問題は、われわれに法律（民法）の改正を突き付けている。1999年の民法改正以来、成年後見制度の発展を見守ってきた者としては、上記の課題に対応する民法改正に対しての基本的観点だけでも提示する必要がある。それにより、多くの関係者の皆さんの英知を結集し、直接・間接に法律改正作業に関与しなければならない。

　具体的には、障害者権利条約との関係において、成年後見人の法定代理権と成年被後見人の行為能力の制限が問題となる。第2編では、この問題を扱った。すでに、障害者権利条約を批准しているドイツとオーストリアの議論を参照することができた。

　第3編では、障害者権利条約が批准されていなくても、憲法上の権利侵害の一つとして発生している成年被後見人の選挙権剥奪の問題を扱った。ここでは、

多くの若手研究者の協力を得ることができた。

　また、われわれは、未成年後見制度の現代的課題をも研究してきたが、民法改正がなされたので、補論として掲載した。

　本書を読まれる大部分の方は、日本の「成年後見制度」に興味を持っておられると推測されるので、本書で用いている「成年後見」類似概念について、予め簡単な説明をしておくことは、私たちの義務であると考える。

　後見、保佐、補助の3類型を基本とした日本の成年後見法（制度）については、すでに解説書も多く存在しているので、それらを前提として、ドイツ法、オーストリア法、フランス法、イギリス法における成年後見類似概念について簡潔に述べておく。

　ドイツ法では、「世話」という概念を使用している。原語はBetreuungであり、まさに世話をするという意味である。1992年の民法改正前は、Vormundという伝統的な法律概念を用いていた。これは、日本ではまさに後見と訳されていた。ドイツでは、新しい理念に基づいた新しい法律を制定するに当たり、どのような概念を用いるべきか、大いに論争されたが、福祉を重視する論者の見解に従って、法律概念として伝統的なものであった後見を放棄し、「世話」を採用したのである。よって、日本の成年後見に相当するというだけで、新後見法というわけにはいかないと考えた次第である。もう一つの大きな違いは、日本法では3類型であるが、ドイツ法では「世話」類型のみであるという点にある。日本法では、法定代理人などを必要としている本人を、上記の3類型のいずれかに当てはめて、その限りで画一的に保護している。これに対して、ドイツ法では、まず、本人がいかなる援助を必要としているかを考えて、世話人の要否を判断し、必要最小限の権限を世話人に付与するのである（第1編第1章、第2編第1章のフォルカー・リップ論文と第3編第2章の片山論文を参照いただきたい）。

　オーストリアでは、「代弁人」という用語を用いる。原語はSachwalterである。一般的な独和辞典では、弁護人とか財産管理人等の訳語があてられている。これも1884年の新民法の改正によって、従来の後見人Vormundに代わって用いられた概念であり、従って、単なる財産管理人ではないし、通常の弁護人とも異なる。そこで、本人に対する身上監護やその意思の尊重義務等を考慮して、代弁人という訳語を当てた。なお、代弁人については、その権限との関連で、3類型が用いられているが、日本の3類型とは全く異なっている（第1編第2章・第3章、第2編第2章のミヒャエル・ガナー論文と第3編第1章の

青木論文を参照いただきたい)。

　フランス法では、後見、保佐という概念が用いられている。そのほかに、裁判所の保護（司法救助）という概念ないし制度が登場する。これらを合わせると3類型になるが、これも、日本の3類型とは異なる。ただし、フランス法上の後見、保佐は、沿革的に見て、日本法のルーツとして位置付けられる。その限りでは、本質的に類似していると考えてよい（第3編第3章の山城論文を参照いただきたい）。

　比較法的観点から言うと、日本法もドイツ法もオーストリア法もフランス法も、ヨーロッパ大陸法に属する。それらに対して、イギリス法は、コモンローという全く別の法体系を前提として理解しなければならない。第3編第4章の橋本論文は、日本の成年被後見人に相当する人の選挙権問題を扱っているが、成年被後見人であるか否か等を形式的に前提とするのではなく、日本法上のそれに相当するような人の場合に、法律上いかに扱われるかとの観点から、実質的検討をした。同じくコモン・ロー系に属するアメリカ法については、成年被後見人の選挙権に関する各州法の対応を紹介してもらった。これについては、第3編第7章の志村論文と一覧表を参照していただきたい。なお、ハンガリーとスイス法に関する研究ノートを加えたのは、成年被後見人の選挙権問題の国際的広がりを示すためである。

　われわれは、社会福祉を含む実務の観点からの批判や意見を常に重視すべきである。総合的な制度改正を行わなければならないとすれば、その際に不可欠な観点である。補論を配した所以である。

　われわれは、本書によって、研究成果の中間報告をまとめ、これを公表し、多くの関係者のご意見を伺いたいと思っている。

編集責任者　　田山輝明

目　次

はじめに

第1編　東西諸国における成年後見制度の動向

第1章　憲法と成年者の保護 ………………………………………… 11
- Ⅰ　課題の設定　11
- Ⅱ　憲法上の基準　12
- Ⅲ　国家による成年者保護　19
- Ⅳ　私的な権利擁護　22
- Ⅴ　まとめ　25

第2章　オーストリア代弁人法──発展およびクリアリング── …… 26
- Ⅰ　1984年までの発展　26
- Ⅱ　1984年の代弁人法によって改革された点　27
- Ⅲ　1984年以降の発展　30
- Ⅳ　2006年の代弁人法改正法　31
- Ⅴ　代弁人法の原則　35
- Ⅵ　代弁人協会のクリアリング機能　37
- Ⅶ　長所と短所　40
- Ⅷ　国連障害者権利条約のオーストリア代弁人制度への影響　42
- Ⅸ　まとめ　44

第3章　オーストリア法による代弁人への処分委託証書、老齢配慮代理権、近親者の法定代理権および患者配慮処分 …………… 45
- Ⅰ　課題の設定　45
- Ⅱ　登録制度　47
- Ⅲ　代弁人への処分委託証書　48
- Ⅳ　近親者の法定代理権　50
- Ⅴ　老齢配慮代理権　54
- Ⅵ　患者配慮処分　58
- Ⅶ　まとめ　60

第4章　韓国民法の成年後見制度 62

　Ⅰ　民法改正による成年後見制度導入　62
　Ⅱ　成年後見の類型　63
　Ⅲ　自己決定の尊重　65
　Ⅳ　身上保護および人権保護　67
　Ⅴ　合理的な後見制度の導入　70
　Ⅵ　終わりに　72
　資料　韓国新成年後見法　73

第5章　台湾における成年後見制度の改正について 79

　Ⅰ　改正の経緯　79
　Ⅱ　成年後見制度の改正　81
　Ⅲ　補助制度の増設　90
　Ⅳ　任意後見制度　94
　Ⅴ　結語　96
　資料　台湾民法等　98

第6章　ワークショップ「成年後見制度の課題」 102

第2編　障害者権利条約と成年後見制度

第1章　障害者権利条約と世話法 120

　Ⅰ　課題の設定　120
　Ⅱ　障害者権利条約　122
　Ⅲ　世話法のための諸要請　126
　Ⅳ　まとめ　131

第2章　障害者権利条約がオーストリアの代弁人法に及ぼす影響 132

　Ⅰ　課題の設定　132
　Ⅱ　条約についての原則　133
　Ⅲ　条約の解釈　135
　Ⅳ　オーストリア代弁人法における行為の必要性　136
　Ⅴ　まとめ　143

第3章　成年者の保護、法定代理と国連の障害者権利条約 …………145
- Ⅰ　課題の設定　145
- Ⅱ　権利条約の課題内容　147
- Ⅲ　世話と法定代理　154
- Ⅳ　行為能力の制限　160
- Ⅴ　オーストリアと日本の成年者保護法に関する比較法的考察　162
- Ⅵ　終わりに　166

第4章　障害者権利条約と成年後見制度に関するまとめ
　　　　　　　　　　　　　　　——第2編の総括 …………167
- Ⅰ　本編の検討対象　167
- Ⅱ　障害者権利条約と支援システム　168
- Ⅲ　現行制度への批判　170
- Ⅳ　現行制度の具体的検討（われわれの提言の基本構想）　172
- Ⅴ　援助者ないし支援者　174
- Ⅵ　任意後見制度　174
- Ⅶ　検討課題　175

第3編　成年被後見人の選挙権

第1章　オーストリア法における被代弁人の選挙権 …………178
- Ⅰ　課題の設定　178
- Ⅱ　憲法裁判所判決　179
- Ⅲ　障害者が選挙の際に受けることができる援助　183
- Ⅳ　障害者が投票所へ行けない場合の選挙実施方法　184
- Ⅴ　ハックシュタイナー氏へのインタビュー　185
- Ⅵ　まとめ——日本法への示唆　188

第2章　ドイツにおける被世話人の選挙権 …………190
- Ⅰ　課題の設定　190
- Ⅱ　被世話人の選挙権　190
- Ⅲ　連邦選挙法第13条第2号と障害者権利条約との関係　200
- Ⅳ　まとめ　206

第3章　フランス法における成年被後見人の選挙権 ……… 208

- Ⅰ　課題の設定　208
- Ⅱ　2005 年改正　211
- Ⅲ　2007 年改正　221
- Ⅳ　現行法における運用状況　226
- Ⅴ　まとめ　229

第4章　イギリス法における精神障害者の選挙権 ……… 231

- Ⅰ　課題の設定　231
- Ⅱ　精神障害者の投票権行使の欠格事由　233
- Ⅲ　精神障害者の選挙人名簿への登載──投票権行使のための前提要件　240
- Ⅳ　精神障害者の投票が制限されうる場面　243
- Ⅴ　まとめ　250

第5章　欧州人権裁判所における成年被後見人の選挙権剥奪に関する判決 ……… 254

- Ⅰ　課題の設定　254
- Ⅱ　事案の概要　254
- Ⅲ　ハンガリー共和国の後見制度　256
- Ⅳ　判決内容　260
- Ⅴ　判決前後の状況　273
- 資料　ハンガリー共和国民法試訳　278

第6章　スイスにおける被後見人の選挙権 ……… 285

- Ⅰ　スイス憲法・民法と被後見人の選挙権　285
- Ⅱ　スイス憲法　286
- Ⅲ　現行スイス民法典　287
- Ⅳ　新スイス民法典　290
- Ⅴ　新スイス民法典と選挙権剥奪との関係　295
- 資料　スイス憲法／現行スイス民法／新スイス民法／参政権に関する連邦法　298

第7章　アメリカ合衆国における精神障害者の投票権 ……… 308

- Ⅰ　検討対象の限定　308
- Ⅱ　精神障害者の選挙権に関するアメリカ憲法・選挙法、発達障害者法・精神遅滞法および精神保健法の特色　309

Ⅲ　精神障害者の選挙権に関するアメリカ後見法における「部分後見型」
　　　の特色　310
　　Ⅳ　精神障害者の選挙権に関するアメリカ後見法における「選挙権自動
　　　喪失型（日本法型）」の特色　314
　　Ⅴ　精神障害者の選挙権に関するアメリカ後見法の特色のまとめと日本
　　　法への示唆　316
　　資料　アメリカ合衆国の各州法における精神障害者の投票権に関する一
　　　覧表　318

第8章　成年被後見人と選挙権に関するまとめ
　　　　　──第3編に関する総括 ……………………………………… 344
　　Ⅰ　憲法と成年被後見人の選挙権　344
　　Ⅱ　障害者権利条約29条との関連　345
　　Ⅲ　問題の法的分析──比較法的検討　346
　　Ⅳ　選挙法と憲法の関係　347
　　Ⅴ　法改正への基本的視角　349

補論1　親権および未成年後見制度に関する考察
　　　　　──児童虐待防止の視角から ………………………………… 351
　　Ⅰ　親権・未成年後見制度の歴史　351
　　Ⅱ　2011年の親権・未成年後見制度改正　356
　　Ⅲ　ドイツ連邦共和国における親権・未成年後見制度　358
　　Ⅳ　親権制度　364
　　Ⅴ　親権喪失制度　366
　　Ⅵ　未成年後見制度　368
　　Ⅶ　むすび　374

補論2　成年後見制度の実務上の課題
　　　　　──法改正が望まれる点を含めて ……………………………… 376
　　Ⅰ　地域福祉権利擁護事業等と若干の課題　376
　　Ⅱ　本人や家族の成年後見制度への理解や受け止め　377
　　Ⅲ　制度利用を進める上での課題　378
　　Ⅳ　後見人等に権限はないが、求められる事項　384
　　Ⅴ　関連する制度における課題ほか　387
　　Ⅵ　本人の権利擁護のための制度に向けて──福祉領域からの提起　389

第1編

東西諸国における成年後見制度の動向

第1編について

　東西諸国といっても、主として、ヨーロッパのドイツ語圏と韓国および台湾である。ドイツとオーストリアを選んだのは、使用言語の関係もあるが、両国の法制度が現行の日本の後見制度に大きな影響を与えているからである。韓国と台湾は、同じ東アジアにある国として、また歴史的にも法文化的にも多くの点で共通点を有しているからである。

　内容的には、これらの国々の最新の状況、特に成年後見法の改正等について知り、法と社会との関係について考察するためである。

　冒頭で、「憲法と成年者の保護」を掲げたのは、成年後見制度は、民法上の制度であると考えられているので、そうではあるけれども視野を広げて、憲法を含めた全法秩序の中に成年後見制度を位置付けて考察してみようという点に狙いがある。これは、成年後見人の義務を法的に如何にとらえるか、という点で重要である。日本でも、公後見ないし公的後見が議論されるようになっているが、それとも関連して憲法との関連が議論されるべきであろう。

　オーストリアでは、代弁人制度は私法的な制度としてとらえられているが、それを前提としつつも、代弁人制度の利用は、福祉行政とのコーディネイトが重視されているようである（クリアリング）。また、代弁人制度に依存しすぎることのないように、家族や周辺の者に限定的な法定代理権を授与する制度が実現されている。日本では、成年後見制度を利用しない場合に、しばしば家族による「事実上の代理」が行われている実態があるが、近親者の法定代理権は参考に値する制度であろう。

　アジア諸国との関係では、成年後見制度の利用と家族の支援との関係が重要である。核族化、少子化、高齢化が進む中で、アジア的家族観に基づく家族による支援により、高齢者に対する介護や事実上の後見が可能なのか、それとも近代的な福祉制度による支援が不可欠なのか、大変興味のある点であった。

（田山輝明）

第1章

憲法と成年者の保護

I　課題の設定

　国連の障害者権利条約(以下障害者権利条約)は、一貫して、障害者政策を人権の視点から把握している。障害問題の処理における人権的モデルは、われわれを根本的な視点の変更へと導く。――すなわち、障害者の統合から抱合へ、福祉の対象としての障害者から自分の人生を自ら決定する主体へと。障害者は、障害を持たない人間と同様に自己決定権を有している。もちろん、障害者や疾病者が特別な保護を必要としているという状況は存在する。この保護は、世界のすべての国家において成年者保護の法的手段によって保障されている。その結果、それが障害者の自己決定権の保護と差別禁止のための障害者権利条約の基準にとって十分か否かが、激しく議論されている。

　しかしながら、問題は、冒頭で示そうとしたようには新しいものではない。たとえば、ドイツでは、1950年代以来、成年者保護法のために、憲法とその基本権の意義について議論がなされてきた。議論は、とりわけ、多くの連邦憲法裁判所の判決によって始まった。そこでの中心的論点は、如何にして人間の自己決定権が、さらにまた如何にして必要な配慮や必要な保護が保障されうるか、ということであった。その限りにおいて、ドイツ法を一瞥することは、他の国々の議論にとっても、特別な興味の対象となろう。

　私の講演においては、まず皆様に、成年者保護に関する憲法上の基準と連邦憲法裁判所の関連判決を紹介し(II)、そのあとで成年者保護法の意義を扱うことにする。ここには、行為能力の法律による規制と国家による世話(III)のみならず、私的な権利擁護も含まれる(IV)。

〈1〉　詳しくは、リップ「自由と配慮」法人格としての人間、2000. さらに Spickhoff ,AcP 208 (2008) 345 ff.

Ⅱ　憲法上の基準

1　関連条文の検討

　成年者保護に関する憲法上の基準の問題を基本法（ドイツ憲法）に照らしてみると、まず目が覚めるような事態になる。すなわち、基本法は、この問題に正確に言及した条文をもっていないのである。しかしながら、基本法の沈黙から、憲法上の基準は存在しないという結論を引き出すのでは、あまりに短絡的である。基本法は沈黙している。ところが皆さんにお示ししたいと思っているように、この沈黙は大変に意味深長なのである。

　基本法は、人間の尊厳を保障し（基本法1条1項1文）、そして自由権的基本権を通じて人間の自己決定権を保護している(2)。ところで、自己決定的に自己責任において決定する人間の能力は実際上きわめて多様であるということは当然のことながら理解し切れるものではない。少なからずの者は、この能力を、たとえば、重度の認知症にかかった者や昏睡状態にある者のように、全く失っている。基本法が、それを無視して、すべての人間に人間の尊厳と基本権を保障するならば、そこには憲法上のきわめて重要な意思の表明が存在する。すなわち、人間の尊厳と基本権は、すべての人間に帰属しており、――誕生からその死に至るまで、しかも、それは彼がこれらの権利を自ら行使できるか否かとは無関係なのである(3)。

2　連邦憲法裁判所判決の流れ

　連邦憲法裁判所は、すでに1951年に、この憲法上の基準から、初めての慎重な結論を引き出した。ある禁治産者〔旧制度〕には、憲法異議訴訟のための手続き能力が、禁治産宣告を受けたからではなく、彼の具体的な手続きを行う能力が排除された状態のために、欠けているとされた(4)。しかし、結果的には、判例は、彼がその行為・訴訟無能力の裁判所による確定に反対するのであれば、行為・訴訟無能力者は手続き能力を有するとみなされうるという一般原則を発

〈2〉　BVerfGE 65, 1 (41); Dreier, in: Dreier (Hrsg.), Grundgesetz. Kommentar, Art. 1 GG Rn. 137, 157.

〈3〉　Vgl. Starck, in: v. Mangoldt/Klein/Starck, Grundgesetz Bd. I, 5. Aufl. 2005, Art. 1 GG Rn. 18 ff.

〈4〉　BVerfGE 1, 87 (89); vgl. auch BVerfGE 19, 93 (100).

展させた。これは、人間の尊厳から導かれるものであるというのである。[5]

　1960年に連邦憲法裁判所は、〔自由剥奪と裁判官の決定に関する〕基本法104条2項から、禁治産者である成年者の後見人による私法上の措置入所は裁判所の許可がある場合にのみ許される、との結論を導いた。人格的自由権（基本法2条2項）は、精神病者と不完全な行為能力者にも帰属する。これらの保護を必要とする成年者への配慮は、公的な任務である。この任務を、国家は私人を後見人に選任し措置入所権を与え、そして国家的権力手段によって支えることによって、私人に委譲しても、国家は、それによって基本権への拘束から解放されることはない。従って、裁判所の許可による予防的な自由の保護（基本法104条2項）は、後見人による措置入所場合にも提供される。[6] かかるものとしての禁治産と後見および後見人の権限を、連邦憲法裁判所は、この決定において、憲法上の審査対象としなかった。むしろその許与は、当然の前提であり、裁判所の許可が与えられたか否かのみが審査されたのである。

　しかしながら、憲法上問題であったのは、強制的監護 Zwangspflegschaft、すなわち本人の意思に反する法定代理人としての監護人の任命（制度）であった。法律は、このような強制的監護を規定していなかった。それは、むしろ法を超越して、禁治産への選択肢として障害監護制度から発展してきたものであった。しかしながら、連邦憲法裁判所は、強制的監護は合憲であると宣言した。なぜならば、それは一定の領域のみにおけるものとして理解されており、禁治産に対して、より緩やかな手段を意味するからである。もちろん、特に行為無能力と配慮の必要性が確認されている法治国家の手続が、前提であるとされた。[7]

　連邦憲法裁判所は、それまでに、特に成年者の国家的保護の憲法上の形式要件について見解を表明する一方で、1981年に、初めて、その実体的要件と取り組んだ。その出発点は、再び、閉鎖施設への措置入所の事例において、基本権、すなわち人格的基本権（基本法2条2項）がすべての人間に保障されていることの確認であった。従って、精神病者も「病気への自由」を有しているとした。本人の保護への国家的干渉は、おのずから、自己決定の能力が侵害されていて、その個々の保護手段が必要である場合に、可能であるとされた。こ

---

[5]　Vgl. BGHZ 35, 1 (9 f.); Lindacher, in: Münchener Kommentar zur ZPO, 3. Aufl. 2008, §§ 51, 52 ZPO Rn. 45.

[6]　BVerfGE 10, 302 (327); vgl. auch BVerfGE 54, 251 (268 f.); BVerfGE 75, 318 (327); Starck, in: v. Mangoldt/Klein/StarckArt.1 GG Rn.232.

[7]　BVerfGE 19, 93 (99).

のような場合には、国家には、配慮的侵害が、健康を取り戻す手がかりが提供される事例においても、許されるとされた(8)。

連邦憲法裁判所は、後に、国家的な成年者保護施策について、当人の保護のために自ら決断をしなければならなかったときに、その要件の論証に迫られた。その場合には、特に、相当性の原則と法治国家的手続きの意義が強調された(9)。立法者は、世話法による成年者保護法の根本的改革の際に、この判例を取り上げた。これによって、1992年1月1日までに成年者の禁治産と後見および障害監護制度は廃止され、法的世話という法制度によって引き継がれた。その他、民法104条、105条の行為能力に関する規定は、幾重にも憲法違反であると評されていたけれども、変更されなかった(10)。

行為能力の規制について、連邦憲法裁判所は、書くことも話すこともできない人が遺言することができるか、という問題について判断しなければならなかったときに、初めて見解を表明した(11)。その際、裁判所は、もちろん、基本法14条1項1文の遺言の自由はこれらの者にも帰属していることを前提とした。基本権は、被相続人の死後の財産承継の自己決定権をも保護している。従って、自己決定能力を前提としている。それ故、個々人は、必要な洞察力と行為能力を有していなければならない。立法者は、遺言の自由を実現し、遺言能力の要件を規制しなければならなかった。その際、遺言の自由の基本的内容と相当性の原則が尊重され、その他の憲法上の基準も守られた。それによれば、遺言作成のための16歳の年齢限界（民法2229条1項）に対する疑問は存在しないという。同様に遺言無能力の規制も合憲であるとされた。なぜならば、それは、個々の事例において本人に洞察力や統制能力が欠けているからである（2229条4項）。これによれば遺言能力があり、自己の意思を伝えることができる者に対して、他の規制により遺言の作成を禁止することは、憲法違反であるとされた。

連邦憲法裁判所は、複数の部判決において、世話人の任命を扱った。最初の事例においては、患者が手術の後に意識不明になり、かつ予想できなかった方法で輸血が必要になったとき、エホバの証人の夫が世話人に任命された。夫は輸血に同意した。もちろん、患者は、あらかじめ、医師達に対して、自分は輸

⟨8⟩　BVerfGE 58, 208 (225 f.).
⟨9⟩　BVerfG (K) NJW 1998, 1774 ff.; vgl. auch BVerfGE 70, 297 ff. (strafrechtliche Unterbringung); BVerfG (K) NJW 2009, 2804 f. (Zwangsbehandlung im Maßregelvollzug).
⟨10⟩　Canaris, JZ 1987, 996 ff.; Lachwitz, ZRP 1987, 364 f.
⟨11⟩　BVerfGE 99, 341 ff.

血を拒否する旨を表明し、そして医師達に信者団体会員のための代理権証をも提示していた。連邦憲法裁判所は、夫の世話人への任命の中に患者の一般的行動の自由に対する侵害を認識していた。しかしながら、後見裁判所は、輸血の拒否のみを認識していたのであり代理権(証)を認識していなかったので、患者の基本権は、それによって侵害されてはいないとした。彼の世話人への任命は、患者が、生命の危機が迫った状況の下でも、その意思表明を維持しようとするか否かが常に吟味されるがゆえに、正当化されるとした。世話人自身の決断が本人の基本権の侵害を意味するか否かを、連邦憲法裁判所は未決定のままにしたのである〈12〉。

　第二の事例では、本人がある弁護士に彼の財産につき配慮代理権(日本の任意の後見契約に類似するもの)を、そして彼のホームドクターに健康上の事務について更なる配慮代理権類似のものを授与した。親族からの申し出により、後見裁判所は、コントロール世話人を選任したところ、本人は直ちに二つの配慮代理権を撤回した。連邦憲法裁判所は、コントロール世話人の選任の中に自己決定権(基本法2条1項、基本法1条1項も)への侵害を、しかも二つの観点で、見て取った。一方では、これ(コントロール世話人)は決定の自由の点で、被世話人自身を制約している。なぜなら、世話人は事情によっては、被世話人の意思に反して行動しうるし、またそれが許されるからである(民法1901条第3項1文)。他方では、被世話人は、配慮代理権を授与したことによって、自己決定権を行使したのである。もし、コントロール世話人が配慮代理権の撤回権を取得したのであれば、上記の権利は侵害されることになる。従って、これに対しては、連邦憲法裁判所の言うように、本人に対して、これに対する効果的な権利保護の可能性が付与されなければならない。本事案においては、(コントロール)世話人の任命が憲法上正当化されるか否かは、明確には述べられなかった〈13〉。

　2010年の判決においても、世話人の任命が問題となった。後見裁判所は、世話人を任命したが、きちんとした実態調査をしなかったうえに、被世話人の聴取もしなかった。連邦憲法裁判所は、一方で、法的聴取の要請(基本法103条第1項)に対する違反を認定した。他方では、同裁判所は、正当に確認された事実的基礎のない、世話人の任命の中に、二重の基本権侵害を認識した。一般的な行動の自由(基本法2条第1項)が侵害されているとした。な

〈12〉BVerfG (K) NJW 2002, 206 ff.
〈13〉BVerfG (K) FamRZ 2008, 2260 ff.

ぜなら、世話は、本人の自由意思が損なわれている場合においてのみ命ずることが許されるが、これが確認されていないからである。さらには、憲法上保障された人格権（基本法2条第1項、第1条第1項も）が侵害されているとした。なぜならば、世話は、烙印を押すような効果を持ち、従って適切な事実調査の後においてのみ命ずることが許されるものだからである。従って、本人には、この点につき、効果的な権利保護の可能性が開かれなければならないとした。〈14〉

　連邦憲法裁判所は、配慮代理権者の法的地位の問題についても取り組んだ。ある後見裁判所が、自由剥奪的措置について同代理権者につき裁判所の許可を必要としている民法1906条第5項は、代理権授与者の自己決定権に対する憲法違反的侵害であると考え、この問題を、［憲法異議訴訟に関する］基本法100条第1項により、連邦憲法裁判所に提訴した。連邦憲法裁判所は、この提訴を却下し、同時に、裁判所の許可は、この代理権行使に際しての代理権者のコントロールを通して、代理権授与者の保護に奉仕し、従って、直ちに代理権授与者の自己決定権の侵害を意味するものではないことを明らかにした。〈15〉

3　成年者の保護の憲法的決定要素

(1) 連邦憲法裁判所の判決

　全体的に概観することによって、連邦憲法裁判所の判決は、すでに、成年者の保護の憲法的決定要素を認識させてくれる。

●基本的自由権は、個々人の自己決定を保護している。従って、その行使は、自己決定的に自己責任で決断すること、すなわち自由な意思を前提としている。

　立法者は、この一般的な基準を具体化し、法律によって規制しなければならない。この場合には、自由権的基本権の基本的意味内容と相当性の原則が尊重されなければならず、その他の憲法上の基準が守られなければならない。立法者は、行為能力、遺言能力、婚姻能力等の規制を通じ、これに従わなければならない。

●世話裁判所（旧後見裁判所）が世話人を任命すると、そこには、本人の基本権に対する国家による干渉が存在する。これに応じて、それに適用される憲法上の要請、たとえば、法律の留保、法治国家的手続きの要請、および相当性の原則が順守されなければならない。

●自己決定のための本人の能力が、つまりその自由意思が制限され、または排

〈14〉　BVerfG (K) NJW 2010, 3360 f.
〈15〉　BVerfG (K) NJW 2009, 1803 ff.

●世話人自身の個々の措置についても(国家的な)基本権侵害を意味する範囲においては、憲法裁判所の判決においては、少ししか語られていない。連邦憲法裁判所が、以前初めて擁護的意味において見解表明をした以後においては、この問題は最近では放置されている。
●世話回避のための私的配慮の法的基礎は、配慮(委任)者の自己決定権である。連邦憲法裁判所は、この点を配慮代理権(15頁参照)について明確に承認した。他のすべての配慮処分、たとえば、患者処分証書や世話処分証書(いずれも一方的な意見の表明)についても同様である。

(2) 未解決問題

しかしながら、上に述べた観点は、憲法における成年者保護の全体像を描いてはいない。
●配慮代理権の憲法上の位置付けは不明確である。連邦憲法裁判所の判例においては、それは、自己決定権の行使としてあらわれ、世話はこれに対して、自己決定権の侵害としてあらわれる。もちろん、本人の申立や希望で任命されることはある。配慮代理と世話の間の相違は、任命の形式的手続きにおいては減少している。従って、連邦憲法裁判所は、世話の侵害的性格を次のように理解している。世話人はその活動において、確かに原則として被世話人の希望に拘束されているが、必要な場合にはその意思に反して行為することができるし、そうしなければならない、と。⟨16⟩配慮代理権者もまた事情によっては、本人の意思に反して、行動することができるし、すべきである。配慮代理権者は、世話人と同様に、しかも同じ要件のもとに、本人をその意思に反して、閉鎖施設に措置入所させることができる(民法1906条)。第三次世話法改正法による⟨17⟩世話法のもっとも最近の改正以来、法律は、さらに配慮代理権者を、健康配慮の全領域において、明確に世話人と同等に位置付けたのである(民法1901条a第5項、1901条b 第3項、1904条第4項)。これは、配慮代理権も、世話と同様に、自己決定権の侵害へと導きうるということを示している。⟨18⟩確かに、世話裁判所による任命と本人による配慮代理権授与との間には相違が存在する。しかし、世話人の活動と配慮代理権者の活動とは、同一である。すなわ

⟨16⟩ BVerfG (K) NJW 2002, 206 (206); BVerfG (K) FamRZ 2008, 2260 (2261).
⟨17⟩ Drittes Gesetz zur Änderung des Betreuungsrechts vom 29.7.2009. BGBl. I, S. 2286.
⟨18⟩ Vgl. auch BVerfG (K) NJW 2009, 1803 (1804).

ち、保護を必要とする成年者の権利擁護である。世話は単に他人による決定手段であることは少ないし、配慮代理権は自己決定の手段であるに過ぎない。
●連邦憲法裁判所の判決では、自己決定的に自己責任で決定できない人間の保護に関する国家の義務はその憲法的基礎をどこに見いだせるかのについては、明確にされていない〈19〉。言い換えれば、世話の憲法上の基礎は明確ではない。配慮代理権は、世話に代替すべきものであるから——つまり同じ任務を実現すべきだから、私的配慮の憲法上の基礎もまたそこに存在しなければならない。

(3) 成年者保護の憲法的基礎

　この問題に対する答えは、私の見解によれば、憲法上保護された人間の尊厳の核心としての自己決定権に求められなければならない〈20〉。人間の尊厳と自己決定権とは、すべての人間に同じ方法によって帰属している。年齢、病気、障害によって、自己責任において制限を受けている人間にも（基本法1条第1項、3条第1項）〈21〉。この自己決定権を国家は、基本法1条第1項に従って尊重し、保護しなければならない。このことから二つのことが明らかになる〈22〉。一つは、国家は、市民の自己決定権を無視ないし軽視してはならないということであり（尊重要請）、もう一つは、国家は、その実現に配慮しなければならないということである（保護要請）。尊重要請からは、本人に自己責任を伴う自由な決断のための能力が欠けており、かつ彼が自ら配慮を行えない場合に初めて、世話人の任命は憲法上許されるという結論が導かれる。他方において、保護要請は、国家に対して、当該人間に処分手段を設定することを義務付ける。その手段は、そのおかげで、病気や障害にも関わらず、自己決定権を実際に実現することができるようなものである。彼が自ら配慮できない場合には、法的世話がこの手段である。

　保護要請は、それに応じて、法的世話の憲法上の基礎を形成している。これに対して、尊重要請の妥当範囲は、本人がその病気や障害によって実際上自己責任を伴って決断できず、かつ何等の配慮もしなかった事例に限定される。従って、不当な世話に対する憲法上の保護のみならず、世話に対する憲法上の権利も存在するのである。

　私的配慮の可能性とその優位も、同様に基本法の人間の尊厳保障とそこに基

〈19〉Vgl. nur BVerfGE 58, 208 (225).
〈20〉Oben Fn..
〈21〉Starck, in: v. Mangoldt/Klein/Starck (Fn.), Art. 1 GG Rn. 18 ff.
〈22〉続く部分につき、詳しくは、Lipp, Freiheit und Fürsorge (Fn.), S. 118 ff., 141 ff.

礎を有する自己決定権のおかげを被っている。配慮代理権の授与は、単なる自己決定的行動ではなく、それを超えて——世話のように——本人の保護それ自体に役立つのである。

　世話と配慮代理権が成年者保護のための同程度の手段であるならば、国家は、世話人または代理権者が任命され、それによりすべてが代理人と本人の間の私法上の関係に任されることによって、満足してはならない。というのは、世話人も配慮代理権者も緊急時には本人の意思に反して行動することができ、そうすることが許されるからである。従って、常に、彼らが本人の自己決定権を軽視ないし無視する危険が存在するのである。国家は、人間の尊厳と当事者の自治の保護につき憲法上義務付けられているから、国家は、すべての形態の権利擁護を監督し、コントロールしなければならない。従って、国家は、国家的権利擁護としての世話のために、さらに代理権者による私的権利擁護のために、コントロールの効果的なシステムを規定しなければならない。これらのコントロール制度の形成は、個別的に憲法上与えられるのではなく、立法者の任務に属するものである。

III　国家による成年者保護

　以下では、ドイツの成年者保護法が、どの程度憲法上の基準を尊重し、実現しているかが、検討されるべきである。成年者保護法は、ドイツ法では、一方では、自然的行為無能力に関する規制（たとえば、民法104条2号、105条、1304条、2229条第4項827条）により、他方では、国家的権利擁護、すなわち世話（1896条以下）により、保障されている。これを補充するものとして、事務管理（民法677条以下）および推定的同意制度がある。[23]

1　直接的行為無能力——行為無能力、同意無能力等

　18歳の満了をもって、人間はすべての法律行為を行い、訴訟を遂行することができるようになる。その者は、すべての範囲においてその行為に責任を負わなければならない。状況に制約された行為無能力または自然的な行為無能力等は、法律によって、上記の原則の例外とされている。具体的な事例において、洞察力や統制力が欠けている場合には、その法律行為は無効であり（民法

---

[23] Dazu Lipp, in: Lipp (Hrsg.), Handbuch der Vorsorgeverfügungen, 2009, § 2 Rn. 1 ff.

104条第2号、105条第1項も、131条第1項、民法105条第2項、1304条、2229条第4項）、もしくは責任要件が欠けている（民法827条）。

問題なのは、憲法的観点から見た、同意能力である。それは法律によって規制されていないという通説を想定する場合には、立法者は憲法的委託に応じていないことになる。従って、同意能力は、原則として、民法104条、105条の下に置かれるという見解（無効となりうる）が正当だということになる。

法律行為の無効ないし責任の排除は、直接的には法律に基づいて発生する。これに対して、世話またはそれに代替する配慮は、それが設定されて初めて保護的効果を発生させる。従って、状況に制約された行為無能力の規制は、憲法上必要であり、正当化される。それは、取引において当事者の法律による最小限度の保護を保障するからである。それは、当該最小の保護以上には何も生じさせない。無効によって生じる権利の貫徹（保護）は、当事者の利益の積極的擁護のための他のすべての諸形式と同様に、この法定の保護手段の射程外である。従って、この保護の具体化のためには、代理人が必要である。さらに、それ以上に、本人の無効な意思表示を追認する可能性を代理人に与えるならば、無効効果に対する憲法上の疑念も消失する。

2 国家の権利擁護としての法的世話

ある者が精神病または身体的、精神的もしくは心的障害により、もはや自己の法的事務を処理することができず、かつ法定代理人としての世話人が必要である場合には、ある世話人が世話裁判所によって選任される。世話人は、必要な範囲内において、一定の権限につき選任され、その行為に当たっては、

〈24〉 BGHZ 29, 33 (36); Heinrichs, in: Palandt, BGB, 69. Aufl. 2010, Überblick vor § 104 BGB Rn. 8
〈25〉 Schmitt, in: Münchener Kommentar zum BGB, 5. Aufl. 2006, § 105 BGB Rn. 22; Lipp, in: Lipp, Handbuch (Fn.), § 2 Rn. 18 ff.
〈26〉 BVerfGE 99, 341 (353); Lipp, Freiheit und Fürsorge (Fn.), S. 145 ff.
〈27〉 私は無効効果の teleologische な還元は、代理人が同意する場合には、現行法上可能であるし、望ましいと考えている。(Lipp, FamRZ 2003, 721, 723). Andere meinen, es sei eine gesetzliche Regelung erforderlich (z.B. Wedemann, AcP 209 [2009], 668 [692 f.]).
〈28〉 Sie hat namentlich Canaris, JZ 1987, 996 ff. geäußert.
〈29〉 Dazu ausfuhrlich Lipp, Freiheit und Fursorge (Fn.), S. 22 ff., insbes. S. 40 ff., 75 ff.
〈30〉 § 1896 Abs. 1 S. 1 BGB.
〈31〉 §§ 1896 Abs. 2 S. 2, 1902 BGB.
〈32〉 § 1896 Abs. 2 S. 1 BGB.

被世話人の福祉に従うべき義務を負う。彼は、この場合には、被世話人の福祉に反せずかつ世話人にとって過酷でない限り、被世話人の希望に沿わなければならない。

　国家的権利擁護としての世話の任務は、被世話人の自己決定権の保障と実現である。それは、被世話人を教育したり、改善したりするのに役立つものではない。成年者の権利擁護は、欠けている法的行為能力の回復（援助）および本人の自傷行為からの保護を含む（保護）。従って、世話は、「法律行為的代理」以上のものである。それは、単に法律行為にのみに関係するわけではない。——そして代行 Stellvertretung も目的のための手段であり、世話の任務ではない。世話という手段は、まず世話人による相談と支援であり、それは、被世話人を自己の行為につき活性化させ、もしくは自傷行為を防止することが目的である。相談と支援が優位性を与えられている。というのは、それは、被世話人の自己決定権に対する最も少ない干渉と結び付いているからである。権利擁護のこの弱い形態では不十分である場合に初めて、世話人は、被世話人の自己決定権に干渉する手段、たとえば、代行を採用することが許される（民法1902条）。このことは、まず、当然のことながら世話裁判所によって個別的に命令されうる同意権留保または居所指定権の行使のための法について妥当する。

　世話人の任命は、緊急の場合には、本人の意思に反してなされ、世話人は本人の意思に反して行為することができる。従って、世話は、本人の自傷行為から本人を守るために役立つ。世話法の立法者は、被世話人が同意能力を有しておらず、かつ強制的行為が相当性の原則に反していない場合には、世話人の相応する同意を基礎として強制的措置を許容しうると考えた。連邦最高裁判所は、これに対して、三つの裁判において、強制的措置は憲法上の理由により個別的な法律による授権に基づいてのみ許容されることを強調した。この基礎を、同裁判所は、民法1906条の中に見出している。これによれば、自由剥奪措置及び強制行為は、厳格に規制された要件と裁判所のコントロールによっ

〈33〉　§ 1901 Abs. 2 S. 1 BGB.
〈34〉　§ 1901 Abs. 3 S. 1 BGB.
〈35〉　Lipp, BtPrax 2005, 6 (9); ausführlich ders., Freiheit und Fürsorge (Fn.), S. 75 ff.
〈36〉　Vgl. nur BVerfGE 58, 208 (225); BVerfG BtPrax 1998, 144, 145.
〈37〉　Lipp, Freiheit und Fürsorge (Fn.), S. 75 ff.
〈38〉　BT-Drucks. 11/4528 S. 72, 140 f.; ebenso jetzt BT-Drucks. 16/8442 S. 10.
〈39〉　BGHZ 145, 297 ff.; BGHZ 166, 141 ff.; BGH BtPrax 2008, 115 ff.; dazu Schwab, in: MünchKommBGB (Fn.), § 1896 BGB Rn. 65 ff.

てのみ可能である。

　世話人は、従って、その行動の枠組みにおいて被世話人の自己決定権を尊重するように、全く全体的に義務付けられている。世話人に対する被世話人の自治の保護は、ここでは、世話裁判所の任務であり、自治体世話官署の任務でもある。

Ⅳ　私的な権利擁護

1　私的な権利擁護としての自己決定権

　世話による国家的権利擁護を回避したいのであれば、その者は、信頼できる者と配慮委託もしくは事務処理契約を結んで、その者に（配慮）代理権を与えることができる。この私的に組織された権利擁護の基礎は自己決定権である。[40]従って、私的な権利擁護の法律による制限は、すでに憲法上の理由に基づいて、常に正当化を必要としている。本人が自己決定権の行使において自ら配慮をした限りにおいて、これは常に優先性を持っている。これは、民法1896条第2項2文が、法的世話のために、明確に命じているところである。しかし、自己決定権は、世話処分証書による世話の私的自治にかなった形成のための基礎でもある。[41]私的配慮の優先性は、従って、国家的権利擁護の範囲において、つまり法的世話の枠内においても、妥当するのである。

2　配慮委任と配慮代理

　高齢者は、事務処理に際して彼の相談に乗ったり、援助したりしてくれる信頼できる人を頼りにしている。これが単に偶然に、または家族の枠内で生じる場合には、それは純粋に偶然の出来事であり、家族の援助を意味するのである。しかし、将来のための配慮を行いたいためには、信頼できる者との間で、この者が、将来配慮が必要になった場合に活動するように義務付けられる旨の拘束力ある合意が必要である。その活動の基礎は、無償の委任契約（民法662条）、有償の事務処理契約（民法675条）ないしは雇用契約（民法611条）である。[42]しかしながら、包括的な配慮規制にとっては、信頼できる者が本人を単

〈40〉Oben II.3.
〈41〉Bienwald, in: Staudinger, 2006, § 1901 BGB Rn. 24.
〈42〉Buhler, FamRZ 2001, 1585, 1593; Walter, Die Vorsorgevollmacht: Grundprobleme eines

に支援するということでは、不十分である。それは、必要な場合には、本人に代わって行為できるものであるべきである（民法 164 条第 1 項 1 文）。これには、補充的に代理権が授与されなければならない（民法 166 条第 2 項 1 文）。その目的のゆえに、しばしば、それは配慮代理権と呼ばれる（民法 1908 条 f 第 1 項 2 号 a）。[43]

配慮委任と配慮代理は、当該代理権授与者がその事務をもはや自ら処理できなくなった場合を見越して授与されるものである。従って、それは、本人が行為無能力になった場合においても、有効である（民法 168 条 1 文、民事訴訟法 51 条第 3 項 86 条）。もちろん、代理権授与者はもはや、しばしば代理権者をコントロールすることができない。同様に、代理権者の代理権も縮小されずに存続する。また、代理権者は、法律が——民法 1904 条第 5 項、1906 条第 5 項のように——別段の定めをしない限り、世話人に適用される許可要件に服することはない。[44] 必要なコントロールについては、必要に応じてコントロール世話人が、つまり代理権者をコントロールして代理権授与者の権利を守るという特別な任務を持った世話人が行う。[45] 配慮代理権の場合には、従って、本人の自治を保護するための国家的コントロールは複線的に行われる。医師の治療と自由剝奪の場合には、配慮代理権者は、世話裁判所の直接的なコントロールに服する。その他の場合には、代理権者の監督が必要な場合に、コントロールのための世話が配慮されている。

3　身上監護においても（配慮）代理

法律行為的代行が自己決定権に基づいている場合には、代理権は、原則として、すべての事務について与えられることがある。従って、法は、法律行為的代行の許容ではなく、排除を命じなければならない。[46] このような排除は、たとえば、婚姻、遺言の作成または、政治的選挙への参加に関してなされている。これがなされていない場合には、代理は許される。財産的事務に関しては、長い間一般的に承認されてきた。代理権は、身上事務においても、たとえば、医師の治療行為についても、基本的に許される。

　　Rechtsinstituts unter besonderer Berücksichtigung der Frage nach Vorsorge im personalen Bereich, 1997, S. 112.
　〈43〉Zu Vorsorgeverhältnis und Vorsorgevollmacht Lipp, in: Lipp, Handbuch (Fn.), § 4 Rn. 15.
　〈44〉BGH NJW 1969, 1245 (1246).
　〈45〉Schwab, in: MünchKommBGB (Fn.), § 1896 BGB Rn. 236 ff.
　〈46〉Leptien, in: Soergel. BGB, 13. Aufl 2000, Vor § 164 BGB Rn. 84.

民法 1904 条第 5 項は、3 重に引用されうる。第一に、あらゆる種類の医師の侵襲行為に関する代理権が授与されうるという規定が確認されている。第二に、法律は、代理権は書面によって与えられ、かつ医師の措置が明示されることを要求している。第三に、一定の場合には、世話裁判所の許可が必要である。第三次世話法改正法は、許可を必要とする旨を規定する状況を著しく制限した。2009 年 9 月 1 日以来、裁判所の許可は、医師と代理権者が患者の意思につき意見が一致しない場合であり、かつ、その措置自体がまたは放置することが患者に死の危険または重大なもしくは長期に継続する健康上の損害をもたらす場合にのみ、必要なのである〈48〉。

4　受任者の強制権限？

配慮代理権者の強制権限は、もちろん、本人の自己決定権によって正当化されうるものではない。ここで、委任と配慮の代理は憲法上の限界にぶつかる〈49〉。従って、「自然の意思」つまり、本人の意識的な抵抗が優先すべき場合には〈50〉、本人がその代理権者に相応する権限を与えていた場合でも、それでは不十分である。むしろ、法律に基づく授権基礎が必要である。

身上事務における配慮代理権についての議論においては、このことは明確に承認されているわけではない。立法者は、1999 年に、代理権は医師の措置の他に自由制限措置についても与えられうること、さらに代理権者は法定の授権がなくても自由制限に同意することができることを前提としていた。立法者は、自由剥奪的措置入所と他の自由剥奪的措置（身体的拘束など）のために、単に一定の保護のメカニズムを導入したかったのである〈51〉。

この想定は、憲法上疑念があり、世話人の強制権限に関する新しい判例によれば、時代遅れのものとなっている。もし世話人が、強制措置に関する連邦最

〈47〉 Oben Fn..
〈48〉 身上監護に関する代理の要件とその行使についての詳細は Lipp, in: Lipp, Handbuch (Fn.), § 16 Rn. 17 ff.
〈49〉 Lipp, Freiheit und Fursorge (Fn.), S. 203.
〈50〉 強制とは、民法 1905 条 1 項 1 号における法律に基づく不妊手術が示しているような、あらゆる意識的抵抗の制圧である。(vgl. BT-Drucks. 11/4528 S. 143). Deshalb setzt die Freiheitsentziehung in § 1906 BGB voraus, dass der Betroffene sich bewusst bzw. mit "natürlichem Willen" fortbewegen will (Schwab, in: MunchKommBGB [Fn.], § 1906 BGB Rn. 38).
〈51〉 BT-Drucks. 13/7158 S. 34.

高裁判所の見解に従って、特別な法律上の授権を必要とするならば、代理権者については特別なものは適用されえない。委任と代理は、本人の身上に関する権限につき、代理権者に対して、世話人が有する以上のものを創設的に与えることはできない。民法 1906 条第 5 項は、従って、二重の機能を含んでいる。同条は、一方では、移動の自由の領域における代理権の承認を含み、かつ、それは一定の要件に服している。同条は、その限りで 1904 条第 5 項に比肩されうるものである。それ以上に、同条は、代理権者による強制措置における同意と、それとともに本人に対する決定権限についての法定の授権基礎を意味している。

Ⅴ　まとめ

　憲法は、国家に対して、特に保護を要する人を含めて、すべての人間の尊厳を尊重し、保護することを要求している。基本法上の基本権は、彼らにも同じ方法で縮小されることなく帰属している（基本法 1 条第 1 項及び 3 条）。これは、成年者保護を大いなる挑戦に駆り立てる。連邦憲法裁判所の判決は、冒頭では引用を節約した基本法の条文から、保護を必要とする人間の法的地位と彼らの処遇をそれによって決定する、重要な憲法上の基準を発展させた。立法者は、憲法上の委託を受け入れ、そして法的世話と私的自治による配慮のさまざまな形態によって、重要な手段を創設した。これらは、個々人の自治を承認し、かつ同時に基本法の保護委託を実現したのである。
　しかし、本人にとっては、このような法（権利）は、その具体的個別的な事例において現れているように、常によいことばかりではない。従って、要求の多い憲法上の委託を実務上変更することは、単に立法者の課題であるだけでなく、世話制度におけるすべての関係者、裁判所、市町村の世話官署、世話協会、そして特に世話人と代理権者の課題でもある。

　　　　　　　　　　　　　　　（フォルカー・リップ／田山輝明 訳）

〈52〉Dazu oben bei Fn. 39.

第2章

オーストリア代弁人法
── 発展およびクリアリング ──

　25年以上前から、オーストリアには代弁人法が存在する。代弁人法は、心的病気の者および精神的障害者の法的世話の領域において、ヨーロッパ全体での先駆者としての役割を果たしており、そしてとりわけドイツの1992年の世話法改正の枠内においても尊重された。2007年7月1日に施行された2006年の代弁人法改正法により、初めての抜本的な改正が行われた。この改正により、代弁人制度にかわる選択肢となる制度がとりわけ強化された。

I　1984年までの発展

　1916年の行為能力剥奪宣告令によって、初めて、精神病に罹患している者の法的保護が広汎に規制された。これ以前の規定（1811年の一般民法典273条）は、このような者を「狂乱し、気が狂っている」と言明し、行為能力の完全な喪失と結び付けられた特別代理人をこれらの者に任命するという可能性しか有していなかった。[1] 1916年の行為能力剥奪宣告令の中心的内容は、行為無能力者に対する法律行為の代理および精神病院における強制的収容の裁判所によるコントロールであった。その後、とりわけ1948年のヨーロッパ人権条約は、心的病気および精神的障害の者の法的地位の改善をもたらした。[2] つまり、ヨーロッパ人権協定に伴い、個人的な権利、特に個人の自由、自己決定および尊厳のある生活に関する権利が要請され、次第に社会的に認められ、〔状況は〕転換された。このことは、1970年代にヨーロッパ全域において、開かれた精神病院および本人を可能な限り広汎に社会へ受け入れることを目的とした精神医学上の改革をもたらした。

〈1〉　Ent/Hopf, Das Sachwalterrecht für Behinderte (1983) 25.
〈2〉　オーストリアでヨーロッパ人権条約が施行されたのは、1958年である。

後見人として任務を受任するための適切な人物を探すことは、次第に困難な状況になった。このような状況を改善するための最初の第一歩は、(1980年の)法務省による代弁人制度のための協会の設立であった。この協会は、1984年以降――それまでモデルプロジェクトの枠内で何人かの者が世話されたが――、専業的な職員と指導されたボランティアとともに被代弁人を代理している。この協会の他に、その後、別の三つの代弁人協会が設立された。これらの協会は、非常に広範囲において、法務省による財政的援助を受けている。これらの代弁人協会は、すべての代弁人制度の約15%の実施を委託されている。

しかし、とりわけ、行為能力剥奪宣告令が現に認識されている本人の個人的な必要性に対して柔軟性に乏しすぎたため、特に完全な行為能力の剥奪と制限的な行為能力の剥奪という2段階しかなかったために、改正の必要性が生じた。

加えて、本人への強烈な〔行為能力被剥奪者という〕烙印が行為能力剥奪宣告と結び付けられていた。とりわけこのために、このような法領域は代弁人法とその名称が改められた。同様のことが、原則的に「精神病」および「精神薄弱」という概念についてもいえる。これらの概念の代わりに、「心的病気」および「精神的障害」という概念が用いられるようになった。

II　1984年の代弁人法によって改革された点

代弁人法（1984年7月1日施行）により、柔軟性があり、本人の個人的な

〈3〉　現在、〔この協会の名称は〕「VertretungsNetz – Sachwalterschaft, Patientenanwaltschaft, Bewohnervertretung (VSP)」である。
　　http://www.vsp.at/. 参照。この協会は、1991年以降、精神病院において、措置入院法に基づき強制的に収容されている者、そして2005年以降、高齢者、および障害者施設ならびに病院において、ホーム滞在法に基づき、自由制限の下にある者も代理している。
〈4〉　Pilgram/Hanak/Kreissl/Neumann, Entwicklung von Kennzahlen für die gerichtliche Sachwalterrechtspraxis als Grundlage für die Abschätzung des Bedarfs an (Vereins) Sachwalterschaft, 16.
〈5〉　完全な行為能力剥奪宣告は、本人を7歳未満の子供と、そして制限的な行為能力剥奪宣告は、分別のある未成年者（今は14歳から18歳）と同視していた。これについて、全体的にHopf, Von der Entmündigungsordnung und Anhaltung zur Rechtsfürsorge für psychisch Kranke, in Weinzierl/Stadler (Hg), Justiz und Zeitgeschichte 293. 参照。
〈6〉　全体的に、代弁人法の創設の際には、烙印を押し、差別待遇をするという概念を規制内容から排除する努力があった。Ent/Hopf, Sachwalterrecht 33 und 37 f.
〈7〉　Bundesgesetz über die Sachwalterschaft für behinderte Personen; BGBl.Nr. 136/1983.

必要性に合致した制度が生み出された。これは、人類学の人間像と人道主義的な基本理念に基づく現代的な法律である。

　1984年の代弁人法は、三つの代弁人制度のグループを有している。すなわち、(a) 個々の事務のための代弁人制度、(b) 一定の範囲の事務のための代弁人制度、(c) すべての事務のための代弁人制度である。意図されていたのは、全面的な行為能力剝奪宣告を可能な限り多くの場合において、部分的な世話（個々のまたは一定の範囲の事務のための代弁人制度）によって置き換えることであった。しかし実際には、この目標は部分的にのみ達成されえたにすぎなかった。

　1984年の代弁人法による基本的な革新の一つは、家族モデルへの回帰という点にある。これ以降、第一に、〔本人の〕「身近にいる者」が、そして第二に職業として活動しており、この〔代弁人制度の〕ために職業訓練を受けた者（代弁人協会の職員）が代理人として任命されるべきとなっている。行為能力剝奪宣告令の時代には、判例および実務は、親族の選任に対して拒絶的な態度を示しており、協会代弁人は存在していなかった。このため、実務で多く選任されていた弁護士は、しかしながら、個人的世話、医療的世話および社会福祉的世話の必要な確保を十分に保障できないことが多かった。[8] 代弁人のこの任務の意義を際立たせるために、この義務は、「身上監護」という概念の下で法律において強調された。

　代弁人の選任のための手続は、1984年以降、本人の申請または職権によってのみ開始されうる。第三者は確かに手続の開始を提案できるが、——行為能力剝奪宣告令とは異なり——申請権は第三者にはもはや認められていない。[9] 手続きの開始を本人の申請と職権によって制限することにより、「不愉快な」親族を裁判所によって「行為能力」を剝奪させること、代弁人を任命される者が、自分は親族によって「行為能力を剝奪」されたという印象を抱くことが回避されることになる。代弁人制度手続の中心的な面は、口頭主義および直接主義ならびに、——通常現場で、すなわち住居またはその時々の施設において——本人から個人的な印象を得て、そして本人の意思を個人的に聴取するという裁判所の義務である。

　さらに、争われていた遺言能力の問題に関しては、人は、原則的に代弁人の任務範囲に関係なく、しかし裁判所か公証人の面前において、口頭で遺言する

---

[8]　Kremzow, Sachwalterrecht 8.
[9]　申請権は、親族、市町村および検察にあった。

ことができるということが明らかにされた。緊急遺言を除いて口頭による遺言は一般的に廃止されており、〔裁判所か公証人の面前においてのみ口頭でできるという〕この制限は、2005年1月1日以降——緊急遺言の例外に関する口頭による遺言作成の一般的な廃止（2004年家族法相続法改正法、連邦官報Ⅰ）——、今は代弁人制度裁判所が、これを本人の保護のために特別に命じた場合（一般民法典568条）にのみ、あてはまるにすぎない。このため、被代弁人には、いまや他のすべての者と同様の遺言の可能性が開かれている。しかし、それにもかかわらず、個々のケースにおいては遺言の時点で、適切な裁量能力が〔本人に〕存在するかどうかが吟味されなければならない。[11]

完全な行為能力剥奪宣告は、本人を7歳未満の子供と同視し、そうすることによって不法行為能力も排除していた。これに対し、代弁人を選任することは——すべての事務処理のための〔選任〕についても——、本人の不法行為能力に何の影響も及ぼさない。不法行為能力は、満14歳をもって、専ら実際の認識能力によって判断される。また、代弁人を任命することは、障害者を特定の年齢の未成年者と同等に扱うことではない。

（完全な）行為能力の剥奪は、本人の完全な行為無能力という結果をもたらす。このため、完全な行為能力被剥奪者の〔行った〕法律行為は、初めから無効であった。代弁人の任命は、今や、裁判所によって決定された代弁人の任務範囲内において行為能力の喪失という結果をもたらすに過ぎない（一般民法典280条）。代弁人の任務範囲内にある被代弁人の法律行為は、代弁人がその法律行為に対し、遡及的にその法律行為が有効になる同意をするか、または法律行為が最初から無効になる同意の拒否まで、不確定的に無効である。しかし、被代弁人の契約の相手方は、代弁人の同意または拒否まで、法律行為に拘束されている。被代弁人は、いずれにせよ日常生活に関する法律行為（たとえば、日用品の購入）を行うことはできる。日常生活に関する法律行為は、被代弁人に課される契約上の義務を履行することによって有効になる。

代弁人法によれば、代弁人を任命したことの公示は、今やこのことについて正当な利害関係を有する者と官署に制限されている。さらに障害者は、行為能力剥奪宣告令によるのと異なり、すべての決定について知らされるべきで

---

[10] Kremzow, Sachwalterrecht 8.
[11] 遺言能力を肯定するための基準として、14歳の認知能力が求められている。Barth/Dokalik in Barth/Ganner (Hg), Handbuch des Sachwalterrechts – Mit Angehörigenvertretung, Vorsorgevollmacht und Patientenverfügung (2010, 2. Auflage), 262 f.

ある。⁽¹²⁾

Ⅲ　1984年以降の発展

　1984年7月1日（代弁人法の施行）から2007年7月1日（2006年代弁人法改正法の施行）の間に、入院施設における強制収容の領域において、きわめて重要な変更が行われた。これ以外に、1989年と2000年に、親子法の小改正が、個々の、比較的些細な革新を代弁人法にもたらした。

　1987年まで、行為能力被剝奪者は、選挙権を剝奪されていた。しかし、憲法裁判所は、当該規定を憲法違反を理由に削除した⁽¹³⁾。これ以降、被代弁人は、その選挙権の行使においてもはや制限を受けない。選挙権および被選挙権の排除は、今や、裁判所によって有罪判決が適切に下された場合にのみ行われるにすぎない。個人の選挙権の原則に基づき、個人的な投票による投票が行われなければならない。このため、代理人による投票は、排除されている。外国での投票（郵便投票）の場合を除いて、〔選挙権が〕選挙委員の前に身体的に存在する必要がある。身体的障害または精神的障害を有する選挙権者（これは、他者の援助なしに役所の投票用紙に記入できない者である）は、自ら選挙できる者によって連れて行かれ、そして選挙を行う際に援助されうる。

　認識能力および判断能力を有する者は、年齢に関係なく、原則的に自ら医的措置について決定するということが明らかにされたことによって、2001年の親子法改正法により、子供による同意、およびこれにともない被代弁人による医的治療の同意が広汎に新しく規制された⁽¹⁴⁾。また、監護を委託された者および身近な親族またはボランティアとして代弁人制度を実施している者のための責任の軽減（裁判官の抑制権）も、新しく創設された⁽¹⁵⁾。プロの代弁人（たとえば、弁護士、公証人、代弁人協会）は、有責的に引き起こしたすべての損害について責任を負うのに対し、裁判所は、身近な親族または名誉職代弁人の場

〈12〉 Maurer, Das österreichische Sachwalterrecht in der Praxis (2007, 3. Auflage), 2.
〈13〉 VfGH 7.10.1987 G 109/87, Slg 11.489.
〈14〉 満14歳では、認識能力および判断能力は、疑わしいと思われる（一般民法典146条c）。さらに、認識能力・判断能力がある未成年者は、困難な医的措置に際しては、監護および教育を委託されている者の同意を必要とするが、認識能力・判断能力のある被代弁人は、〔この同意を〕必要としない。
〈15〉 Volgger, Die Haftung des Sachwalters, FamZ 2007, 74; Ganner in Barth/Ganner (Hg), Handbuch des Sachwalterrechts2, 127.

合には、損害賠償義務を軽減するか、すべて免除することができる（一般民法典 277 条）。

　1991 年の個人の自由保護のための連邦基本法および措置入院法の施行にともない、強制収容法が新しく規制された。義務的に入院させられた者の専門的なそして無料の代理としての患者代弁人制度の設置は、措置入院法の重要な革新を形成している。行為能力剥奪宣告令の〔自由制限に関する領域に〕相当する規定は、これによって廃止された。それ以来、強制収容は（精神病院および精神医学に関する施設において）措置入院法に、または身上監護の枠内において、代弁人または監護裁判所によって命じられた「民事法上の」（たとえば監護ホームにおける）措置入院に基づくこととなった。しかしその際、1990 年代において、学説では、代弁人法に存在する規定は、強制措置を正当化していないという意見が次第に主張されるようになっていった。「民事法上」の措置入院の可能性に関する最終的な明確性は、2001 年の親子法改正法によってもたらされた。それ以来、代弁人法は、自由制限の領域をカバーしていないという見解が一様に主張されている。実務において自由制限と結び付けられる困難にもかかわらず——自由を制限することは、本人の保護のために今後も行われなければならない——、2004 年になってようやく、精神病院以外の強制措置のこのような領域について、法律上の規制が、すなわち 2005 年 7 月 1 日に施行されたホーム滞在法が創設された。

Ⅳ　2006 年の代弁人法改正法

　2006 年の代弁人法改正法（SWRÄG）は、1984 年以降存在している代弁人法の最初の大改正である。この改正によって、この間に生じた法的変化および社会的変化についての対応がなされた。中心的な目標は、広範囲に高く評価されている代弁人制度を、今後も機能できるよう維持することであった。

1　改正の理由

　改正のもっとも重要な理由は、代弁人制度〔利用件数〕の著しい増加にあり、このことから、実務に対しとりわけ次のような問題が生じた。

〈16〉　この関係において、病院施設法 Krankenanstaltenrecht の改正も必要であった。
〈17〉　ドイツ世話法における発展は、全面的に比較可能である。ドイツの発展も、世話ケースの著しい増加と、高額な公的費用によって影響されている。Hessler in Hoffmann/Pilgram

①裁判所の非常に過大な負担
②司法に従事する者、代弁人手続（鑑定人）および代弁人協会のための出費により増加する公的資金[18]
③適切な代弁人を見つけることが困難であること

　すでにもっと以前から、このような発展は、代弁人制度が委託されている保護機能をもはや果たすことができないという危険をともなっているということが立法者によって、認識されていた[19]。なぜなら、とりわけ代弁人制度を創設することによって得ようと努力されていた専門性が、このような事情の下では、長くは保障されないからである[20]。

　1981年中には、全部で約1000人が行為能力剥奪宣告を受けていたに過ぎなかったのに対し、2008年度には、被代弁人の数は約8200人であった[21]。この発展が同じように維持される場合には、そこから、しばらくしたら人口の1％が代弁人制度の下に置かれるという結果になるにちがいない〔と予測されている〕[22]。2006年の代弁人法改正法は、この発展を止めることを目標としていた。代弁人職の新規の任命数がこの改正以降、わずかに減少しているため、この目標は、さし当たり実際に達成されている。この成功の原因は、とりわけ新たに創設された近親者の法定代理権と老齢配慮代理権である。

　人口統計学上の発展と、この発展にともなう、人口全体における高齢者および認知症の者の割合の増加が〔代弁人制度利用の〕増加の主な原因であるという思いつきやすい説明は、わずかな程度において妥当するに過ぎない。それによれば、このような人的グループにおける〔代弁人制度利用の〕総数は3分の1増加しなくてはならないはずであったが、実際にこの〔ような者が利用

　　　(Hg), Autonomie im Alter (2004) 122. 参照。
〈18〉2008年は約2700万ユーロであった。
〈19〉ErlRV 1420 BlgNR 22. GP 1.
〈20〉1990年代中頃から、社会的に訓練を受け、専門的に監督されている協会代弁人の割合は減少している。協会代弁人制度の創設時には、協会代弁人制度が全代弁人制度〔利用〕の約3分の2を引き受けるべきであるということが前提とされた。実際は、その割合はせいぜい6分の1である。Pilgram, Das neue Sachwalterschaftsrecht aus der Sicht der Sozialwissenschaft, in (österreichisches) Bundesministeriums für Justiz (Hg), Recht und Würde im Alter (2006) 201 f; Schlaffer ebendort 213.
〈21〉ドイツでは約23万人であり、日本ではこれと比較すると約28,000人であった。Vgl Aoki/Ganner, Das japanische Vormundschaftsrecht – Seinennkoukennhou, BtPrax 2009, 207 (210).
〈22〉Pilgram, Das neue Sachwalterschaftsrecht aus der Sicht der Sozialwissenschaft, in (österreichisches) Bundesministeriums für Justiz (Hg), Recht und Würde im Alter (2006) 201.

する〕代弁人制度の数は、1981年以降、およそ9倍になっていた。同様の(23)ことが、社会福祉的資源および日常の（法律）行為の次第に増加する複雑性についてもいえる。変化は認識できるものであるが、しかし、それは代弁人制度〔利用〕の増加をその程度において正当に根拠付けるものではない。一人世帯の増加による家族構成の変化は、たとえば85歳以上の場合においてのみ見受けられるだけである。施設で世話されている者の数は、変化しなかったが、精神病の施設から老人ホームおよび監護ホームへの移動が非常に多く生じた。このため、実務において代弁人が頻繁に任命されることの基本的な原因は、ピルグラムによれば、たとえば介護金のような、改善された社会法上のサービスにより、なお促進された「官僚主義化および法化の」傾向であるだろう〔とされる〕。しかし、たとえこのようなことが用いられている概念を意図しているとしても、私の考えでは、この発展は専ら否定的にのみ評価されるべきではない。(24)なぜなら、このような傾向の理由は、心的病気の者および精神的障害者との係わり合いにおいて、基本権の意識を変え、これらの者の人格権の保護に、以前よりもより意義が認められることにあるであろうからである。同時に、法実務が法理論により近づいたということも、原則として肯定的に評価されるべきである。つまり、今日では、以前はその事務処理について法的な資格が与えられないまま、親族によって決定されていた事務について、代弁人が頻繁に任命されている。これ〔以前の事務処理〕については、その裁判所によるコントロールも存在しなかった。

　少なくとも、この発展は計画通りと言うべきではない。この発展よれば、代弁人の任命のうち、事例の55％においてすべての事務のために、40％において一定の範囲の事務のために、5％においてのみ個々の事務のために代弁人が任命されている。1983年の代弁人法の目標は、（行為無能力の）本人の制限(25)を絶対に必要な範囲においてのみ行うことおよびこのために可能な限り多くのケースにおいて部分的な代弁任職が任命されることであった。

〈23〉 Pilgram in (österreichisches) Bundesministeriums für Justiz (Hg), Recht und Würde im Alter 205.

〈24〉 Pilgram in (österreichisches) Bundesministeriums für Justiz (Hg), Recht und Würde im Alter 208 f.

〈25〉 Pilgram/Hanak/Kreissl/Neumann, Entwicklung von Kennzahlen für die gerichtliche Sachwalterrechtspraxis als Grundlage für die Abschätzung des Bedarfs an (Vereins) Sachwalterschaft, 16.

2　基本的な革新

　既存の家族構成への信頼が、2006年の代弁人法改正法によってとられた措置の基礎を形成している。1984年の代弁人法が国家および法制度への信頼、および家族に対する不信感からより強く影響を受けていたのに対し、今や家族は高い機動力を有するものとして再認識された。[26]家族は——可能な限り法的な障害なく（たとえば、法律に従った近親者の代理）または少なくとも公的費用（たとえば老齢配慮代理権）なしに——、一般民法典21条により、少なくとも国家の任務でもある配慮任務をいっそう多く引き受けるべきである。このような目標設定の強調により、改正は明らかに代弁人法〔の範疇〕を超えている。[27]

　このためまず第一に、代弁人法改正法により、すでに現行法で認められている補充性の原則が強化されている。この原則によれば、代弁人の任命が許される前に、まず最初にすべての非公式の法的援助の可能性が検討されるべきである。[28]これは、とりわけ代弁人協会のクリアリングによって、改善される予定である。

　被代弁人の医的治療と居所の決定も、初めて特別に規定された。しかしながら、本人の実際の異議に反して適切な決定を強制的に行うことは、依然として法的にカバーされていない。

　2006年代弁人法改正法によって強化された意義は、身上監護についても認められている。これは、とりわけ、毎月本人との個人的なコンタクトを維持するという代弁人の義務の中に現れている。

　さらに2006年の代弁人法改正法は、〔改正までの〕間に、柔軟で、反証可能な法的推定論として形成されていた、一人が受任できる代弁人職の数について絶対的な最高限度〔数〕を規定していた。当該規定は、その後、再び緩和さ

---

[26] Pilgram in (österreichisches) Bundesministeriums für Justiz (Hg), Recht und Würde im Alter 209 (210). Aber schon das Sachwalterrecht brachte gegenüber der Entmündigungsordnung eine stärkere Einbindung der Familien.

[27] 2006年代弁人法改正法に関して、全体として以下の文献を参照されたい。Barth/Ganner (Hg), Handbuch des Sachwalterrechts (2007); Schauer, Schwerpunkte des Sachwalterrechts-Änderungsgesetzes, ÖJZ (Österreichische Juristen-Zeitung) 2007, 173 (Teil I) und 217 (Teil II); Schwimann, Neuerungen im Obsorge-, Kuratel- und Sachwalterrecht, EF-Z ([österreichische] Zeitschrift für Ehe- und Familienrecht) 2006,

[28] ここでは、ホーム契約法およびホーム滞在法による信頼できる人物ならびにホーム滞在法（HeimAufG）による居住者代理人 Bewohnervertreter も、明確にあげられる。

れ、反証可能な法的推測として形成された。これによれば、個人は多くても5〔件〕、そして弁護士および公証人は多くて25〔件〕の代弁人職を受任することができる（一般民法典279条5項）ということが推定される。このことにより、代弁人職の受任が、弁護士、公証人および代弁人協会を除いて、営業的に行われることが阻止されるはずである。これに対し、代弁人協会はこのような制限〔数の制限〕の下に置かれていない。弁護士および公証人には、原則として代弁人職を受任する義務が存在する。代弁人職を受任する義務は、家族法上の援助義務に基づいて、身近な親族にも存在する。しかし、その意思に反して親族を代弁人に任命することは、この者が本人の福祉を援助することが期待できないために、通常は目標にそぐわない。

代弁人協会を代弁人に任命するという可能性は、基本的な革新の一つである。2007年までは、自然人のみが、つまりこのような協会の職員のみが代弁人職を受任できた。

2006年の代弁人法改正法は、すでに長い間取り組まれてきた（ほぼ完全な）親子法からの代弁人法の切り離しを実現した。これにより、成年者の地位（法的なものも）が子供の地位と区別されるべきであるということが明らかにされるはずである。代弁人法の中心には、一定の者が、危険なしに自ら一人で処理できないその事務についての配慮がある。親子法の中心には、非常に一般的に、両親・子供という関係と子の教育がある。

Ⅴ　代弁人法の原則

1　一般民法典21条

単純に法律上の次元では、一般民法典は、広汎な国家による配慮義務を形成している。代弁人法は、心的病気または精神的障害を有する成年者についての、この法律上の義務の変換である。有力な判例は、一般民法典21条から、未成年者および被監護者への具体的で包括的な（監護）裁判所の権利擁護義務も導

〈29〉法務省は、ここでは、助成金の条件において定められるケース数を通じて、十分な制御可能性を有している。

〈30〉Maurer, Sachwalterrecht3 § 274 ABGB Rz 1. しかし、これは争いがないわけではない。Schwimann, EF-Z 2006, 69 参照。

〈31〉Vgl Barth/Ganner in Barth/Ganner (Hg), Sachwalterrecht2, 84.

〈32〉Vgl Schauer, 20 Jahre Sachwalterrecht – Sinn, Zweck und Alternativen, RZ 2004, 206.

き出している。このため、監護裁判所は法定代理人によって行われた法律行為の許可とともに、法定代理人の活動を非常に一般的で適切な方法において監督しなければならず、そして、予定されている措置の結果について、法定代理人に説明しなければならない場合もある。

2　本人の福祉

　代弁人法において、しかし、親子法においても中心的な行動規範は、被代理人の福祉である。この語については、「関係する生活および物的領域において形成された基準および価値観により解釈されるべきである」という漠然とした法的概念が問題となる[33]。これ〔基準および価値観〕に応じて、この概念は社会的な価値観によって方向性が決定され、かつその変化の影響下にある。本人の「福祉」は、いずれの場合においても個人に応じて判断されるべきであり、その際、その都度の代弁人制度〔利用〕の理由と目的、裁判所によって確定された任務範囲および本人の主観的な利益および希望が重要な基準となる。成年者またはましてや高齢者の場合には、いずれにせよ、財産の維持および増加は、たとえば未成年の子供の場合のように、その意義を認められ得ない。これは、このことがこの者の希望に沿っているか、または通常の生活の質を維持するために必要である場合に、障害者の財産が次第に使い果たされることがあるということを意味している。

3　本人の通知受領権および発言権

　障害者は、計画されている、その身上または財産に関係する重要な代弁人の措置について、適時に知らせを受け、そしてこれについて適切な期間〔経過〕後に発言する権利を有する。発言権は、「重要でない」措置に関しても存在するが、代弁人による通知義務は存在しない。障害者の発言はともかく考慮されるべきであり、そしてこのことが代弁人によって計画されている措置よりも、障害者の福祉に少なからず合致している場合には、その中に表明されている希望は遵守されるべきである[34]。

4　希望調査義務

　代弁人は、「障害者がその能力と可能性の枠組みの中で、その希望と考えに

---

[33] Vgl Barth/Ganner in Barth/Ganner (Hg), Sachwalterrecht2, 85; Schauer, RZ 2004, 207.
[34] Vgl Barth/Ganner in Barth/Ganner (Hg), Sachwalterrecht2, 87 f.

より自己の生活状況を形成できるよう、努めなければならない」（一般民法典281条1項）。目標は、決定能力のない者についても、可能な限り広汎な自己決定を保障することである。このため、代弁人は、障害者が処理されるべき事務についての意思を形成するように、積極的に努力するよう義務付けられている（希望を突き止める義務）[35]。

5　裁判所のコントロール

一方で、代弁人は、裁判所に（2006年代弁人法改正法以来）少なくとも毎年、障害者の個人的な状況について報告しなければならない[36]。しかし、裁判所はさらに短い間隔での報告も要求できる。というのも、裁判所はいつでも、代弁人にそのような報告をするよう指示する可能性を有しているからである[37]。他方で、代弁人は、障害者のために代理行為を行えるようにするため、被監護者の身上に関係のある重要な事務および通常の範囲を超えた財産管理について、裁判所の許可を必要とする。代弁人が治療担当の医師に、障害者が認識能力および判断能力がなく、予定されている医的治療が本人の福祉を保持するために必要であるということを証明している、少なくとももう一人の独立した医師による診断書を提示した場合には、医的治療の――困難である治療についても――同意について、裁判所の同意は、2007年7月以降、もはや必要ではない[38]。

VI　代弁人協会のクリアリング機能

2006年の代弁人法改正法によって、代弁人協会の任務範囲はクリアリング機能について拡張された。つまり、一方では、まだ代弁人制度手続の開始前に、助言と情報によって、代弁人制度に代わる援助の可能性が見つけ出され、任命手続において実際の代理の必要性が唱えられ、代弁人制度を受任している身近な者が組織的な助言によって援助される。このような〔活動に〕より、今後は、法的素養のある弁護士または代弁人協会が任命されなければならないことが必

---

[35] Vgl Barth/Ganner in Barth/Ganner (Hg), Sachwalterrecht2, 92 f.
[36] この際、報告されるべきなのは、収入および財産状況、社会福祉および健康に関する扶助、精神的および身体的所見について、ならびに代弁人と障害者の間の個人的なコンタクトの種類と程度についてである。
[37] Vgl Barth/Ganner in Barth/Ganner (Hg), Sachwalterrecht2, 94 ff.
[38] Vgl Barth/Ganner in Barth/Ganner (Hg), Sachwalterrecht2, 96 ff und 104 ff.

要となることはより稀になっていくだろう。クリアリング手続により、とりわけ健康および介護の領域において改善された情報の状態により、代弁人制度の必要性が減少することになるであろう。このことにより、代弁人協会は、適切な質を必要とするケースをますます世話できるだろう。

可能な限り最も早い時点で、個人的なおよび施設からの代弁人制度の提案者と接触することが、協会代弁人の任務である（提案者の助言）。この接触は、直接裁判所での執務日になされることができ、または書面での提案を提出する場合には、協会代弁人によって積極的にもたらされうる。提案者は、初回の対話において、一般的に代弁人制度の効果について説明を受ける。さらに、なぜ代弁人制度が提案されるべきであるのかが詳しく問われる。次のステップとして、提案者が代弁人制度との関係において有している期待が、解明されるべきである。この一般的な目標を——代弁人制度という手段の可能な限り制限的な使用——達成するために、対話の中心には、もしかしたら存在するかもしれない他の解決可能性についての情報と、代弁人制度が置き換えられうるかどうかについての解明が含まれる。さらに提案者との会話のために、協会代弁人は、本人との個人的なコンタクトを求め、そしてとりわけ——本人の了解を得て——世話をする環境についての電話による問い合わせおよびもしこれが必要と思われるのであれば、生活状況の判断のために自宅訪問を含む調査を実行する。

個人の助言以外に、すべてのケースにおいてではないが、とりわけ根拠付けられた提案を行う施設が、提案者の助言の中心に位置している。このような施設は——部分的には情報提供の催しにおいて——、以下のテーマについて、集中的に情報を提供される。

● どのようにして代弁人制度〔の利用〕が阻止されうるのか。（たとえば施設におけるケースワーカー、小遣いの管理など）
● 代弁人制度の法的要件および〔受任〕限界は何か。
● 近親者の代理および老齢配慮代理権はどのような可能性を提供するのか。

クリアリング手続の目標は次のとおりである。
●〔代弁人〕提案の抑制
● 代弁人制度の法的効果について意識を高めること、および
● 代弁人制度の代替制度をよりいっそう考慮し、使用すること（たとえば近親者代理〔権〕、老齢配慮代理権）

〈39〉 Rott/Vyslouzil in Barth/Ganner (Hg), Sachwalterrecht2, 337 ff; Vyslouzil, Neue Aufgaben für die Vereinssachwalterschaft, FamZ 2006, 160.

提案者の助言では、主張されている問題に対し、代弁人を任命する手続は必要でないと思わせるような代替的な解決策を見つけることが重要となる。それにもかかわらず、手続を開始することが必要であるとみなされる場合には、協会代弁人は、裁判所に決定を行う際に負担を軽減するはずのクリアリング報告書を作成できる（裁判所への援助）。詳しく言えば、クリアリング報告書は、代弁人制度の手続を考慮に入れないか、または手続を開始するかの根拠付けられた推薦を含むものである。適切な人物が見つけられうる限りで、この者は手続の開始の場合に手続代弁人として提案される。すでに申し立てられた人物のデータ、代弁人制度〔利用〕に関する基準が存在するかどうかの判断、本人の個人的な状況に関する情報、そして本人の収入および財産の状況ならびに世話をする環境についての情報が、裁判所が使用するためにまとめられている。

　さらに、〔本人の〕身近にいる代弁人および親族を助言し、訓練することが、クリアリングの枠組みにおける代弁人協会の任務である。訓練の目標は、一方では代弁人職を受任することについての参加者のモチベーションを前もって（たとえば、存在している手続代弁人制度において）高めること、他方では、すでに任命された代弁人にその権利と義務について情報を提供し、このような代弁人に、たいていは社会法上のサービスの申請、監護計算書および裁判所への報告書の作成のような技術を伝えることである。

　2007年7月1日以降の代弁人制度手続へのクリアリングの影響は、ウィーンの法社会学・犯罪社会学研究所によって、2006年代弁人法改正法の効果についての広範囲に及ぶ研究によって調査された。[40] クリアリングによって、代弁人制度手続または代弁人の任命が回避されるという意味

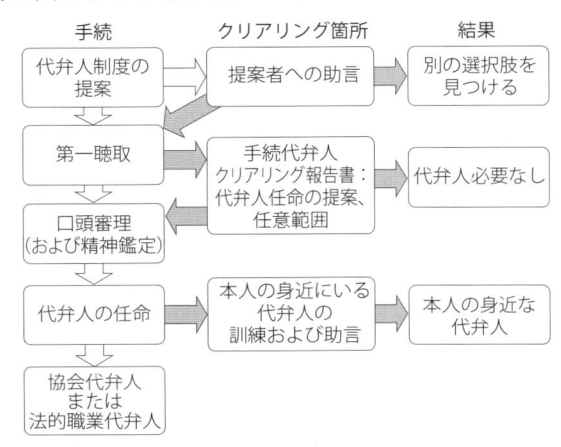

手続	クリアリング箇所	結果
代弁人制度の提案	提案者への助言	別の選択肢を見つける
第一聴取	手続代弁人クリアリング報告書：代弁人任命の提案、任意範囲	代弁人必要なし
口頭審理（および精神鑑定）		
代弁人の任命	本人の身近にいる代弁人の訓練および助言	本人の身近な代弁人
協会代弁人または法的職業代弁人		

〈40〉Kreissl/Pilgram/Hanak/Neumann, Auswirkungen des Sachwalterrechtsänderungsgesetzes 2006 (SWRÄG) unter Berücksichtigung der neueren Alternativen zur Sachwalterschaft auf die Betroffenen und ihr Umfeld, auf die Praxis der Gerichte und den Bedarf an Sachwalterschaft. Abschlussbericht, Wien, März 2009 (download unter: http://www.irks.at/downloads_frame.html).

でのクリアリングの効力は、その際、はっきりと確認された。しかしながら、効力の程度は、地域的な条件によって強く左右されている。

Ⅶ　長所と短所

　法学者の視点から見た代弁人制度の考察は、この法制度の客観的で最終的な評価をもたらすことはできない。なぜなら、この考察によって、本人についての、時には〔本人とそれを取り巻く〕環境についての法的効果が叙述されうる場合もあるが、しかし、たいてい非常に重要な意味を持つ――多くの人と施設に関係する――社会的な効果は表現されえないからである。このため、ここでは少なくとも、著者自身の経験から、ならびに個々の協会代弁人および裁判官への質問から明らかになった、実務からのいくつかの肯定的な、そして否定的な局面が混在する[41]。

　代弁人制度は、非常に広範囲にわたり、専門家の間だけでなく、心的病気の者および精神的障害者の公的な認知においても、行為能力剥奪宣告令と比べて本質的な改善をもたらした、原則的によく機能している権利保護手段であると感じられている。しかし、「行為能力剥奪宣告」の評判は、完全には改められえなかった。このため、本人の多くは代弁人を拒否するが、身近にいる親族が〔本人から〕最も好意をもって受け入れられ、少なくとも部分的には歓迎すべき援助であると〔本人によって〕感じられている。

　代弁人制度が代弁人協会によって実施されているところでは、例外なく代弁人制度が最もよく機能している。ここでは、定期的に十分なノウハウと専門性および裁判所と協会内部によるコントロールが存在している。しかし、協会のキャパシティは、（これ以上については）不十分であり、その結果、監護裁判官が代弁人協会を代弁人に任命したいと考える多くのケースにおいて、別の人物に――特に弁護士または公証人に――〔代弁人の受任がやむを得ず〕切り替えられなければならない。弁護士と公証人は、財産的な事務の代理に十分な適性を有しているが、身上監護および本人と親族とのコミュニケーションにおいては、社会福祉的な能力が不足している場合がある。身近な親族が処理されるべき事務について必要な素質を備えており、本人の福祉に反する固有の利益が存在しないか、または本人の決断に影響を及ぼさない限り、最善の代弁人は、

〈41〉これに関する（代表的な）研究は、残念ながら存在しない。

依然として本人を尊重し、思いやりを持って、しかし干渉主義的な世話をしない、——きわめてまれにしか存在しない——身近な親族である。代弁人制度が、意欲のない親族または弁護士および公証人によって実施される場合には、代弁人法の目標に関する適切な意識なしに、一種の「管理不十分〔な状態〕」が存在していることも珍しくない。[42]

　単に代弁人がその義務をおろそかにするだけでなく、裁判官もコントロール機関として働かないところに、弊害が生じる。[43] よく知られているのは、代弁人が障害者のために不利益を生じる契約を締結し、担当の監護裁判官がこの契約を許可するか、または代弁人が——ひょっとしたらこのお金を後に自らが相続するということを期待して——、障害者の収入および介護金の大部分を貯金し、適切な世話のために支出しないというようなケースである。しかしながら、人的ミスが複数の領域で同時に起こるところでは、法秩序は、それにより生じる本人の不利益を適切な手段によって回避することができない。いずれにしても、これ以外のコントロール部局は望ましくない。しかし、原則的に代弁人制度における濫用の危険はわずかであると判断されている。たいていのケースにおいては、おそらく、親族または知人による民間のコントロールですでに十分である。心的病気および精神的障害を有する者の金銭および財産を不法に委ねられるという意味での弊害は、代弁人の任命前に、最も生じやすい。[44] 代弁人制度の手続が開始するとすぐに、裁判所によるコントロールが、少なくとも、財産的な事務に関してよく機能する。とりわけ、医療的世話、監護的世話および社会福祉的世話に関する裁判所による代弁人に対するコントロールは、より困難であり、それゆえ、また欠陥に対しても強くない。

　人的資源の不足により——監護裁判官がもし代弁人制度を受任する準備がある親族を見つけ出した場合には、その裁判官は幸運であるといわなければならない——、潜在的な代弁人の適性は、しばしば十分に審査されず、このことは、場合によっては事後に代弁人の任命のし直しを必要とする。すなわち、代弁人は見つけられにくいという同様の理由から、時折、私人が80から100件を

---

[42] Vgl Schlaffer in (österreichisches) Bundesministeriums für Justiz (Hg), Recht und Würde im Alter 214.

[43] 原則的に、まさにたいていは若い監護裁判官に高度な関与が承認されなければならないが、しかしこのことは、時折は行き過ぎた配慮に変わることがある。

[44] 場合によっては生じる責任の追及に対して予防措置を講じるために、何度も非常に高額な金額が口座から引き出される場合には、個々の銀行は、一定の人的範囲のもとで、自ら代弁人手続を提案する。

委託させられていたが、このようなことは、しかしながら、新法〔で定められた受任できる代弁人制度〕の最大数により、もはや可能ではなくなるであろう。同じことが、とりわけオーストリアの弁護士事務所において存在していた、大量の代弁人職〔受任〕の場合についても言える。

　これまで、代弁人協会で活動しているボランティア代弁人によって、非常によい経験が蓄積された。ここでは、オーストリア全土において、過去25年間で非常にわずかな個々のケースにおいてのみ、弊害が生じた。

Ⅷ　国連障害者権利条約の
オーストリア代弁人制度への影響

　オーストリアの代弁人法と場合によってはドイツ世話法の新たな発展は、障害者権利条約がもたらしている可能性がある。この2006年12月13日の障害者権利条約は、オーストリアでは2008年9月26日に批准されが、実現の留保の下にある。[45] これは、当該条約は、初めに独自の法律上の措置によって国内法に転換されなければならないということを意味する。これは、近年中に予定されている。

　当該条約によって新たな基本権は創設されていないが、既存の基本権が具体化されている。これは、とりわけ憲法法上保障されている平等原則と差別からの保護に関係している。少なくとも慢性的に罹患している者、要介護者、および心的病気の者も、条約の意味における「障害」者に含まれる。

　条約12条2項によれば、障害を有する者は、すべての生活領域において他の「権利能力者および行為能力者」と平等に権利を享受する。ここから、──少なくとも、自ら選任したのではない──障害者の法的代理は全く許されないということが部分的に導かれる。決断を見つける際の援助が許されるのみであり、他者による決定は許されないことになる。本人は、たとえば行為無能力である場合でも、すべての決断を一人で行わなければなくなるだろう。これは、妥当ではないというのが私の見解である。援助措置によっても、ある者の決定能力が回復しえない場合には（たとえば、こん睡状態の者の場合、または別の理由から、意思を形成したり、発言することができない場合）、代理が引き続き可能である。

---

[45] これに関して詳しくは、Ganner/Barth, Die Auswirkungen der UN-Behindertenrechtskonvention auf das österreichische Sachwalterrecht, BtPrax 2010, 204.

ドイツでは、条約との関係において、ドイツ民法典1903条に規定されている裁判所によって定められる世話人のための「同意留保」の規定が、これ以外では完全に本人が行為能力を有する場合に、条約違反になるかどうかが議論された[46]。同条によれば、裁判所は、世話人を任命する際に「同意留保」を宣言することができる。これは、本人の行為能力の制限という結果をもたらす。同意留保の範囲においては、本人は、世話人の同意とともにのみ法律行為を行うことができる。

オーストリアでは、そしておそらく日本でも、法的状況はより厳しいものである。というのも、代弁人の任命は、代弁人の任務範囲内で自動的に行為能力の制限をもたらすからである。これに対して、たとえば医的治療または居所決定についての同意のために必要となる認識能力および判断能力は、代弁人の任命とは関係がない。

法律行為を行うために必要な精神的能力（裁量能力）が存在するにもかかわらず、行為能力が法律によって剝奪されるということが生じるために、オーストリアで一般民法典280条において規定されている行為能力の自動的な制限は、私の見解では、条約に抵触する。

オーストリア中央代理〔権〕目録における近親者の代理権限の登記の証明（証書）と老齢配慮代理権が有効になったことの登録の証明（証書）と結び付けられる特別な信頼保護も問題となる。この信頼保護によれば、法律行為は、本人がその決定能力または発言能力をまだ全く失っていないという理由から、代理権限を証明する証書が不当に交付された場合でも有効になる。一般民法典284条e第2項2文および284条h第2項の信頼保護が、外観法理の一般的な原則を超越しているという理由から、被代理人の法的保護は、この場合、民法の通常の代理権の場合よりもより弱くなる[47]。（行為無能力の）被代理人は、このため、一般民法典による（表見）代理に基づいて代理される者よりも、過酷な地位に置かれる。

条約に関しては、近親者の法定代理権も問題がないわけではない。12条4項は、管轄を有し、独立した中立の官庁または司法機関によって定期的に調査することを要求している。このような調査は、現在、近親者の代理権の場合に

---

[46] Vgl. Lachwitz, BtPrax 2008, 143 (147f) und Burkert, Ratifiziert – und nun?, BtPrax 2009, 101 (104).

[47] これにより、たとえば、表見代理の場合には、少なくとも被代理人について何らかの種類の帰責性が存在しなければならないという一般的な民法上の代理権の原則は排除される。So auch Machold, ÖZVV und Vertrauensschutz, ecolex 2007, 492.

は、オーストリアでは存在しない。

　このため、当該領域において、近年中にもしかしたら改正が行われるかもしれない。

IX　まとめ

　全体として、代弁人制度という法制度は存続し、以前の行為能力剥奪宣告令と比較して、本人に対し、疑いなく大きな改善をもたらした。被代弁人の法的地位を改善するだけでなく、心的病気および精神的障害の者とのかかわりにおいて、世話をする人、裁判官およびおそらくまた市民の基本権に関する意識が全体的に強化されたことによっても、1984年の十分に意欲的な改正の目標が大体においては達成された[48]。

　2007年7月に施行された改正は、少なくとも中期間、裁判所の負担の軽減をもたらしている。「クリアリング」手続によって、とりわけ健康および介護の領域において、より改善された情報状況により、代弁人制度の「必要性」は減少している。これにより、代弁人協会は、適切な質を必要とするケースをますます世話することができる。近親者による自動的な代理および老齢配慮代理権という新しい手段は、このような援助を行う準備ができている親族が存在しているところでのみ機能する。このようなケースにおいては、2006年代弁人法改正法以前の法状況によっても、この親族を代弁人に任命し、それによって発生する監護裁判所に関する措置を講じることは、それほど大きな労力ではなかった。それにもかかわらず、このような新しい手段によって、ある程度の裁判所の負担の軽減が生じた。

　しかし、援助や保護を必要としている人の数が、減るのではなく、今後も増えるであろうことも、はっきりしている。このため、国家が適切なインフラストラクチャーと十分な（裁判所および代弁人協会における）人員を用い、そしてもっぱら、本人の自律した事前の配慮および家族法上の親族の義務のみを信用することのないようにすることによって、（社会）国家は、その配慮義務を今後も果たすよう求められている。

（ミヒャエル・ガナー／青木仁美 訳）

---

[48] Vgl etwa Hopf in (österreichisches) Bundesministeriums für Justiz (Hg), Recht und Würde im Alter 219.

第 3 章

オーストリア法による代弁人への処分委託証書、老齢配慮代理権、近親者の法定代理権および患者配慮処分

I　課題の設定

　2007 年 7 月 1 日に施行された 2006 年の代弁人法改正法により、もはや自ら決断する能力のない者の法定代理に関する新制度が創設された。既存の法制度である代弁人制度に、近親者の自動的な法定代理権、老齢配慮代理権および代弁人への処分委託証書が加わった。とりわけ老齢配慮代理権と、原則的に従来から本人の発言権の枠組みにおいてすでに認められており、今や明確に名づけられた代弁人への処分委託証書は、憲法上保障されている自己決定〔権〕を、日常生活においても保障することになる。すでに 2006 年には、（2006 年患者配慮処分法における）患者配慮処分が初めて法律上規制された[1]。患者配慮処分は、医的治療を初めから、つまり、まだ決定能力を有する時点で、拒否するという可能性を与えている。

　このような制度の創設により、オーストリア法は、本人による独自の事前配慮をますます促進している。その目標は、一方では高齢者および要介護者の自治および自己決定の強化である。他方で、国家はこのような制度を創設することにより、その任務を私人の可能性に向けることによって、自己の任務を減少させることも試みている。国家の任務を市民に担わせることによって、要介護者の人口統計学的数の継続的な増加により常に増加している国家および地方自治体の財政的な費用が抑制される。このような代弁人制度に代わる選択肢の利益は、ある者がより独立して自らを世話できることと、家族がより大きな影響

---

[1]　ここでは疑いなく民法上のテーマが問題になっているのだから、患者配慮処分は、老齢配慮代理権や代弁人への処分委託証書と同様に、一般民法典に規制することが懸命だっただろうというのが私の見解である。

力と代理権を有することにある。本人にとっての不利益は、国家がその任務の一部と、これに伴うその費用を、私人に担わせることにある。

　新たに創設された選択肢、とりわけ老齢配慮代理権と近親者代理権は、十分に〔その有効性が〕実証され、そして実務においても一層使用されてきている。代弁人制度の新たな利用の継続的な増加が少なくとも止められたことによって、このことは、疑いなく裁判所の負担の軽減という結果をもたらした。2007年から2008年にかけて、代弁人が新たに任命された件数は、長い時間が経過し初めて再び8,469件から8,281件に減少した。

　しかし、非常に広汎なケースにおいて、相変わらず代弁人は任命されている。老齢配慮代理権と近親者の法定代理権は、いまだにどちらかというと例外的である。

　しかし、たとえば興味深いのは、オーストリア、ドイツおよび日本の間の代弁人制度および後見（世話）制度の密度が非常に異なっていることである。オーストリアでは、人口800万人に対し、代弁人制度〔利用者数〕はおよそ6万人であり、ドイツでは人口約8100万人に対し、〔後見制度利用者数は〕120万人以上である。〈2〉これは、オーストリアでは1000人当たり6.9人が、ドイツでは14.9人が後見制度を利用しており、ドイツの利用者数は〔オーストリアの〕2倍以上となっている。オーストリアでは、代弁人制度・後見制度は、毎年約8000件の新たな利用件数があり、ドイツでは約23万件であり、日本は3万件である。

　オーストリアでは、明らかに女性の割合が高い（61％）のに対し、ドイツでは、女性よりも男性の方が世話人または後見人を付されていることがやや多い。オーストリアでは、家族親族による代理の割合は、ドイツよりもいくらか少なく、オーストリアでは60％であり、ドイツでは67％である。日本では、裁判所によって任命される後見の家族親族の割合は、70％を超えている。

　年齢構成においても、相当の違いが存在する。オーストリアでは、80歳代が、代弁人制度・後見制度についてドイツの2倍以上の割合を占めており、それゆえ、比較的若い者（64歳まで）は、明らかに〔ドイツ〕より僅かである。

〈2〉　日本については、成年後見制度の総数について見つけ出せなかった。

Ⅱ 登録制度

　代弁人への処分委託証書、老齢配慮代理権および近親者の法定代理権は、オーストリア中央代理〔権〕目録に公証人によって登録されうる。登録することによって、どれくらい頻繁に近親者の法定代理権が使用されているかがだいたい分かることになる。しかし、登録は、有効要件ではなく、その結果、近親者の法定代理権は、登録なしでも使用されうる。このこと〔登録なしでも使用できること〕は、確かに近親者の法定代理権において重要な役割を果たしている。多くのケースにおいて、近親者による法的に有効な代理が行われ、しかし本人がその際に一般民法典284条b以下によって近親者による法定代理権制度が利用されていることを知らないということが想定される。近親者の法定代理権は、国民には、いまだに良く知られていない。近親者の法定代理権制度は、たとえば老齢配慮代理権および患者配慮処分と異なり、ほとんど宣伝されておらず、メディアでも取り上げられていない。老齢配慮代理権と患者配慮処分は、弁護士と公証人によって定期的に宣伝されている。このため、ここでの登録の数は、明らかに〔近親者の法定代理権〕より多くなっている。老齢配慮代理権の場合は、また大部分が登録されているということを前提としうる。

　近親者の法定代理権を除いて、統計は存在を示しているに過ぎず、老齢配慮代理権、代弁人への処分委託証書、またはその異議が有効になったかどうか、

オーストリア中央代理権目録

オーストリア中央代理〔権〕目録における登録：概観	2007年12月31日現在	2009年3月31日現在	2010年11月30日現在	2011年4月30日現在
老齢配慮代理権	1,091	3,635	7,025	7,989
代弁人への処分委託証書を含む老齢配慮代理権	876	3,068	6,640	7,886
代弁人への処分委託証書	51	186	368	438
近親者の法定代理権	573	2,162	4,360	4,954
近親者の法定代理権に対する異議	24	57	100	110
合計	2,615	9,108	18,493	21,377

つまり実際に使用されているかどうかを示すものではない。

もし第三者がオーストリア中央代理〔権〕目録の登録を提示される場合には、第三者は、近親者の法定代理権または老齢配慮代理権に対する信頼において保護される（一般民法典284条eおよびh）。[3]

患者配慮処分は、オーストリア公証人会の患者配慮処分登録（簿）において（2009年3月31日現在：2,161件）およびオーストリア弁護士会の患者配慮処分登録（簿）において（2009年3月27日現在、1,270患者配慮処分）に登録されうる。[4]

Ⅲ　代弁人への処分委託証書

　障害者は、自分の代弁人を原則的に自ら選択できる。[5]行為能力ならびに認識能力および判断能力は、確かに原則的に必要ではない。しかしながら、希望の法的有効性のためには、それらの存在は決定的に重要である。行為能力ならびに認識能力および判断能力が希望を述べた時点で不足している場合には、裁判所は、確かに提案された人物を考慮に入れることができるが、〔障害者〕自ら選択した人物の任命が障害者の福祉に反しない場合でも、裁判所は、提案された者よりも客観的により適した人物を任命できる。この限りで──患者配慮処分法に依拠して──、単に顧慮すべき代弁人への処分委託証書（一般民法典279条）〔後述「Ⅵ」参照──訳注〕についても〔同じことが〕いいうる。つまり、裁判所は、代弁人の任命に際し、引き続き選択について裁量権を有する。

　しかしながら、希望が述べられた時点で、行為能力ならびに認識能力および判断能力が存在した場合──この時にのみ、法律は「代弁人への処分委託証書」を規定している──には、裁判所は、この意思表示に原則的に拘束される。代弁人への処分委託証書は、このようなケースにおいて拘束力を有する。この場合は、いかなる選択的裁量の余地もない、つまり、単により適切な人物を選任することは不可能である。しかし、〔処分委託証書に挙げられている〕人物の任命が障害者の福祉に反するであろう場合には、別の人物が自ら選択された人

〈3〉　Vgl Barth/Ganner (Hg), Handbuch des Sachwalterrechts (2010, 2. Auflage) 372 ff (Ganner) und 540 (Barth/Kellner).

〈4〉　これについて詳細は、Ganner, Rechtstatsächliches zu Patientenverfügung, Vorsorgevollmacht und gesetzlicher Vertretung durch nächste Angehörige – Erhebungen in Österreich und Deutschland zur Akzeptanz in der Bevölkerung, iFamZ 2009, 150 参照。

〈5〉　これについて詳細は、Barth/Ganner in Barth/Ganner (Hg), Sachwalterrecht2, 59 ff 参照。

物として任命されなければならないから、代弁人への処分委託証書は——拘束力のある患者配慮処分と異なり（患者配慮処分法1条2項参照）——、単に相対的に拘束力を有するにすぎない。

　このような異なる法的効果は、ある特定の人物を代弁人に任命しないという希望についても、考慮される。本人が希望を述べた時点で、行為能力ならびに認識能力および判断能力を有していた場合には、その希望は——それが障害者の福祉に反する場合を除いて——、拘束力を有する。その他の場合には、その希望は顧慮すべき〔希望〕である。しかし、表明された拒否は、その場合にも裁判所の熟慮において、考慮されるべきである。

　〔本人による代弁人の〕選択は——たとえそれが行為能力ならびに認識能力または判断能力を喪失する前に、つまり代弁人への処分委託証書を用いて行われる場合でも——、方式なしになされうる。しかし、いずれにしても書面によって行うことが推薦される。さらに、代弁人への処分委託証書は、これによって、代弁人任命手続においての実際の顧慮が高度になるから、オーストリア中央代理〔権〕目録に登録され（公証人規則140条h第1項1行）、そして必要であれば、公証行為としてなされるべきであろう。要請があるときは、公証人と弁護士は、オーストリア中央代理〔権〕目録の書面による代弁人への処分委託証書の登録を義務付けられている。本人は、ある特定の人物の任命に関する希望を、原則的に随時、つまり代弁人任命手続の開始前（ここでは、場合によっては「代弁人への処分委託証書」として）、手続中および手続の終了後でも、述べることができる。しかし、代弁人制度を別の人物に委託することは、これが本人の福祉にとって必要である場合においてのみ（278条）、必要である。代弁人への処分委託証書は、老齢配慮代理権の枠内においても作成されうる。しかしながら、記載された者が代弁人として提案され、かつ代理権が与えられていない場合にのみ、代弁人への処分委託証書の問題となるにすぎない。これ以外では、代弁人の任命をまさに排除している老齢配慮代理権が問題となる（268条2項）。

　代弁人への処分依頼証書は、いつでも方式に関係なく取り消されうる。しかし、この取り消しは、行為能力ならびに認識能力および判断能力を要件とする。新しい代弁人への処分委託証書の作成は、自動的に以前の処分証書の取り消しを意味する。しかし、行為能力ならびに認識能力および判断能力を欠いている場合には、代弁人への処分委託証書において挙げられた人物の拒否は、裁判所にとって依然として非常に重視すべきことである。

Ⅳ　近親者の法定代理権

　オーストリアにおいて、病気のためにもはや決断能力および発言能力を有しないために、誰かが法定代理を必要とする場合には、そして彼が自ら代弁人を選んでいなかった場合には（たとえば老齢配慮代理権によって）、まず初めに自動的に近親者の法定代理権（一般民法典284条bからe）が考えられる。[6]重要な医学的事務または経済的・財政的事務が処理されるべきであるために、その代理権限が十分ではない場合には、または近親者がいないか、または近親者が代理権を行使する準備ができていないか、もしくはできない場合には、代弁人が任命されなければならない。代弁人の任命は、たいていは近親者の法定代理権の消滅という結果をもたらす。従って、近親者の法定代理権は、老齢配慮代理権受任者または代弁人が存在しない場合には、全く発生しないという限りにおいて、補充的である。代弁人が近親者の法定代理権でカバーされていない別の任務範囲について任命される場合にのみ、代弁人と近親者の法定代理権は同時に存在しうる。しかし、このようなことは実務においてはほとんど生じない。

　この近親者の法定代理権は、これがこのような種類および方法においてこれ以外にどこにも存在しないという理由から、ヨーロッパ法において独自性を有している。ドイツにおいては、世話法改正の枠組みにおいて、——裁判所によるコントロールが欠如しているために——多すぎる濫用が懸念されるという理由で、近親者の法定代理権は意識的に断念された。同様のことが、2011年1月1日にオーストリアの代弁人法をすべてを受容したリヒテンシュタイン公国においても当てはまる。ここでも、近親者の法定代理権は拒否された。しかしながら、スイスでは、オーストリアのそれと比較可能な近親者代理が導入されることになっている。近親者代理は、すでに可決されているが、おそらく2013年になって施行される予定である。

　オーストリアでは、近親者の法定代理制度は、専門家の見解によれば、十分に〔その有効性が〕実証された。これまで濫用は明らかになっていない。決断能力を喪失した場合に、法律によって生じる近親者代理権の肯定的な点は、当該近親者代理権によって、法律の権利（本の中の法）が実際の関係（行動にお

〈6〉　しかし老齢配慮代理権が存在する場合には、近親者代理権は全く生じない。

ける法）へとより近づけられたということである。実務において、親族は、法的な代理権を有することなしに、すでにこれまで本人のために決定を行うことが頻繁にあった（たとえば、医的事務または日常生活における事務）。今や、法に合致するように活動することが親族にとってより容易になっている。しかし、高い濫用の危険も、おそらく近親者の代理権と自動的に結び付けられる。濫用ケースは確かにこれまでは明らかになっていないが、濫用ケースは、ほとんど明らかにされないであろうから、濫用があるか、そしてあるならばどれくらいか、という確かな発言はすることができない。

　しかし、立法者は、近親者による代理の濫用からの保護に関する次のような法的措置を講じた。
- 代理権を日常生活に関する法律行為および些細な事務に制限すること
- 被代理人による異議申立の常なる可能性
- オーストリア中央代理〔権〕目録における登録の義務
- 代理権の利用の前に、近親者の法定代理権について本人に知らせる義務
- および代弁人制度手続の提案。これに従えば、濫用の疑いがある場合には、誰でも裁判所に代弁人の任命を提案することができる。この手続において、裁判官は、現存の近親者の法定代理権が濫用されているか、そしてこのために誰か別の者が代弁人に任命されなければならないか、を調べなければならない。

　裁判所実務においては、近親者の法定代理権は全く重要ではない。これまで、近親者の法定代理権についてはようやく二つの判例が存在し、一つは州裁判所によるものであり、もう一つは最高裁によるものとなっている。ここでは、近親者は、裁判所によってコントロールされないこと、およびオーストリア中央代理〔権〕目録（ÖZVV）への登録は、法定代理権の成立のための要件ではない、ということが明らかにされたのみである。

　しかし、代弁人制度は、近親者の法定代理権と異なり、いまだになお「行為能力剥奪」という「烙印」によって負荷をかけられるので、近親者は、どちらかというと代弁人制度の受任よりは近親者の法定代理権の受任のために確保されうる。とりわけ、経済的な裁量の余地がほとんどないことが批判点であるとされている。[7]

　近親者の法定代理権がたいていのケースにおいて、ほんの僅かな期間のみの

---

[7]　Studie IRKS, Auswirkungen des Sachwalterrechtsänderungsgesetzes 2006 (2009), 55 ff.

ニーズを充足するものであり、しかしその後将来的に代弁人が任命されなければならないので、新条項の追加が検討されている。そこでは、近親者の範囲も代理権が発生する事務も拡大することが考慮されている。この際、重大な医的事務および経済的事務については、裁判所の許可が義務となるように規定されるべきかどうかが議論されている。

　代理権は、自動的に、従って法律により本人が決断能力を喪失する時点において発生する。裁判所または官庁による任命は必要ない。親族は、確かにその家族法上の援助義務の枠内で、代理を行うよう義務付けられているが、このことを法的に強制することはできない。誰かがある一部の領域（たとえば経済的事務）において決断能力がない場合には、親族代理権もこの領域に制限された一部のみという結果になる。

　近親者とこれと同じく代理権を有する者は、次のとおりである。両親、成人した子、もしこの者が〔本人と〕同じ家計のもとに生活している場合には配偶者、そして同じ家計の下で少なくとも３年間生活している同棲相手である。このような近親者の誰もが、一人で代理行為を行うことができる、従って、たとえば、法律行為を行うことができ、または些細な医的治療を決定することができる。近親者の意思表示が矛盾している場合には、この意思表示はどれも有効にはならない。もっとも、実務ではこれを調べたり実行するのは難しい。つまり、近親者が契約を締結し、別の近親者が事後に初めて異議を申し立てる場合には、これ〔別の近親者の異議申立〕は契約の有効性をもはや何も変更しない。

　近親者が代理権を利用したい場合には、近親者は、このことを被代理人に伝え、そして代理権をオーストリア中央代理〔権〕目録に登録するよう義務付けられている。しかし、登録および本人への伝達は、有効要件ではない。これは、登録と伝達がなくても、代理権が生じるという意味である。登録と伝達を怠った場合について、法律は制裁を定めていない。登録する場合には、近親者は、判断無能力を引き起こしている心的病気または精神的障害を証明する医師の診断書を提示しなければならない。[8]

　代理権限は、一般民法典96条による夫婦の日常家事処理権に依拠して、その範囲に応じて、日常生活の法律行為および介護の必要性をカバーする法律行為に制限されている。何が「日常生活」の法律行為であるかは、個人の生活環境により、従ってとくに収入状態および財産状態により決定されるべきである。

〈8〉　vgl Barth/Kellner in Barth/Ganner (Hg), Sachwalterrecht2, 493 f und 545.

これには、少なくとも家事の遂行に含まれる法律行為が挙げられるが、費用が非常に広範囲に社会保険によってカバーされている場合には、衣類の購入についての法律行為、病気に関する費用の支払い、および治療契約の締結も含まれる。代理権限は、介護の必要性をカバーする法律行為も包括しているが、しかしたとえば継続的な入院による処置のための契約の締結（ホーム契約）を含んではいない。介護の必要性をカバーするための法律行為には、たとえば（家事の遂行のための）ホームヘルパーの手配、または在宅訪問看護の手配がある。

　さらに、請求権の主張が重要な義務と結び付けられない限り、代理権限は、請求権の主張を含んでいる。これには、たとえば、介護金、老齢年金、社会扶助およびテレビ受信料や処方箋料金の免除のような免除申請、つまり社会法上の諸要求の主張が含まれる。

　医的治療については、近親者は、その医的治療が通常重大なまたは持続的な身体の完全性または人格の侵害と結び付けられない場合にのみ、決定することができる。重大な医的侵襲のためには、代弁人が任命されなければならない。重大な医的治療は、次のような場合に存在する。

- 24日を越える健康侵害または働けなくなることが見込まれる場合。
- それ自体重大な侵襲がなされる場合。従って、たとえば生命に重要な器官が関係している場合である。すべての大がかりな手術は、少なくともこれに該当する。

　重大なまたは継続的な人格の侵害は、たとえば、これ〔薬の服用〕によって、もしかしたら精神的能力および知的能力の障害、薬物依存性または鬱が引き起こされる場合には、向精神薬または他の薬を服用する場合に存在する。胃ろう（腹壁を通じての栄養カテーテル）の設置は、すくなくとも重大な医的措置であり、このため、近親者の法定代理権の枠組みにおいては認められえない。

　特定のまたはすべての近親者によって代理されたくない場合には、これに対して異議申し立てができる。このような異議申し立ては、これは大いに推奨されうることだが、オーストリア中央代理〔権〕目録に登録できる。しかし、登録は、異議申し立ての有効要件ではない。決断能力を喪失した後でも、従ってすでに近親者代理権が生じた後でも、異議申し立てを行うことができ、これによって代理権限は自動的に消滅する。実務においては、頻繁に要介護状態となる本人が外部に向けて異議を表明できず、このために異議をオーストリア中央代理〔権〕目録に登録することもできないという問題が生じうるであろう。

　このことは、代理権限が（異議申立によって）有効に消滅するが、場合によっ

ては法律行為の相手方がこの消滅について聞いていないという結果をもたらしうる。契約の相手方は、この相手方にオーストリア中央代理〔権〕目録の登録証明書が提示される場合には、引き続き一般民法典284条c第2項により近親者の代理権限の存在に関する信頼において保護されるであろう。〔すなわち〕代理行為は、代理権限が存在しないにもかかわらず、有効になると考えられる。

契約相手方となりうる者が近親者の法定代理権をより受け入れるようにするために、特別な信頼保護が規定された（一般民法典284条c第2項）。代理権限を利用したい近親者は、これをオーストリア中央代理〔権〕目録に登録しなければならず、その後、その代理権限を承認し、近親者が法的取引において提示することができる証書を手渡される。このことによって、代理権限の不存在のリスクは、法的取引の保護を考量して、部分的に契約相手となる者から被代理人へ受け継がれた。とりわけ、銀行はこの信頼保護を法律上規定するよう努めた。第三者、つまりたとえば契約の相手方は、この相手方に代理行為を行う際に、オーストリア中央代理〔権〕目録における近親者の代理権限の登録が承認されている証書が提示された場合には、代理権限を信頼してよい。実際に、代理権限のためのすべての要件が（もはや）満たされておらず、従って代理権限が少なくとも全く存在していない場合でも、被代理人と契約の相手方との間で契約は成立する。たとえばその者は未だに自分で判断する能力があるという理由で、またはオーストリア中央代理〔権〕目録における登録のために必要とされる医師の診断書が内容的に間違っているか、もしくは完全に偽造されているという理由で、〔代理権限が存在していなくても契約は成立する〕。本人の銀行口座の金銭を使用する場合には、代理権限に対する信頼は、最低限度の生活の額までのみ保護される。これは毎月約900ユーロ〔1ユーロ≒110円〕である。この信頼保護は、老齢配慮代理権（一般民法典284条h第2項）の場合にも存在する。

V　老齢配慮代理権

老齢配慮代理権（一般民法典284条fからh）では、自ら決断能力がなくなる将来の時点のための私的自治による事前配慮が問題となる。老齢配慮代理権は、日本の「任意後見制度」と比較しうる。

老齢配慮代理権では、自ら選んだ人物に、代理を引き受けることを委任する。代理が必要な事務は、分掌されうる。たとえば、娘には健康に関する事務が委

託され、息子には経済的な事務が委託される。特定の決断は、初めから確定的に定められうる。たとえば、あらかじめ定められた時点においてある特定の者への住居の贈与などである。老齢配慮代理権は、実務においては、よく患者配慮処分と組み合わせられ、代弁人制度および近親者の法定代理権よりも、より高い形成可能性を提供しているため、とりわけ裕福な人々の間で好まれている。これは、とりわけ財産管理の場合に、特にここでは企業の株の管理の場合にあてはまる。代弁人は、すべてを本人の「福祉」のために行わなければならないが、会社の利益を配慮することはできない。このため、中期間のおよび長期間の企業への投資は、代弁人制度〔利用〕が存在する場合には、しばしば不可能である。これは、老齢配慮代理権の場合には異なる。ここでは、老齢配慮代理権委任者の意思のみが顧慮される。老齢配慮代理権委任者は、たいてい長期間の順調な企業の発展について興味があるであろう。

　しかし、老齢配慮代理権は、危険ももたらす。とりわけ、自動的な裁判所によるコントロールが存在しないので、代弁人制度と比較してより高い濫用の危険が生じる。代弁人は、老齢配慮代理権と異なり、本人の収入状況および財産状況ならびに生活環境について毎年監護裁判所に報告しなければならない。ドイツでは、重要な医的治療に関する決定および強制入院に関する決定は、老齢配慮代理権の場合でも裁判所による許可が必要である。オーストリアでは、これは当てはまらない。もっとも、オーストリアでは老齢配慮代理権受任者または代弁人は強制入院および自由制限について決定することができない。

　老齢配慮代理権の場合に濫用の疑いが生じる場合には、近親者による法定代理権の場合と同様に、裁判所で代弁人制度〔の利用〕が提案されうる。そこで、裁判官は、現存の老齢配慮代理権が濫用されているか、およびこのために誰か別の者が代弁人に任命されなければならないかどうかについて、検討しなければならない。これと同時に、老齢配慮代理権において、受任者を定期的にコントロールする受任者監督人を任命するという可能性が生じる。または、特定の決断のために、複数の者の同意（共同代理）を強制的に定めうる。このことによっても、濫用の危険は減少しうる。さらに法律は、老齢配慮代理権受任者が、老齢配慮代理権委任者が世話されている施設と近い関係にあってはならないと定めている。当該規定によれば、たとえば老齢配慮代理権委任者が生活している介護ホームの職員は、老齢配慮代理権受任者として任命されてはならない。このような者は、代弁人にも任命されてはならない。

　老齢配慮代理権の規定は、一般民法による代理権規定に対する特別法である。

老齢配慮代理権の規定（一般民法典284条fからh）と一般民法に関する代理権の規定（一般民法典1002条以下）は、このような考えによれば同時に有効になる。老齢配慮代理権は、まさに決断能力が喪失する場合に常に設定されるが、一般民法による代理権は設定されない。一般民法による代理権が方式なしに設定されうる一方で、老齢配慮代理権の場合には、特別な法律による基準が遵守されなければならない。老齢配慮代理権の場合には、老齢配慮代理権委任者は、決断能力の喪失後に受任者をもはや自らコントロールすることができないことがたいていであるので、このような基準が遵守されなければならない理由は濫用の危険が高いことにある。一般的な民法による代理権の場合には、代理権委任者は、受任者を自らコントロールすることができる能力を有している。老齢配慮代理権という法制度は、オーストリア法においては、法律上の規定が創設される以前からすでに一般的な民法上の代理権（一般民法典1022条以下）を基礎として認められていた。[9] しかし、最高裁判例および学説は、（方式の自由な）老齢配慮代理権が存在するにもかかわらず、代理権委任者が決断能力を喪失し、受任者をもはや自分ではコントロールできない場合には、代弁人が任命されなければならない、という見解を広汎に主張していた。さらに、一般的な民法上の代理権によって、個人的な事務における代理（たとえば、医的治療への同意）も可能であるかどうかが争われていた。このため、特別な方式規定を義務として定めている独自の法律上の規制が必要であった。一般的な民法による代理権のみが存在し、代理権委任者がその決断能力を失う場合には、たいていは監督代弁人が任命されなければならない。

しかし、老齢配慮代理権が存在する場合には、代弁人の任命は、原則的に許されない。しかし、受任者が代理権の意味において活動すること（任務契約）について義務付けられているか、または実際に代理権に合致するように行動する場合で、かつ老齢配慮代理権がすべての処理すべき事務について網羅しておる場合にのみ、代弁人制度の補充性が生じる。

法律は、2種類の老齢配慮代理権について規定している。

まず初めに、簡単な事務のための老齢配慮代理権がある。この老齢配慮代理権は、遺言と同様に、(a) 自筆により、(b) 証人の面前でまたは (c) 公証行為として作成されうる。この老齢配慮代理権は、その範囲に応じてより少ない

---

[9] Vgl Ganner, Selbstbestimmung im Alter (2005), 395; Schauer, „Vorsorgevollmacht" für das österreichische Recht? – Rechtspolitische Bemerkungen zur geplanten Reform des Sachwalterrechts, RZ (Österreichische Richterzeitung) 1998, 100.

重要な事務に制限されている。

　重要な事務のための老齢配慮代理権は、弁護士、公証人または裁判所において作成されなければならない(10)。そして、老齢配慮代理権委任者は、弁護士、公証人または裁判所の作成に際して、老齢配慮代理権の法的効果についておよび常時の異議申立の可能性について教示されなければならない（教示）。

　重要な事務のための老齢配慮代理権は、すべての措置および代理行為を包括しうる。とりわけ、次のような事務も含む。
- 通常、身体の完全性または人格の重大で継続的な侵害と結び付く医的治療の同意（一般民法典283条2項(11)）。
- 居所の継続的な変更についての決定。
- 通常の経済活動に含まれない財産事務。これは、障害者の財産状況に照らして通常ではない（特に一般民法典154条3項）すべての法律行為である。

　このため、その都度個人的な判断が必要となる。その際に考慮すべきことは、次のとおりである。
- 本人の財産の種類および範囲
- 法律行為と結び付けられるリスクおよび法律行為と結び付けられる義務の期間と範囲

　これと同時に、健康状態および年齢のような個人的な生活状況も非常に重要になりうる。

　前述した方式規定が満たされていない場合には、簡単な事務のための老齢配慮代理権が成立する。しかしそうすると、代理範囲はいわゆる重要ではない事務に制限される。さらに配慮事例の発生によって、代弁人の任命が必要となる場合には、重要な事務に関して、「単に」一般的な民法による代理権が存在する。

　オーストリアにおける老齢配慮代理権の特別なメルクマールは、──ドイツと異なり──老齢配慮代理権委任者が行為能力、認識能力および判断能力または発言能力を喪失すると同時に（一般民法典284条f第1項）、老齢配慮代理権は通常初めてその効力を生じさせること、つまり、老齢配慮代理権受任者が初めて代理権を得ることにある。しかし老齢配慮代理権委任者は、別の時点を決めることができる。

──────────
〈10〉これについて、詳しくは Ganner in Barth/Ganner (Hg), Sachwalterrecht2, 345 参照。
〈11〉これについては、ドイツ法と異なり、裁判所による許可は必要ない。ドイツにおいては、（老齢配慮代理権）受任者も、（この場合、代理権は書面で作成されなければならない）ドイツ民法典1904条による重大な医学的措置についての同意のために、そしてドイツ民法典1906条による措置入院および他の自由制限措置のために、裁判所による許可が必要となる。

老齢配慮代理権は、代理権委任者によっていつでも撤回することができる。老齢配慮代理権委任者が完全に決断能力を有する時点で撤回がなされる場合には、老齢配慮代理権は完全に消滅する。老齢配慮代理権委任者がもはや判断能力がない時点で撤回が行われた場合には、老齢配慮代理権は消滅し、一般的な民法による代理権が存続する。さらにこのことは、少なくとも監督代弁人が任命されなければならないということを結果として生じさせる。

老齢配慮代理権受任者は、通常自然人であろう。しかし、財産法上の事務においては、法人も老齢配慮代理権受任者に任命されうる。代理権授与者が滞在しているか、または世話されている病院、ホームまたはそれ以外の施設と、受任者が依存関係または他の密接な関係にある場合には、代弁人の場合と同様に、老齢配慮代理権の場合においても、これは排除事由となる。このような場合には、老齢配慮代理権は存在しないが、一般的な民法上の代理権はおそらく存在する。

老齢配慮代理権受任者の任務は、老齢配慮代理権において述べられた代理範囲の枠内で、老齢配慮代理権委任者の福祉を促進することである。ここでは、決断能力の喪失後の意思表明も顧慮されるべきである。受任者は、希望を見つけ出すことも義務付けられている。受任者は、活動のための費用補償および補償を、老齢配慮代理権委任者がこれを自ら（たとえば代理権の中で）定める場合にのみ受け取る。他方で、受任者は原則的として老齢配慮代理権の受任について義務付けられていない。

VI 患者配慮処分

2006年6月1日に、オーストリア患者配慮処分法が施行された[12]。すでに以前から、口頭および書面による患者配慮処分は、実務において用いられていた。憲法上保護されている自己決定権の成果として、このような処分の拘束性は、学説および判例によってもまた部分的に認められていた。

患者配慮処分は、ある者がある医的治療を拒否し、そしてその者が（後の）治療の時点において、（もはや）認識能力、判断能力または発言能力を有しな

---

[12] これについては、以下の文献を参照されたい。Pesendorfer/König in Barth/Ganner (Hg), Sachwalterrecht2, 379 ff; Körtner/Kopetzki/Kletečka-Pulker, Das österreichische Patientenverfügungsgesetz (2007); Memmer/Kern (Hg), Patientenverfügungsgesetz (2006); Barta/Kalchschmid (Hg), Die Patientenverfügung – Zwischen Selbstbestimmung und Paternalismus (2005).

い時点で有効になる予定の法律行為である。このため、将来、ある特定の治療を受けるという希望は、患者配慮処分法の適用領域には属さない。たとえば、特定の介護サービスまたは食事などの拒否のような、医学の外に置かれている行動領域は、当該法律によって扱われていない。このような行動領域については、一般民法典および刑法上の規定が適用される。それらによれば、――決定能力を有する状態で述べられた――本人の意思に反して、このような特定の介護サービスまたは食事などの拒否は許されない。

　患者配慮処分の作成は、代理に親しまない。これは、本人だけが自ら患者配慮処分を作成できるが、法定代理人または自ら選んだ代理人（たとえば代弁人、両親など）によって作成されえないということである。

　患者配慮処分には3種類ある。一つ目は、拘束力のある患者配慮処分、二つ目は、顧慮すべき患者配慮処分、三つ目に実質的に適格な顧慮すべき患者配慮処分である。

　拘束力を有する患者配慮処分は、拒否される予定である、一つのまたは複数の医的措置が具体的に述べられていることを要件とする。これに加えて、包括的な医師による説明が必要である。医師は、治療の結果または治療を行わないことの結果について教示しなければならない。医師は、患者配慮処分の作成者が、この時点において、認識能力および判断能力を有していることも示さなければならない。さらに、患者が患者配慮処分の結果を的確に判断していることも、文書によって証明されなければならない。

　拘束力のある患者配慮処分は、書面によって作成されなければならず、日付が記載されていなければならない。拘束力のある患者配慮処分は、弁護士、公証人または法的素養のある患者代理人の面前でのみ、作成されうる。これらの者は、この枠組みの中で、患者配慮処分の結果および取り消し可能性について教示することを義務付けられている。

　拘束力を有する患者配慮処分は、5年間の期限をつけられている。5年が経過すると、拘束力を有する患者配慮処分は、その効力を失い、新しく作成されなければならない。患者配慮処分を新しく作成し直すために、再び医師による説明および法律上の助言が必要となる。患者配慮処分の作成者がその間にその認識能力、判断能力または発言能力を失った場合にのみ、拘束力を有する患者配慮処分は、5年が経過してもその効力を失わない。

　拘束力を有する患者配慮処分が存在する場合には、そこに表明されている意思は、現在の意思とみなされ、医師によって直接的に従われるべきである（法

的効果)。存在するかもしれない代弁人または裁判所による、〔患者配慮処分とは〕別の同意は必要ない。拘束力を有する患者配慮処分の中に定められている意思に反する医師の治療は、可罰的である(刑法典110条による独断の治療)。

顧慮すべき患者配慮処分は、少なくとも、拘束力を有する患者配慮処分が存在していない場合に存在する。顧慮すべき患者配慮処分は、推測による本人の意思の確定のために、従って指針として役立つ。そしてこの推定による意思は、——ひょっとしたら任命されることになる——代弁人および裁判所のための決定基盤として役立つ。顧慮すべき患者配慮処分が決定能力のある状態で作成され、このため患者の意思が顧慮されるべき患者配慮処分に基づいて明確に確定できる場合には、代弁人も裁判所もこれ〔患者配慮処分〕に拘束されるべきである。

患者配慮処分が拘束力を有する患者配慮処分の要件を早く満たすほど、病気の状況およびその結果が作成時点においてより厳格に予想できたほど、拒否される医的治療が具体的に記載されているほど、医師による説明が広範囲にわたっていた場合ほど、方式規定がより遵守されていたほど、そして患者配慮処分が頻繁に新しく作成され直されていたほど、また最後の改訂がより短期間に遡るほど、考慮すべき患者配慮処分は、より考慮されるべきである。

実質的に適格な顧慮すべき患者配慮処分は、顧慮すべき患者配慮処分において患者の意思が非常にはっきりと現れている場合に存在する。つまり、患者が、作成の時点で認識能力および判断能力があるということが明確である場合であり、それゆえ情報を与えられた患者の決定が問題となっており、意思の欠如の兆候が存在せず、そして異議もない場合である。この種の患者配慮処分は、法律に明確には規制されていない。この種類は、学説において発展させられ、そして争いなく認められている。実質的に適格な顧慮すべき患者配慮処分が存在する場合には、代理人による決定は必要ない。それゆえ、代弁人は任命されてはならず、そして裁判所による許可も必要とされない。実質的に適格な顧慮すべき患者配慮処分に現れている意思は、現在の意思とみなされ、その結果、拘束力を有する患者配慮処分の場合と同様に、医師は、この意思に、直接的に従わなければならない。

Ⅶ　まとめ

実際に、事前の任意処分の規制によって、とりわけ患者配慮処分と老齢配慮

代理権において、自己決定権の貫徹が促進された。もっとも、すべての方式上の、そして実体法上の要件を満たした場合だけである。以前のもの〔事前の配慮処分〕は、〔規制後と比較すると〕非常により広範囲なものであった。というのは、方式がなく費用もかからなかったからである。しかしながら、事前の任意処分の規制によって、このような処分作成の可能性は、〔今や〕法的に厳しく制限されている。しかし、実務では——とりわけ方式のない——老齢配慮代理権と患者配慮処分は、これまで法律行為上の取引において、医師および他者と〔の間で〕、その貫徹可能性という問題を抱えていた。このため、このような法的制度の法律上の規制が必要とされていた。市民の中に次第に増えている〔この制度の〕受け入れも、この〔規制の必要性〕を証明している。

　近親者代理権の評価は、両面価値的である。裁判官の側からは、本人のための法的保護の喪失が嘆かれている。負担を軽減する効果も、増加させられる助言の必要性によって再び埋め合わされるだろうといわれている。親族の代理は、その現在の、むしろ制限されている枠の中で、代弁人制度に代わる、量的に真に増える制度となることはほとんどありえないという点で意見は一致している。〔親族の〕行動の余地は、財産法上の事務においても健康にかかわる事務においても、狭すぎるとされている。望まれた効率を獲得するために、ここでは、今後の調整が不可避であるだろう。[13]

（ミヒャエル・ガナー／青木仁美 訳）

---

[13] これについて、詳細は、Kreissl/Pilgram/Hanak/Neumann, Auswirkungen des Sachwalterrechtsänderungsgesetzes 2006 (SWRÄG) unter Berücksichtigung der neueren Alternativen zur Sachwalterschaft auf die Betroffenen und ihr Umfeld, auf die Praxis der Gerichte und den Bedarf an Sachwalterschaft. Abschlussbericht, Wien, März 2009 (download unter: http://www.irks.at/downloads_frame.html) 参照。

第4章

韓国民法の成年後見制度

I　民法改正による成年後見制度導入

　2011年に韓国でも成年後見制度が導入された。従来の民法には、行為能力に関して禁治産者と限定治産者という無能力者制度が定められていた。このような無能力者制度に代わって、成年後見制度が民法総則の行為能力制度と家族法の後見制度との両方に新たに挿入された。2004年法務省の民法改正委員会で民法の全面的な改正案が作成された際に、時期尚早という理由で成年後見制度をその改正内容に入れなかった。しかし、1年後、急速な高齢化の趨勢および障害者保護の観点から成年後見制度を導入すべき時期となったという認識が広がり、重要な立法課題として浮上した。

　2006年以降、韓国では、成年後見制度の改正案がいくつか発表された。第17代国会では、李銀榮議員等の21名が2006年12月7日に提出した民法一部改正案、張香淑議員等の10名が2007年11月22日に提出した民法一部改正法律案があった。障害者団体とその他の市民団体は、早速の立法を促し、また、法律家も本格的に立法研究を開始した。そして、2009年に法務省の主管で成年後見制度に関する政府側の法案として民法改正案が作られ、2010年国会に提出された。この改正案は、成年後見制度の導入と成年年齢の引下げという二つの争点だけを内容としていた。国会では、政府案以外に議員発議法案として提出された二つの法案をも同時に審議した。2010年12月に国会法制司法委員会を通過し、2011年2月の本会議を通過した。この法案は、2013年7月からの施行が予定されている。

　2011年の民法の改正事項は、次の通りである。

　　第一、要保護者のための持続的、包括的保護制度として「成年後見」と「限定後見」の二つの類型の後見制度を取り入れた（民法第1編第2章第1

節　能力)。新しい成年後見制度を導入すると同時に、行為無能力制度である禁治産制度と限定治産制度を廃止した。

第二、要保護人の多様な欲求と必要に対処することができるようにするために、新しい制度として一回的で特定的な保護制度である「特定後見」制度を新設した。

第三、要保護者が後見契約を締結し、委任と類似した契約関係によって保護を受けることができる「任意後見」に関する規定を新設した。

第四、家族法の後見制度と親族会議規定を要保護者の福利に合わせ大幅に改正した（民法第4編第5節「後見」および第6章「親族会」）。

第五、成年年齢を満20歳から満19歳へ引き下げた。

Ⅱ　成年後見の類型

　韓国民法は、成年の要保護者のための後見制度として成年後見、限定後見、特定後見、任意後見の四種類を設けている。一つの類型をもってその内容を多様に構成する「弾力的単一類型制」（一元主義）の方式を取らず、四つの類型を提示し要保護者が一つの類型を選択するが、その内容に若干の弾力的な内容を持たせる「弾力的多数類型制」（多元主義）を採択した。

　成年後見の類型を定めるに当たり、従来、持続的、包括的な保護制度として存在していた禁治産制度、限定治産制度の基本構造を踏襲しながら、「成年後見」と「限定後見」という後見制度としてそれぞれ発展させた。法律の構造に対して急激な変更をもたらす立法は、施行上の混乱を引き起こす恐れがあると判断したからである。後見類型の決定において既存の制度の骨格を生かしながら、問題点を補う方式で立法することによって、法文化を持続的に発展させながら、従来蓄積されてきた法運営の方式と技術を最大に生かすことが望ましいと思われた。これと同時に基本制度の欠陥として指摘されてきた問題点を除去してそれぞれの類型に弾力的な運営ができるようにする装置を設置した。さらに、要保護人の多様な欲求に対処することができるようにするため、一回的で特定的な保護制度である「特定後見」と契約による後見人である「任意後見人」に関する規定とを新設した。

1　成年後見

　疾病、老齢その他の事由による精神的制約のため、事務を処理する能力が持

続的に欠けた者のために、成年後見の開始ができる（民法第 9 条第 1 項）。成年被後見人は、行為能力に制限を受けるため、成年後見人が法定代理人として成年被後見人の法律行為を代理する権限を有する。成年被後見人は、家庭裁判所が別途に決めない限り、原則的に、確定的に有効な法律行為をなすことができず、その法律行為は取り消すことができる（第 10 条第 1 項）。家庭裁判所は、取り消すことのできない法律行為の範囲を定めることができる。ただし、日用品の購入等の日常生活を営むのに必要な行為であり、その対価が過度ではないものは、成年被後見人が単独で法律行為をなすことができ、成年後見人がこの行為を取り消すことはできない。成年被後見人は、もはや無能力者ではなく、「制限能力者」と呼ばれるようになった。

2　限定後見

疾病、老齢その他の事由による精神的制約ため、事務を処理する能力が不十分な人のために、限定後見の開始ができる（第 12 条第 1 項）。限定後見は、精神的制約によって事務を処理する能力が不十分な要保護人の中で、成年後見を受ける場合を除いたすべてのケースを包括する弾力的な保護類型である。限定後見における限定被後見人は、行為能力を有するので、原則的に、単独で確定的に有効な法律行為をなすことができる。ただし、家庭裁判所は、限定後見の審判の際に一定の法律行為に限り、限定後見人の同意を受けるようにその範囲を定めることができる。これに該当する行為については、限定後見人の同意なしに限定被後見人がなした法律行為は取消すことができる（第 13 条第 4 項）。未成年者の場合とは異なって、家庭裁判所は具体的に要保護人の精神的能力を考慮して、残存能力を最大に活用することのできる形態の同意留保制度を取り入れた。限定後見人の同意を要する行為において、限定後見人が限定被後見人の利益が侵害される恐れがないにもかかわらず、その同意をしないときには、家庭裁判所は、限定被後見人の請求によって限定後見人の同意に替える許可をすることができる。家庭裁判所は、限定後見人に法定代理権を授与し、その限度において限定後見人は法定代理人となれるようにすることができる（第 959 条の 4）。

3　特定後見

精神的制約が微弱な程度であったり、または日常生活では家族の保護を受け無難な生活をしていたりしながら、ある特定の問題についてのみ個別的、一時

的、一回的に家庭裁判所の保護措置を受けようとする場合に、特定後見を開始できる。家庭裁判所は、疾病、老齢、その他の事由による精神的制約のため、一時的または特定の事務に関し、後見人が必要な者に対して特定後見の審判をすることができる（第14条の2第1項）。特定後見の審判をする際には、特定後見の期間または事務の範囲を定めなければならない。家庭裁判所は、特定被後見人の後援のために必要な処分を命ずることができる（第959条の8）。重要な財産上の法律行為、重大な治療行為の決定等、特定被後見人の財産または身上にかかわる特定の法律問題の解決のために利用することができる。家庭裁判所は、特定の命令をもって特定被後見人を後援または代理するための特定後見人を選任することができる。特定後見は、特定被後見人の行為能力には影響を与えない。

4　任意後見

　任意後見は、要保護人自らの契約により、後見人を選択し、代理権を付与することによって、後見事務の内容を自ら形成することができる手段としての後見契約を規定したものである。後見契約は、疾病、老齢、その他の事由による精神的制約のため、事務を処理する能力が不十分な状況または不十分になる状況に対して自己の財産管理および身上保護に関する事務の全部または一部を他人に委託し、かつそれに関する代理権の授与を内容とする契約である（第959条の14第1項）。民法は、一方では、本人の意思が後見事務に対して円満に貫徹されるようにする規定を設けながら、他方では、家庭裁判所を通じて任意後見人の後見事務の処理について干渉できる規定をも設けている。後見契約は、他の契約に比べて被後見人の財産と身上に大きな影響を及ぼすため、無制限に、契約自由に任せておくことはできないからである。家庭裁判所は、本人の事務処理能力が不十分な状況にあると認められるときは、任意後見監督人を選任する。任意後見は、契約関係が発生するのみであり、本人の行為能力に対する制約は生じない。

Ⅲ　自己決定の尊重

1　本人意思の尊重

　韓国の成年後見制度は、要保護者の自己決定の能力を最大に尊重しようと努

力する。成年後見制度の開始は、本人の意思に反して行われることはできないのが原則である。成年後見制度が開始された場合においても必要に応じ補充的に開始されるだけであり、後見事務の範囲に関しては本人の意思を考慮しなければならない。家庭裁判所は、成年後見と限定後見の審判の際には必ず本人の意思を考慮しなければならない（第9条第2項、第12条第2項）。特定後見については本人の意思に反して後見を開始することができない（第14条の2第2項）。

本人と任意後見人との契約によって発生する任意後見は、本人の自己決定が後見の法律関係の大部分を左右するようになる。任意後見は、本人が直接自身の信頼できる者を後見人として選任することができ、予め後見事務の内容に関する約定をしておくことによって本人の意思を正確に反映することができる。しかし、家庭裁判所が任意後見監督人を選任し、任意後見人の事務処理について監督をすることは、本人の意思が正確に反映されるようにしようとする趣旨である。

成年後見人は、財産管理および身上保護において成年被後見人の福利に反しない限り、成年被後見人の意思を尊重しなければならない（第947条）。とりわけ、身上保護に関しては本人の自己決定が重要に扱われる。成年被後見人は、自己の身上に関し自己の状態が許される限り、単独で決定できる（第947条の2第1項）。

2　必要性の原則

成年後見の開始の際に、後見の必要性の可否を審査することと成年後見人の業務範囲を成年後見で必要な職務の範囲に限定することは、必要性の原則によるものである。従来の行為無能力制度は、画一的な能力制限制度であり必要性の原則によらなかったため廃棄された。新しい制度は、被後見人の必要性に相応する多様な支援方式を提供して成年後見制度の弾力的運用ができるようにした。必要性の原則によって本人を不当な後見開始措置から保護することは、一方では被後見人の私益保護の側面を有しながら、他方では過剰保護による社会的浪費を減らすという側面において、公共の利益に合致する。

本人の残存能力の範囲内でなした法律行為は取り消すことができない。四つの類型の成年後見制度は、すべて要保護者の残存能力を認め、その能力の範囲内でなす自己決定を尊重するが、本人の能力の及ばない範囲については、後見人の助力を得る。新設した成年後見制度は、従来の禁治産制度より本人と後見

人の関係を精巧に規定している。従来、後見人は一律的に取消権、同意権、代理権を有したが、新制度においては、家庭裁判所が成年後見人の取消権、同意権、代理権を排除したり、その範囲を制限したりすることができる。そして、被後見人が日常生活を営むのに必要な行為は単独でできる。限定後見は、被後見人の残存能力を最大に活用できるように、家庭裁判所は後見人の代理権と同意権を制限的に認める。特定後見は、後援が必ず必要な特定行為に限り特定後見人に代理権を付与する。

3　補充性の原則

　本人の意思に合致したり、本人にさらに有利な支援方法があったりする場合に、成年後見制度の開始のため要保護者がそのような支援方法を享受することができないようにしてはいけないというのが補充性の原則である。家庭裁判所の介入する成年後見制度は、本人の意思による任意後見契約より後順位に置かれることが原則である。任意代理人が後見事務を処理することができるときには、その任意代理人の権限が尊重され、成年後見人は選任されない。ただし、任意代理人が存在しても本人の利益保護に不十分であったり、後見業務を遂行することができない状況に置かれたりした場合には、家庭裁判所によって成年後見人が選任されることができる。また、要保護者が親族による扶養および他の支援を受けている場合、または要保護者がすでに社会福祉制度による支援を受けている場合には、要保護者は成年後見審判によってこのような扶養や支援の妨害を受けず、従来の支援を継続して享受することができる。

Ⅳ　身上保護および人権保護

1　成年後見人の身上保護権限

　成年後見人は、被後見人の身上保護において同意権や代理権を濫用して、被後見人の人権に不当な侵害を加えてはいけない。成年被後見人は、自己の身上に関して本人の状態がこれを許す限り、単独で決定することができ、また成年後見人が身上保護に関する決定をしなければならない場合にも、諸般の事情を考慮して本人の福利に符合する方法で事務を処理しなければならない。家庭裁判所は、成年後見人が成年被後見人の身上に関する決定権限の範囲を定めることができる（第938条第2項）。

限定被後見人の身上保護に関しても成年後見と類似している。限定被後見人の状態が自己決定の可能なときは単独で決められるが、自ら決定することができないときは、家庭裁判所は、限定後見人が限定被後見人の身上に関して決定することのできる権限の範囲を定めることができ、また変更することができる（第959条の4第2項）。重要な身上の決定については、家庭裁判所の許可による監督が必要となる。

2　隔離施設収容の制限

要保護者は、成年後見が開始された後においても、可能な限り自宅で居住しながら、家族と交流する生活が享受できる権利を有する。成年後見人が成年被後見人を治療等の目的で、精神病院、その他の場所に隔離するためには、家庭裁判所の許可を得なければならない（第947条の2第2項）。裁判所の許可を得なかった場合は、違法な監禁行為となることがある。

3　成年被後見人の私生活権

要保護者の私生活に関する権利は、成年後見の開始があってもできるだけ維持されなければならない。隔離施設収容以外に、成年後見人の身上決定によって成年被後見人の重要な基本権が侵害される恐れがあるときにも、後見人の代理権は制限される。成年被後見人が自己の身上について決定できない場合において、成年後見人の決定が成年被後見人の身体の完全性、居住移転、通信、住居の自由、私生活について重大な侵害をともなうときは、成年後見人は、家庭裁判所の許可を得なければならない（第947条の2第4項）。しかし、緊急を要する場合には事後に許可を請求することができる。たとえば、成年被後見人の住居に閉鎖回路カメラを設置したり、成年被後見人と親との面接交渉を完全に排除したりする場合には、このような許可が必要であると解される。

4　成年被後見人の住居維持権

成年後見の開始のため要保護者の住居の安全性が侵害されてはならない。被後見人は自分が居住してきた住居環境を維持する権利を有する。成年後見人が成年被後見人を代理して、本人の居住に常用している建物またはその敷地について、売却、賃貸、伝貰権設定、抵当権設定、賃貸借の解約（＝解除）、伝貰権の消滅、その他これらに準ずる行為をする場合は、家庭裁判所の許可を得なければならない（第947条の2第5項）。

5　医療的侵襲行為に対する同意

　成年被後見人の身体を侵害する医療行為について、被後見人が同意することができない場合には、成年後見人が代わりに同意することができる（第947条の2第3項）。医療契約は、成年後見人によって代理できるが、医療行為による侵襲についての同意（違法性阻却事由）は、被後見人の状態が許される限り本人による決定が望ましい。成年被後見人は、優先的に同意権を有するものの、本人が同意することのできない状態にあるときは、家庭裁判所から権限を授与された成年後見人が補充的に同意することができる。患者の手術に対する同意は、憲法第10条に定められている個人の人格権と幸福追求権によって保護される自己決定権を保障するためのもので、患者が生命と身体の機能をどのように維持するかに対して自ら決定し診療行為を選択するようになるから、医療契約によって提供される診療の内容は医療関係者の説明と患者の同意によって具体化される（大法院（＝最高裁判所）2009年5月21日、2009ダ17417参照）。

　家庭裁判所は、成年後見開始の審判をする際には、成年被後見人の状態を考慮して、一定の医療行為に対する決定権を付与することができる（第938条第3項）。もし、後見開始当時にそのような決定権を受けなかったが、成年被後見人の医療行為に対する同意が問題となる場合には、成年後見人とその他の請求権者は、家庭裁判所にそのような決定権の付与を請求することができる。医療行為についての家庭裁判所の許可手続のため、医療行為の遅滞が生じ、成年被後見人の生命の危険または心身上の重い障害をもたらす恐れのある場合には、事後に許可を請求することができる（改正案第947条の2第3項第3文）。一回的医療行為についての事後許可は実質的な意味が少ない。しかし、時間的に持続するまたは反復される医療行為（人工呼吸治療等）の場合の事後許可は大きな意味を持つ。

6　重大な手術に対する家庭裁判所の許可

　生命にかかわる手術や重い後遺症が残る恐れのある治療を行う場合において、後見人の同意手続きについて法的規制が加えられる。成年被後見人が医療行為の直接的な結果として死亡したり、相当な障害を被ったりする危険があるときは、家庭裁判所の許可を得なければならない（新法第947条の2第3項第2文）。重大な手術を行う場合、医師が説明義務に従って成年後見人に手術

の利益と危険を説明して告知すれば、成年後見人は、成年被後見人の福利を考慮すべき注意義務に沿って、その危険を十分に考慮した後に同意をしなければならないであろう。医師が死亡や相当な障害の危険があると説明した場合には、成年後見人は、必ず家庭裁判所に許可を請求しなければならない。これによって、成年後見人の義務に違反した不必要で冒険的な手術の試みは防止される。家庭裁判所は、必ずしも専門的な医学判断をするところではない。家庭裁判所は、成年後見人の同意が後見人としての注意義務を果たしたか否かを医師の説明を基礎として判断すればよいのである。医療行為が死亡または重い障害をもたらさない場合には、同意権のある成年後見人は、家庭裁判所の許可なしに医療行為に同意をすることができる。重大な医療行為は「医療行為の直接的な結果として死傷したり、相当な障害が生じたりする危険のあるとき」に限定される。ここでの医療行為とは、患者の状態の改善を目的とする行為を意味するもので、究極的な行為である「延命治療中断」、「臓器移植手術」は含まないと解される。成年後見人が家庭裁判所の許可を得て延命装置を除去することまたは臓器を摘出することに同意する権限があるかないかの問題については、同意権限内の「医療行為」とは別個の行為として判断しなければならないであろう。

V 合理的な後見制度の導入

1 法人による後見

　成年後見人は、数人を置くことができ、法人も成年後見人となることができる（第930条第2項、第3項）。韓国民法は、法人に成年後見人、限定後見人、特別後見人、任意後見人となることができる資格を付与する。成年後見制度が社会福祉政策としての実効性を有するには、専門性を持つ後見人の任務遂行が重要である。後見人個人の恣意的判断を排除しながら、専門性と公正性、中立性の担保ができる機関の方が、個人より有利であり、客観性を維持することができる。後見法人は、営利法人よりは、社会福祉業務を遂行する公益法人の性格を帯びるものが望ましい。後見事業を遂行する後見法人については、法的規制が必要であるが、これに関しては特別法で規定する予定である。後見法人の欠格事由、形態、設立要件、職務役員等に対する規定が必要である。福祉施設を利用する障害者や老人が、成年後見制度および任意後見制度を活用するようになる場合に、サービスを提供する立場にある施設の長または職員（運営法人

に属した者も含め）が成年後見人または任意後見人となることが適切であるかについて疑問が残る。専門家による成年後見および成年後見監督が定着する場合には、家庭裁判所の監督機能は補助的な役割にとどまるであろう。成年後見人および成年後見監督人には報酬を支給することができる（第940条の7、第955条）。

2　成年後見監督制の弾力的導入

　新しい成年後見制度には、成年後見監督制度が新設され、従来の親族会制度は廃止された。従来、親族会は後見人と密接な関係を維持することができず、共同体文化が解消した親族会議の機能は弱化された。さらに、親族会に対する監督手続きは全くなかった。家庭裁判所が親族会招集の許可をした事案において、裁判所は、親族会招集の許可をしただけで、その後親族会が招集され決議をしたかに関して本格的な確認をしていなかった。

　成年後見監督人は任意的機関とした。家庭裁判所は、成年後見人を選任するとき、監督の必要性を判断して裁量的に決める。家庭裁判所は、必要に応じ未成年後見人、親族、成年後見人の請求または職権によって成年後見監督人を選任することができる（第940条の4第1項）。欠格事由としては、後見人の欠格事由の他（第940条の7、第937条）成年後見人の家族という事由も追加されている。適切な監督のために成年後見人と近い家族は、成年後見監督人となることができないようにした。法定後見人制度においては、後見監督人の選任が必須事項ではないため、後見業務に関する監督機能が弱化する恐れがあるという批判はあり得る。しかし、任意後見については、家庭裁判所は、必ず後見監督人を選任しなければならない。

　後見監督人は後見人の事務を監督し、後見人がない場合には、直ちに家庭裁判所に後見人の選任を請求しなければならない（第940条の6第1項）。後見監督人は、被後見人の身上や財産に関して緊急の事情がある場合には、その保護のために必要な処分をすることができる（第940条の6第2項）。後見人と被後見人との間で利害が相反するときは、後見監督人が被後見人を代理する。この場合には、法律の規定によって後見監督人にその限度において法定代理権が認められる。

3　地方自治団体の長の審判請求権限

　地方自治体の長は、家庭裁判所に要保護者に対する成年後見、限定後見、特

定後見の審判を請求することができる。成年後見等の開始は、一定の請求権者の請求による家庭裁判所の審判から始まる。請求権者は、本人、配偶者、四親等内の親族、未成年後見人、未成年後見監督人、限定後見人、限定後見監督人、特定後見人、特定後見監督人、検事または地方自治団体の長である（改正案第9条第1項）。最初の改正案（2009年法務省案）では、成年後見審判は、家庭裁判所が主導的に担当する予定であった。成年後見の請求権者の中に公益を代弁する者としては検事のみが含まれ、地方自治体の長には権限が付与されなかった。立法公聴会でこの法案の問題点が指摘され、裁判所と地方行政との連携の必要性が要請された。その後、国会審議の過程で地方自治体の長が成年後見の請求権者の一人として含まれた（2010年国会修正案）。これによって実際の福祉行政を担当する地方自治体が成年後見の審判に関与することができる道が開かれるようになった。現在、地方自治体は、住民の福祉を向上させるための福祉行政を担当する公務員、諮問委員、ボランティアの活動がかなり活発である。このような活動は、将来、老人福祉および障害者福祉のための成年後見業務に引き継がれることが期待されている。

Ⅵ　終わりに

　以上で、2011年に改定され、2013年から施行される改正民法の中で、成年後見制度の導入とかかわる部分を検討した。韓国社会の高齢化の趨勢を考慮すれば、立法が遅れた気はするものの、それなりの内容の成年後見制度を導入することができ、幸いであった。韓国民法に成年後見制度を導入するに当たって、多くの先進国の立法を参照しながら、その施行過程をよく観察したことが大きく役に立った。日本は、韓国より先に成年後見制度を導入し、その施行の中で制度の長所・短所を詳しく把握していたので、日本の立法例および利用実態は、韓国の立法の良い模範となった。

（李銀榮）

| 資 料 |

韓国新成年後見法

第4条（成年） 人は19歳で成年となる。
第9条（成年後見開始の審判） ①家庭裁判所は、疾病、障害、老齢その他の事由による精神的制約で事務を処理する能力が持続的に欠ける者について、本人、配偶者、四親等以内の親族、未成年後見人、未成年後見監督人、限定後見人、限定後見監督人、特定後見人、特定後見監督人、検事又は地方自治団体の長の請求によって、成年後見開始の審判をする。
②家庭裁判所は、成年後見開始の審判をするときは、本人の意思を考慮しなければならない。
第10条（成年被後見人の行為と取り消し）
①成年被後見人の法律行為は取り消すことができる。
②第1項にもかかわらず、家庭裁判所は取り消すことができない成年被後見人の法律行為の範囲を定めることができる。
③家庭裁判所は、本人、配偶者、四親等以内の親族、成年後見人、成年後見監督人、検事又は地方自治団体の長の請求によって、第2項の範囲を変更することができる。
④第1項にもかかわらず、日用品の購入等、日常生活に必要でその対価が過度ではない法律行為は、成年後見人が取り消すことはできない。
第11条（成年後見終了の審判） 成年後見開始の原因が消滅した場合は、家庭裁判所は本人、配偶者、四親等以内の親族、成年後見人、成年後見監督人、検事又は地方自治団体の長の請求によって、成年後見終了の審判をする。
第12条（限定後見開始の審判） ①家庭裁判所は、疾病、障害、老齢その他の事由による精神的制約により事務を処理する能力が不十分な者については、本人、配偶者、四親等以内の親族、未成年後見人、未成年後見監督人、成年後見人、成年後見監督人、特定後見人、特定後見監督人、検事又は地方自治団体の長の請求によって、限定後見開始の審判をする。
②限定後見開始の場合は、第9条第2項を準用する。
第13条（限定被後見人の行為と同意） ①家庭裁判所は、限定被後見人が限定後見人の同意を得なければならない行為の範囲を定めることができる。
②家庭裁判所は、本人、配偶者、四親等以内の親族、限定後見人、限定後見監督人、検事又は地方自治団体の長の請求によって、第1項による限定後見人の同意を得なければならない行為の範囲を変更することができる。
③限定後見人の同意を必要とする行為について、限定後見人が、限定被後見人の利益が侵害されるおそれがあるにもかかわらず、その同意をしないときは、家庭裁判所は、限定被後見人の請求によって、限定後見人の同意に替える許可をすることができる。
④限定後見人の同意が必要な法律行為を限定被後見人が限定後見人の同意なしになしたときは、その法律行為を取り消すことができる。ただし、日用品の購入等、日常生活に必要で、その対価が過度ではない法律行為については、この限りでない。
第14条（限定後見終了の審判） 限定後見開始の原因が消滅した場合は、家庭裁判所は本人、配偶者、四親等以内の親族、限定後見人、限定後見監督人、検事又は地方自治団体の長の請求によって、限定後見終了の審判をする。
第14条の2（特定後見の審判） ①家庭裁判所は、疾病、障害、老齢その他の事由による精神的制約で一時的後援又は特定の事務に関する後援が必要な者について、本人、配偶者、四親等以内の親族、未成年後見人、未成年後見監督人、検事又は地方自治団体の長の請求によって、特定後見の審判をする。
②特定後見は、本人の意思に反してすることができない。
③特定後見の審判をする場合は、特定後見の期間又は事務の範囲を定めなければならない。
第14条の3（審判の間の関係） ①家庭裁判所が限定被後見人又は特定被後見人について、成年後見開始の審判をするときには、従前の限定

後見又は特定後見終了の審判をする。
②家庭裁判所が成年被後見人又は特定被後見人について、限定後見開始の審判をするときは、従前の成年後見又は特定後見終了の審判をする。

第1款　後見人

第930条（後見人の数と資格）　①未成年後見人の数は一人とする。
②成年後見人は、成年被後見人の身上と財産に関する一切の事情を考慮して数人とすることができる。
③法人も成年後見人となることができる。

第931条（遺言による未成年後見人の指定等）　①未成年者に親権を行う父母は、遺言で未成年後見人を指定することができる。ただし、法律行為の代理権と財産管理権のない親権者は、この限りでない。
②家庭裁判所は、第1項により未成年後見人が指定されている場合においても、未成年者の福利のため、必要があると認めるときは、生存する父又は母、未成年者の請求によって後見を終了し、生存する父又は母を親権者として指定することができる。

第932条（未成年後見の選任）　①家庭裁判所は、第931条により指定された未成年後見人が欠けた場合は、職権で又は未成年者、親族、利害関係人、検事又は地方自治団体の長の請求によって、未成年後見人を選任する。未成年後見人が欠けたときも、同様とする。
②家庭裁判所は、親権喪失の宣告や代理権及び財産管理権喪失の宣告によって、未成年後見人を選任する必要がある場合は、職権で、未成年後見人を選任する。
③親権者が代理権及び財産管理権を辞退した場合は、遅滞なく家庭裁判所に未成年後見人の選任を請求しなければならない。

第936条（成年後見人の選任）　①第929条による成年後見人は、家庭裁判所が職権で選任する。
②家庭裁判所は、成年後見人が死亡、欠格、その他の事由で欠けた場合も、職権で又は成年被後見人、親族、利害関係人、検事又は地方自治団体の長の請求によって、成年後見人を選任する。

③家庭裁判所は、成年後見人が選任された場合も、必要があると認めるときは、職権で又は第2項の請求権者や成年後見人の請求によって追加して成年後見人を選任することができる。
④家庭裁判所が成年後見人を選任するときは、成年被後見人の意思を尊重すべきであり、その他、成年被後見人の健康、生活関係、財産状況、成年後見人となる者の職業と経験、成年被後見人との利害関係の有無（法人が成年後見人となるときには、事業の種類と内容、法人やその代表者と成年被後見人との利害関係の有無をいう）等の事情をも考慮しなければならない。

第938条（後見人の代理権等）　①後見人は、被後見人の法定代理人となる。
②家庭裁判所は、成年後見人が第1項によって有する法定代理権の範囲を定めることができる。
③家庭裁判所は、成年後見人が成年被後見人の身上に関して決定することができる権限の範囲を定めることができる。
④第2項及び第3項による法定代理人の権限の範囲が適切でなくなった場合には、家庭裁判所は、本人、配偶者、四親等以内の親族、成年後見人、成年後見監督人、検事又は地方自治団体の長の請求によって、その範囲を変更することができる。

第939条（後見人の辞任）　後見人は、正当な自由がある場合は、家庭裁判所の許可を得て辞任することができる。この場合には、その後見人は、辞任請求と同時に家庭裁判所に新たな後見人の選任を請求しなければならない。

第2款　後見監督人

第940条の2（未成年後見監督人の指定）　未成年後見人を指定することができる者は、遺言で未成年後見監督人を指定することができる。

第940条の3（未成年後見監督人の選任）　①家庭裁判所は、第940条の2によって指定された未成年後見監督人が欠けた場合に、必要があると認めるときは、職権で又は未成年者、親族、未成年後見人、検事又は地方自治団体の長の請求によって、未成年後見監督人を選任することができる。

②家庭裁判所は、未成年後見監督人が死亡、欠格、その他の事由で欠けた場合は、職権で又は未成年者、親族、未成年後見人、検事又は地方自治団体の長の請求によって、未成年後見監督人を選任する。

第940条の4（成年後見監督人の選任）①家庭裁判所は、必要があると認めるときは、職権で又は成年被後見人、親族、成年後見人、検事又は地方自治団体の長の請求によって、成年後見監督人を選任することができる。
②家庭裁判所は、成年後見監督人が死亡、欠格、その他の事由で欠けた場合は、職権で又は成年被後見人、親族、成年後見人、検事又は地方自治団体の長の請求によって、成年後見監督人を選任する。

第940条の5（後見監督人の欠格事由）第779条による後見人の家族は、後見監督人となることができない。

第940条の6（後見監督人の職務）①後見監督人は、後見人の事務を監督し、後見人が欠けた場合、遅滞なく家庭裁判所に後見人の選任を請求しなければならない。
②後見監督人は、被後見人の身上や財産について切迫した事情がある場合、その保護のために必要な行為又は処分をするができる。
③後見人と被後見人との間に利害が相反する行為については、後見監督人が被後見人を代理する。

第940条の7（委任及び後見人規定の準用）後見監督人については、第681条、第691条、第692条、第930条第2項・第3項、第936条第3項・第4項、第937条、第939条、第940条、第947条の2第3項・第4項・第6項、第949条の2、第955条及び第955条の2を準用する。

＜削除＞
第3款　後見人の任務

第945条（未成年者の身分に関する後見人の権利・義務）未成年者の後見人は、第913条から第915条までに規定した事項については、親権者と同一の権利と義務を有する。ただし、次の各号のいずれかに該当するときは、未成年後見監督人がある場合には、その同意を得なければならない。
1．親権者が定めた教育方法、養育方法又は居所を変更する場合
2．未成年者を感化機関又は矯正機関に委託する場合
3．親権者が許諾した営業を取り消し又は制限する場合

第947条（成年被後見人の福利と意思尊重）成年後見人は、成年被後見人の財産管理と身上保護をするときは、一切の事情を考慮し、成年被後見人の福利に符合する方法で、事務を処理しなければならない。この場合に、成年後見人は成年被後見人の福利に反しないときは、成年被後見人の意思を尊重しなければならない。

第947条の2（成年被後見人の身上決定等）
①成年被後見人は、自分の身上について、その状態が許される範囲で、単独で決定する。
②成年後見人が成年被後見人を治療等の目的で、精神病院やその他の別の場所に隔離しようとする場合は、家庭裁判所の許可を得なければならない。
③成年被後見人の身体を侵害する医療行為について、成年被後見人が同意することができない場合には、成年後見人が同意することができる。
④第3項の場合に、成年被後見人が医療行為の直接的な結果として死亡するか、又は相当な障害を被る危険があるときは、家庭裁判所の許可を得なければならない。ただし、許可手続によって医療行為が遅滞し、成年被後見人の生命に危険をもたらし、又は心身上の重大な障害をもたらすときは、事後に許可を請求することができる。
⑤成年後見人が成年被後見人を代理して、成年被後見人が居住している建物又はその敷地について、売買、賃貸、伝貰権の設定、抵当権の設定、賃貸借の解止（解除）、伝貰権の消滅、その他これに準ずる行為をする場合には、家庭裁判所の許可を得なければならない。

第949条の2（成年後見人が複数の場合の権限の行使等）①家庭裁判所は、職権で複数の成年後見人が共同して又は事務を分掌して、その権限を行使するように定めることができる。
②家庭裁判所は、職権で第1項による決定を

変更するか、又は取り消すことができる。
③複数の成年後見人が共同で権限を行使しなければならない場合に、一部の成年後見人が、成年被後見人の利益が侵害されるおそれがあるにもかかわらず、法律行為の代理等必要な権限の行使に協力しないときは、家庭裁判所は、成年被後見人、成年後見人、後見監督人又は利害関係人の請求によって、その成年後見人の意思表示に代わる裁判をすることができる。

第949条の3（利害相反行為）　後見人については、第921条を準用する。ただし、後見監督人がある場合は、この限りでない。

第950条（後見監督人の同意を要する行為）　①後見人が被後見人を代理して、次の各号のいずれに該当する行為をするか、又は未成年者の次の各号のいずれに該当する行為について、同意をするときは、後見監督人がある場合には、その同意を得なければならない。

1. 営業に関する行為
2. 金銭を借りる行為
3. 義務のみを負担する行為
4. 不動産又は重要な財産に関する権利の得喪変更を目的とする行為
5. 訴訟行為
6. 相続の承認、限定承認又は放棄及び相続財産の分割に関する協議

②後見監督人の同意が必要な行為について、後見監督人が被後見人の利益が侵害される恐れがあるにもかかわらず同意をしない場合は、家庭裁判所は後見人の請求によって、後見監督人の同意に替える許可をすることができる。
③後見監督人の同意が必要な法律行為を後見人が後見監督人の同意を得ずになしたときは、被後見人又は後見監督人がその行為を取り消すことができる。

第951条（被後見人に対する権利の譲受）　①後見人が被後見人に対する第三者の権利を譲り受ける場合は、被後見人は、これを取り消すことができる。
②第1項による権利の譲り受けの場合、後見監督人があるときは、後見人は、後見監督人の同意を得るべきであり、後見監督人の同意がない場合は、被後見人又は後見監督人がこれを取り消すことができる。

第955条の2（支出金額の予定と事務費用）　後見人が後見事務を遂行するために必要な費用は、被後見人の財産から支出する。

＜削除＞
第4款　後見の終了
第2節　限定後見と特定後見

第959条の2（限定後見の開始）　家庭裁判所の限定後見開始の審判がある場合は、その審判を受けた者のための限定後見人を定めなければならない。

第959条の3（限定後見人の選任等）①第959条の2による限定後見人は、家庭裁判所が職権で選任する。
②限定後見人については、第930条第2項・第3項、第936条第2項から第4項まで、第937条、第939条、第940条及び第949条の3を準用する。

第959条の4（限定後見人の代理権等）　①家庭裁判所は、限定後見人に代理権を授与する審判をすることができる。
②限定後見人の代理権等については、第938条第3項及び第4項を準用する。

第959条の5（限定後見監督人）　①家庭裁判所は、必要があると認めるときは、職権で又は限定被後見人、親族、限定後見人、検事、地方自治団体の長の請求によって、限定後見監督人を選任することができる。
②限定後見監督人については、第681条、第691条、第692条、第930条第2項・第3項、第936条第3項・第4項、第937条、第939条、第940条、第940条の3第2項、第940条の5、第940条の6、第947条の2第3項・第4項・第6項、第949条の2、第955条及び第955条の2を準用する。この場合には、第940条の6第3項の「被後見人を代理する」は、「限定被後見人を代理するか、又は限定被後見人がその行為をすることに同意する」と読み替える。

第959条の6（限定後見事務）　限定後見の事務に関しては、第681条、第920条ただし書き、第947条、第947条の2、第949条、第949条の2、第949条の3、第950条から第955条まで及び第955条の2を準用する。

第959条の7（限定後見人の任務の終了等）
限定後見人の任務が終了した場合については、第691条、第692条、第957条及び第958条を準用する。

第959条の8（特定後見による保護措置）　家庭裁判所は、特定被後見人の後援のために必要な処分を命ずることができる。

第959条の9（特定後見人の選任等）　①家庭裁判所は、第959条の8による処分で、特定被後見人を後援するか、又は代理するための特定後見人を選任することができる。
②特定後見人については、第930条第2項・第3項、第936条第2項から第4項まで、第937条、第939条及び第940条を準用する。

第959条の10（特定後見監督人）　①家庭裁判所は、必要があると認めるときは、職権で又は特定被後見人、親族、特定後見人、検事、地方自治団体の長の請求によって、特定後見監督人を選任することができる。
②特定後見監督人については、第681条、第691条、第692条、第930条第2項・第3項、第936条第3項・第4項、第937条、第939条、第940条、第940条の5、第940条の6、第949条の2、第955条及び第955条の2を準用する。

第959条の11（特定後見人の代理権）　①特定被後見人の後援のために必要があると認めるときは、家庭裁判所は、期間や範囲を定めて、特定後見人に代理権を授与する審判をすることができる。
②第1項の場合、家庭裁判所は、特定後見人の代理権行使に家庭裁判所や特定後見監督人の同意を得るように命ずることができる。

第959条の12（特定後見事務）　特定後見の事務については、第681条、第920条ただし書、第947条、第949条の2、第953条から第955条まで及び第955条の2を準用する。

第959条の13（特定後見人の任務の終了等）
特定後見人の任務が終了した場合については、第691条、第692条、第957条及び第958条を準用する。

第3節　後見契約

第959条の14（後見契約の意義及び締結方法等）
①後見契約は、疾病、障害、老齢、その他の事由による精神的制約により、事務を処理する能力が不十分な状況にあるか、不十分になる状況に備えて、自己の財産管理及び身上保護に関する事務の全部又は一部を他人に委託し、その委託事務について代理権を授与することを内容とする。
②後見契約は、公正証書で締結しなければならない。
③後見契約は、家庭裁判所が任意後見監督人を選任した時から効力が発生する。
④家庭裁判所、任意後見人、任意後見監督人等は、後見契約を履行・運営するとき、本人の意思を最大限に尊重しなければならない。

第959条の15（任意後見監督人の選任）　①家庭裁判所は、後見契約が登記されており、本人が事務を処理する能力が不十分な状況にあると認めるときは、本人、配偶者、四親等以内の親族、任意後見人、検事又は地方自治団体の長の請求によって、任意後見監督人を選任する。
②第1項の場合に、本人でない者の請求によって家庭裁判所が任意後見監督人を選任するときは、あらかじめ本人の同意を得なければならない。ただし、本人が意思を表示することができないときは、この限りでない。
③家庭裁判所は、任意後見監督人が欠けた場合は、職権で又は本人、親族、任意後見人、検事又は地方自治団体の長の請求によって、任意後見監督人を選任する。
④家庭裁判所は、任意後見監督人が選任されている場合でも、必要があると認めるときは、職権で又は第3項の請求権者の請求によって、任意後見監督人を追加して選任することができる。
⑤任意後見監督人については、第940条の5を準用する。

第959条の16（任意後見監督人の職務等）
①任意後見監督人は、任意後見人の事務を監督し、その事務について家庭裁判所に定期的に報告しなければならない。
②家庭裁判所は、必要があると認めるときは、任意後見監督人に監督事務に関する報告を要求することができ、任意後見人の事務又は本人の

財産状況に対する調査を命ずるか、又はその他、任意後見監督人の職務について必要な処分を命ずることができる。
③任意後見監督人に対しては、第940条の6第2項・第3項、第940条の7及び第953条を準用する。

第959条の17（任意後見開始の制限等）　①任意後見人が、第937条の各号に該当する者、又はその他、著しい非行をするか、又は後見契約で定めた任務に適合しない事由がある者である場合には、家庭裁判所は、任意後見監督人を選任しない。
②任意後見監督人を選任した以後、任意後見人が著しい非行をするか、又はその他、その任務に適合しない事由が生じた場合は、家庭裁判所は任意後見監督人、本人、親族、検事又は地方自治団体の長の請求によって、任意後見人を解任することができる。

第959条の18（後見契約の終了）　①任意後見監督人の選任の前は、本人又は任意後見人は、いつでも公証人の認証を受けた書面で後見契約の意思表示を撤回することができる。
②任意後見監督人の選任以後は、本人又は任意後見人は、正当な事由があるときに限り、家庭裁判所の許可を得て後見契約を終了することができる。

第959条の19（任意後見人の代理権消滅と第3者との関係）　任意後見人の代理権の消滅は、登記しなければ、善意の第三者に対抗することができない。

第959条の20（後見契約と成年後見・限定後見・特定後見との関係）　①後見契約が登記済みの場合は、家庭裁判所は、本人の利益のため特別に必要なときに限り、任意後見人又は任意後見監督人の請求によって、成年後見、限定後見又は特定後見の審判をすることができる。この場合には、後見契約は、本人が成年後見又は限定後見開始の審判を受けた時に終了する。
②本人が成年被後見人、限定被後見人又は特定被後見人の場合には、家庭裁判所は、任意後見監督人を選任する場合において、従前の成年後見、限定後見又は特定後見の終了審判をしなければならない。ただし、成年後見又は限定後見の措置の継続が本人の利益のため特別に必要があると認めるときは、家庭裁判所は、任意後見監督人を選任しない。

（李聲杓）

第 5 章

台湾における成年後見制度の改正について

I　改正の経緯

　台湾民法においては、心神喪失または精神耗弱によって自己の事務を処理することができない程度に至っている者について、裁判所は、本人・配偶者・最近親の親族二人または検察官の請求により、禁治産を宣告することができると規定され（旧法 14 条）、禁治産者は行為無能力者とされていた（旧法 15 条）。その立法趣旨は、この二つの規定によって、禁治産者の利益が保護されるということであった。しかし、すでに約 50 年前に、このような立法によっては禁治産者を保護するという目的を達成できないと批判されていた。つまり、心神喪失の者については、禁治産を宣告してその行為能力を剝奪することによってその利益と公共の利益を保護することができるが、精神耗弱の者は、ある程度の弁識能力を有するのであり、その範囲内においてその意思と能力を尊重しなければならない。従って、それを行為無能力者とすることは妥当ではない。[1]また、親族会議の会員が後見事務を掌握して監督するということを期待することができないため、親族会議を後見監督機関とすることは妥当ではなく、日本の家庭裁判所のような、またはドイツの後見裁判所のような機構を設立して後見監督の責任を負わせるべきであるという立法論も見られた。[2]

　台湾では、1993 年当時の 65 歳以上の人口は、全人口の 7％を超えて、国連の高齢化社会の標準に達しており、しかも老年化し続けている。2007 年の老人人口は約 234 万 3 千人で、全人口の 10.2％を占めている。民法における成年後見に関する規定は、高齢化社会にともなって生じた老人後見の問題を解

〈1〉　洪遜欣『中國民法總則』（1976 年）91 頁 - 92 頁。
〈2〉　劉紹猷「修正現行監護制度芻議──民法最弱的一環」『身分法之理論與實用－陳棋炎先生六秩華誕祝壽論文集』（1980 年）461 頁。

決することができなくなった。台湾の学説はこの点に注意を喚起し、1990 年に制定されたドイツの成年者世話法の紹介を通じて禁治産宣告および成年後見制度の改正を提案していた[3]。

　その後、その他の学説においても成年後見制度の改正についての関心が共有されてきた[4]。最初は、民間団体・実務家および政府機関はこの問題について関心を持っていなかったが、学説が外国の成年後見制度を紹介すると、民間団体がこの問題に注意を向けはじめた。たとえば、中華民国智能障害者家長総会は、2000 年から前述の学者に成年後見制度の研究を依頼した。そして法務部も 2002 年に「民法成年後見制度の研究」という研究計画を学者に委託し、同年末に完成された当該研究計画の報告書において、禁治産宣告および後見制度に関する改正意見が提出された。また、前述の民間団体も 2003 年 3 月に成年後見制度に関する改正を提案していた。そして、2003 年 5 月に法務部で開催された成年後見制度の座談会においては、禁治産宣告制度と後見制度を改正する必要があるという結論が出された。そのため、法務部は、2003 年 9 月に「民法禁治産宣告・成年後見制度研究改正作業グループ」を作って成年後見制度の改正に関する検討作業を始め、2004 年末に改正草案が完成された。

　その後、未成年者後見制度を合わせて改正する必要があるという理由で、「民法未成年者後見制度研究改正作業グループ」と「民法禁治産宣告・成年後見制度研究改正作業グループ」が共同して後見制度の改正作業を進めることとなった。改正法は、2008 年 5 月 2 日に立法院を通過し、5 月 23 日に大統領により公布された。

　後見制度が大幅に改正されたため、後見の実務上の運用に大きな影響を与える可能性があるうえ、関連する手続法が改正される前に、それを施行することは、適用上の不便を生ずるという理由で、民法総則施行法および民法親族編施行法に施行の猶予期間が設けられた。つまり、民法総則第 14 条から第 15 条の 2 までの規定、および民法親族編第 4 章の規定は、公布の 1 年 6 か月の後に施行すると規定された（民法総則施行法 4 条の 2、民法親族編施行法 14 条

〈3〉　陳惠馨「德國有關成年人監護及保護制度之改革――德國聯邦照顧法」『親屬法諸問題研究』（1993 年）349 頁-363 頁。郭明政「禁治產與成年人監護制度之檢討――德國輔導法及其對於台灣之啟示」『固有法制與當代民事法學－戴東雄教授六秩華誕祝壽論文集』（1997 年）349 頁-365 頁。劉得寬「德國成年監護制度之改革――廢止禁治產宣告、加強保護高齡者、知能障礙者」法學叢刊 170 期（1998 年）1 頁-16 頁。

〈4〉　鄧學仁「高齡社會之成年監護」中央警察大學法學論集第 3 期（1998 年）335 頁-359 頁。同「日本之新成年監護制度」中央警察大學法學論集第 5 期（2000 年）317 頁-339 頁。

の3)。成年後見制度の改正によって前述の学説に批判されていた不合理な点がなくなったのであるが、改正された条文には、問題点がないわけではない。本章では、台湾における成年後見制度の改正を紹介し、若干の検討を加えて改正された条文から生じた問題点を指摘する。

Ⅱ　成年後見制度の改正

1　後見の宣告

　旧法第14条は、「心神喪失又は精神耗弱により自己の事務を処理することができない者については、裁判所は、本人、配偶者、最近親の親族の二人又は検察官の請求により、禁治産を宣告することができる」と規定していた。改正法は、「禁治産」という用語は「自己の財産を管理することを禁止する」という意味を持つに過ぎず、精神障害者の利益を保護してその人格の尊厳を維持するという立法趣旨を示すことができないという理由で、「精神上の障害又はその他の知能上の障害により、意思表示をすることもしくは意思表示を受けることができず、又はその意思表示の効果を弁識することができない者については、裁判所は、本人、配偶者、四親等内の親族、最近1年間に同居した事実のあるその他の親族、検察官、主管機関又は社会福祉団体の請求により、後見の宣告をすることができる」と改正した。主管機関とは、老人福祉法第3条、身心障害者権益保障法第2条および精神衛生法第2条に定めている主管機関を指す。

　改正法第1109条の2の規定によると、第14条の規定によって未成年者についても後見の宣告をすることができる。父母が亡くなって後見人に保護されている精神上の障害のある未成年者は、必ずしもその後見人との間に親族関係を持っているわけではないので、第14条の規定によると、その後見人は成年後見宣告の請求権者とはならない。しかし、その後見人は被後見人の精神状態についてもっとも詳しく知っているのであり、それを請求権者の範囲内に入れないことは妥当ではない。立法論として、日本民法第7条の規定に倣って未成年者の後見人を成年後見宣告の請求権者にした方がよいと考えられる。

　旧法第15条の規定によると、禁治産者は、行為能力を有しない。この制度はすでに長年施行されており、社会が改正後の変動に適応しえないことを避けるために、改正法第15条は、「後見の宣告を受けた者は、行為無能力とする」

と定めた。

　未成年者について禁治産の宣告をすることができるかに関しては、旧法には明文の規定がなかったが、多数説は、肯定説をとっていた[5]。改正法は、この多数説を明文化して、「未成年者が第14条により後見の宣告を受けたときは、成年後見に関する本章第2節の規定を準用する」と規定している（新法1109条の2）。未成年者が後見の宣告を受けた場合に、裁判所の選任した成年後見人が未成年者の父母または現在の後見人ではないときは、成年後見人と未成年者の父母または現在の後見人とは、ともに未成年者の法定代理人になる。この点、親権を行っている父母と成年後見人との職務上の衝突を避けるため、成年になるまで、父母が親権を行使し、成年になってから、成年後見人がそれを監護すると明定した方がよいと考える。

2　後見人の確定

　後見の宣告を受けた者には後見人を付けなければならない（民法1110条）。後見人の選任については、改正法は、旧法の定めていた法定後見人の順序が弾力性を欠くため、必ずしも被後見人の利益に合致しないし、被後見人が高齢者である場合、その配偶者、父母または祖父母も高齢者であるから、後見の事務を負担することができないという理由で、「裁判所は、後見の宣告をするときは、その職権により、配偶者、四親等内の親族、最近一年間に同居した事実のあるその他の親族、主管機関、社会福祉団体その他適切な者の中からその後見人の一人又は複数人を選任し、それと同時に財産の目録の作成時の立会人を指定しなければならない」と改正した（民法1111条1項）。裁判所は、複数の後見人を選任したときは、職権により、共同でまたは各自で執行する職務の範囲を定めることができる（民法1112条の1第1項）。裁判所が後見人の執行する事務を定めないときは、複数の後見人は、共同して代理行為をしなければならない（民法168条）。また、共同して後見の事務を執行する場合に、被後見人の重要な事項にかかる権利の行使について意見が一致しないときは、被後見人の最善の利益に従って、そのうちの一人の後見人に行使させることを定めることを請求することができる（民法1113条による1097条2項の準用）。裁判所は、後見人の執行する事務の範囲を指定した後に、後見人、被後見人、第14条第1項に定める請求権者の請求により、その指定を取り消しまたは変更

---

[5]　史尚寛『親屬法論』（1974年）670頁。戴炎輝＝戴東雄＝戴瑀如『親屬法』（2007年）438頁。胡長清『中國民法親屬論』（1972年）321頁。羅鼎『親屬法綱要』（1946年）232頁。

することができる（民法1112条の1第2項）。

　裁判所が後見人を選任するときは、後見宣告を受けた者の最善の利益に従い、後見宣告を受けた者の意見を優先的に考慮しながら、一切の事情を斟酌し、かつ、次に掲げることに注意を払わなければならない。①後見宣告を受けた者の心身状態と生活および財産状況、②後見宣告を受けた者とその配偶者、子またはその他の共同生活者との間の感情の状態、③後見人の職業、経歴、意思および後見宣告を受けた者との間の利害関係、④法人が後見人であるときは、その事業の種類および内容、法人およびその代表者と後見宣告を受けた者との間の利害関係（民法1111条の1）。「後見宣告を受けた者の意見」とは、後見宣告を受けた者が意思能力を失う前に表示した意見を指している。たとえば、後見人の選任について意見を表示した場合には、裁判所は、その意見を斟酌しなければならない。

　後見人が死亡したとき、裁判所の許可により辞任したとき、破産宣告を受けてまだ復権していないとき、または失踪したときには、裁判所は、被後見人、四親等内の親族、検察官、主管機関その他の利害関係人の請求、または職権により、別に適切な後見人を選任することができる。裁判所が別に後見人を選任することが確定するまでは、その所在地の社会福祉主管機関がその後見人となる（民法1113条による1106条の準用）。この規定によって被後見人の利益が保護されることになる。

　後見人が被後見人の最善の利益に適わず、または明らかに適任でない事情があると認めるに足りる事実があるときは、裁判所は、四親等内の親族、検察官、主管機関またはその他の利害関係人の請求により、別に適切な後見人を選任することができる（民法1113条による1106条の1第1項の準用）。本条の定める「明らかに適任でない事情」とは、後見人が体力の衰弱によって後見の事務を負担しえない、または長期間外国に滞在して後見の事務をしないなどのことを含む。また、裁判所は、後見人の変更が確定するまで、先に原後見人の後見権の停止を宣告し、かつ、その所在地の社会福祉主管機関をその後見人とすることができる（民法1113条による1106条の1第2項の準用）。

3　後見人の辞任と欠格

　改正法は、「後見人は、正当な理由があり、かつ裁判所の許可を得たときは、その職務を辞することができる」と定めている（民法1113条による1095条の準用）。裁判所は、後見人のないことを避けるために、後見人が職務を辞任

することを許可するときは、職権により、別に適当な後見人を選任しなければならない（民法1113条による1106条1項2号の準用）。

　未成年者、後見または補助の宣告を受けてまだ取り消されていない者、破産宣告を受けてまだ復権していない者または失踪者は、後見人となることができない（民法1113条による1096条の準用）。

　後見人が被後見人の事務を管理しなければならないのであるから、被後見人と何ら利害衝突のない者が後見の事務を担当した方がよいと考えられる。そこで、改正法は、被後見人の世話をする法人・団体、その代表者・責任者、または当該法人・団体との間に雇用・委任・その他類似の関係がある者は、被後見人との間に利益衝突を生ずる可能性があるから、被後見人の利益を保護するために、当該後見宣告を受けた者の後見人となることができないと規定している（民法1111条の2）。

4　嘱託登記

　改正法は、「後見登記の資料の整備によって取引の安全を確保する」という理由で、「裁判所は、後見の宣告をし、後見宣告を取り消し、後見人を選任し、後見人辞任を許可しおよび後見人を別に選任し、または後見人を改めるときは、その職権により、所轄の戸籍機関にその登記を嘱託しなければならない」と定めている（民法1112条の2）。この点、後見宣告を受けた者は、精神上の障害または知能上の障害により意思表示をすることができない者であって、後見宣告を強制的に公開することによってその人間としての尊厳が損なわれるおそれがある。本条の定める嘱託登記に関する規定は、被後見人の利益を保護するというよりも、取引の安全をより重視するのである。

5　後見の事務

（1）法定代理人

　後見宣告を受けた者は、行為無能力者であり、その意思表示が無効である（民法75条）。従って、その法定代理人が、これに代わって意思表示をし、かつ意思表示を受ける（民法76条）。成年後見人は、その監護の権限内において、被後見人の法定代理人となる（民法1098条1項の準用）。また、後見人の行為が被後見人の利益に相反するときまたは法により代理をすることができないときは、裁判所は、後見人、被後見人、主管機関、社会福祉団体その他の利害関係人の請求により、または職権により、被後見人のために特別代理人を選任

することができる（民法1098条2項の準用）。注意すべきは、親子間の利益相反の場合においては、父母の行為が未成年の子の利益に相反して法により代理をすることができないときに限って、初めて特別代理人を選任することができるとされている点である（民法1086条2項）。しかし、改正法第1098条第2項は、法により代理をなしえないことが利益相反の場合から除外されると規定している。つまり、後見人と被後見人とが各当事者となりその間でなされる法律行為に限らず、後見人のために利益にして被後見人のために不利益となる法律行為をも含めている。なぜ特別代理人の選任について異なる規定を設けるかに関しては、立法理由では説明されていない。立法論としては、特別代理人の選任の前提条件を一致させた方がよいと考える。

（2）身上の監護

　成年後見と未成年後見とはその性質を異にしている。成年後見は親権の延長ではないが、改正法は、「別段の規定がある場合を除き、後見人は、被後見人の利益を保護し増進する範囲内において、未成年の子に対する父母の権利を行使しその義務を負担する」と規定する（民法1113条による1097条1項の準用）。この規定に基づいて、後見人は、被後見人に対して保護および教育の権利義務を有し、居住所指定権を持っている。また、父母は、未成年の子の手術の同意権を有するから、民法第1097条第1項の準用によって、後見人は被後見人の手術の同意権を有するといってもよいであろう。また、被後見人が非嫡出子であるとき、後見人は、法定代理人として認知の訴えを提起することができる（民法1067条1項）。

　旧法第1112条第1項の規定によると、被後見人の利益のために、被後見人の財産の状況に応じて、その身体の看護・治療をしなければならない。改正法は、「条文第1項が被後見人の身体の看護と治療に限って規定するのは、その範囲が狭いのであり、かつ、被後見人の利益とは何であるか、その意味が不明確である」という理由で、被後見人の意思を尊重するために、日本民法第858条の規定を参考にして、その規定を「後見人は、被後見人の生活、看護、治療及び財産の管理に関する事務を行うに当たっては、被後見人の意思を尊重し、かつ、その心身の状態および生活の状況に配慮しなければならない」と改正した。また、旧法第1112条第2項は、「後見人は、被後見人を精神科病院に入院させまたは自宅に監禁するときは、親族会議の同意を得なければならない。ただ

〈6〉　史尚寬, 前掲書, 596頁, 600頁。陳棋炎＝黃宗樂＝郭振恭『民法親屬新論　修訂六版』（2007年）403頁。

し、父母または禁治産者と同居する祖父母がその後見人であるときは、この限りでない」と定めていた。この規定については、精神衛生法によって公的医療機関により禁治産者の身体の治療がなされることが規定されているから、被後見人を自宅に監禁することは必要ではないし、憲法違反の疑いもあると指摘されていた[7]。改正法は、「精神衛生法第3章第2節においては、重症の精神病[8]患者を強制的に入院させる手続について詳しく規定されており、精神衛生法を適用すればよいから、この規定が存在する必要はない。かつ、親族会議の同意によって被後見人の自由を剥奪することは、その基本的人権を軽視するおそれがある」という理由で、旧法第1112条第2項の規定を削除した。

(3) 財産上の監護

①財産目録の作成

旧法は、「後見を始めるときに、後見人は被後見人の財産について、親族会議が指定する者の立会いをもって、財産の目録を作成しなければならない」と規定していた。親族会議を後見監督機関とすることは、つとに学説に批判されているから、改正法は、親族会議の代わりに、裁判所を後見監督機関にした。改正法第1111条第1項の規定によると、裁判所は、後見人を選任すると同時に、財産目録の作成の立会人を指定しなければならない。そして、後見を開始するときは、成年後見人は、被後見人の財産に関して、2か月以内に裁判所の指定する者の立会いをもって、財産目録を作成して裁判所に報告しなければならない（民法1099条1項の準用）。可及的速やかに法律関係を明らかにするため、財産目録の作成期間を「2か月以内」にしたが、財産があまり複雑なため2か月以内にこれを作成することができないときは、裁判所は、後見人の請求があり、かつ必要と認めるときには、これを延長することができる（同条2項の準用）。財産の目録を作成して裁判所に報告するまでは、後見人は、被後見人の財産については、管理上必要とされる行為のみをすることができる（民法1099条の1の準用）。

②財産の管理

改正法第1103条第1項は、「被後見人の財産は、後見人が管理する。後見の事務を行うために必要な費用は、被後見人の財産から負担する」と定めている。この規定の前半は、旧法第1100条第1項の前半を維持し、その後半は、日本民法第861条第2項の規定を参考にして規定された。旧法第1103条は、

〈7〉 陳棋炎＝黃宗樂＝郭振恭，前掲書，451頁。
〈8〉 戴炎輝＝戴東雄＝戴如，前掲書，447頁。

後見人は、被後見人の財産状況について、少なくとも1年に1回、親族会議に詳細な報告をしなければならないと規定していたが、改正法は、裁判所を後見監護機関にしたから、それを削除したうえで、日本民法第863条第1項の規定に倣って、「裁判所は、必要と認めるときは、後見人に対して、後見の事務に関する報告、財産の目録又は決算書の提出を命じ、後見の事務又は被後見人の財産状況を検査することができる」と定めた（民法1103条2項の準用）。
③財産上の監護事務に関する制限

旧法第1101条は、「後見人は、被後見人の利益のためでなければ、被後見人の財産を使用し、又はその処分をすることができない。不動産の処分をするときは、さらに親族会議の同意を得なければならない」と規定していた。しかし、後見人は、たとえ被後見人の利益のためであっても、自己の名義で被後見人の財産を処分する権利を持つべきではない。「後見人は、被後見人の利益のため、法定代理人の身分に基づいて被後見人の財産の処分を代理すれば足りる」という理由で、当該条文を「後見人は、被後見人の利益のためでなければ、被後見人の財産を使用し、又はその処分を代理し若しくはこれに同意することができない」と改正した（民法1101条1項の準用）。注意すべきは、被後見人は、行為無能力者であって（民法15条）、財産を処分することができないから、改正法第1101条第1項の定めている「処分に同意する」という部分は成年後見の場合に準用できない。また、改正法は、旧法第1101条後半の規定を削除するとともに、日本民法第859条の3の規定を参考にして、「後見人が次に掲げる行為をするときは、裁判所の許可を得てはじめてその効力を生ずる。一、被後見人の代理として、不動産を購入し又は処分すること。二、被後見人を代理して被後見人の居住の用に供する建物若しくはその敷地を賃貸し、他人の使用に供し、又はその賃貸借を解除すること。」という規定を増設した（民法1101条2項の準用）。その立法趣旨は、「上述した行為は、被後見人の利益に大きな影響を与えるから、裁判所の許可を得なければその効力を生じない」ということである。また、改正法は、「後見人は、慎重に被後見人の財産を管理しなければならない」という理由で、「後見人は、被後見人の財産をもって投資を行うことができない」と規定した。しかし、公債、国庫券、中央銀行貯蓄券、金融債券、譲渡性預金証書、銀行引受手形または金融機関保証付約束手形などの有価証券は、政府によって発行され、または金融機関によって保証されるのであるから、それを購入することは許される（同条3項の準用）。また、後見人は被後見人の財産を譲り受けてはならない（民法1102条）。この条文は、

改正されていない。
④報酬請求権
　後見人は、報酬を請求することができる。旧法は、その報酬の金額については、親族会議がその労力および被後見人の財産収益の状況を斟酌して定めると規定していた（旧法1104条）。改正法は、「親族会議が後見監督機関ではないから」という理由で、その条文を「後見人は、報酬を請求することができ、その金額については、裁判所がその労力及び被後見人の資力を斟酌して定める」と改正した。
⑤注意義務および損害賠償責任
　旧法第1100条第2項の規定によると、後見人は、自己の事務を処理するときと同一の注意をもって被後見人の財産を管理しなければならない。しかし、後見人の後見事務は、財産の管理に限らず、被後見人に対する身上の監護をも含めている。しかも、後見人は報酬を請求することができるから、その過失責任について具体的軽過失だけを負うというのでは不均衡である。従って、改正法は、日本民法第869条の規定を参考にして、「後見人は、善良な管理者の注意をもって、後見の事務を行わなければならない」と改正した。また、旧法第1103条の1は、後見人は、財産上の監護事務を行うときにその過失により生じた損害について、被後見人に対してその賠償の責めに任じなければならないと規定していた。しかし、財産上の監護事務を行うときに限って賠償責任を負うという規定は、妥当ではない。被後見人の利益を保護するために、改正法は、「後見人は、その後見の事務を行うときに、その故意又は過失により、被後見人に損害を生じたときは、その賠償の責めに任じなければならない」と定めている（民法1109条1項の準用）。改正法第1100条の規定から分かるように、本条の定める「過失」は、抽象的軽過失である。さらに、損害賠償請求権の消滅時効について、旧法は、「後見人が被後見人の財産に与えた損害について、その賠償請求権は、親族会議が清算の結果を承認することを拒絶したときから2年間に行使しなければ消滅する」と規定していた。改正法は、「2年の時効期間はあまりに短すぎる」という理由で、外国の立法例（日本民法第875条による第832条の準用、フランス民法第475条、イタリア民法第387条）を参考にして、「…賠償請求権は、後見関係が消滅したときから5年間行使しなければ消滅する。新しい後見人がいるときは、その期間は、新しい後見人がその職務に就くときから起算する」と改正した。

6　後見の終了

（1）後見終了の原因

改正法第14条第2項の規定によると、後見を受ける原因が消滅したときは、裁判所は、前項に定める請求権者の請求により、その宣告を取り消さなければならない。後見の宣告が取り消されると、後見関係が終了する。また、後見人が死亡、辞任または失踪したときも、後見終了の原因になる。後見人が被後見人の最善の利益に適わず、または明らかに適任でない事情があると認めるに足りる事実があるときは、裁判所は後見人を変更することができる。後見人の変更の裁判がされると、原後見関係が終了する。また、改正法第14条第4項の規定によると、後見を受ける原因が消滅した場合において、補助をする必要があると認めるときは、裁判所は、第15条の1第1項の規定に従い、補助の宣告に変更することができる。立法理由によると、裁判所がなした原後見の宣告は、補助の宣告によってその効力を失うことになり、後見関係が終了する。

（2）後見終了後における後見人の義務

旧法第1107条は、「後見人は、その後見関係が終了したときは、直ちに親族会議の指定する者の立会いをもって財産の清算を行い、かつ、その財産を新後見人に引き渡さなければならない。被後見人がすでに成年となったときは、被後見人に返還しなければならない。被後見人が死亡したときは、その相続人に返還しなければならない」と定めていた。改正法は、後見終了の原因を絶対的終了と相対的終了とに分けて、別々に規定している。改正法第1107条第1項の規定によると、後見人に変更を生じたときは、原後見人は、直ちに被後見人の財産を新後見人に引き渡さなければならない。

改正法第1107条第2項は、「後見を受ける原因が消滅したときは、原後見人は、直ちに被後見人の財産を被後見人に返還しなければならない。被後見人が死亡したときは、その相続人に返還しなければならない」と定める。後見を受ける原因の消滅とは、後見宣告の取消と後見宣告から補助宣告への変更を指す。被後見人の死亡によって後見関係は当然に終了するから、被後見人の財産はその相続人に返還されなければならない。また、旧法は、清算の期限について規定をおいていなかったが、改正法は、「……原後見人は、後見関係が終了した時から2か月以内に、被後見人の財産について決算を行ったうえで決算書を作成し、これを新後見人、被後見人又はその相続人に交付しなければならない」という規定を増設した（民法1107条3項の準用）。旧法第1107条第

2項は、「親族会議が前項に定める清算の結果を承認するまで、後見人は、その責任を免れることができない」と規定していたが、改正法は、「親族会議は後見監督機関ではない」という理由で、その条文を「新後見人、被後見人又はその相続人が前項に定める決算書を承認するまで、原後見人は、その責任を免れることができない」と改正した（新法1107条4項の準用）。

後見人の死亡も後見関係の終了原因である。旧法第1108条は、後見人が死亡したときは、前条に定める清算は、その相続人がこれを行うと規定していた。しかし、後見関係終了の場合には、財産の清算だけでなく、財産の引渡しもしなければならない。また、後見人に相続人がいれば、その相続人が財産の清算を行うべきであるが、相続人がいないか、または、いるかどうか明らかでないときに、いかに財産の清算と引渡しをするべきかについては、旧法は明定していなかった。そこで、改正法は、その条文を、「後見人が死亡したときは、前条に定める引渡しまたは決算は、その相続人がこれを行う。その相続人がないか又はその相続人の有無が不明であるときは、新後見人が直ちに決算を行い、第1099条に従って作成した財産の目録と併せて裁判所に報告する」と改正した（民法1108条の準用）。ただ、改正法は、後見人の相続人の有無が不明であるとき、だれが被後見人の財産を新後見人に引き渡すか関しては、定めていない。新後見人は、被後見人の財産の引渡しを受ける前に、財産の決算を行うことができないため、この場合においては、原後見人の遺産管理人は、被後見人の財産を新後見人に引き渡すべきだと思われる。また、後見人と被後見人が同時死亡と推定されるとき（民法11条）は、後見人の相続人は、被後見人の財産を被後見人の相続人に引き渡すとともに、法定の期間内に決算書を作成して被後見人の相続人に交付しなければならない。

Ⅲ　補助制度の増設

1　補助の宣告

前述のように、旧法は弾力性を欠く禁治産宣告一元制をとっていたため、学説により批判されていた。改正法は、精神上の障害またはその他の知能上の障害を有する者の利益を保護し、その自己決定権を尊重するという立法目的を持って、成年後見制度の外に補助制度を増設した。改正法第15条の1第1項の規定によると、精神上の障害またはその他の知能上の障害により、意思表示

をする、意思表示を受ける、またはその意思表示の効果を弁識する能力が著しく不十分である者については、裁判所は、本人、配偶者、四親等内の親族、最近一年間に同居した事実のあるその他の親族、検察官、主管機関または社会福祉団体の請求により、補助の宣告をすることができる。また、裁判所は、後見の請求に対して、まだ第14条第1項に定める後見宣告の程度に達していないと認めるときは、第15条の1第1項の規定に従い、補助の宣告をすることができる（民法14条3項）。改正法第14条第4項の規定によると、後見を受ける原因が消滅した場合において、補助をする必要があると認めるときは、裁判所は、第15条の1第1項の規定に従い、補助の宣告に変更することができる。もともと、この場合においては、裁判所は、先に後見の宣告を取り消して、別に補助の宣告をすべきであるが、請求権者の不便と裁判官の負担を避けるため、その手続を簡素化し、後見の宣告を取り消さずに、直接に補助の宣告に変更すればよいとした。裁判所のなした後見の宣告は、補助の宣告によってその効力を失うことになる。

　未婚の未成年者は、制限行為能力者または行為無能力者であり、補助の宣告を受ける実益がないから、行為能力者、つまり成年者および既婚の未成年者だけが補助の宣告を受ける対象となる。補助宣告の効力については、後見の宣告を受けた者は行為無能力者となるのと異なり、補助の宣告を受けた者は依然として行為能力を有する。しかし、補助の宣告を受ける者は精神上の障害により弁識能力が著しく不十分である者であるから、その利益を保護するため、法定の特定の行為をするには、補助人の同意が必要とされている。改正法第15条の2第1項は、「補助の宣告を受けた者が次に掲げる行為をするには、その補助人の同意を得なければならない。ただし、単に法律上の利益を得、又はその年齢および身分に応じて日常生活上必要とされるものについては、この限りでない。一、独資、組合契約による事業の共同経営をするまたは法人の責任者となること。二、消費貸借、消費寄託、保証、贈与又は信託をすること。三、訴訟行為をすること。四、和解、調停、不動産に関する紛争による調停又は仲裁合意をすること。五、不動産、船舶、航空機、自動車又はその他重要な財産の処分、負担の設定、売買、賃貸借又は使用貸借をすること。六、遺産の分割、遺贈、相続権又はこれに係る権利の放棄をすること。七、裁判所が前条に定める請求権者又は補助人の請求により指定したその他の行為をすること。」と規定している。本項第6号に定める「これに係る権利」とは、相続に関する権利を指している。たとえば、遺贈を受ける権利、相続回復請求権、遺留分減殺

請求権および遺産斟酌給付請求権（民法1149条）などである。また、裁判所は、補助人の請求により、本項前6号に定める特定行為以外の行為を指定することができる。たとえば、補助人は、補助の宣告を受けた者が委託または請負契約を締結すると、その者に不利益を与える可能性があると認めるならば、かかる契約の締結を同意を得るべき行為として指定するよう、裁判所に請求することができる。

　補助の宣告を受けた者が、補助人の同意を得ずに上述した行為をしたときは、その行為の効力については、民法第78条から第83条までの規定を準用する（民法15条の2第2項）。つまり、被補助人がなした遺贈行為は、無効である（民法78条の準用）。被補助人が締結した契約は、補助人の追認によってその効力を生ずる。補助人がそれを追認するまでは、その契約は効力未定の状態にある（民法79条の準用）。契約の相手方は、契約を締結するときに補助人の同意を得ていなかったことを知らなかった場合には、補助人が追認するまで、契約を撤回することができる（民法82条の準用）。また、補助人に対して1か月以上の期限を定めてその契約を追認するかどうかを確答すべき旨の催告をすることもできる。補助人がその期間内に確答を発しないときは、その契約の追認を拒絶したものとみなされる（民法80条の準用）。被補助人が補助人の同意を得たことを信じさせるために詐術を用いたときは、その法律行為は有効となる（民法83条の準用）。被補助人が補助人の同意を得ずになした単独行為は無効となり、その締結した契約は効力未定となるから、補助人はそれを取り消すことができない。また、被補助人の不動産または重要な財産を譲り受けた者は、その財産の所有権を取得することができない。従って、被補助人は、いつでも所有権者としてその財産の返還を請求することができる。補助人がその契約を追認しなければ、その契約は、補助の宣告が取り消された後に、被補助人がその契約を追認してからはじめてその効力を生ずる（民法81条の準用）。注意すべきは、調停、訴訟上の和解または訴訟行為は、民事上の法律行為ではないから、民法第78条から第83条までの規定を準用すると規定することは、妥当ではないと考えられる。

　補助人は、本条第1項第1号に定める行為をすることを同意した後に、被補助人が営業をする能力が足りないと認めるときは、その同意を取り消すことができるが、善意の第三者に対抗することができない（民法15条の2第3項による85条の準用）。また、第1項に掲げる同意を得なければならない行為について、補助宣告を受けた者の利益を害するおそれがないにもかかわらず補

助人がその同意をしないときは、補助宣告を受けた者は直接に裁判所に請求し、その許可を得た後、これをなすことができる（同条4項）。

2 補助人および補助の事務

補助の宣告を受けた者には補助人を付けなければならない（民法1113条の1）。改正法は、条文の重複を避けて規定を簡潔なものとするために、補助人および補助の事務については、後見制度に関する規定を準用すると規定する（民法1113条の1第2項）。つまり、第1095条（後見人の辞任）、第1096条（後見人の欠格）、第1098条第2項（後見人と被後見人との利益相反）、第1100条（後見人の注意義務）、第1102条（被後見人の財産の譲受けの禁止）、第1103条第2項（後見の事務の監督）、第1104条（報酬請求権）、第1106条（後見人の再選人）、第1106条の1（後見人の変更）、第1109条（後見人の賠償責任）、第1111条（成年後見人の選任）、第1111条の1（後見人の選任における注意事項）、第1111条の2（成年後見人の欠格）、第1112条の1（成年後見人が数人ある場合の権限の行使等）、第1112条の2（嘱託登記）などの規定を補助宣告の場合に準用している。

補助人が複数いる場合に、同意権の行使について意見が一致しないときでも、改正法第1097条第2項の準用がないため、裁判所に対して、被補助人の最善の利益を考慮して、そのうちの一人の補助人に同意権を行使させるよう請求することができない。また、補助の宣告を受けた者は、行為能力者であり、法定代理人をつける必要がないから、改正法第1098条第1項の規定を準用する余地はない。すなわち、補助人は被補助人の法定代理人ではない。にもかかわらず、補助人の同意権の行使が被補助人の利益に相反するときは、第1098条第2項の規定が準用され、被補助人のために特別代理人を選任することができるとされている。しかし、被補助人は行為能力者であるから、被補助人のために特別代理人を選任する必要はないと考える。

補助人または被補助人の死亡によって、補助関係は終了する。補助を受ける原因が消滅したときは、第75条の1第1項に定める請求権者の請求により、その宣告を取り消さなければならない（民法15条の1第2項）。補助の宣告が取り消されると、補助関係が終了する。また、補助の宣告を受けた者について後見を受ける必要があると認めるときは、裁判所は、後見の宣告に変更することができる。後見の宣告に変更すると、前になされた補助の宣告は、当然にその効力を失う。補助人は、被補助人の財産を管理しないから、補助関係が終

了するときに、財産の引渡しまたは決算書の作成をする必要はない。

Ⅳ　任意後見制度

　1960年代から、西欧諸国においては、禁治産宣告制度についての改正が相次いで行われている。改正後の内容については、各国において一致していないが、共通の理念が存在すると認められる。それは一つには、障害者本人の自己決定権の尊重であり、もう一つは、本人の残存能力の尊重であると指摘されている〈9〉。この理念に基づいて、2000年に施行された日本成年後見制度は、任意後見制度を導入した。台湾の学説は自己決定権を尊重するという理由で、任意後見制度の立法化の必要性を強調しており、補充性の原則に基づいて、任意後見制度の優先性を認めている日本新成年後見制度を参考にする必要があると指摘している〈10〉〈11〉。2002年法務部の研究計画の報告——「民法成年後見制度の研究」——においては、日本の立法例に倣って任意後見制度を設けるべきという立法論が見られる〈12〉。ところが、2003年5月26日に法務部で開催された「民法成年後見制度検討会」においては、任意後見制度を導入する差し迫った必要がないという理由で、それを改正の範囲に入れないと決議された。この決議に従って法務部の「民法禁治産宣告および成年後見制度研究改正作業グループ」は、任意後見制度を導入しないこととした。

　改正法は、任意後見制度を導入していないが、障害者本人の自己決定権の尊重という理念が、解釈論を通じて台湾民法の中に取り入れられることができるかどうかが検討されなければならない。

　民法第550条の規定によると、委任関係は、当事者の一方の死亡、破産または行為能力の喪失によって消滅する。そして、委任関係が消滅すると、それによって授与された代理権も消滅する（民法108条1項）。ただし、この条文は強行規定ではなく、当事者間に特約があるなら、委託者（本人）の行為能

〈9〉　神谷遊「成年後見と家族法－成年後見をめぐる改革の潮流とわが国家族法の今後－」家族（社会と法）12号（1996年）98頁。
〈10〉　劉得寬「意定監護制度立法上必要性－以成年（高齢者）監護制度為中心」法學叢刊174期（1999年）84頁。
〈11〉　鄧學仁「日本之新成年監護制度」中央警察大學法學論集第5期（2000年）338頁－339頁。
〈12〉　法務部2002年度委託研究計畫『民法成年監護制度之研究（計畫主持人周世珍）』（2002年）266頁。

力喪失後においても委任関係・代理権が存続する（民法550条但書）。また、民法は当事者の行為能力の喪失を委任関係の消滅の原因とするものの、当事者の意思能力の有無は問わない。従って、委任者が心神喪失または心神耗弱の状態になっても、禁治産（後見）の宣告を受けていない以上、委任関係・代理権が存続すると解されている。行為能力の有無については法律によって判断されるから、客観的判断になじむが、意思能力の有無についての判断は、精神状態の認定であり、これになじまない。委任関係の存否について委任者の意思能力の有無によって決まるなら、委任関係が不確定な状態になってしまうおそれがある。そこで、委任者の行為能力の喪失を委任関係の消滅原因としたものと考えられる。また、この持続的代理権授与の特約は、委任契約の内容に含まれるものとは限らず、委任契約を締結してから、追加的になされてもよいと解されている。

一般的には、持続的代理権を授与する委任契約を締結する場合、本人の行為能力の喪失にもかかわらず、代理権が存続する。さらに、当事者間に委任者の行為能力の喪失を停止条件とする委任契約を締結することが許される。つまり、通常は本人が自己の事務を処理し、行為能力を喪失してからはじめて委任契約の効力を生ずるという契約である。契約自由の原則および自己決定権の尊重の原則に基づいて、このような停止条件付き委任契約は、認められるべきである。

ところが、現行法の下においては持続的代理権の授与を認めることができるが、解釈論として二つの問題が生じてくる。まずは任意代理と法定代理との競合という問題である。つまり、後見宣告を受けた者を保護するために、後見人を置かなければならず（民法1110条）、後見人は被後見人の法定代理人となるが、本人が持続的代理権を授与する委任契約を締結する場合には、本人の行為能力喪失後に、任意代理と法定代理とが競合することになる。このとき、任意代理が優先するのか、法定代理が優先するのか、または両者が並存して存続するのか検討されなければならない。形式論からいえば、法定代理を優先させる明文の規定が置かれていないし、代理人が一人でなければならないという規定がない以上、任意代理と法定代理とが並存すると解し得るであろう。

二つ目の問題は、任意代理人の監督に関する問題である。イギリスでは持続的代理権を有する代理人に対する裁判所の監督権が認められているが、台湾民

〈13〉 鄭玉波『民法債編各論　下冊』（1972年）451頁。
〈14〉 邱聰智『債法各論　中冊』（1995年）251頁。
〈15〉 邱聰智，前掲書，252頁。

法にはそのような規定がない。民法は当事者の一方がいつでも委任契約を終了（解除）させることができるとしている（民法549条1項）が、本人は、行為能力を喪失した後に、任意代理人が本人に不利な行為をしたとしても、委任契約を終止することができない。しかし、後見人は被後見人を保護するために設置されるものであるから、任意代理人が適任でない場合に、本人の法定代理人として、本人を代理して委任契約を解消することができる。<16>

上述したところから分かるように、台湾民法は、任意後見制度を導入していないが、民法第550条の解釈によって持続的代理権の授与の委任契約が認められて、自己決定権の尊重という理念が実現されるようになった。しかし、解釈論上、解決できない問題がまだ残っているから、立法論として、任意後見制度を導入する必要があると考えられる。

V　結語

高齢化社会の到来に伴って、欧米諸国においては、高齢者を保護するために、成年後見などの制度の改正を行った。台湾では、16年前から高齢化社会に入っているが、社会意識または生活形態の相違のせいか、成年後見の問題意識はあまりなかった。つまり、2、3の論文により外国立法例の紹介を通じて禁治産宣告または後見制度の欠点が指摘されたが、実務家、民間団体ないし政府機関は、成年後見制度の改正にあまり関心を持っていなかったところ、2000年の日本新成年後見制度の施行を契機として、台湾における民間団体は成年後見制度の改正に関心を持ち始め、2002年には法務部も「民法成年後見制度の研究」という研究成果を提出した。このように、学説、民間団体および政府機関の努力によって台湾における禁治産宣告制度と後見制度が改正されることになった。

改正法は、公権力の介入を強化して被後見人を保護しようとしている。改正法における成年後見制度は、ドイツ法の一元主義を採らずに、日本法の多元主義を採用しており、旧法の禁治産宣告を後見宣告と補助宣告とに分けて規定している。改正法の内容を日本民法のそれに照らしてみると、日本法の色彩を帯びていることを窺うことができるが、両国における基本的立法理念は必ずしも一致していない。つまり、日本法は自己決定権の尊重、残存能力の活用および

〈16〉邱聰智，前掲書，252頁。

補充性の原則に基づいて、被後見人の行為能力を剥奪せず、被後見人の法律行為は取り消すことができると定めている（日本民法 9 条）。これに対して、台湾法においては、後見の宣告を受けた者は行為無能力者であって、その法律行為は無効であり、日用品の購入その他の日常生活に関する行為もすることができない。すべての財産行為は後見人が被後見人に代わって意思表示をする。台湾における成年後見制度の基本理念は、自己決定権の尊重または残存能力の活用にあるのではなく、精神上の障害者である社会上の弱者の保護である。すなわち、台湾における成年後見制度は、弱者保護法として社会法的な色彩を有しているといわなければならない。また、台湾の補助宣告制度は、日本法における保佐制度を参考にして新設されたものである。しかし、日本法においては、被保佐人は制限行為能力者であり、保佐人の同意を得ないでなした法律行為は取り消されることになる。これに対して、台湾法においては、補助の宣告を受けた者は依然として行為能力者であるが、補助人の同意を得ないでなした法定の単独行為は無効であり、契約は、補助人がそれを追認するまでは、その効力を生じないから、それを取り消すことができない。

　台湾の成年後見制度は弱者の保護を重視して社会法的な色彩を帯びているが、社会法原理の採用は原則として市民法の段階を経なければならないといわれている。[17] 制度の性質からいえば、任意後見制度は市民法原理に基づいて設けられたのに対し、法定後見制度は弱者を保護する社会法原理に基づいて設けられたものである。この両制度は共存して相補完する機能を有している。成年後見制度のより一層の充実のため、自己決定権の尊重という理念に基づいて任意後見制度を導入する必要があると考える。

（林秀雄）

---

[17] 橋本文雄『社会法と市民法』（1969 年）501 頁。

資　料

台湾民法総則

第12条　満二十歳をもって成年とする。

第13条　七歳未満の未成年者は、行為能力を有しない（行為無能力者である）。
②七歳以上の未成年者は、制限行為能力者とする。
③未成年者で既婚者である場合には、行為能力を有する（行為能力者である）。

第14条　精神障害またはその他の知能の欠陥により、意思表示をすることもしくは意思表示を受領することができず、またはその意思表示の効果を弁識することができない者に対しては、法院は本人、配偶者、四親等内の親族、最近一年間同居事実があるその他の親族、検察官、主管機関または社会福利機構の申請に基づき、監護を宣告する。
②被監護の原因が消滅したときは、法院は前項の申請権者の申請に基づき、当該宣告を取消さなければならない。
③法院は監護の申請に対し、第1項の程度に達していない者であると認定した場合には、第15条の1第1項の規定に基づき、補助を宣告する。
④被監護の原因が消滅しても、なお補助の必要がある者に対しては、法院は第15条1の第1項の規定に基づき、補助の宣告に変更しなければならない。

第15条　監護宣告を受けた者（被監護宣告者）は、行為能力を有しない（行為無能力者である）。

第15条-1　精神障害またはその他の知能の欠陥により、意思表示をしもしくは意思表示を受領し、またはその意思表示の効果を弁識する能力が著しく不十分である者に対しては、法院は本人、配偶者、四親等内の親族、最近一年間に同居事実があるその他の親族、検察官、主管機関または社会福利機構の申請に基づき、補助を宣告する。
②被補助原因が消滅したときは、法院は前項にいう申請権者の申請に基づき、かかる宣告を取消さなければならない。
③被補助宣告者として監護の必要がある者に対しては、法院は第14条第1項の規定に基づき、監護の宣告に変更しなければならない。

第15条-2　被補助宣告者は、以下の行為をなすときは、補助人の同意を得なぎればならない。但し専ら法律上の利益を得、もしくはかかる者の年齢及び身分、日常生活にとって必要とされる行為は、この限りでない。
一、独資、協同経営または法人を代表する行為
二、消費貸借、消費寄託、保証、贈与や信託
三、訴訟行為
四、和解、調停、調停処理および仲裁契約の締結
五、不動産、船舶、航空機、汽車およびその他の重要財産の処分、負担設定、売買、賃貸または貸借
六、遺産分割、遺贈、相続権およびその他の相関権利の放棄　七、法院が前条にいう申請権者および軸助人の申請に基づいて、指定したその他の行為
②第78条～第83条については、前項の規定に基づく補助人の同意が得られない場合に、準用される。
③第85条については、被補助宣告者が第1項第1号にいう行為をなすことに補助人が同意したときに、準用される。
④第1項にいう同意が必要な行為は、被補助宣告者の利益に損害を与える恐れがないにもかかわらず、補助人が同意を与えないときは、被補助宣告者は、代わりに法院に申請し、許可を得ることができる。

第16条　権利能力及び行為能力は、放棄することができない。

第二節　行為能力

第75条　行為無能力者による意思表示は無効である。たとえ行為無能力者でなくても、その意思表示が無意識または精神錯乱状態でなされた場合も同様とする。

第76条　法定代理人は、行為無能力者に代わって意思表示をし、かつ意思表示を受領する。

第77条　制限行為能力者が意思表示をし、及

第5章　台湾における成年後見制度の改正について

び意思表示の受領をなすには、法定代理人の同意を得なければならない。但し専ら法律上の利益を得、またはかかる者の年齢及び身分、日常生活にとって必要とされる行為は、この限りでない。

第78条　制限行為能力者が法定代理人の同意を得ずにした単独行為は、無効である。

第79条　制限行為能力者が法定代理人の同意を得ずに締結した契約は、法定代理人の承認を経て初めて効力が発生する。

第80条　前条にいう契約の相手方は、一ヶ月以上の期限を定め、法定代理人に承認するか否かを催告することができる。前項の期限内において、法定代理人から確実的な返答がない場合には、承認拒絶とみなされる。

第81条　制限行為能力者がその制限原因が消滅した後、締結した契約を承認した場合には、かかる承認は法定代理人の承認と同一の効力を有する。前条の規定は、前項の場合に準用される。

第82条　制限行為能力者が締結した契約が承認を得るまでは、相手方はそれを撤回することはできない。但し、契約締結時に、同意者の存在を知らない場合は、この限りでない。

第83条　制限行為能力者が詐術を用いて、他人に自己は行為能力者またはすでに法定代理人の同意を得ていると信じ込ませた場合には、かかる法律行為は有効である。

第84条　法定代理人が制限行為能力者に財産処分につき同意を与えた場合には、制限行為能力者は、かかる財産に関して、処分能力を有する。

第85条　法定代理人が制限行為能力者に独立経営者としての同意を与えた場合には、制限行為能力者は、かかる経営に関して、行為能力を有する。
②制限行為脂力者が、その経営において不適任な状況が発生した場合には、法定代理人はかかる同意を取消しまたは制限しなければならない。但し、善意の第三者に対しては、対抗できない。

第4章　監護
第一節　未成年者の監護

第1091条（監護人の設置）　未成年者に父母がいない場合、または父母のいずれもかかる未成年子女の権利、義務に関して、その行使を担えない場合には、監護人を置かなければならない。但し、未成年者が既婚者の場合は、この限りではない。

第1092条（委託監護人）　父母はかかる未成年子女に対し、特定事項につき、一定期間内において、他人に監護権行使の職務を委託することができる。

第1093条（遺書による監護人の指定）　父または母が先に死亡する場合は、遺言において監護人を指定しなければならない。

第1094条（法定監護人）　父母のいずれも未成年子女の権利義務に関し、行使、負担をしえないとき、または父母の死亡後、遺言による監護人の指定がないときは、左の順序に基づき、かかる者の監護人を決定しなければならない。
一、未成年者と同居する祖父母
二、未成年者と同居する兄弟姉妹
三、未成年者と同居していない祖父母。
②前項の順序に従い、かかる監護人を決定できなかった場合には、未成年子女にとっての最高利益となるように、法院は、未成年子女、検察官、当地社会福利主管機関またはその他の利害関係人の申請に基づき、かかる者の三親等内の傍系尊属、社会福利主管機関、社会福利機構またはその他の適当な者を、監護人に選定または改定し、且つ監護方法を指定しなければならない。
③法院は前項の選定または改定をなす前に、主管機関またはその他の福利機構に対し、訪問、調査報告及び建議の提出を命じなければならない。申請人または利害関係人も相関資料及び証拠を、法院の斟酌のために提出しなければならない。
④第二項に基づく監護人の選定または改定には、第1106条の規定は適用されない。
⑤未成年者に第一項にいう監護人がおらず、法院が第二項に基づき、かかる選定を確定するまでは、当地の社会福利主管機関が監護人となる。

第1095条（監護人の辞職）　前条が規定する監護人たる者は、正当な理由がない限り、かかる職務を辞することは許されない。

第1096条（監護人資格の制限）　未成年者及び禁治産者を、監護人とすることはできない。

第1097条（監護人の職務）　別段の規定がある場合を除き、監護人は被監護人の利益に関し、保護し、増進する範囲において、父母による未成年子女の権利義務を行使し、負担を行う。但し、父母による暫定的な委託者の場合には、委託した職務を範囲とする。

第1098条（監護人の法定代理権）　監護人は被監護人の法定代理人となる。

第1099条（監護人の技監護人財産に対する権利善務―財産目録）　監護開始により、監護人は被監護人の財産に関し、親族会議が指定する者と協議し、財産目録を作成する。

第1100条（監護人の被蓋護人財産に対する権利義務――管理権及び注意義務）　被監護人の財産は、監護人が管理し、かかる管理費用は、被監護人の財産により負担する。

第1101条（監護人の被監護人財産に対する権利養務―制限）　監護人は被監護人の財産に対し、被監護人の利益となる場合を除き、使用または処分をすることはできない。不動産を処分するときは、親族会議による許可を得なければならない。

第1102条（監護人の技監護人財産に対する権利義務―譲受の禁止）　監護人は被監護人から財産を譲り受けることはできない。

第1103条（監護人の被蓋護人財産に対する権利義務―財産状況の報告）　監護人は被監護人の財産状況につき、最低年一回は親族会議に詳細報告をしなければならない。

第1103-1条（監護人の被蓋護人財産に対する権利義務―賠償）　監護人が財産上における監護職務を行うに当たって、過失による損害が生じた場合には、被監護人に対し、賠償責任を負わなければならない。

第1104条（監護人の報酬請求権）　監護人は報酬を請求することができる。当該金額の算定については親族会議が労力及び被監護人の財産収益の状況を斟酌する。

第1105条（祖父母が監護人となるときの財産管理方法及び報引に関する特別規定）　未成年者と同居する祖父母が監護人となる場合には、第1099条、第1101条後段、第1103条、第1103-1条及び第1104条の規定は適用されない。

第1106条（監護人の撤退）　監護人に左に述べる状況のいずれかがあるとき、親族会議はかかる者を辞任させなければならない。

一、法定義務に違反したとき

二、支払い能力がないとき

三、親族会議が選定した監護人が、親族会議の指示に違反したとき。

第1107条（監護終了時被蓋護人の財産清算）　監護人は監護関係終了時において、直ちに親族会議が指定する者と協議し、財産の清算を行い、且つ財産を新監護人に譲渡しなければならない。被監護人が成年に達したときは、被監護人に返還する。被監護人が死亡したときは、当該相続人に返還する。

②親族会議から前項の清算結果に対する承認が得られるまでは、監護人は当該責任を免れることができない。

第1108条（清算義務の相続）　監護人が死亡したときは、前条にいう清算は、かかる相続人が行う。

第1109条（監護人賠償責任の時効）　監護人により被監護人の財産が受けた損害に対する賠償請求権は、親族会議の清算結果に対する承認拒否があったときから、二年間行使しないときは消滅する。

第二節　禁治産者の監護

第1110条（禁治産者の監護人設置）　禁治産者には監護人を置かなければならない。

第1111条（禁治産者の監護人順列）　禁治産者の監護人は、左の順序に従い、決定する。

一、配偶者

二、父母

三、禁治産者と同居する祖父母

四、父兄

五、先に死亡する父または母が遺言にて指定する者

②前項に従い、かかる監護人を決定できないときは、法院が親族会議に意見を求め、これを選定する。

第1112条（監護人の職務）　監護人は、被監

護人の利益のために、被監護人の財産状況に応じて、身体の治療、養護を施さなければならない。
②監護人が被監護人を精神病院または私宅に監禁する場合には、親族会議の同意を得なければならない。但し父母または同居人の祖父母が監護人となっている場合は、この限りではない。
第1113条（未成年者監護規定の準用）　禁治産者の監護は、本節の規定を除き、未成年者監護に関する規定を準用する（1091条〜1109条）。
②第1105条の規定は、父母が監護人となる場合においても、準用されうる。

第7章　親族会議
第1129条（召集人）　本法の規定に従い、親族会議を開くときは、当事者、法定代理人またはその他の利害関係者がこれを招集する。
第1130条（親族会議の組織）　親族会議は、構成員5人からなる。
第1131条（親族会議構成員の選定順列）　親族会議の構成員は、左に述べる未成年者、禁治産者または被相続人の親族及びその順序により、これを決定する。
一、直系血族尊属
二、三親等内傍系血族尊属
三、四親等内の同輩血族。
②前項順序同一の者は、親等が近い者を先とする。親等が同じ者は、同居する親族を先とし、同居する親族者がいない場合は、年長者を先とする。
③前二項の順序に基づいて、決定された親族会議構成員が、会議に出席できずまたは出席が困難なときは、順序に従い、他の親族が代わって出席する。
第1132条（指定構成員）　前条が規定する親族が存在せず、または親族の数が法定人数に達しないときは、法院は召集権者の申請に基づき、他の親族からこれを指定する。
②親族会議が開催できずまたは開催するのに困難があるときは、法に従い、親族会議を経て、処理しなければならない事項は、召集権者が法院に申請し処理を求める。親族会議の招集があっても決議がなされず、もしくはできなかった

ときも、また同様とする。
第1133条（構成員資格の制限）　監護人、未成年者及び禁治産者は、親族会議の構成員になることはできない。
第1134条（構成員辞職の制限）　法に従い、親族会議の構成員となった者は、正当な理由がない限り、当該職務を辞することはできない。
第1135条（会議の招集及び決議）　親族会議には、少なくとも三人以上が出席しなければ、開催することができない。出席した構成員の過半数による同意がなければ、決議とすることができない。
第1136条（決議の制限）　親族会議の構成員で、議論する事項に利害関係を有する者は、決議に加わることができない。
第1137条（決議に対する不服）　第1129条が規定する召集権者が、親族会議の決議に不服がある場合には、三か月内に法院に提訴できる。

公職人員選挙罷免法

第三章　選挙
第一節　選挙人
第14条　中華民国国民であり、二十歳に達している者は、監護宣告を受け、かつ取消しをされていない者を除き、選挙権を有する。

（毛熠宸 訳）

第6章

ワークショップ「成年後見制度の課題」

◆ワークショップのアンケート内容

(以下は要旨であり、各箇所に具体的に述べてある)

Ⅰ　総論的課題
1　行政による支援
(1) 申立、裁判所の職権発動を促す通報、福祉行政またはボランティア組織による支援。
(2) 手続中の支援。
(3) 後見人等が付いた後の支援。親族後見の場合の支援。

2　成年後見制度の公的性格
(1) 成年後見制度の私法的性格と公的性格。
(2) 公的性格と憲法上の基本的人権との関連。
(3) 国、県、市町村の福祉行政の任務と成年後見人への支援。

3　成年後見申立における職権主義と申請主義のメリットとデメリット
(1) 裁判所の職権主義の実際。
(2) 後見制度の利用を望まない親族との意見対立。
(3) 職権手続の費用（鑑定費用を含め）と国家の負担。

Ⅱ　各論的課題
1　成年後見人の報酬請求権の法的性格
(1) 後見人の報酬請求権発生の法的根拠。報酬請求権に関する特別法。
(2) 親族後見人と専門職後見人の報酬額に差をつける理由。
(3) 被後見人が支払能力を有しない場合。

2　親族法定代理権の評価
(1) オーストリア法の親族法定代理権の利用実態とその評価。
(2) 親族が行う事実上の代理行為。法律的に説明がつかない場合。

3　民法上の委任契約による後見類似契約
(1) 任意後見契約または民法上の後見契約（配慮代理権契約）の機能。
(2) 任意（契約）後見人を監督するシステムがない場合と権限濫用。
(3) 法定後見制度との関係（優劣を含む）。

4　成年後見人の医療同意権
(1) 成年後見人の権限と被後見人の医療同意権および医療契約の締結権限。
(2) 生命にかかわる手術等の治療と、成年後見人の同意手続について。
(3) 一般的に、親族などの医療代諾権の存否。

第6章　ワークショップ「成年後見制度の課題」

◆アンケートへの回答

ドイツ（以下独と表示）はフォルカー・リップ、オーストリア（以下墺と表示）はミヒャエル・ガナー、台湾（以下台と表示）は林秀雄、韓国（以下韓と表示）は李銀栄の各氏が回答された。

Ⅰ　総論的課題
1　行政による支援への回答

《独》　すでに成年後見法の改革前から、世話法によって市町村ないし青少年局（市町村の特別部局）は、後見裁判所および後見人や介護者を成年後見の枠内において支援していた（青少年福祉法54条a）。一連の改革において、自治体の任務は、一方では、未成年後見と未成年介護の枠内において、他方では、成年者世話の枠内において実施する、というように分離されていた。自治体世話署の任務と権限は、特に世話行政庁法が規制している（同法4条以下）。これに加えて、他の法律による任務の配分もある（たとえば、後見人・世話人報酬法10条）。世話官庁の組織と形成は、各州に任されている。世話官庁法は、枠組みを定めているに過ぎない。具体的場合における裁判所の世話手続における世話官庁の位置付けは、今日では、家族事件手続法と非訟事件手続法においてなされている。2009年までは非訟事件手続法であった。

その他の官庁（自治体または州の）は、一般的にではなく、個別的にかつその都度の世話裁判所、世話官庁または世話人の支援任務の枠内で、義務を負っている。たとえば、世話裁判所への報告義務（家事手続法22条a）または社会法において義務付けられた義務申請者に情報を提供しまたは相談に応じる義務という形で。

世話制度においては、私的組織として世話協会が活動している。それは、私的な運動体または福祉連合体（教会または任意の担手）によって創設され、一定の範囲において州の助成を受けている（世話報酬の場合における消費税の軽減、一定の州における直接的補助）。世話協会は、自らもしくはその職員によって世話を行う。その一方で、横断的任務もこなしている。すなわち、そこでは、有償の職業的世話が問題になるのではなく、以下のような任務が問題となる。その履行に公共的利益があり、かつ世話協会に法律（つまり民法1908条f）に基づいて一般的に委譲され、または法律によってその官庁に配分された一定の任務に関する権限移譲の方法で、世話官庁により、個別的に委譲される任務である（ここでは、いかなる範囲においてこのような権限委譲が許されるのか、争われている）。世話協会としての活動は、協会が世話協会として承認されていることが前提である。それに関する要件は、民法1908条fが規定している。手続は個々の州法が定めている。

《墺》　代弁人制度ないし後見制度は、純私法的に組織されている。つまり、任命手続を行うのは民事裁判所（区裁判所）である。行政や社会局は、一般人と同様に、代弁人制度の職権による発動を促すことができるだけである。それによって、裁判所は手続を導入できる。行政や社会局は、いずれにせよ、必要な書類（本人の所得関係や生活関係）を準備しなければならない。

代弁人協会（私法上の法人）は、可能な限り、裁判所を支援しなければならない。

Ⅰ 1(1)「申立てもしくは裁判所の職権発動を促す場合に、福祉行政またはボランティア組織による支援が一般的に期待できるか。」への回答

《独》　ドイツ法によれば、申請は不要である。世話人は職権により選任される。世話人の任命が必要であろうというチェックポイントはあるが、世話人の任命手続も、それに応じて職権で行われる。

従って、原則として、だれでも、つまりあらゆる自治体の官庁も、世話裁判所に、その認識によれば、ある人が世話人を必要としているので、世話手続を開始するように、通報することができる。世話官庁は、それ以上に、自らもしくは他人のために世話手続の開始を望んでいる

私人をさまざまに援助する。官庁が私人による相談や援助につき義務付けられているか、については、争いがある。そのような義務は、いずれにしても世話法ではなく、一般行政法からのみ導かれるものである。

《墺》 行政による支援は基本的には期待できない。しかし、前述のように、市町村行政は必要な書類を提出し、それに関する情報（たとえば、生活関係に関する）を提供する。

《台》 台湾民法14条、身心障害者権益保障法81条および老人福祉法13条の各規定によると、福祉行政の主掌行政機関は、裁判所に後見宣告をなすよう申し立てることができる。

〈編者注〉 韓国の民法は、このワークショップが行われた直後に改正された。その時点での事情を知る上でも参考になると思われるので、そのまま掲載することにした。

《韓》 はじめに、韓国の立法状況については、「韓国民法の成年後見制度」（62頁以下）を参照。

　2009年の政府民法改正案の内容は、次のように要約することができる。現行民法と同じく持続的・包括的保護制度として二つの類型を認めながら（成年後見と限定後見）、基本制度の欠陥として指摘されてきた問題点を除去し、それぞれの類型に弾力的な運営ができるような規定を採択した。それと同時に、要保護人の多様な欲求と必要に対処できるようにするため、新しい制度として一回的で特定的な保護制度（特定後見）と契約による後見（任意後見）を導入した。

　韓国成年後見制度の種類は以下の通りである。

制度の類型	性格	保護の範囲
成年後見	法定後見	持続的、包括的
限定後見	法定後見	持続的、包括的
特定後見	法定後見	一回的、特定的
後見契約	任意後見	契約の内容による

　以下では、2009年の政府側の民法改正案と国会の修正案を中心として、将来どのような形態の成年後見制が導入される予定なのかに焦点を合わせて答える。

　韓国での成年後見審判は、家庭裁判所が主導的に担当する予定である。2009年の政府案には、成年後見の請求権者の中に公益を代弁する者として検事だけが含まれ、地方自治体の長には権限が付与されなかった。（中略、前述、講演参照）その後、国会の審議過程で地方自治体の長が成年後見の請求権者の一人として含まれた（2010年国会修正案）。これによって実際の福祉行政を担当する地方自治体が成年後見の審判に関与できる道が開かれるようになった。現在、地方自治体は、住民の福祉を向上させるための福祉行政を担当する公務員、諮問委員、ボランティアの活動がかなり活発である。このような活動は、将来、成年後見制度が導入されると老人福祉および障害者福祉のための成年後見業務に繋がれると期待される。現在行われているボランティアの活動として、独居老人のための給食宅配サービス、住居掃除、入浴援助、理髪援助等の活動が組織的に展開されている。さらに、住民センターは、人手の足りない公務員を助けるために補助的な行政業務と請願業務を手伝ったり、代行したりするサービスを提供している。各町村、市区にある老人生活センターを訪問して食事とレクリエーションなどのサービスを受ける老人も多い。将来成年後見制度が導入されると、このような地方自治体の老人福祉行政と家庭裁判所の成年後見審判が密接に連携されるようになることを期待する。

《台》 台湾民法14条、身心障害者権益保障法81条および老人福祉法13条の各規定によると、福祉行政の主掌行政機関は、裁判所に後見宣告をなすよう申し立てることができるとされている。

Ⅰ 1 (2)「手続中については支援があるか。」への回答

《独》 誰でも裁判所手続においては弁護士に代理させることができる。つまり、手続開始を促した者（しかし、かかる者として、自動的に手続の参加者になるわけではない。家事非訟事件法274条）も、およびこの手続において問題になる本人自身もそうすることができる（家事非訟事件法10条）。

　必要な場合には、世話裁判所は、本人のため

に手続保佐人を任命しなければならない（家事非訟法 276 条）。

世話官庁は、さまざまな方法で、世話手続に関与する。（官庁は、個々の事例において実態調査が必要な場合には、家事非訟法 26 条による実態説明の枠内で、その一人として聴聞を受ける。裁判所は、官庁に実態調査の際に援助を求めることができる。官庁は、この場合には援助の義務を負っている（世話法 8 条 1 文）。それ以上に官庁は、申請があるときは、手続に形式上参加しなければならない（家事非訟法 274 条Ⅲ）。しかしながら、本人またはその他の参加者の援助は、手続における彼らの任務ではない。

《墺》 本人が法定のもしくは自ら選んだ代理人を有せず、かつ最初の聴聞後の手続が継続される場合には、手続のための代理人が裁判所によって任命されなければならない。彼は、純粋に当該手続のための代理人である。この時点ですでに本人の重要な事務が処理されなければならない場合には、一人の暫定的代理人が任命されなければならない。両者が同一人物であっても構わない。

《韓》 韓国の改正案には、後見審判手続の中に本人を支援するシステムは設けられていない。将来、後見制度に関する最終決定者である家庭裁判所は、成年後見制度の導入で職務負担が加重されるであろう。特に、制度導入の初期には、試行錯誤等で運営の効率性と合理性を担保するには、大きな困難が生じるであろう。

政府（保健福祉家族部）は、2010 年 4 月から成年後見制度の社会福祉分野への支援の方向に関する研究を韓国保健社会研究院に依頼して進行させてきた。その研究結果として市民団体と専門家は「特別補佐官制」を提案した。老人と障害者の個人別の特殊性や状況に対する判断の水準を高めるため、社会福祉の専門家等で構成された特別補佐官制度（または諮問委員制度）の取り入れを提案したのである。もし、家庭裁判所が成年後見手続にこのような補佐官制および諮問委員制度を採択するようになると、成年後見手続をよく分からない被保護者は、法務行政および社会福祉行政について特別補佐官より多くの援助を受けるようになるであろう。

《台》 台湾民法の規定によると、後見人を選定する際、裁判所は、主掌行政機関または社会福祉団体に対し、被後見人となるべき者を訪問し、調査報告および意見を提出するよう命ずることができるとされている（1111 条 2 項）。また、後見人の死亡等の事由または明らかな不適任等の事由により新たに後見人を選任する際、新たな後見人が確定するまで、所轄の社会福祉に係る主掌行政機関がその後見人となる（1106 条 2 項、1106 条の 1 第 2 項）。さらに、後見または補助の宣告が確定するまで、主掌行政機関は、老人の身体および財産を保護するため、裁判所に対して必要な処分をなすよう申し立てることができる（老人福祉法 13 条 3 項）。

Ⅰ 1 (3)「後見人等が付いた後についての支援はどうか。また、親族後見の場合はどうか。」への回答

《墺》 近親者または名誉職代弁人が任命された場合には、これらの者は代弁人協会に相談したり、その援助を受けたりすることができる（協会代弁人・患者代弁人及び隣人代理人法 4 条 3 項）。

《独》 活動に際しての、世話人への支援は、世話裁判所の任務である（1873 条Ⅰ 2、1908 条 i 民法）、世話官庁の任務である（世話法 4 条：基本的規範は同法 5 条：導入と研修）。世話協会も名誉職的世話人を導入し、研修させかつ相談を受けなければならない（民法 1908 条 f 2 号）。

官庁と協会は、それ以上に、代理受任者の活動に際しても、相談に乗り支援をしなければならない（世話法 4 条、民法 1980 条 f 第 2 号）。

《韓》 成年後見制が開始されて成年後見人が選任される場合に、本人の資産管理のみならず日常生活の重要な事務に関して、実質的な援助が可能な者が成年後見人として選任されなければならない。配偶者や親族が選任される場合もあれば弁護士や社会福祉士のような専門家が選ばれる場合もある。また、福祉法人が後見人に選任される場合もあるだろう。

2009 年の改正案では、親族が成年後見審判

の請求および成年後見人の役割をすると期待していた。韓国社会の現状を考慮すれば、遠い親族や隣人が職権発動を促すなどのことをするとは期待しにくいというのを立法の根拠として挙げていた。実際に、配偶者および近い親戚（一定範囲の近親者）が手続の開始を主導すると予想していたのである。大概の事例において配偶者または近親者が請求権者となって家庭裁判所の審判に対する不服申し立てをすると予想していた（家事訴訟法第43条）。

韓国の家族制度は、急速に核家族化した。それによって親族の間の往来は頻繁ではなくなった。生活の異なる親族が他の親族の世話をすることは易しいことではない。独居老人の割合は高くなり、また移動の不自由な老人は養老院やその他の療養施設で暮す場合が多くなっている。生活共同体の形態は過去と相当異なり、親族間の往来が少なくなった社会において親族間に保護と配慮を期待することはますます難しくなっている。従来、近親者が限定治産制度を悪用して要保護人の財産を横領しようとした濫用事例がたびたびあった。家庭裁判所が請求権者および成年後見人を親族に限定する方式で成年後見制度を運営するとすれば、問題があると思う。

2009年の改正案は、法律婚の配偶者にはいかなる制限もせず請求権者の資格を付与した。しかし、配偶者が当然に後見人となる規定（現行民法第934条）を廃止し、家庭裁判所によって成年後見人に選任されることのできる資格を与えられるようにした。それにもかかわらず、配偶者が成年後見人となることによって、その権限を濫用する危険は依然として残っている。家庭裁判所は、成年後見人を選任する過程においてその適格性の可否を審査しなければならないだろう。2009年の改正案の立法理由書では、婚姻生活の実質的関係を考慮しないことで濫用の結果を発生させる問題は把握していたものの、家事訴訟手続の時間と費用を考慮する際、成年後見が問題となる手続において要保護人とその配偶者の婚姻関係の実質を審査することが現実的にはかなり厳しいという事情を考慮したということを明らかにした。これに対して、家族法研究者は、配偶者に請求権者としての資格を付与することに対して問題を提起した。婚姻生活が事実的に破綻した場合にもその配偶者を請求権者に包含させれば成年後見制度を濫用する可能性があるため、このような場合には、請求権限を排除しなければならないという意見を提起したのである。そして、事実婚関係にある配偶者を請求権者に含ませなければならないという意見も提示された。私見としては、要保護者と同じ生活共同体を成している親族でなければ、要保護者と密接な関係を有している人（事実婚の配偶者等）、または直接に接触をする人（社会福祉士等）に成年後見人の役割を任せなければならないと思う。ただ、この場合は、成年後見人が要保護者の財産を横領したり、身体を虐待したりすることを防止できる後見監督人の実質的な役割が重要であると思われる。

《台》 裁判所が身心障害者の後見人または補助人として社会福祉団体を選定したときは、直轄市、県（市）の主幹行政機関がその後見または補助の職務の執行につき監督を行うものとされている（身心障害者権益保障法81条3項）。また、財産を管理する能力に乏しい身心障害者の財産権を保障するため、国の主幹行政機関は、当該事業に係る主幹行政機関とともに、信託業者が身心障害者の財産信託を取り扱うよう奨励しなければならないと規定されている（身心障害者権益保障法83条）。さらに、法定の扶養義務者がなく、かつ裁判所の後見または補助の宣告を受けた老人については、当該事業に係る国の主幹行政機関の許可を受けた信託業者に対しその財産を引き渡し、その者に代わって管理、処分をさせることができると定められている（老人福祉法14条2項）。

I 2 成年後見制度の公的性格 (1)「成年後見制度は民法上の制度であり、私的性格を有しているが、成年後見人の任務は裁判所からの委任という性格を有している。その限りで、公的性格を有していると思うが、どうか。」への回答

《墺》 公的性格を有しているとは理解されていない。代弁人の私法的性格は、一般民法典による法定代理人である（子供に対する両親のよう

なものである)。従って、そこでは、代弁人の失敗に基づく公的な責任（国家賠償責任）は生じない。裁判所の手続は公的性格を有しているから、裁判官が過失を犯した場合には、公的責任も生じる。

《独》 問題は、論争のあるところであるが、明確な議論は多くなされてはいない。保護を要する者の権利擁護は、国家的な任務である。従って、歴史的・比較法的に見るならば、この任務は国家的官庁によって担われることは全く可能なことである。もちろん、民法典、そして後には世話法も、世話は、被世話人の自己決定と自由権的基本権のために、国家的官庁に委ねるのではなく、私人による個々の世話を世話の基本モデルとして形成したのである。世話人は、国家の官職の担い手ではなく、私人である。世話人と被世話人の間の関係は、それに応じて私法的に形成されている。しかしながら、世話人はその自己の利益のために任命されるのではなく、もっぱら被世話人の福祉のために任命される。彼は、他益的な私法的官職の保持者である。世話が私法的に形成されても、それは、権利擁護という国家的課題を実現するものである。国家は、保護を必要としている成年者の保護と擁護について最終的に責任を負っている。従って、世話は、常に公法的側面を有している。世話裁判所を通じて、国家は、この任務を世話の枠組みにおいて、世話人の任命、選択、監督および解任等について実現する。

《韓》 韓国では、成年後見人の役割を成年被後見人との間の私的関係としてみている。後見契約の場合には、委任契約の一種として受任者と委任者との間の契約関係として把握している。ただ、委任者が統制能力を喪失すると、受任者の横領、背任行為をチェックすることができなくなる事情を考慮して、必ず成年後見監督人を置くようにしているだけで、それにより委任契約関係の性質が変わるものではない。成年後見審判の場合に、被後見人と後見人との間にどのような法律関係が存在するかについては、明文の規定はないものの、法定委任関係が発生すると理解されている。このように民法の定める成年後見制度は、基本的に当事者の法律関係を私的な関係としてみているという点で、福祉制度としては、不十分な要因を有している。

私見としては、要保護者の世話をするという思いやりのサービスを私的な関係として把握することでは不十分であり、同時に、社会福祉の側面としての公的な任務を遂行する側面をも有していると把握するのが望ましいと思う。もし、家庭裁判所が成年後見人を親族の中から選任せず、外部の専門家または福祉法人に任務を任せる事例が多くなれば、成年後見の公的性格が明確に現われるようになるだろう。すなわち、家庭裁判所の運営の方法は、成年後見の性格を左右することになる。さらには、公的観点の確固たる定立のためには、老人福祉法および障害者福祉法において成年後見人と被後見人との関係を公的法律関係として把握し、これに対する社会的支援を提供しなければならないだろう。

《台》 台湾民法においては、被後見人は行為無能力者であり、その法律行為は無効とされ、取消しうる法律行為とはされていない。ここに端的にあらわれているように、台湾の成年後見制度の重点は、残存能力の尊重または自己決定権の保障という点よりも精神能力に問題のある弱者を保護するという点にあり、社会法の色彩を強く帯びている。また、後見の宣告が申し立てられる際には社会福祉に係る主掌行政機関が重要な役割を果たす。以上から明らかなとおり、成年後見制度は私的性格と公的性格という二重の性質を有している。

《独》 連邦行政裁判所は、何度も「世話は、私的個々人の実施にゆだねられる、国家的な任務に属する。世話人は、家族の構成員ではなく、擁護を行う国家の信頼できる受託者である」と述べている。連邦最高裁判所は、そこから、「世話人は、国家的な官職の担い手と同様に、その行動の際には、被世話人の基本権と結合されている。従って、被世話人の意思に反する行為は、当該基本権への侵害を意味する。特に、その者のために法定代理権が必要な場合には」と述べている。

《墺》 公的性格は存在しない。代弁人制度は、一般民法典21条に基づく国家の配慮義務に基づいて成立している（21条1項によれば、未

成年者と未成年以外の理由によりその事務の全部または一部を適切に処理することができない者は、法律の特別な保護の下に置かれる)。
《韓》 成年後見制が公的性格ないし社会福祉の性格を有するには、国家と地方自治体の責任と役割を法の規定として明示しなければならない。これは社会福祉国家を志向する憲法上の基本原理を法制度として明文化することによって、成年後見制度の全般にわたった社会福祉的なサービスとその内容に関する根拠規定となるだろう。このようにすることによって、国家と地方自治体は福祉サービス施行の主体としての責任を明確に認識し、福祉業務を遂行するようになるであろう。

成年後見制度には社会福祉サービスとしての性格を補完しなければならないだろう。国家と地方自治体との責任と役割の規定、生活施設の障害者および縁故のない障害者に対する後見人問題、後見報酬の問題、後見法人の問題等、多くの社会福祉法的な事項が補完されなければならない。

Ⅰ2(2) 「公的性格が憲法上の基本的人権との関連で理解されているか。」への回答

《台》 台湾の憲法によると、個人の生存権は保障されなければならず (15条)、また、国家は社会福祉を図るために、社会保険制度を整備しなければならず、老人、弱者、身体障害者、生活無能力者および非常災害の被災者に対し、国家は、適当な扶助と救済を与えなければならない (155条)。成年後見制度、身心障害者権益保障法及び老人福祉法は、生存権保障の理念の下に制定された法律である。

Ⅰ2(3) 「国、県、市町村の福祉行政の任務として、成年後見人の支援が位置付けられているか。」への回答

《独》 地方自治体については、Ⅰ1(3)において述べたとおりである。
《墺》 それは、代弁人選任手続における「照会に対する回答義務」のみである。
《台》 成年後見人の支援は、福祉行政の任務に属すると思われる。

《韓》 2009年の改正案は、後見人と後見監督人の選任を裁判所の権限としていて、裁判所の役割が最も重要である。裁判所は、専門性のある補佐官または諮問機構の協力を受け、共益的な役割を十分に遂行するようになるだろう。実際に、誰が成年後見人として選任されるかがその運営を左右するようになる。被後見人の権利の保護と社会福祉サービスの保障の問題は、専門家と福祉法人の参加と協力から接近しなければならない。

2010年の国会修正案によると、国家と地方自治体は、共益的な立場から縁故のない障害者に対する成年後見の開始および成年後見人の選任を請求する権限を行使することができるようになる。日本の立法に倣い (日本老人福祉法第32条、日本知的障害者福祉法第27条の3、精神保健及び精神障害者福祉に関する法律第51条の11の2)、精神障害者、高齢者に日常的な接近が可能な地方自治体の長に請求権限を付与するようになる。

Ⅰ3 「成年後見申立における職権主義と申請主義のメリットとデメリット」への回答

《墺》 二つの可能性がある。本人自身による申請または職権による手続である。いかなる者による職権発動の提起も可能である (民衆による職権発動の提起)。手続の当事者はもっぱら本人である。家族や親族は手続の当事者ではないから、裁判所の決定に対して異議を申し立てることはできない。そのメリットは、親族による行為能力剝奪宣告 (権利濫用の危険) は不可能であるということである。法状況が異なっていた以前においては、親族はしばしば代弁人の選任を、その者の財産を支配し、争っている者をホームに送るために、申し立てることがあった。

Ⅰ3(1) 「申立権者は本人のみとして、手続は裁判所の職権によるという主義は、うまくいっているか。」への回答

《独》 はい。なぜなら、それによって、保護を必要としている成年者は、必要な場合に可及的速やかに世話人を獲得できるからである。不当

第 6 章　ワークショップ「成年後見制度の課題」

な世話からの保護は、世話裁判所が保障しなければならない。
《墺》　うまく機能している。家族も通常は代弁人選任手続に関与するが、当事者の地位は有しない。
《韓》　2009 年の改正案では、家庭裁判所が職権で手続を開始するドイツのような制度（ドイツ民法第 1896 条第 1 項参照）は採択しないこととした。立法理由において、フランスは、以前、職権による手続開始を認めていたが、2007 年の改正によって廃止したという立法例（フランス民法第 430 条参照）および補充的な開始事由によって職権による手続開始がかなり濫用されたというフランスの事情を参考にしたことを明らかにした。私見としては、家庭裁判所が職権によって成年後見手続を開始することのできる道を認めた方が良いと思う。
《台》　台湾民法の定める申立権者は本人に限られず、配偶者、四親等内の親族、最近 1 年間に同居した事実のあるその他の親族、検察官、主掌行政機関または社会福祉団体も、裁判所に対して後見の申立をなすことができる。

Ⅰ 3 (2)「後見制度の利用を望まない親族と意見が対立することはないか。」への回答

《独》　家族は、利害関係人として、手続に関与するように、申し立てることができる。（家事非訟法 7 条Ⅲ、274 Ⅳ 第 1 号）。この場合には、彼らは、世話人の任命に対して異議を申し立てる可能性を有している（家事非訟法 303 条Ⅱ）。
《墺》　存在する。しかし、裁判所は家族の意見とは独立して、判断をする。もし決定の前提要件（心的病気ないし精神的障害、配慮すべき事務）があれば、手続は続行され、かつ代弁人は、家族の意思に反してでも、任命される。

職権主義を採択しない限り、実際に親族以外の者が成年後見手続の開始を請求することはおそらくないであろう。親族は自分の権限が侵害されたと思い、他人の手続請求を妨害しようとするからである。親族だけに請求権者を制限する限界を克服するために、2009 年の改正案では、職権主義の不採択の限界を克服するために、検事を請求権者に入れている。現行民法においても、検事に、後見開始を始め多くの家族関連裁判における請求権限を付与しているが、実際に、検事による請求はほとんど行われていなかった。このような実情を勘案して、2010 年の国会修正案では、地方自治体の長をも請求権者としている。検事と地方自治体の長は、公益の代表者として自分の請求権限を積極的に活用しなければならないだろう。
《台》　被後見人となるべき者の財産管理のために後見を申し立てるかにつき、往々にして親族間で意見の不一致が生ずることがある。

Ⅰ 3 (3)「職権で手続を行う場合の費用は、鑑定費用を含めて国家の負担と解してよいか。」への回答

《独》　通常は、世話手続においては、費用決定はなされない。それに応じて、裁判所費用は、国庫が負担する。一方、各利害関係人は、自己の費用を負担しなければならない。

世話手段が最終的に命じられなかった場合、または既存の手段が制限されもしくは廃止された場合には、一つの例外を、家事非訟法 307 条は本人のために規定している。
《墺》　代弁人を任命するための費用（裁判所の費用、鑑定費用）は、まず、国家が負担する。連邦は、代弁人が任命され、代弁の範囲が変更され、または不妊手術が許可され、かつそれによって本人およびその家族の扶養が危険に瀕する場合には、本人の下で生じた費用を償還する（非訟事件法 129 条）。手続が中止された場合には償還はなされない。

代弁人のコスト（報酬および費用）は、本人が相応する収入または財産を有する場合には、本人が負担する。
《韓》　韓国では職権主義を採択していないため、費用の公的負担等の問題は発生しない。私見としては、職権による手続開始の場合においても、当事者の請求による場合と同じく、一次的には本人に費用を負担させなければならないと思う。ただ、本人に負担能力がない場合に、国家または地方自治体の予算をもってその費用を充当することができるようにすべきだろう。国家予算による支援の必要性は、職権による手

続に限られるのではなく、当事者の請求による手続開始の場合においても、同様に必要性の判断基準が適用されなければならないだろう。
《台》 後見宣告の申立にかかる費用については、後見の宣告がなされた場合には、後見宣告を受けた者の負担となる。検察官が申し立てたときは、国庫の負担となる（台湾民事訴訟法608条）。また、直轄市・県（市）の主掌行政機関が身心障害者の鑑定の申請を受理したときは、衛生に係る主掌行政機関の指定する団体または専門知識を有する者に対して、鑑定を行い身心障害に関する鑑定報告を作成するように委託しなければならならないが（身心障害者権益保護法6条1項）、障害の鑑定に必要な費用については、直轄市、県（市）の衛生に係る主掌行政機関が予算を編成して給付するものとされている（同条4項）。

II 各論的課題 1「成年後見人の報酬請求権の法的性格」への回答

《墺》 報酬請求権は、被代弁人に対する私法上の請求権である。これは、毎年の監護（代弁）請求書によって、裁判所で主張されなければならない。裁判所は補償を決定する（報酬と費用）。

II 1 (1)「日本では、後見人の報酬請求権は、民法に基づいて、家庭裁判所の許可があって初めて発生することになっている。報酬請求権に関する特別法はない。このようなシステムについてどう思うか。」への回答

《独》 世話人の報酬（民法1836条、VBVG法1条、4－6条）は、家事非訟法292条I、168条I　第2号によれば、常に、世話裁判所によって確定されなければならない。しかも、請求権は個々の活動によって発生するが、その決定の確定力によって期限が到来する。

費用補償（民法1835条）は、費用の概算払い（1835条a）を、世話人は、被世話人の財産自体に対して請求することができる。ただし、世話人が財産上の不安を有しており、かつ被世話人がそれに相応する財産を処分しうる場合に限る。家事非訟法292条I、168条による確定は、上記のことが不可能である場合にのみ必要となる。（たとえば、世話人が財産上の心配を有しておらず、または国庫に対する請求がなされないがゆえに不可能であるとき。）
《墺》 私どもでも請求権は裁判所の決定によって初めて発生する。われわれの法規制（一般民法典276条）は、補償（代弁人活動に対する賃金）、報酬（知見の特別な投入に対する賃金、たとえば、弁護士が代弁人として訴訟において被代弁人を代理する場合）および費用（事実上の出費、たとえば、電話代や交通費、文房具など）に及んでいる。
《韓》 成年後見人の報酬の問題は、制度の活性化の障害になるかもしれないと思う。先進国の事例を参考として、韓国でも報酬問題を考慮することによって、必要であれば報酬支給の法的根拠および適正な報酬支給に関する基準を制度化しなければならないだろう。2009年の改正案では、報酬を支給することのできる法的根拠を提示するだけにとどまった。ただ、後見人の報酬支給請求権が当然となる場合に、親族による無報酬サービスの善良な風俗が徐々に消えて行くことが憂慮される。そして、現在、無報酬で働く多くのボランティアに対して働く意欲を低減させるようなことがあるか心配である。無報酬後見サービスを誇らしく思う社会意識を形成して行くのが望ましいと思う。
《台》 台湾民法の規定によると、後見人は報酬を請求することができ、その額は後見に要する労力と被後見人の資力に応じて裁判所が定めるものとされている（1104条）。なお、報酬請求権に関する特別法は存在しない。

II 1 (2)「親族後見人と専門職後見人の報酬額に差をつける場合の理由は何か。」への回答

《独》 世話の職業的適格性は、世話人の任命の際に世話裁判所によって確認されなければならない（民法1836条I、後見人・世話人報酬法1条）。その要件ないし基準は、後見人・世話人報酬法1条Iにおいて定められている。世話人に対しては、彼が世話を職業の実施の範囲内においてのみなしうるか、または世話人が近いうちにこの範囲において世話を受託されうる範囲においてのみ、世話が委託されなければなら

ない。職業的適格性は、後見人・世話人報酬法1条Iによれば、通常は、(1)世話人が10件以上の世話を受任している場合、または(2)世話の実施に必要な時間が週20時間を下回らない場合にあるものとされている。

《墺》 親族代弁人は、費用のみを得るが、場合によっては、補償（代弁人活動に対する賃金）を得る。配偶者は補償を受けない。なぜなら、配偶者は法定の保佐義務に基づいて代弁職の実行義務（無償）を負っているからである。子供も、たいていは代弁職を名誉職的に――無償で行う。職業的代弁人は、補償（代弁人活動に対する賃金）、報酬（知見の特別な投入に対する賃金、たとえば、弁護士が代弁人として訴訟において被代弁人を代理する場合）および費用（事実上の出費、たとえば、電話代や交通費、文房具など）を取得する。それによって被代弁人の生活上のニーズが危機に瀕する場合には、多くの被代弁人は、わずかな収入と少しの財産しか有していないので、代弁人はしばしば補償もしくは費用補填を得ていない。配偶者と子供並びに弁護士と後見人は、法律により代弁人職の引き受け義務を負っている。代弁人協会は、司法省と契約を結んでいる。

《韓》 社会通念上、親族後見人の場合は、無報酬で働くことを当然と考えていて、親族でない専門家が後見人となる場合には、適正な報酬を支給しなければならないと思われる。2009年の改正案では、家族による後見が大部分であることを予想して後見業務に関する報酬は、原則的に無償とした。しかし、法人による成年後見が可能であるという点を考慮して報酬を支給することができるという規定を設けた。将来、法人後見人が増加すれば、これに相応して専門職後見人も増加すると予測される。

専門職後見人に対しては、その業務に相応しい報酬を支給することによって、徐々に専門職業群が拡がるように協調していかなければならないだろう。

《台》 専門職後見人は後見事務に関する専門知識を有するが、親族後見人と被後見人との間には親族関係が存在し、倫理上または感情上被後見人を保護する義務があることから、両者の報酬には差異が生ずるべきものと考えられる。

II 1 (3)「被後見人が支払能力を有しない場合に、どのようにしたらよいか。」への回答

《独》 国庫から支払われる（民法1836条cで準用される1835条IV、民法1836条c、1836条d）。報酬は、財産を有する被世話人の場合よりも低くなっている。なお、後見人・世話人報酬法5条IIを参照。

《墺》 補償、報酬および費用補填によって被代弁人の生活上の需要が危機に瀕する場合には、代弁人は何も得られない（一般民法典276条4項）。

《韓》 成年後見人の報酬は、受益者負担の原則に従い、本人の負担とするのが原則である。要保護者に資産がない場合、国家または地方自治体が報酬の支給を本人の代わりにすることができるかについては、まだ活発な議論が行われていないが、肯定的に検討している。国選弁護人のように、国選後見人は、国家から報酬を受けて社会福祉の次元において被後見人のために働くのが望ましいと思われる。国によって選任された成年後見人または専門職後見人の報酬支給の対象となるサービス、報酬支給の根拠および支給算定基準を設けなければならないだろう。

《台》 裁判所が社会福祉に係る主掌行政機関を後見人として選定するべきである。

II 2 (1)「オーストリア法によれば、親族法定代理権が利用されているが、この制度をどのように評価するか。」への回答

《独》 ドイツ法には一定の近親者の法定代理権は、存在しない。現在3段階の配慮モデルが存在している。①事実上の配慮②配慮代理権による配慮③世話人による配慮である。法定の代理権が必要か否かについては、大いに議論のあるところである。これに関する法社会学的調査は存在しない。

《墺》 法律上の法定私法代理権（法律に基づいて自動的に生じるもの、両親と子供の場合のように）が存在する。代弁人のもとには、裁判所の決定によって代理権限が発生する。

近親者の法定代理権は、夫婦間の日常家事代

位権を模範としている。すなわち、日常生活上の事務および監護需要を満たすため、さらには簡易な医療行為に限られている。近親者とは、両親、成人の子、同居の夫婦、登録されたパートナーもしくは同棲者、ただし3年以上同一世帯で生活している場合に限る。オーストリア中央代理権登録簿に登録することができる。

この制度は、基本的な評価は得られている。多くの事例においては、いつの日か代弁人が任命されなければならない。なぜなら、近親者の法定代理権の範囲は、必ずしも十分ではないからである。契約の相手方（特に銀行）は、たいてい、代理権限に関する証書を要求する。これは、オーストリア中央代理権登録簿（官署）によって交付される。場合によっては、その範囲を拡張することが重要である。しかし、重要な事務に関しては、コントロール機能（たとえば、裁判所の許可）が付加されている。

《韓》 親族だからといって、欠格事由やその他困難な事情があるにもかかわらず、当然のように成年後見人として選任されることは正しくないと思う。しかし、親族が成年後見人の任務を遂行することができるにもかかわらず、外部の者を選任する必要はないと思う。家族制度の変化で親族の間に老人や障害者に対する世話を避ける風潮がないとはいえないが、まだ大多数の家庭においては、親族間の扶養および看病を家族的権利であると同時に義務として受け入れているのが実情である。このような風習に反する制度を創設して貫徹すれば、これは現実的に可能なものでもなく望ましいことでもないと思う。成年後見人は親族を優先的に選任することが望ましいと思っている。

《台》 台湾民法の改正前には、親族が後見を行うことが原則とされていた。改正後も、主掌行政機関、社会福祉団体その他適当な者を後見人に選任することができるが、近親が存在するときは、親族による後見が優先されることになると思われる。後見人は被後見人の法定代理人となることから、近親を後見人とすることが台湾の一般人の感覚からすれば自然なものである。

Ⅱ2(2)「日本には、このような制度は存在し

ないが、親族は事実上このような代理行為を行っている。法律的には説明がつかない場合もあるが、他国ではどうか。」に対する回答

《独》 家族による事実上の配慮は、事務管理の規制に基づく（財産管理の場合）のであり、さらに推定的同意に基づくものである（身上監護）。家族が本人のために活動する場合には、彼はそれによって、その行為の正当性が認められることがある。家族でない者が（たとえば、医者）が本人のために活動する場合には、家族は本人の意思についての情報提供者である。

2005年の第二次世話法改正法の前哨戦において、連邦参議院は、配偶者、登録した人生のパートナー、両親および子供に、要配慮事例においては、お互いに、医療行為および一定の財産管理において法定代理権を与えようとした。しかし、この提案は、連邦衆議院において、その濫用の危険ありということで、否決された。

《墺》 わが国においても、多くの法律行為が親族によってなされ、医療行為の同意が親族によってなされている。法律的には全く代理権はなかったが、親族代理権の創設によって、法律状態は、部分的に既存の事実状態に対応することができるようになった。今後は、より多くの代理行為が近親者の代理行為によって処理されるようになる。

《韓》 大部分の家庭において配偶者や近親者によって世話を受けている現実を勘案すると、実際において身近なところで世話をする配偶者または近親者がいるにもかかわらず、成年後見手続を開始する必要性は事実上少ないだろう。もし、このような場合でも成年後見開始の請求があるとすれば、これは親族間に葛藤や紛争等があることを意味するのであろう。要保護者の財産による葛藤の場合には、成年後見開始の審判を通じて、誰が最も誠実に本人の財産を管理することができるかを判断すると同時に、誰によって世話を受けることが本人の幸福と福祉を最大化することができるかを判断しなければならないだろう。しかし、本人の判断力の喪失が若干であるがゆえに、客観的でない自分の意思を固執するときには、本人の意思に従わなければならない規定のため、やむを得ない場合が生じ

るだろう。親族間に紛争がある場合または本人が賢明でない意思を固執する場合には、家庭裁判所は、福祉法人を成年後見人とするか成年後見監督人として活用する方法を、しばらくの間とった方がいいと思う。

II 3「民法上の委任契約による後見類似契約」への回答

《墺》 代弁人と被代弁人との間の後見(世話)契約は存在しない。従って、任意の契約代弁制度は存在しない。それは必要ないと考えられる。というのは、だれでも行為能力を有する限り、通常の民法上の委任代理または配慮代理権を設定することができるからである。

もし受任者が受忍義務を負うのであれば、委任(契約)または代理権授与契約が締結されるだろう（同じ契約でも名称は色々である）。これには、代理権授与契約に関する規制(1002条-1034条)が適用される。しかし、だれでもその行為能力を失うと、直ちに若干の例外を除いて、監督代弁人が任命されなければならない。他の場合は、配慮代理権である。それには、作成形式に関する厳しい要件がある（裁判所、弁護士または公証人の面前で）。それは、行為能力を喪失した後も有効である。これには、代理権授与契約に関する規定(1002条-1034条)に加えて、配慮代理権に関する規定(一般民法典284条f-h)が適用される。

II 3 (1)「任意後見契約または民法上の後見契約は、どのように機能しているか。」への回答

《独》 配慮契約は、配慮行為の存否・内容を、補償や報酬を含めて規制している。無償の配慮活動は委任契約(民法662条以下)に基づき、有償の活動は、有償委任(675条)または雇用契約(611条)に基づいて行われる。

　(配慮)代理権は、本人のために行為する権能を創設する（民法167条）。どの範囲においてそれを行使すべきか、またそれが許されるかは、配慮契約によって定まる。

《墺》 配慮代理権はよく受け入れられている（現時点で、7,000件が登録されている）。裕福な者にとっては利益をもたらしている。それによって代弁人制度の場合よりもさらに自由な行為ができるからである。たとえば、企業への投資などである。デメリットは、代弁人制度に比べて、濫用の危険が高いという点である。というのは、定期的な裁判所によるコントロールがないからである。

《韓》 2009年の改正案では家族法編に任意後見制度を新設した。要保護人自らの契約により後見人を選択して代理権を付与することによって、後見事務の内容を自ら形成することができる手段として後見契約を規定したのである。後見契約は公正証書によって締結するべきであり（改正案第959条の14第2項）、家庭裁判所が任意後見監督人を選任することによって後見契約は効力を発生する（改正案第959条の4第3項）。後見契約は、被後見人の財産と身上に悪い影響を及ぼすことがあり得るため、契約自由の原則にすべてを委ねるわけにはいかない。契約締結時に方式の自由に制限を受け、また家庭裁判所が後見事務の監督を保障するなど、契約関係について公的な介入が行われる。

《台》 台湾には任意後見制度は存在しない。ただし、民法550条によると、委任関係は当事者一方の死亡、破産または行為能力の喪失により終了するものとされているが、契約において別段の定めのある場合または委任事務の性質によりその終了が適当でない場合はこの限りでないものとされている。この条文から、委任者または受任者のどちらかが行為能力を喪失すると委任関係は終了することが原則であるが、但書からも明らかなようにこれは強行規定ではなく、当事者間の特約により委任関係・代理関係を委任者が行為能力を喪失した後まで存続させることもできる。また、本条によると、委任関係の終了は行為能力の喪失に関連付けられており、意思能力の有無は問わない。本条にいう契約における別段の定めは、委任契約そのものの中に含まれる場合に限らず、委任契約締結後にかかる合意をなすことも許される。

かかる特約は以下のように分類できる。①継続的委任契約とは、正常な精神状態下においてすでに委任契約が成立し、代理権が授与され、行為能力喪失後も委任・代理関係が継続するも

のである。②行為能力喪失を停止条件とする委任契約とは、本人が正常な状態にあるときは自ら事務を処理し、本人が行為能力を喪失してはじめて委任契約の効力が発生するもの。かかる停止条件付きの委任契約は、契約自由の原則および自己決定権の尊重に基づき、その効力が認められるべきである。

Ⅱ 3 (2)「任意（契約）後見人を監督するシステムがない場合に財産管理権などが濫用されることはないか。」への回答
《独》 他人のためのあらゆる法的権限が、濫用されることがありうる。世話人の権限も配慮代理権者の権限も、同様である。私の見解としては、適切で、効果的なコントロールであると思う（後で述べる）。
《墺》 はい。権利濫用の危険は存在する。なぜなら、配慮代理権者は、近親者と同様に、だれのコントロールも受けないからである。重要な事務に関しても受けない。重要な事務においては裁判所の許可を必要とするドイツの場合とは異なる。濫用がなされる場合には、しかし、誰かが、代弁人を選任するように働きかける可能性が存在している。その場合には、裁判所は、代弁人が必要か否かを吟味しなければならない。配慮代理権者または近親者がその代理権を、被代理人の不利益に濫用する場合も同様である。代弁人が選任された場合には、それによって、自動的に近親者の代理権は消滅し、裁判所によって配慮代理権は取り消され、それによって消滅する。
《韓》 家庭裁判所は、約定した後見契約の効力発生の時期が到来したことを確認し、任意後見監督人を選任する。任意後見監督人の選任は、後見契約について法律が付与する条件（法定条件）である。家庭裁判所が任意後見監督人を選任することによって後見契約の効力が発生するようにして、効力発生の時期を明確にすると同時に後見監督機能を重要視しているのである。

任意後見人の非行が著しいときや後見契約で定めた任務に適合しない事由のある者の場合には、家庭裁判所は、任意後見監督人を選任しないことで後見契約の効力発生を阻止することができる（改正案第959条の17第1項）。この場合には、当該後見契約は、効力の発生ができなくなったので、意思能力のある本人は、改めて任意後見契約を締結しその空白を補うことができる。もちろん、法定後見制度による保護を受けるつもりであれば、任意後見自体をあきらめることも可能であろう。

任意後見人の資質には問題がないが、後見契約の内容に瑕疵がある場合にもその効力が問題となり得る。たとえば、本人の意思能力の欠如、詐欺・強迫による後見契約の締結、善良な風俗その他社会秩序に反する契約等の場合である。本人は、法律行為の一般原則によって契約の取消しや無効を主張するか、法律の規定によって後見契約の撤回をすることができる（改正案第959条の18第1項）。本人が事実を認識して撤回する前に精神的能力が低下した場合は問題になる。絶対的無効事由である意思能力の欠缺、社会秩序違反等があった場合には後見契約は無効である。その他に、後見契約は本人の真意が重要な契約なので、重大な錯誤、詐欺、強迫等がある場合には、後見契約自体が無効になると解する見解がある。このような瑕疵が顕在化されないまま家庭裁判所が任意後見監督人を選任してしまったとしても、その瑕疵が治癒されたとは解されない。家庭裁判所に任意後見監督人の選任が請求され、その手続の進行の中で意思表示の瑕疵等の問題が明らかになった場合には、家庭裁判所は、任意後見監督人の選任を拒否することができると解される。
《台》 台湾民法においてかかる監督システムは存在しない。本人が行為能力を有する間は、いつでも委任契約を終了させることができるが（549条1項）、後見宣告を受けた後は本人は行為能力を喪失するため、任意代理人が本人に不利な行為をなしたときも、本人は委任契約を終了させることができない。ただ、後見人は被後見人を保護するためのものであるから、任意代理人が適任でないと認める事情のあるときは、後見人は被後見人の法定代理人としての身分に基づき、本人に代わり委任契約を終了させ、代理関係を消滅させることができると解されている。

Ⅱ 3 (3)「法定後見制度との関係（優劣を含む）はどのようになっているか。」への回答

《独》 ドイツでは、配慮代理権者は、被世話人の医療行為と自由剥奪の領域において、同じように位置付けられており、同じ範囲において世話裁判所のコントロールの下にある（民法1904条、1906条）。

その他、世話裁判所は、コントロール世話人を任命することができる。コントロールが必要である場合には、彼は、配慮代理人を監督し、本人の諸権利を配慮契約および委任状に基づいて行使する（民法1896条Ⅲ参照）。

《墺》 配慮代理権（約7,000件）よりも、代弁人制度（70,000件）のほうがはるかに多く利用されている。配慮代理権という法制度は比較的新しいものであり、積極的に将来について配慮したいと思っている者によって要求される。それは、以前は富裕な人であった。しかし、配慮代理権者は、近時、継続的に増加している。

《韓》 任意後見契約は、原則的に法定後見に対して優先的な効力を有するが、本人の利益のために法定後見が優先される例外的な場合もある。任意後見契約が締結されて家族関係登録簿に登録されている場合には、家庭裁判所は原則的に法定後見を開始しない（改正案第959条の20）。家庭裁判所は、任意後見監督人の選任によって任意後見契約の効力が生じる際に、法定後見に対して後見終了の審判をする。しかし、任意後見契約が締結されていても本人の利益のために法定後見が必要な場合には、家庭裁判所は法定後見の審判を行い、これによって任意後見契約は終了する。

《台》 後見人は被後見人の法定代理人であるため（1098条1項の準用）、本人が継続的代理権を与える委任契約を締結した後に行為能力を喪失すると、任意代理と法定代理の競合が生じる。この場合に、どちらかが優先するのか、それとも両者が同時に並存するのかは、検討を要する。この点、民法の規定する後見人は1人に限られないので、民法1097条2項の規定を類推し、裁判所に対し、被後見人の最善の利益を考慮してその内の1人の後見人が意思決定を行うよう定めるように申し立てることができるものとも解される。ただ、形式論的には、現行法は任意代理と法定代理の優劣関係に関する明文規定を欠き、かつ法定代理人を1人に限定していないのであるから、任意代理人と法定代理人が同時に並存することが認められないわけではないので、この場合には、任意代理人と法定代理人が共同で代理行為をなさなければならないと解される（168条）。

Ⅱ 4 成年後見人の医療同意権 (1)「日本では、成年後見人は成年被後見人の医療同意権を有していないが、医療契約を締結する権限は有しているが、他国ではどうか。」への回答

《独》 医療行為は、規則に従って、医療契約に基づいてなされる。個々の医師の治療は、さらにその必要性が示され、かつ医師によって相応する説明がなされた患者の同意によってなされなければならない。世話人が権限に相応する健康上の配慮権限を有しかつ具体的事例において必要である場合には、世話人は、被世話人の法定代理人として、治療契約を締結し、さらに被世話人のために個々の治療行為に同意することができる。

《墺》 医療同意（個人に対する侵襲）と医療契約の締結とは区別される。医療同意には見識力と判断力とが必要である。14歳以上の者はこれを通常は有している（ただし、この者は18歳までは、重大な医療行為については、保護者（両親）の同意が必要である）。

医療契約の締結は行為能力の問題である。それが代弁人の権限に属する場合には、代弁人によってなされる。いずれにしても、裁判所の許可が必要である。

医療同意について。代弁人が付されても、見識力と判断力を失うことはない。被代弁人は、従って、実際に見識力と判断力を有していれば、本人だけが医療同意を与えることができる。

被代弁人がその時点において、見識力と判断力を有していれば、代弁人による同意は不要である（一般民法典283条）。重大な医的侵襲の場合には、第二の医師の証明書または裁判所の許可が必要である。

代弁人が必要な医療同意を拒否した場合には、裁判所の判決によって替えることができ、または他の代弁人が選任される。

医療契約の締結について。代弁人の選任によって行為能力が強く制限される（日常生活上の行為に限定――一般民法典280条）場合には、代弁人が被代弁人の医療契約を代理人として締結しなければならない。

《韓》 韓国の2009年の改正案では、成年後見人に医療行為に関する同意権を認めながら、例外として被後見人に深刻な被害を与える場合には、家庭裁判所の監督を受けるようにした。

隔離施設への収容に関する同意について。成年後見人が成年被後見人を治療等の目的で精神病院その他の場所に隔離するためには家庭裁判所の許可を得なければならない（改正案第947条の2第2項）。裁判所の許可を得なかった場合は違法な監禁行為となることがある。

医的侵襲行為に対する同意について。成年被後見人の身体を侵襲する医療行為に対して、被後見人が同意することができない場合には、成年後見人が同意することができる（改正案第947条の2第3項第1文）。一次的には成年被後見人が同意権を有するが、成年被後見人が同意することができない状態にあるときには、家庭裁判所から権限を受けた成年後見人が補充的に同意することができる。従って、家庭裁判所は、成年後見の審判をする際に、成年被後見人の状態を考慮して、一定の医療行為に対する決定権を付与することが望ましいとされている（改正案第938条第3項）。もし、このような決定権は付与されなかったが、成年被後見人の医療行為に対する同意が必要な場合には、成年後見人は、家庭裁判所に決定権の付与を請求しなければならない（同条第4項）。

医療行為についての家庭裁判所の許可手続のために、医療行為の遅滞が生じ成年被後見人の生命の危険または心身上の重大な障害をもたらす恐れのある場合には、事後に許可を請求することができる（改正案第947条の2第3項第3文）。一回的医療行為についての事後許可は実質的な意味が少ないので、これは、時間的に持続するまたは反復される医療行為（人工呼吸治療等）の場合の事後許可について、大きな意味を持っている。

《台》 かかる医療行為について、医療法63条は次のように規定している。「医療機関は、手術を行う前に、病人またはその法定代理人、配偶者、親族あるいは関係人に対し、手術の原因、成功率または発生しうる合併症および危険について説明し、その同意を得た後、手術同意書及び麻酔同意書に署名を得なければならない。ただし、緊急の事情がある場合はこの限りでない（1項）。前項の同意書について、病人が未成年者であるかまたは自ら署名できないときは、その法定代理人、配偶者、親族または関係者がこれに署名することができる（2項）。」

Ⅱ4(2)「生命にかかわる手術や重い後遺症が残る恐れのある治療を行う場合に、後見人の同意手続について法的規制があるか。」への回答

《独》 身上監護の権限を有する世話人は被世話人の医療行為の範囲内であるすべての医療行為に同意することができる。生命に危険をおぼしうる治療についても。世話裁判所の許可は、前述のような治療が患者の意思に相応するか否かについて、世話人と医師がそれについて異なった意見を有する場合にのみ、必要である。

《墺》 生命または健康に関する緊急の危険（遅滞の危険）の場合には、医師は、患者のまたは代弁人の同意なしに、治療を行うことができる（一般民法典283条3項）。時間が十分にある場合には、患者自身が見識力と判断力有しているか否かが明らかにされなければならない。その場合には、患者自身が決定する。患者が見識力と判断力を有していない場合には、代弁人が決定しなければならない。代弁人が存在しない場合には、代弁人（暫定的な）が選任されなければならない。

《韓》 成年被後見人が医療行為の直接的な結果として死亡したり相当な障害を被ったりする危険があるときには、家庭裁判所の許可を得なければならない（改正案第947条の2第3項第2文）。重大な手術を行う場合、医師が説明義務に従って成年後見人に手術の利益と危険を説明して告知すれば、成年後見人は、成年被後見

人の福利を考慮すべき注意義務（改正案第947条）に沿って、その危険を充分に考慮した後同意をしなければならないだろう。医師が死亡や相当な障害の危険があると説明した場合には、成年後見人は、必ず家庭裁判所に許可を請求しなければならない。このようにすることによって、成年後見人の義務に違反した不必要な冒険的な手術の試みは防止される。家庭裁判所は、必ずしも専門的な医学的判断をしなければならないわけではない。家庭裁判所は、成年後見人の同意が後見人としての注意義務を果たしたか否かを医師の説明を基礎として判断すればよいのである。医療行為が死亡または重大な障害をもたらさない場合には、同意権のある成年後見人は、家庭裁判所の許可なしに医療行為に同意をすることができる。

重大な医療行為は「医療行為の直接的な結果として死傷したり相当な障害が生じたりする危険のあるとき」に限定される。ここでの医療行為とは患者の状態の改善を目的とする行為を意味するもので、極端的な行為である「延命治療の中断」、「臓器移植手術」は含まないと解される。成年後見人が家庭裁判所の許可を得て延命装置を除去することまたは臓器を摘出することに同意する権限があるかないかの問題については、同意権限内の「医療行為」とは別個の行為として判断しなければならないだろう。

Ⅱ4⑶「一般的に、親族などに医療代諾権があるか。」への回答

《独》　いいえ、家族は、法定代理権を有していない。彼が配慮代理権を有しておらず、または世話人に任命されていない場合は、医師の治療は、事務管理または推定的同意に基づいてなされる。家族は、単に本人の意思についての情報を提供するだけである。

《墺》　いいえ。家族は原則的に、代理権を有していない。家族は、法定代理権の枠内において選任された代弁人として、または配慮代理権者として活動できる場合にのみ、代理権を有する（従って、その場合にのみ法的に有効な同意を与えることができる）。生命または健康に関する緊急な危険（遅滞の危険）がある場合には、医師は、本人または家族の同意なしに治療を行うことができる。重症の場合には、近親者の代理権では不十分である。なぜなら、それは軽い治療に限定されているからである。

《韓》　韓国では、患者に対する医療行為について保護者による代諾が一般的に行われている。患者が未成年者の場合、患者に意思能力がないときには医療行為に対して親権者または保護者による承諾が行われている。親、子供、配偶者等の近親者がたいてい患者の保護者として認められるが、患者を実際に看病する事実婚の配偶者、姻戚等も保護者として認められた場合がたびたびあった。医療行為に関する患者側の判断は、緊急性を要する場合が多いため、保護者と患者との関係を証明する書類が要求される場合は少ないのである。このような保護者の代諾権に関して民法に明文の規定はないが、医療機関では従来の慣行として処理している。

◆追加問題──成年被後見人の選挙権

《独》　連邦選挙法13条2号によれば、すべての事務についての世話が命じられると、選挙権はなくなる。個別事例において判断能力（選挙に関する）が具体的に存在するか否かは、問題にされない。従って、選挙権の排除は、世話裁判所の判断の、すべての事務について世話を設定するという判断の直接的効果である。言い換えれば、選挙権の排除は、裁判所の法的地位判断によるのであって、個々の事例において選挙に関する能力が欠けていることに基づくものではない。

《墺》　オーストリアでは、選挙権は、代弁人の選任によって、しかも、たんに行為能力の喪失によって制限されることはない。つまり、選挙に参加できる。重大な犯罪を犯した者を除いては。

《韓》　韓国の選挙法でも、日本と同様の規定（前述101頁参照）があり、成年被後見人は選挙に参加できない。私は、これは正しくないと思う。

《台》　台湾の公職人員選挙罷免法14条の規定により、成年被後見人は選挙権を行使できないことになっている。

◆ワークショップのまとめ

　予め質問をお送りしておいたとはいえ、参加者の皆様がよく準備してくださった。一部には、私の説明不足のために、正確には対応した回答になっていない場合もあるが、すべて私の責任である。そのような回答も、別の意味では、その国の事情を表しているともいえるので、あえて削除していない。成年被後見人の選挙権や後見人の医療同意権については、追加的に質問を設定してお送りしたため、全体として不十分である。

　選挙権については、第3編で、改めて検討している。医療同意権については、今後の検討対象としたい。

　ドイツとオーストリアの成年後見法制は、日本から見れば類似している点が目立つが、詳細な検討をしてみると、そこにはかなり大きな相違点が存在している。今後は、障害者権利条約への対応を含めて、きめの細かい検討・研究をしていきたい。

　韓国の法改正は、新しい成年後見法制が東洋的社会（日本とも共通）にうまく定着するのか興味あるところである。台湾の成年後見法制は、社会福祉制度との連携が重視されているように思われる。われわれ日本人は、この点をいかに評価すべきであろうか。

　　　　　　　　　　　　　（田山輝明）

第2編

障害者権利条約と成年後見制度

第1章

障害者権利条約と世話法

I 課題の設定

　障害者権利条約は新しい。国連は、2006年に、ドイツでは、2006年12月にはじめて、障害者の権利に関する合意（障害者人権条約）を議決した。ドイツは、それを批准した最初の国の一つであった。2009年3月以来、障害者権利条約はわれわれにとって効力を有している。

　障害者権利条約は、障害者政策を人権の観点から徹底的に考察した最初の国際的文書である。過去においては、障害者に関する国連の文書は、特に、公的配慮によって特徴付けられていた。これに対して、障害者権利条約は、観点における根本的な変更を意味している。それによれば、障害はもはや医学的または社会的目線で観察されるべきではない。むしろ、障害は人権のテーマとして承認されている。障害との関連での人権的モデルは、範例の転換へと導かれる。
●障害者の統合というコンセプトから受け入れというコンセプトへ
●福祉と配慮から自己決定へ
●障害者は配慮の対象から、自己の人生について自ら決定する権利の主体になる。

　障害者は、健常者と同じ権利を有する。特に、障害者は、基本権と人権を健常者と同じ範囲において有する。もちろん、障害者が保護を必要とする状況は存在する。この保護は、特にいわゆる成年者保護法の手段によって与えられる。ドイツでは、特に、法的世話と法的行為能力のさまざまな形態についての規制、すなわち、行為能力の規制、同意権留保、婚姻能力、遺言能力、不法行為能力などによって。措置入所と強制的治療もこの関連に含まれる。

　しかしながら、成年者保護の規制は、しばしば本人の権利の制限と結合している。法的世話、行為能力の規制および措置入所法は、本人の基本権と人権と

の関連で正当化されなければなれない。連邦憲法裁判所とヨーロッパ人権裁判所は、すでにこの点について数回にわたって見解を表明し——個別の問題については批判もあるが——基本的にその許容性を承認している。

この評価が障害者権利条約の観点から今後も維持されうるか否かは、現在激しく議論されている。条約からは、部分的にきわめて豊富な結論が導き出されるので、私はそのうち3点だけ取り上げてみたい。

第一に、世話それ自体は、条約と調和し得ない。なぜなら、民法1902条により世話人は常に被世話人の法定代理人であるからである。というのは、条約は被世話人に代わる意思決定を禁止しており、それに代えて、被世話人の自己決定に際して被世話人を援助する支援システムを要請しているからである。

第二に、条約は法的行為能力のあらゆる制限を禁止すべきであるとしている。従って、世話の枠内における同意権留保または財産的取引行為の際の行為無能力に関する司法的規制ないし医療行為の際の同意無能力に関する規制は、同条約と調和しないことになる。

第三に、民法1906条の枠内における世話法に基づく措置入所と強制的治療も調和しないという。そして、精神病者法ないし州の措置入所法による公法的措置入所も同様である。

容易に理解できるように、これによって、成年者保護法全体が議論の対象になっているのである。ドイツだけではない。障害者権利条約によって作られた条約組織は、2009年、精力的に、成年者保護のために、条約の成果と取り組んで、多くの州においても、それについて議論がなされた。2010年10月に日本で開かれた世界世話法会議においても、重要なテーマであった。従って、われわれは、ドイツの世話制度のために障害者権利条約の意義を問うのであれば、われわれは最もよい環境にいるのである。従って、後見裁判所会議が2010年これを主要テーマにすることは、正当かつ重要なことである。

私は皆さんに、障害者権利条約と世話制度という重要なテーマを2段階的に詳しくお話したいと思う。まず、私は、条約を紹介し、それがいかにして生まれたかを述べ、その目的、内容、意義について述べる。私の講演の第2部では、私は、条約がドイツの成年者保護と世話制度のためにもたらしている2、3の重要な要請について詳論する。問題は豊富であるから、私は2、3の基本的な問題点を取り上げる。それらはドイツの世話制度の核心をなしているからである。

世話自体は条約と調和しているのか、またはわれわれは、多くの者が要求し

ているように、それを全く別なものに置き換えなければならないのか？

同意権留保は、将来的にも命じることが許されるのか、または今日それは、条約違反であるのか？

措置入所は条約と調和しているのか？

条約は、世話の構造改革をめぐる議論のためにいかなる要件設定を提示しているか？

Ⅱ　障害者権利条約

1　背景

当該合意は、一つの国際法上の条約であり、それは、すでに障害者の生活状況のために既存の人権を具体化している。従って、生活権ないしは移動の自由に対する権利のような基本的な諸人権が、条約の条文に再度登場している。

なぜ障害者権利条約は必要なのであろうか。もちろん、数十年来、国連の法的拘束力ある人権条約が存在している。そして、これらの人権条約は、障害者を含む、すべての人間に適用されている。もちろん、国連の委託研究は、これらの人権条約は障害者を十分に保護していないことを指摘している。障害者の特別な人権状況は、不十分に考慮されているに過ぎない、という。人権条約の国内法化の際に、障害者は、考慮されなかったか、または社会政策ないし健康政策的関連において考慮されたのであろう。

そこで、国連は、2001年に、障害者の権利と人権を促進し、保護するための包括的な合意のための作業を行うよう、議決した。この作業には、障害者の代理人やその団体が参加した。2006年12月に国連総会は、障害者権利条約とそれを補う議定書を採択した。ドイツは、条約の作成にインテンシブに参加し、議決の後に、それに署名し、批准した。障害者権利条約は、ドイツでは、2009年3月26日に発効した。

2　同条約の目標と内容

障害者権利条約は、その目標を第1条において、次のように述べている。条約は、障害者によるすべての人権と自由権の完全かつ平等な享受を促進し、保護し、かつ保障し、彼らに内在する尊厳の尊重を促進する。これによって、条約が人権を強化し、特化することによって、条約は、すべての人間に人間存在

に基づいて——従ってすべての人間に同じ方法で、与えられる普遍的な人権を強化する。従って、特別なグループの人間のために特別な権利を創設することが重要なのではなくて、普遍的な人権が障害者にも完全にかつ健常者と同じ方法で帰属することが重要なのである。

従って、障害者も、すべての生活状況において、権利の主体として把握され、かつ扱われるべきである。彼らは、すべての生活領域において、自己決定による生活を送る権利を有している。従って、人権的モデルは、出発点として、すべての今後の法的、政策的、プログラム上の考慮に役に立つ。条約は、障害者のさまざまな生活状況を考慮して、普遍的人権を具体化している。

条約の中心的目標は、障害による差別からの保護である（3条a号および5条）。条約は、「差別」を以下のような行為として理解している。すなわち、他人との平等を基礎付ける、すべての人権および基本的自由権の承認、享受もしくは実行を、障害を理由として侵害し、もしくは挫折させる行動である。定義によれば、それは「差別のすべての形態」、従って、直接的および間接的差別を含み、同列的に、それは、法的、事実的差別を禁止している。

条約にとっては、二重の保護機能が特徴的である。それは障害者を普遍的人権について保護している。その義務的側面を、条約は、障害者の観点から特徴付けている。同時に、条約は、差別禁止の一貫した発展を促進し、これをすべての生活領域に拡張している。これには、人権と差別禁止が不可分的に属する。

世話制度にとっては、条約の2、3の保障が特に重要である。すなわち、障害者権利条約12条の権利の平等な承認、10条および17条の生活の保護及び身体的・精神的統合の保護、14条および19条の自由の保護および居所の自由な選択、22条におけるプライバシーの保護および2条、3条における婚姻締結と性的自由の保護である。

3 同条約の適用領域

条約の守備範囲は、その基礎の存する障害の理解を超えている。「障害」は、条約の目標設定から考えるべきである。すなわち、すべての人間の社会への完全で、有効で、同格的参加である。従って、それは、もはや伝統的な医学的モデルに従うものではない。それは、本人の身体的・精神的欠損に規定されるものである。条約はむしろ、社会的影響と関連させており、障害者を、長期的な相互効果の侵害に基づいて社会への完全かつ同権的な参加が妨げられている者、と理解している（1条2項）。

比肩しうる方法において、民法1896条は世話の要件を定めている。そこで語られている「障害」は、もちろん条約の意味における「障害」ではなく、長期的な侵害と称せられるものである。このような長期的な侵害は、世話人の選任自体を正当化しない。むしろ、彼は、その事務の全部または一部を処理できず、かつ他の援助者または受任者が存在しないことが必要である。

もちろん、世話法の適用範囲は、障害の範囲をこえている。病人は、直ちに、条約の意味における障害に属しないが、世話人を必要とし、獲得することができる。障害者権利条約と世話法の適用範囲は、従って、部分的にのみ重なっている。同様に、世話制度は、条約の要請を全体として満たさなければならない。それが障害者に適用されるからであり、その限りにおいてである。

4　ドイツ（世話）法にとっての権利条約の意義

a　国際条約としての権利条約

当該条約は、国際法上の条約である。従って、もし、われわれが、世話法と世話制度のために当該条約を求めるのであれば、われわれは、国際法の次元から出発しなければならない。国際法上の条約として、当該条約は、これに加入した国家に対してのみ適用される。国家が加入した以上、当該条約から生じる義務に従わなければならない。いかなる義務が条約から生じるかは、国際法上の条約の解釈に適用される諸原則に従って決定される。この諸原則は、そこでは1969年のウィーン条約法条約において定められている。従って、条文は、各自思い通りに読むのではなく、国際法上の解釈に関するこの諸原則を、たとえば、ある規定の全体的関連およびその規制目的をも尊重しなければならない。

これは、障害者権利条約は措置入所を禁止しているか否か、というような問題において明らかとなる。14条のbは、次のように規定している。「障害の存在はいかなる場合においても、自由の剥奪を正当化しない」。従って、障害者の措置入所は禁止されているのであろうか？否である。その後段を読むならば、措置入所自体ではなくて、障害者の差別が措置の枠内で禁止されているのである。従って、いかなる者も障害のみを理由としては措置入所されてはならないのではなく、他のすべての人間と同じ条件でなければ措置入所されてはならないのである。

b　権利条約の法的意義

当該条約が含んでいる諸原則においては、一方における自由権と平等権、および他方における経済権、社会権、文化的権利とが区別されなければならない。

条約中の自由権・平等権は、他の人権条約においてすでに含まれている。従って、それらは無制限に尊重されるべきである。条約4条1項によれば、条約加盟国は、条約において承認されている人権を国内的次元に転換するために適切なすべての手段を取る義務を負っている。これは、まずすべての国家的施設および裁判所が、その活動に際して条約を尊重しなければならないことを意味している。既存の権利は、従って、可能な限り条約と調和するように解釈され、かつ適用されるべきである。必要な場合には、条約と調和しない法律は、立法者によって改正されるか、または廃止されなければならない。

　しかしながら、例外的に、条約の個々の条文は、直接的に、かつ転換措置なしに適用することが可能である（self-executing）。このような場合においては、条約は、ドイツの法規定を単に無効とし、これに取って代わる。ただし、立法的措置を必要とする場合は、この限りではない。これは、しかし、通常の場合ではなく、例外的な場合である。通常の場合については、私がすでに述べたように、ドイツ法は、可能な限り、条約と調和するように解釈され、かつ適用されなければならない。

　自由権・平等権以外に、条約は、経済的、社会的および文化的権利を含んでいる。その実現は、国家によってその都度行使される手段に依存している。従って、条約加盟国は、これらの権利を徐々に実現しなければならない（4条2項）。

c　転換（国内法化）

　条約は、さらに、条約の国内法化と監視に関する設定要件を含んでいる。たとえば、国家的推進拠点（中心点）と条約の国内法化のためのコーディネイト・メカニズムならびに独立の国内的監視所を設置すべきである。ドイツでは、推進拠点は、連邦労働社会省に設置されている。コーディネイトは障害者受託者の任務である。ドイツ人権研究所は、独立の監視機関として機能している（監視機関）。

　国際的次元においては、条約に規定された専門委員会に、条約の国内法化のために導入された施策とその実施について、定期的に報告する義務を負っている。それ以上に、個人およびグループは、個別的異議申し立てを当該委員会に提出することができる。ドイツは、条約の議定書に署名しているからである。ストラスブルクのヨーロッパ人権裁判所に比肩しうるような国際的裁判所は、もちろん存在しない。

Ⅲ　世話法のための諸要請

　私の講演の第2部では、条約が世話法および世話制度に関して含んでいる諸要請を検討する。

1　権利条約12条の要件設定

　要請に関しては、われわれは、まず条約の二つの規定について正確に観察しなければならない。5条と12条である。

　第一に、条約は、障害を理由とするすべての差別を全く一般的に禁止している（5条）。障害者の法的地位の結果については、第12条が関係している。障害者は他のすべての人間と同様に諸権利を有する権利を有しており（12条1項：権利の主体、同2項：権利能力）、しかも彼らがその権利を行使する際には自己決定権をも有している（12条2項：行為能力）。従って、障害は、それ自体として世話人の任命を正当化しないし、行為能力の制限も正当化しない。双方とも、本人が実際上独自にかつ自治的に決定することができないということのみによって正当化される。しかもその理由とは関係なく。

　第二に、条約は、権利能力ならびに行為能力、従って、諸権利に対する権利および諸権利を自己決定する権利を、人間がこれらの権利を行使することができない場合については、その効力を生じさせないままにしている。従って、12条3項は、このような人間はその権利能力や行為能力を行使する際に援助を求める権利を有すると規定している。第12条は、従って、二つの要素を含んでいる。一方では、同条は、権利能力と自己決定に対する侵害に対する防衛権を含んでおり、他方では、それは、すべての者がその権利を自己決定的に行使することができない場合には、援助を求める権利を〔その者に〕与えている。

　第三に、12条4項は、これらの施策の要件設定を含んでいる。これらのすべての施策は本人の諸権利、意思および選好を〔尊重し〕なければならない。利益の衝突や濫用的影響を〔きたしては〕ならない。施策は比例原則に適しなければならず、本人の事情に応じて縮小されなければならない。……それは、できるだけ短期間でなければならず、かつ独立した管轄のかつ不偏的官庁または裁判所の定期的な審査に服しなければならない。保護措置は、この措置が本人の権利および利益の影響を及ぼす程度を考慮して、比例原則に合致しなければならない。

法的世話、同意権留保などはこの要件を満たすであろうか？　そこには、正確には二つの問題が隠れている。すなわち、第一は、世話法はこの要件に合致するか、ということである。第二は、それは世話制度の実務にも妥当するかということである。なぜならば、第4条1項は、国家に対して、法律を条約に合致させる（4条1項 a）だけでなく、実務上もそうさせることを義務付けているからである（4条1項 d および e）。

2　権利条約12条と法的世話

　第一に、私は、法的世話は第12条に違反するかという基本的な問題を提起したい。というのは、世話人は被世話人の法定代理人だからである。つまり、条約は被世話人に代わって決定することを禁止しており、それに代わって被世話人をその決定に際して援助する支援システムを要求しているからである。

　法的世話に対する、この根本的な批判に対して、私は、以下の点を明確に強調しておきたい。世話人による法定代理は、条約と原理的に調和している。これは次の例が示している。意識不明の患者はその権利を自ら行使することはできず、従って12条の意味における援助も必要としないということは、誰も争うことはできないし、争わないであろう。これは、第12条の意味における「援助」は事務代理人によってなされうる場合が存在するということを証明している。昏睡状態の患者が配慮代理権を授与することができない場合には、世話人が患者のために治療に同意をしなければならず、かつ必要な場合には、その他の事務も処理しなければならない。もし、援助と事務代理を、二律背反の選択肢として考察するならば、混乱に導くことになる。本人がまだ自ら決定できるが故に援助で十分である場合もあるし、事務代理が必要である他の場合もある。双方の形態とも12条3項（権利・行為能力の行使の際の援助）に含まれているのである。

　世話は、もちろん、被世話人の代理にとどまるものではない。被世話人の代理は、むしろ目的のための手段に過ぎず、目的自体ではない。世話人の任務はむしろ、健康や身体的理由から自己決定能力を欠いている人間の権利擁護である。従って、それは、被世話人の自己決定権を包括的な方法において、創設し、かつ実現するものである。以下のことがこれに属する。

- 第一に、欠けている法的行為能力の創設
- 第二に、その欠けている自己決定能力のゆえに、被世話人が自損することからの保護

である。

　自己決定権を承認するということは、本人の自由意思を、たとえそれが間違っていると思われても、承認することである。しかし、それは、自由に意思決定ができず、損害を受けるおそれのある者を放置しておくことを決して意味していない。なぜなら、〔それでは〕彼は、たとえば、他の人の「なぶりもの」になってしまうからである。従って、本人の自損からの保護も、第12条が原則的に許している施策に含まれる。

　これに従って、世話が原理的に条約と調和する場合にも、世話法全体についても同様に調和するということには、直ちにはならない。従って、個々の規定について、それらが条約の要件設定と、とりわけ12条4項における諸要請の要件に合致しているかが、一つ一つ問われなければならない。

　私は、それを一例について明確にしたい。12条の中心的内容の一つは、すべての人間は自己決定権を有し、援助施策は必要なものに限定されているということである。従って、世話法は他の援助に優位しており、配慮代理権は世話に優位して命じられ、かつ本人の意思に反して世話人を任命することは禁じられているということは、正当であるし、必要である。

　しかし、自己決定権と必要性の原則は、世話の入り口において終了するのではなく、世話の継続中も尊重されなければならない。この原理の表明は、世話人の被世話人の希望尊重義務であり、患者処分証書に対する拘束でもある。職務代理に対する援助の優位もこれに属する。世話人の最重要任務は、自己決定に際して被世話人を援助することである。これがうまくいかないときにのみ、世話人は被世話人に代わって事務代理的に行為する必要がある。従って、事務代理に対する援助の優位は、単に世話人の任命に際してのみならず、世話人の後々の活動に際しても妥当するのである。

　条約は、世話法がこのような援助の優位を含んでいることで満足してはいない。条約は、世話制度の実務がこれに応じて運用されることを要求している。

3　権利条約12条と行為能力の制限

　更なる重要な問題は、同意権留保と行為能力の規制、同意無能力等である。これらは、すべて本人の法的行為能力を制限するからである。これは12条と調和するのであろうか？

　まず、行為能力のこれらの制限は、本人の洞察力や統制能力の欠缺と結合しているということを理解しなければならない。これに対して、この能力が欠け

ている理由は問題にならない。従って、これらの規定は、いずれにしても、障害者の差別禁止に違反していない（12条1項、2項および5条）。

12条は本人の保護のために行為能力の制限、たとえば、同意権の留保による制限を、そもそも許容しているか、という問題は全く別の問題である。同意権などの形成が12条4項の要件設定に調和しているかという問題も一つの別問題である。双方の問題とも、私の見解によれば、肯定されるべきであり、その理由以下のとおりである。

本人が自己決定能力を欠いているが故に自損するということから本人を保護することは、世話の第二の任務である。従って、ほとんどすべての外国の法制度において、法的行為能力の全部または一部が本人から奪われている。たとえば、かつてのドイツの行為能力剥奪宣告の形式において、または今日のオーストリアのように世話の結果として。世界的比較において、世話法を有するドイツは、今日特別な地位を有している。世話は行為能力を制限していない。これについては同意権留保が命じられなければならない場合があるが、これは極めてまれである。従って、ドイツの世話法は、行為能力を他の法制度に例を見ないほどに、広く認めているのである。

条約が行為能力の制限を、世界的に一般化している保護手段としてカテゴリー的に禁止しようとするのであれば、条約はその旨を明言しなければならない。しかし、12条はそのような規定を含んでいない。むしろ、12条4項は、数多くの、まさに行為能力の制限にとって重要な保障を掲げている。たとえば、制限は比例的にかつ個別的事情に応じて縮小されなければならないこと、または本人の意思や好みを尊重すべき要請を掲げている。

このような要請には、ドイツの世話法は、完全に対応している。しかし、隣国オーストリアは厳しいであろう。同国では、代弁人の選任によって本人の行為能力が自動的に制限されるからである。

4　権利条約と措置入所

私は、条約が措置入所自体を禁止していないということは、すでに述べた。しかし、条約は、14条において、措置入所についても障害者差別を禁止している（5条）。措置入所は、障害のみを理由としてなされてはならない（14条1項b）。というのは、障害者が差別されることになるからである。世話法と精神病者法ないし州の措置入所法は、もちろん措置入所を障害に結び付けるのではなく、その他の要件に結び付けている。従って、世話法的措置入所および

公法的措置入所は、原理的には、条約と調和している。それらは、もちろん、自由剥奪に関する14条が含んでいる更なる設定要件を尊重しなければならない。この点については、私は、この講演の枠内において、詳細に述べることはできない。私は、措置入所の法律による規制が条約と調和するという点はここでも十分ではないという指摘にとどめざるをえない。措置入所の実務も、条約の諸要請に対応しなければならない。

5　権利条約と構造改革

私が世話法の構造改革をめぐる議論に一瞥を与えないのであれば、私の概観は不完全なものとなろう。これは、さまざまな理由から要請されている。すでに世話法の開始の時点において、世話は司法的な形態から社会的な世話に発展されなければならないとされていた。他の提案は、世話裁判所の任務を世話官庁に移行すべきことを要望していた。それによって、官庁は、地域的な世話制度をよりよく制御できるからである。これについては、確かに言うべきことはたくさんある。しかし、これだけは確かである。すなわち、世話法の将来の改革はすべて、条約の条件設定を尊重しなければならないということ。構造改革をめぐる議論についても、これは妥当する。

12条3項は、世話人による援助を求める人権的請求権を基礎付けている、ということが強調されるべきである。従って、世話は、予算状況に応じて大幅に増減しうる社会的給付ではない。国家は、むしろ世話によって、その義務を、つまり本人の自己決定権が非障害者と同様な法的可能性が存するように実現すべき義務を、履行しなければならない。他方において、国家は、本人の自己決定権を尊重し、第12条4項の要件設定を守らなければならない。従って、世話人の任命は、本人に自由で自己責任的な能力が欠けており、代理人を必要とし、かつ彼自身が配慮権の授与をしていなかった場合にのみ、許容される。

従って、世話法は、二重の任務を有している。第一は、本人の世話人に対する人権的な要求を実現することである。そして、第二は、本人を、世話が不法に設定されて、その自己決定への人権が侵害されることから守ることである。世話の司法的形態と裁判所の世話手続きは、従って、本人のこの人権が尊重され、実現され、しかもすべての財政的考量と公的予算事情から独立していることの保障である。従って、世話は、将来においても、裁判所の責任にとどまるべきである。

Ⅳ　まとめ

　従って、障害者権利条約はドイツの世話法と世話制度の実務にとって何を意味するのであろうか？　私はその答えを２、３のテーゼの形でまとめておきたい。

　条約は、われわれが世話を援助システムによって置き換えることを要求していない。反対に、第12条は、誰かがその権利を自己決定的に行使できない場合には、世話人を求める権利を基礎付けている。

　権利擁護としての世話は、二つの任務を包含している。すなわち、支援と被世話人の保護である。同意権留保も措置入所も被世話人の保護の手段として条約と調和している。

　しかしながら、12条は、特に、必要性の原則と比例原則が世話のあらゆる段階で尊重されなければならないことを要求している。従って、世話人は、その活動に際して、事務代理に対する援助の優位を尊重しなければならない。

　12条は、世話を求める請求権を含んでおり、同時に本人の自己決定権の保護を要求している。この点については、世話裁判所の任務と特別な責任が注目されるべきである。

　一言で言うならば、条約は、われわれを世話法の原理の上に義務付けている。さらに、条約は、われわれがそれを世話実務において実現し、人間とその権利を中心に置くことを要求している。従って、世話制度の実務が障害者権利条約の諸要請を採用するように配慮すべきことが、われわれには課されているのである。

（フォルカー・リップ　講演／田山輝明　訳）

＊なお、本稿は、Betreuungsrechtliche Praxis 6/2010, Bundesanziger Verlag からの転載である。同誌編集部の厚意に感謝する。

第2章
障害者権利条約がオーストリアの代弁人法に及ぼす影響

I　課題の設定

　2006年12月13日の障害者権利条約（以下、たんに条約とする場合がある）は、2008年9月28日にオーストリアにおいて批准された。引き続き連邦障害者審議会において、33条〔国内における実施および監視〕に従い、自国レベルでの条約の〔国内法への〕変換を監視するという任務を有する監視委員会が設立された。この監視委員会により、また障害者組織によっても、これ以後、条約の変換に関する多面的な活動がなされることとなる[1]。2010年秋に向けて、条約の国内法への変換について、オーストリアの各州の報告が計画されている。

　議論における中心的なテーマは、教育、むしろ（障害者のための）「特別学校」の廃止に関連する教育およびバリアフリーというテーマである[2]。しかし、代弁人法も頻繁にテーマとされている。一方では、監視委員会において、実際の代弁人職の受任、特に規模の大きな弁護士事務所による受任に対する苦情が繰り返しもたらされている。大規模な弁護士事務所が代弁任職を受任することによって、このようなケースにおいては被代弁人の必要性が充たされないことが頻繁に生じるであろうし、これによって自己決定された生活（特に条約19条[3]）に関する規定が侵害されるだろう。

---

[1]　監視委員会は、2008年12月10日に設立され、2009年4月1日にその議事規則を決議した。監視委員会の独立した法的基礎は、条約以外に、連邦障害者法13条である。委員会は、平均月に一度開かれ、苦情について取り扱い、（たとえば予定されている法改正についての）意見を述べる。http://www.monitoringausschuss.at/ を参照されたい。〔これは、同委員会のホームページである。〕

[2]　監視委員会の相当する意見表明について以下参照。http://www.monitoringausschuss.at/cms/monitoringausschuss/attachmets/2/8/6/CH0914/CMS1276526308845/ma_sn-bildung_final.doc

[3]　条約19条　自立した生活および地域社会に受け入れられること

他方で監視委員会は、2010年秋から条約のために作成されるべき活動計画に際して、「包括的な個人的援助」および「決定援助の構造」というテーマに熱心に取り組むことになるだろう。そのために〔監視委員会は〕連邦司法省との共同作業を行うことになっている。代弁人制度における、条約に影響された立法的改正の必要性に関する問題についての法律学的な論文は、これまでオーストリアには存在しない。本章は、とりわけわれわれ二人（ガートとバナー）の意見が常に明確になっているわけではないが、必要に応じて記名することにより議論を進める。

II　条約についての原則

1　オーストリアの法秩序への組み入れ

　オーストリアは、留保なしで、そして解釈宣言なしで、2008年9月26日に条約を批准し、そしてこの日に証書を寄託した。条約の45条2項の意味において、条約はオーストリアにとっては2008年10月26日に施行された（BGBl. III Nr.155/2008）。条約の許可に際し、国民議会は、条約は連邦憲法50条2項3文(5)の意味において法律の施行によって実現されるべきであるという議決をした。

　この「実現の留保」によって、条約の特別な〔国内法への〕変換、つまり条

　　この条約の締約国は、すべての障害者が他の者と平等の選択の機会をもって地域社会で生活する平等の権利を認めるものとし、障害者が、この権利を完全に享受し、並びに地域社会に完全に受け入れられ、及び参加することを容易にするための効果的かつ適当な措置をとる。この措置には、次のことを確保することによるものを含む。
　(a) 障害者が、他の者と平等に、居住地を選択し、及びどこで誰と生活するかを選択する機会を有すること並びに特定の居住施設で生活する義務を負わないこと。
　(b) 地域社会における生活及び地域社会への受入れを支援し、並びに地域社会からの孤立及び隔離を防止するために必要な在宅サービス、居住サービスその他の地域社会支援サービス（人的支援を含む。）を障害者が利用することができること。
　(c) 一般住民向けの地域社会サービス及び施設が、障害者にとって他の者と平等に利用可能であり、かつ、障害者のニーズに対応していること。
〈4〉　2010年6月10日の監視委員会の議事録は、以下を参照されたい。http://www.monitoringausschuss.at/cms/monitoringausschuss/attachments/7/1/9/CH0913/CMS1279260583713/prot_1-0_06_10.doc.
〈5〉　連邦憲法50条2項3文 E 連邦の執行への国民会議および連邦議会の協力（2008年1月1日施行 2012年6月30日失効）：条約の承認の際に、国民議会は、条約が法律の施行によりどの範囲において実現されるべきかを決定することができる。

約のオーストリア法のシステムに適した導入が必要となる。なぜなら、オーストリア法は、国際法上の義務にもともと合致していないからである。「実現法」の公布まで、障害者権利条約は、それ自体自国での法的効力を有していない。このため、条約は、国内では施行されているが、国内法的に効力を有していない。このため、今日まで条約から主観的な請求権は導き出されえない。

2　規制対象と既存の基本権との関係

　条約は、一連の障害者の権利と条約国の義務を列挙している。たとえば、平等および差別されないこと（5条）、意識の向上（8条）そして施設およびサービスの利用可能性（9条）、司法手続きの利用（13条）、教育、健康および労働の権利（24条、25条および27条）、相当な生活水準および社会的な保障（28条）、文化的な生活、レクリエーション、余暇およびスポーツへの参加（30条）である。民事法的視点からは、代弁人法にとって特別な意味を持つものとして、とりわけ12条（法律の前に等しく認められる権利）、14条（身体の自由および安全）、19条（自立した生活および地域社会に受け入れられること）、22条（プライバシーの尊重）、29条（政治的および公的活動への参加）が重要になる。次からは、12条についてのみ取り扱う。

　あらかじめ確定すべきことは、条約によって相当な数の障害者の権利があげられてはいるが、新しい基本権は創設されなかったということである。むしろ、おそらく既存の権利、──ここでは代弁人法のためにとりわけ重要である──平等権（ヨーロッパ人権規約1条および連邦憲法7条）およびここから帰結

〈6〉　一般的な変換と異なる特別な変換の手法について、詳しくは、m.w.N.Walter/Mayer/Kucsko-Stadlmayer, Bundesverfassung (2007) 10 Rdnr. 215を参照されたい。
〈7〉　RV 564 BlgNR 23 GP 2 f; vgl. Walter/Mayer/Kucsko-Stadlmayer,Bundesverfassung10, Rdnr.240; Zemanek in: Neuholed/Hummer/Schreuer, Handbuch des Volkerrechts(2004)4, Rdnr.322.
〈8〉　加えて、条約は古典的な基本権も列挙している。生命に関する権利（10条）、身体の自由及び安全（14条）、拷問又は残虐な、非人道的な若しくは品位を傷つける取り扱い若しくは刑罰からの自由（15条）、搾取、暴力及び虐待からの自由（16条）、個人が健全であることの保護（17条）、移動の自由及び国籍についての権利（18条）、自立した生活及び地域社会に受け入れられること（自己決定；19条；障害者は、特別な居住形態で生活することを義務付けられることは許されない）、表現及び意見の自由並びに情報の利用（21条）、プライバシーの尊重（22条）、家庭および家族の尊重（23条）。
〈9〉　政治への参加は、障害が選挙権の喪失をもたらさない場合に限り、保障される。投票行為の援助は、国民議会選挙令66条に定められている。
〈10〉　RV 564 BlgNR 23 GP.2参照。Lachwitz, Ubereinkommen der Vereinten Nationen uber die Rechte von Menschen mit Behinderung, BtPrax 2008, 143 (144) も参照。

として出される差別の禁止が具体化されるべきである(11)。

Ⅲ　条約の解釈

　条約の文言は、多くの領域において一般的でプログラム的にとどまっている。権利および義務の詳細な内容を確定することができ、そして具体的な法的効果を条約から導き出せるためには、個々の規定の解釈が必要となる。このような条約の解釈規則は、条約法に関するウィーン条約（ウィーン条約法条約）が規定している(12)。

　最上位の解釈原則は、ウィーン条約法条約によれば、条約は、「bona fides」によって、つまり信義誠実の原則によって解釈されるべきであるということである。つまり重要なのは、当事者の真意である(13)。当事者の真意を確定するために、条約は、条約の中で使用されている文言を通常の意味と一致させて、その関係の中で理解されなければならない(14)。この関係の中には、前文および条約締結の際の合意も含めたテキストまたは一方的な、たとえば他者によって想定されている条約当事者のたとえば――解釈――宣言が含まれる(15)（ウィーン

〈11〉条約は、とりわけ、教育、雇用、健康、情報および公的施設へのアクセスの領域における差別禁止について言及している。

〈12〉ウィーン条約法条約は、確かに、国家によってその加盟後に締結された条約についてのみ適用される。しかし、ウィーン条約法条約は、他の部分ですでに成立している国際慣習法を成文化したから、このことが障害者権利条約のすべての締結国について該当するかどうかの調査は、ここでは行われない。Vgl. Zemanek in:Neuhold/Hummer/Schreuer, Handbuch des Volkerrechts4, Rdnr. 248f.

〈13〉Seidl-Hohenveldern, Volkerrecht(1987) 6, Rdnr. 334f.

〈14〉Seidl-Hohenveldern, Volkerrecht6, Rdnr. 335; Zemanek in: Neuhold/Hummer/Schreuer, Handbuch des Volkerrechts4, Rdnr. 332.

〈15〉条約法に関するウィーン条約約第 31 条　解釈に関する一般的な規則

1　条約は、文脈によりかつその趣旨及び目的に照らして与えられる用語の通常の意味に従い、誠実に解釈するものとする。

2　条約の解釈上、文脈というときは、条約文（前文及び附属書を含む。）のほかに、次のものを含める。

（a）条約の締結に関連してすべての当事国の間でされた条約の関係合意

（b）条約の締結に関連して当事国の一又は二以上が作成した文書であってこれらの当事国以外の当事国が条約の関係文書として認めたもの

3　文脈とともに、次のものを考慮する。

（a）条約の解釈又は適用につき当事国の間で後にされた合意

（b）条約の適用につき後に生じた慣行 subsequent practice であって、条約の解釈についての当事国の合意を確立するもの

（c）当事国の間の関係において適用される国際法の関連規則

条約法条約 31 条)[16]。

　意味の相違が、テキストの解釈によっても、補充された解釈手段（条約草案、交渉の記録)[17]によっても除去されない場合には、解釈の過程における目的論的な構成要素が重要になる。しかし、その前文において明らかになることが多い条約の目標と目的は、自由に作成することを認められていない。むしろ規定は、条約の機能から把握されるべきである。目的論的な解釈という方式は、疑わしい場合には国の義務、つまり国の自由の制限は、推測されえないという（国際慣習法の中に根付いている）解釈の枠内に存在している（「ロチュース原則」)[19]。

Ⅳ　オーストリア代弁人法における行為の必要性

1　行為能力および代理

　条約 12 条 2 項によれば、障害者は、すべての生活領域において他の「権[20]

　4　用語は、当事国がこれに特別の意味を与えることを意図していたと認められる場合には、当該特別の意味を有する。
〈16〉Zemanek in:Neuhold/Hummer/Schreuer, Handbuch des Volkerrechts4, Rdnr. 333.
〈17〉補充的な解釈方法については、Seidl-Hohenveldern, Volkerrecht6, Rdnr. 357-366; Zemanek in:Neuhold/Hummer/Schreuer, Handbuch des Volkerrechts4, Rdnr. 324f.
〈18〉Zemanek in:Neuhold/Hummer/Schreuer, Handbuch des Volkerrechts4, Rdnr. 336-339.
〈19〉Zemanek in:Neuhold/Hummer/Schreuer, Handbuch des Volkerrechts4, Rdnr. 341; Seidl-Hohenveldern, Volkerrecht6, Rdnr.342 und 348-351.
〈20〉第 12 条　法律の前にひとしく認められる権利
　1　締約国は、障害者がすべての場所において法律の前に人として認められる権利を有することを再確認する。
　2　締約国は、障害者が生活のあらゆる側面において他の者と平等に法的能力を享有することを認める。
　3　締約国は、障害者がその法的能力の行使に当たって必要とする支援を利用することができるようにするための適当な措置をとる。
　4　締約国は、法的能力の行使に関連するすべての措置において、濫用を防止するための適当かつ効果的な保護を国際人権法に従って定めることを確保する。当該保護は、法的能力の行使に関連する措置が、障害者の権利、意思及び選好を尊重すること、利益相反を生じさせず、及び不当な影響を及ぼさないこと、障害者の状況に応じ、かつ、適合すること、可能な限り短い期間に適用すること並びに権限のある、独立の、かつ、公平な当局又は司法機関による定期的な審査の対象とすることを確保するものとする。当該保護は、当該措置が障害者の権利及び利益に及ぼす影響の程度に応じたものとする。
　5　締約国は、この条の規定に従うことを条件として、障害者が財産を所有し、又は相続し、自己の会計を管理し、及び銀行貸付け、抵当その他の形態の金融上の信用について均等

利能力者および行為能力者」と同じ権限を享受する。障害者は、この行為能力の行使のために、第3項により、少なくともさまざまな程度の援助を必要とする。この援助は、オーストリア法によれば、形式ばっていない助言活動のさまざまな法諸形態以外に、自由に選任される老齢配慮代理権受任者、裁判所によって選任されるべき代弁人または近親者によってなされている〈21〉。

　12条から、部分的に、――少なくとも〔障害者〕自ら選任していない――障害者の法定代理人は全く許されないということが導き出される。障害者がその決定を行う際に援助を受けるために（「援助された決断」）、締約国は、必要なすべての措置をとらなければならないだろう。しかしながら代弁人について典型的である法定代理（「代理された決断」）は拒否される〈22〉。

　ドイツでは、この問題について、ドイツ民法典1903条において規定されている裁判所で定められる世話人のための「同意留保」の規定が、被世話人が同意留保が付された事務以外では完全に行為能力を有する場合に、条約違反であるかどうかについて議論されている〈23〉。オーストリアの法状況は、この問題に関してはより厳しいものとなっている。一般民法典280条1項によれば、被代弁人は、代弁人の任務範囲内において明示または黙示の同意がなければ、法律行為に関して処分することもできず、義務を負うこともできない。従って、代弁人の任命は、代弁人の任務範囲内において自動的に行為能力の制限をもたらす結果となる。これに対して、たとえば医的治療への同意または居所決定のための同意のために必要な認識能力および判断能力は、代弁人の任命によって影響を受けない。

　常に法定代理人は許されないという条約12条の解釈は、われわれの見解によれば妥当でない。ウィーン条約法条約の解釈規定に照らし合わせると、――ここではほとんどのヨーロッパ諸国と日本についてのみ確実にいえるに過ぎな

　　　な機会を有することについての平等の権利を確保するためのすべての適当かつ効果的な措置をとるものとし、障害者がその財産を恣意的に奪われないことを確保する。
〈21〉一般民法典268条、273条から284条hまで。近親者代理権の枠組み内では、両親、子、配偶者、人生のパートナーおよび登録されたパートナーは、成年で、もはや決断能力がない者のために、とりわけ日常生活に関する法律行為と介護の必要性を満たすための法律行為を行うことができ、重大でない医的治療について同意することができる。この代理権は、被代理人の決断能力の喪失によって自動的に（法律により）発生する。
〈22〉とりわけ、Lachwitz, BtPrax 2008, 143 (146) und Buchner, "Meine Wunsche sollen ernst genommen werden!", iFamZ 2009 120 (122) を参照されたい。
〈23〉Vgl. Lachwitz, BtPrax 2008, 143 (147f) および Bukert, Ratifiziert - und nun? BtPrax 2009, 101 (104).

いことではあるが──特定のケースにおいておそらく常に代理様式を定めている締約当事国の真意は、すべてのケースにおいて代理方式を削除するということではないという結論になる。つまり締約国は、条約のために、条約に関するその法システムを完全に、またはそうでなくても基本的な領域において変更するということを予定していないことは明らかである。このことは、たとえばオーストリアについては、批准行為に関する宣言から明確になるし、他国（フランス、オランダ、オーストラリアおよびカナダ）は、確かに反対はしていないが、解釈による宣言において、この国々が〔既存の〕代理規定を放棄しないということを明確にしている。認識しうる限りでは、これまでヨーロッパのどの国も批准をきっかけとしてその代理法を変更しようとしていない。

　既存の代理規定等の放棄は、条約によって意図されている障害者の保護とも合致しない。オーストリア法（およびおそらく他の多くの法秩序によっても）によれば、行為能力および認識能力ならびに判断能力は、行為能力の基本的な形としてある程度の自由裁量能力を、つまり自己の行動の効果を認識し、そしてこの認識に基づいて行動するという能力を前提としている。この能力が援助措置によって生み出されえない場合（たとえば、こん睡状態の者の場合や、別の理由で意思形成またはそれを発言する能力がない者の場合）には、この能力（自由裁量能力）は存在せず、（たとえば代弁人の任命などによって）剥奪

〈24〉 Vgl. RV 564 BlgNR 23 GP 2. これによれば、合致から生じる、オーストリア法秩序の枠組み内の国際法上の義務に、すでに「最も広汎に」適合されていた。

〈25〉 たとえばカナダ参照。「第12条が、代わりうるすべての意思決定に関する制度の排除を要求するものとして解釈される限り、カナダは、適切な状況において、かつ適切かつ効果的な免責条項を条件として、当該制度を利用し続ける権利を留保する。」フランスとオランダも参照されたい。「同意できない者の場合には、法律により、その者の代理人、官署または団体によって同意が与えられる」。これらの解釈宣言は、以下のURLで見ることができる。http://treaties.un.org/Pages/ViewDetails.aspx?src=TREATY&mtdsg_no=IV-15&chapter=4&lang=en

〈26〉 もっとも、各国の側で条約の解釈の際に考慮すべきであろう国家の実務については、（Zemanek in: Neuhold/Hummer/Schreuer, Handbuch des Volkerrechts4, Rdnr. X）まだ話題になりえない。

〈27〉 基本的にすでに次の文献が存在する。Schwimann, Die Institution der Geschaftsfahigkeit (1965) 14; Larenz, Allgemeiner Teil des deutschen Burgerlichen Rechts4 (1977), 81; Flume, Allgemeiner Teil des Burgerlichen Rechts - Zweiter Band; Das Rechtsgeschaft (1992), 182-184; Bydlinski, Privatautonomie und odjektive Grundlagen des verpflichtenden Rechtsgeschaftes (1967), 168; Ganner, Selbstbestimmung im Alter (2005), 236f. も参照されたい。

〈28〉 唯一の例外は、子または被代弁人による日常生活の些細な事務に該当する法律行為となっている（一般民法典151条3項および280条2項）。

されうることもない。<29>このような者〔援助されても自己決定できない者〕の利益においておよびその保護のために、（法律によって命じられ、コントロールされた）代理は、許されるはずである。〔援助〕措置の一般的な「禁止」、たとえば最終的に法定代理という結果をもたらす措置の禁止も、条約16条（搾取および濫用からの保護）と緊張関係に陥り、その点については人権違反であるという危険をもたらすものとされている。

このため、われわれの見解では、結果的に「代理様式」は一般的には禁止とはならない。しかし、少なくとも条約に関して問題となるのは、必要な認識能力および判断能力が確かに存在するか、または援助措置によって〔その能力が必要な程度に〕到達しうるだろうが、代弁人の任命によって法律上の行為能力の制限がなされるケースである。

このため、私（ガナー）の見解では、このようなケースにおいては、法律行為を行うのに必要な自由裁量能力が存在するにもかかわらず、行為能力が法律によって剥奪されるということが生じうるという理由から、一般民法典280条と関連する自動的な行為能力の制限は、条約12条に抵触する。ここで望ましく、かつ条約に適合しているのは、身上に関する特定の事務（たとえば、医的治療および居所決定への同意）について判断する場合のような規定だろう。医的治療および居所決定の場合に常に問題となり、個々のケースにおいて説明しなければならないことは、本人に〔その判断に〕必要な認識能力および判断能力が存在するかどうかということである。本人が判断する場合には、本人が自ら判断し、本人自らでは判断することができず、かつ援助措置によっても自ら判断することが不可能である場合には、代理人（たとえば代弁人）が決断する。これと同時に、ドイツの「同意留保」と比較しうる規定も考慮する価値はあるが、改善された消費者保護一般およびより容易な契約の取り消し可能性（たとえば特定の事情のもとでの行為能力の存在に関する証明責任の転換）も、やはり必要な代理行為〔の件数〕を減少させることができるだろう。

私（バート）の見解では、一般民法典280条の関係において、さらに次のことに気を付ける必要がある。法律行為的事務においてその存在が要件となっている行為能力は、取引保護を考慮して、——未成年者の場合でも——、一定の一般化という特徴を有している。<30>条約を前にしても、障害者の自治の努力

〈29〉一般民法典865条においては、古い言い回しである「理性の使用を有しない」者が問題になる。

〈30〉Vgl. Barth/Dokalik, Personensorge in: Barth/Ganner(Hrsg.), Handbuch des

よりも取引の安全にいささかではあっても相対的価値を認めたいのであれば、行為能力法が今現在の形において、障害者の（現れうる可能性のある）取引の相手方だけにとってのみ有利になるというわけではないということを見失うべきではないだろう。行為能力法は、緊急かつトラブルのない、障害者の法的な事務の処理も援助している。結果として、代弁人法は、障害者の自己決定の保護のために原則的に十分な枠組みを提供している。つまり、一般民法典268条によれば、代弁人は、障害者が心的病気または精神的障害のためにその処理をすることができない事務においてのみ任命されることが許されている。加えて同条3項は、任務範囲を選択する際に、裁判所に抑制を要請している。同条3項によれば、代弁人は原則的に個々の事務または特定の範囲の事務を委託されるべきであり、――これが避けられない場合にのみ――すべての事務を委託されうる。

　さらに裁判所は、同条4項により障害者が個々の範囲の事務につき行為能力を有する場合には、個々の範囲〔の事務〕を、――たとえば複数の年金の中の一つを使用することを――代弁人に委託されている事務範囲から除外することができる。最後に裁判所は、一般民法典278条3項により適切な期間をおいて、代弁人制度が（委託された範囲において）まだ必要かどうかを調査しなければならない。つまり、心的病気または精神的障害にもかかわらず存在する認識能力および判断能力に合致するように、まさに適切な代弁人制度を基礎付けることが、基本的に可能になるであろう。もっとも、実務ではあまりにも頻繁にすべての事務についての代弁人制度〔の利用〕がなされているということが認識されなければならない。たとえば、〔関係者の〕研修を強化することによって、もしくは専門家の鑑定の質を上げることによって、〔代弁人制度の〕実施に影響が与えられうるかどうか、またはやはり、たとえば自動的な行為能力の喪失を廃止するという方式における法政策的な「シグナル」が必要かどうかは、より綿密な調査を必要とする。もっとも、後者の措置も、わずかな個々のケース自体においてのみとられるにすぎず、障害者の自治がさらに獲得されるという結果をもたらすのではないということは明らかである。

　われわれの見解によれば、なお確認しておくべきことは、締約国は、12条により、とりわけ（「権利能力および行為能力の行使に関する措置の際の」）代弁人制度および近親者代理の枠組みにおいて、本人の権利、意思および選好が

Sachwalterrechts (2010), 154 m.w.N.

考慮されること、利益相反および濫用を引き起こす影響力が行使されるという事態が生じないこと、〔行為能力制限〕措置が状況に即しておりかつ本人の事情に適合していること、措置が可能な限り短期間であり、そして措置が管轄を有し、独立していて、中立的な官庁または裁判所によって定期的な検査を受けることを、保障しなければならないということである。この基準は、オーストリア法においてはおそらく満たされている。それでも一般民法典281条（または一般民法典284条e第1項もしくは284条h第1項）により、代理人によって本人の意思および必要性が唱えられ、考慮されなければならない。さらに代弁人は、監護裁判所の継続的なコントロール（非訟事件法130条）の下に置かれている。近親者代理権と老齢配慮代理権の適切な実施は、基本的にはコントロールされていない。しかし、また常になされる〔制度利用の〕提案について（国民の提案）、監護裁判所は、（たとえば濫用疑惑を理由として）調査を行うことを義務付けられている。私（ガナー）の見解では、裁判所の調査は、条約12条4項からみると問題がないわけではない。

2　一般民法典284条e第2項2文および284条h第2項による信頼保護

　老齢配慮代理権（一般民法典284条h）も近親者代理権（一般民法典284条e）も、ある者が自ら決断する能力がない場合には、――代弁人制度に類似する――決定の代理を定めている。最初のケース〔老齢配慮代理権〕は、自ら選んだ〔（任意）代理〕であり、2番目のケース〔近親者代理権〕は、法定〔代理〕である。自ら選んだ代理方式としての配老齢慮代理権は、これによって本人の自己決定権が保障され、かつ促進されるため、原則的に疑いなく条約に適合している。われわれの見解では、近親者代理の枠組みにおける法定代理は、少なくとも、この〔近親者代理の〕代わりに代弁人による代理が正当化されるであろう場合には、条約に適合する。

　しかしながら、私（ガナー）の考えでは差別的であり、そしてこのために条約5条とそしておそらくヨーロッパ人権規約1条（平等権）に抵触しているため、条約に違反しているのは、オーストリア中央代理〔権〕目録に登録されている老齢配慮代理権または近親者代理の有効性を信頼している者に与えられ

〈31〉 場合によっては、この「希望調査義務」に関して、少なくとも重要な事務において、法律上の記録義務が希望調査の方法のために規定されるべきかどうかは一考に値する。Vgl. Buchner, iFamZ 2009, 122.

る法律上の特別な信頼保護である。この〔信頼保護の〕結果、代理行為を行う際に登記の証明が提示される場合に限り、代理行為が有効ではない配老齢慮代理権または近親者代理に基づく場合でも、代理行為は原則的に有効になる。これは、障害者自身に行為能力ならびに（または）認識能力および判断能力があり、従ってこのため〔法定〕代理のための要件を全く満たしていないにもかかわらず、ある者がその同意およびその関与なしに有効に代理されるという結果をもたらしうる。一般民法典284条e第2項2文および284条h第2項の信頼保護は、外観法理の一般的な原則も超越しているので、老齢配慮代理権および近親者代理権の法的保護は、一般民法典1002条以下における一般的な規定による民法上の代理権よりもより弱いものとなっている。つまり「通常の」民法上の代理権の場合には、代理権がある理由から有効ではないと明らかになる場合には常に、法律行為の基礎は遡及的になくなるか、または合致する（法律）行為が存在しなくなり、結果として特に法律行為の領域において、事後的な追認が必要となるか、または遡及的な事後処理が必要になる。ここから除外されるのは表見代理のみであるが、表見代理は、被代理人が代理権が存在する印象を与えていることにつき何らかの方法において帰責性がなければならないということを前提としている。しかし、このこと〔被代理人の外観への帰責性〕は、老齢配慮代理権と近親者代理権では要件とされていない。このため、老齢配慮代理権と近親者代理権の規定は、老齢配慮代理権または近親者代理を利用する者にとって、これは通常障害者であるが、〔障害者〕にとって「通常の」民法上の代理権に関する規定よりも不利である。

〈32〉（決断無能力が生じることによって）老齢配慮代理権の効力の開始および近親者の代理権の発生は、特別な信用保護を基礎付ける公的証明書が交付されるオーストリア代理〔権〕目録に登録されうる。Vgl. Barth/Ganner (Herg.) Handbuch des Sachwalterrechts (2010)2, 376f (Ganner) und 553 (Barth/Kellner).
〈33〉第三者が、代理権のための要件がすべては存在していないということを知っていたか、または過失により知らなかった場合には、第三者のための信頼保護は存在しない。さらに、老齢配慮代理権の場合には、配慮ケースの発生に関する信頼（決断能力の喪失）のみが保護される。近親者代理の場合には、信頼保護は、口座の金銭入手が問題となる限り、毎月の最低限度の生活の一般的な基本額に制限される（現時点で914ユーロ、執行令291条a第2項1文）。
〈34〉当該規制の目標は、当該代理制度の受容を高めることと、とりわけ経済活動についての代理人によって懸念された、法的取引内の不安要素を排除することである。RV 1420 BlgNR 22.GP 30.
〈35〉Machhold, OZVV und Vertrauensschutz, ecolex 2007, 492 も参照。
〈36〉これについては、すでに次の文献が存在する。
　Ganner, Das osterreichische Sachwalterrecht - Eine Erfolgsgeschichte? (Teil 2) BtPrax 2008, 5.

私(バート)の見解では、登録の証明が提示された場合の善意〔者〕保護は、単に取引的利益にのみ役立つのではないだろうということを再び強調すべきである。つまり善意保護は、取引保護にとって〔登録〕証明を「魅力がある」ものにし、そして証明を〔取引の相手方が〕受け入れることを促進することができる。この方法により、誰かが自称近親者として、代理人として活動し、〔代理権〕を濫用することを防止できる。近親者代理の義務となっている登録は、ある程度のコントロールと結び付けられている。というのも、登録を行う公証人は、公証人規則140条5項により親族関係を証明し、かつ被代理人がその事務を心的病気または精神的障害のために自ら処理することができず、代理権に対する異議申し立てを行っていなかったことを提示しなければならないからである。もっとも、登録手続きはより費用がかかること、——特に有効に異議申し立てをすることができる被代理人の参加のもとでより費用が発生すること——、が考慮されるべきである。

V　まとめ

　代弁人法は、本人の保護に資する法制度である。しかし、本人が代弁人の任命を拒否することがほとんどであり、「行為能力を剥奪されている」と感じることが稀ではないという理由から、この理論的な〔代弁人法は本人の保護に資する制度であるという〕要求に照らすと、代弁人法は実務において正当な評価を受けていない。障害者代理の側からも、代弁人法は、パターナリズム的な他者決定の制度であるとみなされている。

　このため、条約が「〔本人が〕援助された決断」のモデルに重きを置いてい

〈37〉このため、たとえば、Strormann, Medizinische Behandlung und problematische Einwilligungsfahigkeit in : Festschrift Hopf (2007) 212 は、登録は、近親者代理の発生要件でさえあるという意見である。Weitzenbock in Schwimann (Erganzungsband 2007) § 284e Rdnr. 3-5 も同様である。異なる見解としては、Schauer, Vorsoregevollmacht und Angehoerigenvertretung nach demSWRAG 2006, iFamZ 2006, 148 (153); Barth/Kellner, Die Vertretungsbefugnis nachster Angehoeriger in: Barth/Ganner,Handbuch des Sachwalterrechts, 551f が存在する。
〈38〉被代理人がまだ「自然意思を形成できる場合には、従って異議を合図により伝えることができる」場合には、異議として十分である。Barth/Kellner in Barth/Ganner, Handbuch des Sachwalterrechts, 531 参照。
〈39〉基本法的な考慮からの登録手続きの法形態については、すでに次の文献が存在する。Stormann in: FS Hopf, 212.

ることは、十分に歓迎されるべきである。しかし、代理が本人の保護のために不可避であり、かつ人権および条約に適合しているケースもいくつか存在する。他方で他のケースにおいては、──つまり、代弁人の任命の際の行為能力の自動的な喪失の場合ならびに老齢配慮代理権および近親者代理の際の特別な信頼保護の場合のようなケースにおいては──、条約は、もしかしたら一方では障害者保護および障害者の自治の促進と取引的利益の間の考慮において、オーストリアの法秩序のほとんどを疑問視しており、他方では見つけられた解決策を疑問視しているかもしれない。

（ミヒャエル・ガナー、ペーター・バート／青木 仁美 訳）

＊本稿は、Betreuungsrechtliche Praxis 5/2010, Bundesanzeiger Verlag からの転載である。同誌編集部のご厚意に感謝する。

第 3 章

成年者の保護、法定代理と国連の障害者権利条約

I　課題の設定

　ドイツの世話法は、2012 年の初めに満 20 歳になった。ドイツの改革にとっての模範はオーストリアであった。オーストリアはすでに 1984 年に成年者のための禁治産と後見を代弁人制度に切り替えた。禁治産と後見においては、本人の保護が前面に置かれていたが、ドイツとオーストリアにおける改革は、本人の自己決定を強化し、その権利を実現することを追求した。自己決定権の優越によって、それらは、国際的比較において、現代的な成年者保護法に属している。

　もちろん、ドイツの世話法もオーストリアの代弁人法も、本人の自治をさまざまな観点から制限している。たとえば、ドイツにおける世話人は常に法定代理人（民法 1902 条）であり、世話人は、本人の意思に反して任命されうるし、しかも行為能力、すなわち財産事務における法的行為能力も、同意権留

〈1〉　Schwab, in: Münchener Kommentar zum BGB, 6. Aufl. 2012, Vor § 1896 BGB Rn. 1 ff.

〈2〉　Dazu Ganner, BtPrax 2007, 238 ff.; BtPrax 2008, 3 ff.

〈3〉　BT-Drucks. 11/4528, S. 38 ff., 52 ff.; Lipp, Freiheit und Fürsorge, 2000, S. 12 ff.; Ganner, BtPrax 2007, 238, 239.

〈4〉　Vgl. nur die Empfehlungen des Europarats R (99) 4 Principles Concerning the Legal Protection of Incapable Adults, und die Abschlußresolution des 1. World Congress on Adult Guardianship ("Yokohama Declaration") vom 4.10.2010 (abrufbar unter http://www.international-guardianship.com/yokohama-declaration.htm, zuletzt aufgerufen am 16.2.2012). Eine rechtsvergleichende Übersicht bieten die Beiträge in Löhnig u.a. (Hrsg.), Vorsorgevollmacht und Erwachsenenschutz in Europa, 2011, die Länderberichte von Röthel in: Lipp (Hrsg.), Handbuch der Vorsorgeverfügungen, 2009, und die Untersuchung von Keys, European Yearbook of Disability Law 1 (2009), 59 ff.

〈5〉　Zur so genannten Zwangsbetreuung vgl. nur Palandt/Diederichsen, BGB, 71. Aufl. 2012, § 1896 BGB Rn. 4; Knittel, Betreuungsrecht. Kommentar, Stand: 1.12.2011, § 1896 BGB Rn.

保（民法1903条）という特別な裁判所の命令によって制限されうる。オーストリアにおいても、比較可能な制度がある。しかし、ドイツとは異なり、オーストリアでは、本人の行為能力は、代弁人の任務範囲において、自動的に制限される（オーストリア民法280条1項）。

従って、ドイツの世話法とオーストリアの代弁人法は、本人の自己決定権を無視しており、障害者権利条約（以下、権利条約という）において保障されている彼らの人権を侵害している、との批判を受けている。

国連は、権利条約を2006年に議決した。これは、オーストリアについては2008年9月26日に、ドイツについては2009年3月26日に発効した。権利条約は、すべての人権と基本的自由の、障害者による完全かつ同権的な享受を促進し、保護し、保障し、かつ彼らに内在する尊厳の尊重を促進すべきものとされている（権利条約1条）。条約締結国は、権利条約の個々の保障条項から生じる尊重・保護・保障義務を履行しなければならない（権利条約4条）。

成年者保護法は、まず、権利条約の実現をめぐる議論の焦点にはない。ドイツの連邦政府は、権利条約の批准に際して、ドイツ法の規制は権利条約と調和しているであろうとの前提に立っていた。政府は、この立場を権利条約の実現に関する第一報告書において確認していた。オーストリアや他の多くの国についても同様である。

しかしながら、この点に関する、障害者団体とその他のNGO並びに専門家の世界からの批判は、声高である。たとえば、行為能力のあらゆる制限および法定代理権は、権利条約に違反すると言わざるをえない。なぜなら、権利条約12条は権利能力・行為能力（法的能力）の行使における本人への支援のみを認めているからであるという。

---

98 ff.; MünchKomm/Schwab (Fn.1), § 1896 BGB Rn. 23 ff.; Knittel/Seitz, BtPrax 2007, 18 ff.; Lipp, BtPrax 2008, 51, 53 ff.
⟨6⟩　Ganner/Barth, in: Ganner/Barth (Hrsg.), Handbuch des Sachwalterrechts, 2. Aufl. 2010, S. 33 ff., 82 ff., 108 ff.
⟨7⟩　Vgl. Lachwitz, RdL 2011, 53 ff.; Buchner, iFamZ 2009, 120, 122.
⟨8⟩　Denkschrift der Bundesregierung zur Ratifikation der BRK, BT-Drucks. 16/10808, S. 45, 51 f.
⟨9⟩　Staatenbericht der Bundesrepublik Deutschland zur BRK vom 3.8.2011, S. 32 ff. (abrufbar unter www.bmas.de, zuletzt aufgerufen am 16.2.2012); Antwort auf die Große Anfrage der Fraktion Bündnis 90/Die Grünen vom 1.4.2011, BT-Drucks. 17/5323, S. 7; kritisch dazu Niklas-Faust, Rechtsdienst der Lebenshilfe (RdL) 2011, 103, 105 f.
⟨10⟩　Vgl. RV 564 BlgNR 23 GP 2.
⟨11⟩　Oben Fn. 7

日本は、権利条約に署名したが、まだ批准していない。2000年に改正された日本の成年者保護法は、法定代理権と行為能力の制限を規定している〈12〉。従って、両制度とも権利条約に違反するという批判は、日本の成年者保護法の核心にも該当する。

　この中心的な問題を、私は、この講演において取り上げたい〈13〉。これについては、まず、権利条約の課題内容が明らかにされるべきである（Ⅱ）。それを前提として、世話人による法定代理（Ⅲ）、そして同意権留保（Ⅳ）が検討されうる。それに続いて、私は、比較の観点からオーストリアと日本の法について検討したいと思う（Ⅴ）。

Ⅱ　権利条約の課題内容

1　権利条約の目標と構想

　権利条約第1条は、同条約の目的を、次のように定式化している。それは、すべての人権と基本的自由の、障害者による完全かつ同権的な享受を促進し、保護し、保障し、かつ彼らに内在する尊厳の尊重を促進すべきである。権利条約の個々の保障条項から生じる尊重・保護・保障義務を、条約締結国は履行しなければならない（権利条約1条）と。それによって、権利条約は、すべての人間に同じ方法によって認められている普遍的な人権を強化している。それは、人間の特別なグループのために特別な権利を創造するのではなく、障害者にも障害を持たない者と同様の完全な範囲と方法で普遍的人権が帰属するということを実現しようとしている〈14〉。これによって、障害者も、すべての生活状況において、権利の主体として把握され、取り扱われるものとされる。障害者は、すべての生活領域において自己決定された生活への権利を有している。従って、この人権上の手がかりは、権利条約が障害者のさまざまな生活状況を見据

〈12〉 Ich folge hier dem Bericht von Aoki/Ganner, BtPrax 2009, 207 ff.
〈13〉 Erste Überlegungen habe ich auf dem 12. Vormundschaftsgerichtstag 2010 vorgestellt. Der Vortrag ist abgedruckt in BtPrax 2010, 263 ff.; zum österreichischen Sachwalterrecht Ganner/Barth, BtPrax 2010, 204 ff.; rechtsvergleichend Keys, European Yearbook of Disability Law 1 (2009), 59 ff.
〈14〉 Vereinte Nationen, From Exclusion to Equality. Handbook for Parliamentarians, 2007, S. 5, 20; weitergehend Degener, VN 2010, 57, 59; Mégret, Human Rights Quarterly 30 (2008), 494 ff., die auch die Begründung neuer Rechte für möglich halten.

えた普遍的人権を実現する、すべてのさらなる保障のための前提として、有益である。

　権利条約の中心的関心事は、「障害に基づく差別」からの保護である（権利条約3条b及び5条）。同条約によれば、差別とは、他の者と平等にすべての人権及び基本的自由を認識し、享有し、又は行使することを害し、又は妨げる目的又は結果を伴う行為である、と解されている（同条約2条第3小項）。同条約は、その定義によれば、「あらゆる形態の差別」、従って直接及び間接の差別、法的及び事実的差別を把握している。⟨15⟩

　従って、権利条約は、二重の保護機能を提示している。それは、普遍的人権に関して障害者を保護し、かつ障害者の態様に応じて厳密に記述している。同時に、同条約は、差別禁止の首尾一貫した発展を要求し、これをすべての人間生活の範囲に拡大している。人権と差別禁止は、不可分一体をなしているのである。⟨16⟩

2　法の前の平等の認識（権利条約12条）

a　保護の内容

　すでに表題が明らかにしているように、権利条約12条[の内容]は、自由・平等権である。障害者一般が法的人格（法の前の人 persons before the law）ないし権利主体として承認される（権利条約12条1項）というだけでなく、これが他の者と同じ方法でかつ同じ範囲で実現されなければならない。健常者と同等という目標は、権利条約第12条では、再度明確に定式化されている。それによれば、障害者は、他の者と同等に、権利能力・行為能力（法的能力 legal capacity）を享有する。この原則は、同条5項において、所有権と財産についても確認されている。

　逆に、第12条の保障の内容は、条約3条b号が一般的原則として、そして5条が人権として含んでいるような、障害者の他の者との平等に尽きているわけではない。条約第12条は、単なる差別禁止条項ではなく、自由権条項でもあるのである。従って、もし、第12条の内容を差別の観点でのみ議論するのであれば、短絡的に過ぎる。⟨17⟩第12条は、すでに市民権と政治的権利に関する

⟨15⟩ Aichele, Die UN-Behindertenrechtskonvention und ihr Fakultativprotokoll, Deutsches Institut für Menschenrechte: Policy Paper Nr. 9, 2008, S. 5.
⟨16⟩ Aichele (Fn.15), S. 5.
⟨17⟩ So etwa der Staatenbericht Deutschland (Fn. 9), S. 32 ff.

国際協定にも含まれている法的人格としての承認を求める権利を自由権として確認し、かつ当該権利を第12条における権利能力・行為能力の保障によって実現している。第12条1項、2項のこのような総括は、国連の婦人の権利条約第15条に対応している。そこでは、婦人は、権利能力を保障され、権利能力の行使について男子と同様の可能性を保障されている。これによれば、法的人格として承認されることを求める権利は、権利能力並びに行為能力をも含むのである。

　しかしながら、第12条のこのような理解は、異論にさらされている。すなわち、市民権と政治的権利に関する国際協定16条における法的人格として承認されることを求める権利は、その発生史に鑑みて、次のように多様に理解されている。それは、権利能力に対する権利のみを含んでおり、行為能力に対する権利を含んでいない、と。そうであれば、権利条約第12条2項と国連の婦人の権利条約第15条における行為能力への権利は、すべての人間に妥当する、法的人格としての承認を求める人権の単なる実現ではなく、障害者もしくは婦人に適用される特別規制ということになる。しかし、結果として、行為能力への権利をたいていの人間に認め、権利条約の意味における障害者でない男性のみを除外するということは、にわかに信じがたい。従って、条約12条1項と2項は、法的人格としての承認を求め、かつその実現としての権利能力・行為能力を求める一般的人権を含んでいるのである。

〈18〉Internationaler Pakt über bürgerliche und politische Rechte vom 19.12.1966, BGBl. 1973 II, S. 1553.
〈19〉UN-Hochkommissariat für Menschenrechte, Thematic Study by the Office of the United Nations High Commissioner for Human Rights on Enhancing Awareness and Understanding of the Convention on the Rights of Persons with Disabilities, U.N. Doc. A/HRC/10/48, 2009, Ziff. 43; Aichele/v. Bernstorff, BtPrax 2010, 199, 200 f.
〈20〉Übereinkommen zur Beseitigung jeder Diskriminierung der Frau vom 18.12.1979, BGBl. 1985 II, S. 648.
〈21〉UN-Hochkommissariat für Menschenrechte, Legal capacity, Background conference document, 2005, Ziff. 13, 14 (abrufbar unter: http://www.ohchr.org/EN/HRBodies/CRPD, zuletzt aufgerufen am 16.2.2012); Carlson/Gisvold, Practical Guide to the International Covenant on Civil and Political Rights, 2003, 103; Nowak, U.N. Covenant on Civil and Political Rights: CCPR Commentary, 2. Auflage 2005, Art. 16 Rn. 1 ff.
〈22〉Ebenso Aichele/v. Bernstorff, BtPrax 2010, 199, 200 f.; Minkowitz, Syracuse Journal of International Law and Commerce 34 (2007), 405, 411 f.; für Art. 16 IPBPR ebenso Folio, in Henkin (Hrsg.), The International Bill of Rights. The Covenant on Civil and Political Rights, 1981, S. 185, 187; anders wohl die Bundesregierung in ihrer Antwort auf die Große Anfrage (Fn. 9), S. 3 f.

b　適用範囲

　人権的保障として、条約12条1項と2項の権利能力・行為能力の保障は、一定の法領域又は一定の行為形式に関係するのではなく、法秩序が法的意義を認めているすべての人間の行為に拡張されている。それは、従って、財産領域（行為能力、遺言能力）における法律行為的及び準法律行為的意思表示のみならず、身分上の事務（婚姻行為能力）、権利及び個人的財産における侵害への許容（同意能力）並びに官庁や裁判所の手続における手続行為（手続・訴訟能力）を含む。条約第12条は、従って、権利能力・法的行為能力を人間の自己決定権の表明として、包括的な方法で保護している〈23〉。

　そこでは、「行為能力 Handlungsfähigkeit 」によって、単に権利を行使しうる能力のみでなく、結果に対して責任を取る能力も想定されているということが強調されるべきである。従って、行為能力は、たとえば、不法行為能力と責任能力を含む。条約12条は、従って、自己決定は常に同時に自己責任を意味するという事情を考慮しているのである〈24〉。

c　内容

　権利条約第12条は、他の人権と同様に、条約締結国にとっての義務を、尊重義務、保護義務及び保障義務という、三つの観点から創設している。国家は、法人格としての同等の承認及び権利能力・行為能力に対する権利を自ら侵害してはならない（尊重義務）。国家はそれを国家以外の第三者の侵害から保護しなければならない（保護要請）。そして国家は、その実現について配慮しなければならない（保障要請）〈25〉。

　条約第12条は、これと関連して、この一般的国家的義務を第3項から5項において具体化している〈26〉。第12条5項は、国家の保障義務を、財産分野における障害者の権利能力・行為能力に関して具体化しているが、同条3項と4

〈23〉 Aichele/v. Bernstorff, BtPrax 2010, 199, 201; zum deutschen Recht vgl. Lipp, Freiheit und Fürsorge (Fn. 3), S. 42 ff.

〈24〉 UN-Hochkommissariat für Menschenrechte, Thematic Study (Fn. 19), Ziff. 43, 47; UN-Hochkommissariat für Menschenrechte, Legal Capacity (Fn.21), Ziff. 25; Vereinte Nationen, Handbook (Fn. 14), S. 89; Quinn, in: Krause/Scheinin (Hrsg.), International Protection of Human Rights, 2009, S. 247, 262; Denkschrift (Fn.8), S. 51 f.; Aichele/v. Bernstorff, BtPrax 2010, 199, 201; vgl. auch Lipp, Freiheit und Fürsorge (Fn.3), S. 42 ff.

〈25〉 General Comment des Menschenrechtsausschusses Nr. 31, (abrufbar unter www2.ohchr.org/english/bodies/hrc/comments.htm, zuletzt aufgerufen am 16.02.2012), Ziff. 5-8; Hochkommissariat für Menschenrechte, Thematic Study (Fn. 19), Ziff. 45.

〈26〉 Aichele/v. Bernstorff, BtPrax 2010, 199, 202.

項は、成年者保護にとっての一般的な内容を含んでいる。

d　権利条約第12条による、権利能力・行為能力の行使に際しての支援を求める権利

　同等の権利能力及び同等の行為能力に対する権利は、その人がこの権利を、身体的又は精神的侵害により事実上行使できない場合には、効果はないままである。従って、条約第12条3項は、障害者がそのような支援を必要とする場合に、権利能力・行為能力の行使に際して、支援を求める権利を有することを定めているのである。従って、国家は、このような支援システムを構築し、個々人に利用可能なようにすべき義務を負っている。「支援」とは、その際、包括的に理解されており、かつ相談や同伴を通じての事実上の支援や法的観点における支援をも含んでいる。〈27〉これに応じて、国家は、権利条約12条に基づいて、きわめて多様な「支援」のための施設及びシステムを創設し、かつ利用に供することができる。これらは、権利条約第12条の目標に奉仕し、かつ障害者の意思に法的効力を得させることが重要である。

　権利条約第12条3項の意味における支援は、従って、本人の自己決定の援助でなければならない。従って、同条第12条3項は、表現上、父権的な「代理決定」から自己決定に向けられた「支援決定」へと範例の変更をもたらした。これに応じて、権利条約のための専門家委員会は、条約批准国は成年者保護法を吟味し、第三者による代理決定を本人の自己決定の際の支援手段によって置き換えることを推奨したのである。〈28〉

　これに対して、法的行為能力を制限し、又は全く剥奪する措置は、これが本人の保護をもたらす場合であっても、支援ではなく、権利能力・行為能力への権利に対する侵害である。しかしながら、これらは、そうであるから許されないというわけではなく、事情によっては、それに適用される諸原則によって、正当化されうるのである。〈29〉

e　権利条約第12条第4項の内容

　それ自体支援として構想された施策は、その目標を間違えるか、または条約第12条3項の内容を無視している場合には、それは第12条3項の意味にお

〈27〉 Aichele/v. Bernstorff, BtPrax 2010, 199, 202.
〈28〉 Committee on the Rights of Persons with Disabilities (CRPD), CRPD/C/TUN/CO/1 (5th Session April 2011), Ziff. 22, 23; CRPD/C/ESP/CO/1 (6th Session September 2011), Ziff. 34; Lachwitz, RdL 2011, 53 f.; vgl. auch McSherry/Wilson, Medical Law Review (Med.L.Rev.) 19 (2011), 548, 573 f.
〈29〉 Näher dazu unten II.2.f.

ける支援を意味しない。自己決定のための支援は、その場合には、他者による決定になる[30]。これと並んで、本人にとって他者決定へと導くことになるその他の施策も存在する。たとえば、強制的世話、すなわち、本人の意思に反する世話人の任命である[31]。

条約第12条は、〔人格の自由を保障する〕基本法2条1項と異なり、一般的な行為の自由ではなく、権利能力・行為能力を保障している[32]。これが制限される場合にのみ、第12条に対する侵害が存在する。しかしながら、他者決定のあらゆる形態が直ちに本人の権利能力・行為能力を制限するわけではない。たとえば、本人の意思に反する世話人の任命は、確かに国家の裁判所による他者決定行為であるが、条約第12条の侵害にはならない。なぜならば、それによって本人の権利能力・行為能力は制限されないからである。もし、権利能力・行為能力が侵害に対してのみ保護されているのであれば、著しい保護の欠缺が発生しうることになろう。条約第12条4項は、それについて独自の解決を定めている。

条約第12条4項は、侵害に対してのみならず、権利能力・行為能力の行使に関する国家の施策についても適用される要件・内容を含んでいる。施策は、個人的な状況に合致し、比例原則にも合致していなければならず、本人の諸権利、意思及び選好を尊重しなければならず、そして、定期的に独立かつ公正な官庁又は裁判所によって、審査されなければならない。さらに、利益相反と濫用に対する保障が規定されるものとされている。

従って、条約第12条4項の適用領域は、たいへんに広い。同規定は、権利能力・行為能力が制限されることも、第3項の意味における「支援」のための施策が排除されることも、前提としていない。従って、同規定は、侵害並びに「権利能力・行為能力の行使に関する」その他の施策を含んでおり、かつ支援諸施策に関連している[33]。当然のことであるが、「支援」ですら、必要な程度を超え、又は本人の意思を無視し、そしてそれによって他人決定になってしまうことがありうるのである[34]。

---

[30] Aichele/v. Bernstorff, BtPrax 2010, 199, 203; vgl. auch Lipp, BtPrax 2008, 51, 53 f.; ders., Freiheit und Fürsorge (Fn. 3), S. 132 f.
[31] Näher dazu unten III.1.
[32] Zur Zwangsbetreuung als Eingriff in Art. 2 Abs. 1 GG vgl. nur Starck, in: v. Mangoldt/Klein/Starck, Kommentar zum Grundgesetz, 6. Auflage 2010, Art. 2 Abs. 1 GG Rn. 140.
[33] Ebenso Aichele/v. Bernstorff, BtPrax 2010, 199, 203.
[34] Oben im Text bei Fn. 30

もちろん、同規定は、部分的には、条約第 12 条 3 項の意味における支援諸施策に限定される⁽³⁵⁾。その場合には、同条 4 項の保障は、善意でなされた支援であれば他人決定にはならないということからの保護に過ぎないことになろう。しかし、それは、権利能力・行為能力の領域における他人決定のその他の形態からの保護を提供することにはならないだろう。これは、条約第 12 条 4 項の文言も保護目的も正当に評価したことにはならない。従って、その内容は、権利能力・行為能力の行使に関係するすべての施策において尊重されるべきものである⁽³⁶⁾。

f 侵害とその正当化

平等な権利能力・行為能力の承認を求める権利は、平等権と自由権とを包含する⁽³⁷⁾。従って、条約第 12 条の保護領域への侵害は、一方では、障害者が侵害を理由として非障害者とは異なって扱われる場合に存在する。他方では、侵害は、障害者の権利能力・行為能力が制限される場合に、肯定される⁽³⁸⁾。

しかしながら、このような侵害は、それ自体として許されないわけではない。条約第 12 条は、無制約な法ではない。一般的な人権法上の諸原則によれば、それは、不平等な取扱いないし侵害が実際上正当化され、かつ比例原則にかなっているか否か、に依存している⁽³⁹⁾。条約第 12 条 4 項は、それを超えて、この一般的要件の法的に正確な実現化を含んでおり、さらに、相応する制度的保障と手続的保障を要求している。

すでに述べたように、条約第 12 条 3 項の意味における支援施策は、権利能力・行為能力を求める権利に対する侵害ではない。従って、当規定は、侵害には適用されない⁽⁴⁰⁾。もちろん、同条 3 項は、その立場において、比例原則の表現である。すなわち、その施策の評価とそこで示されている優越的地位は、侵害

〈35〉 Kaleck/Hilbrans/Scharmer, Gutachterliche Stellungnahme, in Auftrag gegeben von der Bundesarbeitsgemeinschaft Psychiatrie-Erfahrener e.V., BT-Ausschuss für Arbeit und Soziales, Ausschussdrucks. 16(11)1179, S. 33, 44; Lachwitz, BtPrax 2008, 143, 147; unklar Aichele/ von Bernstorff, BtPrax 2010, 199, 202 f.

〈36〉 Ebenso BVerfGE 128, 282, 307 = FamRZ 2011, 1128, 1131 (Rz. 53); zur Entstehung des Art. 12 Abs. 4 BRK vgl. Dhanda, Syracuse Journal of International Law and Commerce 34 (2007), 429, 449 f., 461 f.

〈37〉 Oben II.2.a.

〈38〉 Der Eingriff in das Freiheitsrecht wird bei Aichele/v. Bernstorff, BtPrax 2010, 199, 202, nicht recht deutlich.

〈39〉 Aichele/v. Bernstorff, BtPrax 2010, 199, 202.

〈40〉 Dazu oben II.2.d.

の程度の審査の枠内で尊重されるべきものである[41]。

　従って、結果的には、条約第 12 条への侵害としての権利能力・行為能力の制限と権利能力・行為能力の行使に関するその他の施策は、実際上同一の要件に服する。それらは、条約第 12 条 3 項及び 4 項によって決定的に定式化されている。両項は、従って、一方では、12 条に対する侵害の正当化のための一般的人権的要件を具体化し、さらにそれは、他方で、侵害を超えて、権利能力・行為能力の行使に関するその他の施策にも拡大している。

Ⅲ　世話と法定代理

1　世話の機能と形成

　世話人は、ある者が精神病又は身体的、精神的もしくは心的障害によりもはや自己の法的事務を処理することができず（民法 1896 条 1 項 1 文）、かつ法定代理人としての世話人が必要である場合に、世話裁判所によって任命される（民法 1896 条 2 項 2 文、1902 条）。本人の意思に反する任命は、その意思が自由でない場合、すなわち自己責任が排除されている場合にのみ許される（民法 1896 条 1 項 a）[42]。（旧）禁治産[43]もしくは強制的監護命令[44]の場合と異なり、世話人の任命は、その行為能力の点において、被世話人を制限しない[45]。これは、〔同意権留保に関する〕民法 1903 条の基準に従ってのみ制限されうる[46]。

　世話人は、個々に必要な範囲内においてのみ、一定の任務権限に関して任命されうる（民法 1896 条 2 項 2 文）。世話人は、その権限内において、被世話人の法定代理人である（民法 1902 条）。しかしながら、世話人は、その場合に、具体的な事情において必要な範囲においてのみ活動することが許される（民法 1901 条 1 項）[47]。その場合に、彼は、被世話人自身の福祉を守る義務があり、

---

[41] Aichele/v. Bernstorff, BtPrax 2010, 199, 203.
[42] Knittel/Seitz, BtPrax 2007, 18 ff.; Lipp, BtPrax 2008, 51, 54; Bienwald, in: Bienwald/Sonnenfeld/Hoffmann, Betreuungsrecht. Kommentar, 5. Aufl. 2011, § 1896 BGB Rn. 55 ff.; Knittel (Fn.5), § 1896 BGB Rn. 98 ff.; MünchKomm/Schwab (Fn.1), § 1896 BGB Rn. 20 ff.
[43] §§ 6 Abs. 1 Nr. 1, 104 Nr. 3 bzw. 6 Abs. 1 Nr. 1–3, 114 BGB a.F.
[44] Vgl. BGHZ 35, 1, 6; BGHZ 48, 147, 159; BGHZ 70, 252, 258 ff.
[45] Knittel (Fn.5), § 1902 BGB Rn. 36 ff.; MünchKomm/Schwab (Fn.1), § 1902 BGB Rn. 7.
[46] Dazu unten Ⅳ.
[47] MünchKomm/Schwab (Fn.1), § 1901 BGB Rn. 5; Jürgens, in Jürgens (Hrsg.), Betreuungsrecht, 4. Aufl. 2010, § 1901 BGB Rn. 3. Der Erforderlichkeitsgrundsatz für das

それが被世話人の福祉に反せずかつ世話人にとって過酷でない限りにおいて、被世話人の希望に応じなければならない（民法1901条2項及び3項）。健康配慮義務についても同様である（民法1901条a）。

成年者のための国家的権利擁護としての世話人の任務は、被世話人の自己決定権の保障と実現である。それは、欠けている法的行為能力の再建（援助）と自損行為からの被世話人の保護を含んでいる（保護）[49]。世話は、被世話人を教育し、もしくは改善することに奉仕するものではない[50]。

2　世話と権利条約第12条

a　世話と差別禁止

法的世話による成年者の権利擁護は、権利条約の意味における「障害」を有する人間と有しない人間とによって利用されうるものである。世話人の任命は、民法1896条1項及び2項により、病気と障害の他に、被世話人が自己の事務を自ら処理することができず、かつ他の援助を利用することができないということを要件としている。従って、世話は、いずれにしても、障害者の直接的法的差別を意味するものではない。

もちろん、収容と強制的治療との関連については、法律がそもそも障害と結び付けていること、すなわち、障害が収容又は強制的治療のための複数の要件の一つであるという点に差別が存在している、との議論がなされている[51]。これが妥当するのであれば、民法1896条1項も障害者を差別していることになる。しかし、この見解は正しくない[52]。むしろ、収容ないし世話人の任命が障

　Handeln des Betreuers in § 1901 Abs. 1 BGB wird freilich häufig übersehen, vgl. nur die Kommentierungen zu § 1901 BGB von Palandt/Diederichsen (Fn.5), Knittel (Fn.5;Bienwald/Sonnenfeld/Hoffmann-Bienwald (Fn.42); Damrau/Zimmermann, Betreuungsrecht, 4. Aufl. 2011; A. Roth, in: Erman. BGB, 13. Aufl. 2011; Heitmann, in: Kaiser/Schnitzler/Friederici, Nomos-Kommentar. BGB (NK-BGB), 2. Aufl. 2010.

[48] BT-Drucks. 13/7158, S. 33; Lipp, BtPrax 2005, 6 ff.; Knittel (Fn.5), § 1901 BGB Rn. 25; MünchKomm/Schwab (Fn.1), § 1901 BGB Rn. 5 f.

[49] Lipp, Freiheit und Fürsorge (Fn.3), S. 40 ff., 75 ff.; Lipp, BtPrax 2008, 51, 52.

[50] Vgl. nur BVerfGE 58, 208, 225; BVerfG FamRZ 1998, 895 ff.

[51] Kaleck/Hilbrans/Scharmer (Fn.35), S. 33 ff., 43; Minkowitz, Syracuse Journal of International Law 2007, 405 ff.

[52] Für die Unterbringung ebenso König, BtPrax 2009, 105, 107 ff.; Marschner, R & P 2009, 135, 136; Olzen/Uzunovic, Die Auswirkungen der UN-BRK auf die Unterbringung und Zwangsbehandlung nach § 1906 BGB und § § 10 ff. PsychKG NRW. Gutachten im Auftrag der Deutschen Gesellschaft für Psychiatrie, Psychotherapie und Nervenheilkunde (DGPPN) v. 2.12.2009 (abrufbar unter www.dgppn.de, zuletzt aufgerufen am 16.2.2012), S. 7 ff.

害を理由として行われるか否か、換言すれば、障害者のために特別規制が存在するか否かが重要なのである。しかしながら、世話は障害者のための特別法ではなく、自己責任のための能力が制限されているために、その事務を自ら処理できずまたは他の者の援助を獲得できない人間のための権利擁護なのである。従って、世話人の任命のための基礎と前提要件は、本人の制限された自己責任能力なのである。法律は、医学的専門家によって診断されるべき、制限された自己責任能力のための理由を、病気または障害と書き換えているのである。民法1896条1項における病気または障害は、世話人の任命のための理由ではなく、それを制限しているのである。そこには、障害者の差別は存在しない。[54]

同意権留保（民法1903条[55]）、自由剥奪（民法1906条）または強制的治療[56]のように、病気または障害を理由とする本人の自己責任能力の欠缺と結び付いた、その他の世話法上の規制についても、同様である。

b 権利条約第12条3項の意味における世話と法定代理

世話は、常に、世話人による被世話人の法定代理と結び付いている（民法11902条）。議論においては、一部において、これは権利条約第12条に違反しているとの見解が主張されている[57]。もちろん、詳細に考察するならば、若干異なるように思われる。すなわち、法定代理は、権利条約第12条にいう「支援」ではない[58]。それは、世話人の活動および具体的な事例における法定代理人について妥当するものであり、〔その根拠条文である〕民法1902条に基づいて、世話そのものにも妥当するのである。

権利条約第12条第3項の意味における支援は、被世話人の自己決定への援助でなければならない。すなわち、他人決定と結び付いた施策は、支援ではない[59]。権利条約第12条第3項における「支援」の理解については、次のように3通りになる。すなわち、本人が援助を必要としているが、自らは法的に行為できない場合には、「支援」は相談および同伴を通じて与えられる。本人がもはや自らは法的行為をすることができないが、その個人的な意思を認識す

---

[53] Ebenso BVerfGE 128, 282, 307 = FamRZ 2011, 1128, 1138 (Rz. 53) und die in Fn.52 Genannten; ausführlich Lipp, Freiheit und Fürsorge (Fn.3), S. 73 ff.
[54] Marschner, R & P 2009, 135, 137.
[55] Dazu unten IV.
[56] Vgl. die Nachweise oben Fn.52
[57] Lachwitz, RdL 2011, 53; für das österreichische Recht ebenso Buchner, iFamZ 2009, 120, 122.
[58] Vgl. Lachwitz, RdL 2011, 53, 55, und v.a. ders., BtPrax 2008, 143, 147 f.
[59] Oben II.2.d.

ることが可能である場合には、この意思は「支援」を通じて表現されて、法的に転換されて実施されなければならない。本人がこのような意思を表明できないか、もしくはこれが表明されていない場合には、提供された支援は、本人がこのような状況において自ら行為したであろうように、行為するということでなければならない(60)。

　世話人による法定代理をここでいかに位置付けるかという問題に答えようとすれば、まず、代理は世話人がその助けを借りて任務を履行する一つの手段に過ぎないということを尊重しなければならない。「支援」または他人決定という評価は、いかなる目的のために世話人が任命され、いかなる目標のために世話人が個別具体的な事例において法定代理という手段を利用するか、ということにかかっている。世話人の任命ないし個々の事例における世話人の活動は、被世話人が自ら法律行為をすることができないが故に被世話人の法的行為能力を創造することに奉仕する場合には、それらは、権利能力・行為能力の行使に際して本人を支援するための施策である(61)。それらが、被世話人をその自損行為から保護するのに役立つ場合には、それらは他人決定であり、従って支援ではない(62)。従って、世話法の内容は、最終的には、世話人の任命とその活動にとって重要なのである。

　世話と世話人の任務は、被世話人の法的行為能力の創造であり(支援)、自損行為からの保護であって（保護）、第三者や社会全体の保護ではない(63)。世話法は、特に法定代理人が必要である場合にのみ、一人の世話人を任命することを認めている。必要性の原則（民法1896条2項及び3項）は、従って、司法的に組織された配慮代理権または私的な側からまたは官庁や社会保障の担当者による事実上の支援のような、他の世話の支援形態に対する補充性を導き出す(64)。それによっては、本人の事務が処理されえない場合にのみ、本人の意思と選好を尊重して、一人の世話人の選任が認められる（民法1896条1項a、1897条第4項）。それに従って、本人の法的行為能力を創造するために世話

〈60〉 Ähnlich Aichele/v. Bernstorff, BtPrax 2010, 199, 202; Rothfritz, Die Konvention der Vereinten Nationen zum Schutz der Rechte von Menschen mit Behinderungen, 2010, S. 371 ff.
〈61〉 Vgl. Bienwald/Sonnenfeld/Hoffmann-Bienwald (Fn.42), § 1901 BGB Rn. 5.
〈62〉 Da sie die rechtliche Handlungsfähigkeit des Betreuten unberührt lassen, sind sie allerdings, wie dargelegt, keine Eingriffe (dazu oben II.2.e.).
〈63〉 Oben III.1.
〈64〉 Diekmann, BtPrax 2011, 185 ff.; Jürgens/Jürgens (Fn.47), § 1896 BGB Rn. 18 ff., 21 f.; Knittel (Fn.5), § 1896 BGB Rn. 117 ff., 146 ff.; Erman/Roth (Fn.47), § 1896 BGB Rn. 37 ff.

人が任命される限りにおいて、本人の「支援」のための施策が存在するのである[65]。

　世話人も、被世話人のための権利擁護という任務、必要性の原則および自己決定の優位を、その活動一般に際して、特に個別事例においてその任務を履行する手段の選択に際して、尊重しなければならない[66]。まず、世話人は、その行為が権利擁護に属するか否か、必要であるか否か、を問わなければならない。そして肯定される場合には、いかなる手段によってその任務が履行されるべきかが問われなければならない（民法 1901 条 1 項）。手段としては、世話人には、相談と被世話人への支援が、被世話人自身の行為の活性化のために、認められる。権利擁護という弱い形態では不十分であり、代理が必要になる場合には、世話人は代理人として活動することが許される[67]。〔希望等の尊重義務に関する〕民法 1901 条 3 項と 1901 条 a は、自己決定の優位を定めている。それらは、世話人には、被世話人の希望ないし選好に従うべき義務があるとしている。世話人がこの義務を果たす際に、被世話人がもはや自ら法的行為を行うことができず、代理が必要であるがゆえに、手段として法定代理権を行使する場合には、世話人による法定代理は、権利条約第 12 条 3 項にいう「支援」というに値する[68]。

　しかしながら、世話裁判所は、被世話人の保護のために、一定の要件のもとで、その意思に反して世話人を任命することができ（民法 1896 条 1 項参照）、そして世話人は、被世話人の保護のためにその希望に反してでも行為する権限を有する（民法 1901 条 3 項 1 文）。確かに、世話人による法定代理は、自損行為から被世話人を保護するために行使されるのであり、たとえば第三者の保護のためではない。しかしながら、この場合には、それは間違いなく他人決定の一手段である。従って、世話人の任命は、常に、自己決定のための援助であると同時に潜在的他人決定なのである[69]。

　すでに述べたように、権利条約第 12 条 4 項の内容は、権利能力・行為能力

---

[65] Rothfritz (Fn.60), S. 372 f.; Schulte, br 2011, 41, 47; Aichele/v. Bernstorff, BtPrax 2010, 199, 202; für das österreichische Recht Ganner/Barth, BtPrax 2010, 204, 206.

[66] Lipp, BtPrax 2005, 6, 8 f.

[67] Lipp, BtPrax 2008, 51, 53.

[68] Vgl. auch Bienwald/Sonnenfeld/Hoffmann-Bienwald (Fn. 42), § 1901 BGB Rn. 5. So im Ergebnis auch die in Fn.65 Genannten, die freilich nicht zwischen der Bestellung eines Betreuers und dessen Tätigkeit im konkreten Einzelfall unterscheiden.

[69] Lipp, Freiheit und Fürsorge (Fn.3), S. 125 ff., 131 ff.; ders., BtPrax 2008, 51, 53; vgl. auch BVerfG (K) FamRZ 2008, 2260 ff.

の行使に関するすべての施策に、権利条約第 12 条 3 項の意味における支援を含めて、適用される(70)。世話法は、世話人の任命のための実体法的・手続法的要件という形式における相応する保障（民法 1896 条、1897 条、家事非訟法 271 条以下）、世話裁判所と世話人に対する被世話人の意思と選好による拘束（民法 1896 条 1 項 a 1897 条 4 項ないし 1901 条 2 項及び 3 項と 1901 条 a）、排除と許可要件による法定代理権の制限（民法 1904 条以下、1908 条 i）、裁判所による監視と統制（民法 1908 条 i 第 1 項、1837 条以下）及び世話の必要性についての定期的な審査（民法 1901 条 4 項と 5 項、1908 条 d、家事非訟法 286 条 3 項）を含んでいる。その限りにおいて、世話法は、権利条約第 12 条の内容に対応しているのである(71)。

c　世話と権利条約第 12 条の侵害としての法定代理

　憲法上は、世話人の任命は、常に被世話人の一般的な行為の自由に対する侵害に該当する。なぜならば、世話人は、必要な場合には、被世話人の意思に反して行為する権限を有するからである（民法 1901 条 3 項 1 文）。これに対して、権利条約第 12 条については、被世話人の権利能力・行為能力は世話人の任命の際には影響を受けないということが重要である(72)。従って、世話人の任命は、権利条約第 12 条の侵害にはほとんど該当することはない(73)。──ここで主張される見解に反して──世話人の任命は権利条約第 12 条の侵害であると見做そうとする場合であっても、自己決定の援助および自損行為からの保護を伴う世話は、権利条約第 12 条の侵害を合法化しうる諸目的を追求することができるだろう(74)。

　しかしながら、実際上、世話の侵害的性格に対する疑問は、権利条約第 12 条にとっては意味がない。というのは、いずれにしても、それらは、権利条約第 12 条 3 項及び 4 項の要件に服しているからである。すでに述べたように、世話法は、相応する内容と保障を含んでいる(75)。従って、世話はいずれにしても、

〈70〉 Oben II.2.e.
〈71〉 Rothfritz (Fn.60), S. 372 f.; Aichele/v. Bernstorff, BtPrax 2010, 199, 202; Schulte, br 2011, 41, 47; Lachwitz, BtPrax 2008, 143, 148; für das österreichische Recht Ganner/Barth, BtPrax 2010, 204, 206.
〈72〉 Vgl. nur BVerfG (K) FamRZ 2008, 2260 ff.; v. Mangoldt/Klein/Starck-Starck (Fn. 32), Art. 2 Abs. 1 Rn. 140; Lipp, in: Gödicke u.a. (Hrsg.), Festschrift Schapp, 2010, S. 383, 389 ff.; Spickhoff, AcP 208 (2008) 345, 353.
〈73〉 Das übersieht Lachwitz, RdL 2011, 53, 54.
〈74〉 Lachwitz, BtPrax 2008, 143, 148.
〈75〉 Oben III.2.b.

権利条約第 12 条の内容に相応しているのである。

IV 行為能力の制限

1 世話裁判所による同意権留保の命令

民法 1903 条に基づく世話裁判所による同意権留保の命令は、被世話人の行為能力を制限する。これは間違いなく権利条約第 12 条の侵害である[76]。しかしながら、行為能力の制限は、被世話人の保護に役立ち、それによって合法的な目標を追求している[77]。

同意権留保の命令は、被世話人が自己責任に基づいた行為ができないこと、そしてこのことから、身上の著しい危険が発生し、同意権の留保がこの危険の防止に適しておりかつ必要であることを前提としている。それは、行為能力 Geschäftsfähigkeit（民法 1903 条 2 項参照）を把握しており、法的行為能力 Handlungsfähigkeit の他の領域を把握していない[78]。しかも、その範囲においても、必要な程度に制限されるものとされている[79]。その場合に、民法 1903 条 3 項〔単に利益を得る行為など〕がある程度の規範構造を示している。同意権留保の命令については、原則として、世話人の任命の場合と同様の手続的保障が適用される[80]。

同意権の留保が病気または障害を理由とする自己責任の欠缺を前提とする場合には、差別を意味しない[81]。同意権留保の命令の実体法的・手続法的要件は、行為能力へのこの種の侵害に関する権利条約第 12 条の要求をも満たすのである[82]。

---

[76] Lachwitz, BtPrax 2008, 143, 148; ders., RdL 2011, 53, 54.
[77] Oben III.2.c.
[78] Vgl. MünchKomm/Schwab (Fn.5), § 1903 BGB Rn. 22 ff.; Knittel (Fn.1), § 1903 BGB Rn. 52 ff.
[79] Knittel (Fn.5), § 1903 BGB Rn. 40 f.; MünchKomm/Schwab (Fn.1), § 1903 BGB Rn. 4 ff., 16.
[80] Vgl. §§ 271 ff. FamFG.
[81] Oben III.2.a.
[82] Ebenso Lachwitz, BtPrax 2008, 143, 148; anders jetzt aber wohl ders., RdL 2011, 53, 54; unklar Schulte, br 2011, 41, 47 f.

2　世話人による権限の行使

しかしながら、同意権留保と結合した世話人の権限行使は、権利条約第12条の内容との関連において、より詳細な考察を必要とする。世話法的な内容はまさに明確でない。というのは、民法1903条1項2文において未成年者の権利への法律上の指示（準用）は何もなされていないからである。これは、権利条約第12条4項との関連では、問題であると思われる。それは特に、被世話人の意思と選好の尊重を定めており、その措置は適切、必要かつ比例原則に合致していることを要求しているからである。

権利条約第12条4項は、民法1901条の基本規範が民法1903条の枠内で、世話人の活動に完全に適用される場合にのみ満たされる。特に、必要性の原則（民法1901条1項）と希望に従う義務（民法1901条3項1文）が適用される場合には。これは、確かに法律の体系には合致しているが、たとえば一般的な同意は全く許されずまたは常に義務違反になるという効果によって幾重にも無視されている。私は、これはきわめて問題であると思う。というのは、世話人は、個別的関係に分解される一般的同意の助けを借りて、同意権留保の効果を、実際的な危険の際に迅速に干渉するための現実的可能性に限定することができるからである。なぜなら、彼は一般的同意につき、いつでも変更しもしくは完全に撤回することができるからである。権利条約第12条4項は、従って、〔世話の範囲等に関する〕民法1901条の基本諸原則が同意権留保の枠内でも、無制限に尊重されるべきことを要求している。これらは、世話人の責任に対する曖昧なしかも実際的理由のない指示によって、相対化されてはならない。

〈83〉 Vgl. nur NK-BGB/Heitmann (Fn.47), § 1903 BGB Rn. 23; MünchKomm/Schwab (Fn. 1), § 1903 BGB Rn. 52 ff.; Knittel (Fn. 5), § 1903 BGB Rn. 50 ff.

〈84〉 Unzulässig: Bienwald, in: Staudinger, Kommentar zum Bürgerlichen Gesetzbuch, Neubearbeitung 2006, § 1903 BGB Rn. 67; pflichtwidrig: Bauer/Walther, in: Bauer/Klie/Lütgens (Hrsg.), Heidelberger Kommentar zum Betreuungs- und Unterbringungsrecht (HK-BUR), Stand: Februar 2011, § 1903 BGB Rn. 73; MünchKomm/Schwab (Fn.1), § 1903 BGB Rn. 52.

〈85〉 Brosey, Wunsch und Wille des Betreuten bei Einwilligungsvorbehalt und Aufenthaltsbestimmung, 2009, S. 29 ff.; zustimmend Jürgens/Jürgens (Fn.47), § 1903 BGB Rn. 13 (jedoch mit Einschränkung bei Rn. 14).

〈86〉 Vgl. die Nachweise in Fn.84.

V　オーストリアと日本の成年者保護法に関する比較法的考察

　すでに示したように、法定代理制度には疑問はない。むしろ、重要なのは、何のために法定代理が使われるかということである。それは、本人のための援助および支援 Hilfe und Unterstützung という手段でありうるし、それは自損行為からの保護のために利用されうるし、さらには、第三者や社会からの保護にも奉仕しうるのである。「支援された意思決定対代理された意思決定」という定式化は、従って、本来の問題の核心には該当しない。

　もし、われわれが成年者保護を、権利条約に依拠して評価するならば、われわれは以下の問に答えなければならない。すなわち、成年者保護の目標と課題は何か？　本人のための援助と保護が問題なのか、家族または社会の保護も──最小限度──問題なのか？　従って、権利条約との関連では、以下の三つの観点が区別されなければならない。

●権利能力・行為能力の行使のための援助は、単に権利条約の精神と自己決定の理想に合致するだけでなく、条約第12条3項によって明確に提示されているのである。従って、それは、他人決定には包含されず、すべての支援手段は条約第12条3項と4項の要件を満たすのである。これに属するのは、特に、配慮代理権の優位と、私法的な成年者保護以外の援助手段の優位、たとえば家族内の支援、市町村の援助の申し出、社会的支援ネット等である。

●自損行為からの本人の保護は、他人決定と強制的に結合している。しかし、それは、合法的な目標であり、法的行為能力の制限を正当化することができる。しかし、この種の施策と侵害は、比例原則に従わなければならない。すなわち、それらは、適切で、必要でかつ比例原則に合致していなければならない。そして特に、権利条約第12条3項と4項の内容を充足しなければならない。

●第三者（たとえば、家族または社会）の保護は、原理的には、同様に、他者決定と行為能力への侵害を、第三者の保護される権利等がこの種の侵害を正当化するために、相応するほどに重要である限りにおいて、正当化することができる。そのためには、もちろん、それが比例原則を尊重し、かつ権利条約第12条3項と4項の内容を充足していなければならないということが、特別に重要である。

1 オーストリア

a 基本的な考察

そこで、オーストリアの代弁人法を一瞥するならば、まず、代弁人法は、同様に当事者のための権利擁護に奉仕するものであり、第三者の保護のためのものではない。オーストリア法は、それ以上に、必要性の原則と自己決定の優越並びに配慮代理権と、代弁人任命前のその他の援助と提供されている保障の優位の原則を含んでいる。従って、代弁人制度と代弁人による法定代理権はドイツの世話制度と同様に、権利条約と調和している。

しかしながら、財産管理事務における行為能力の自動的な制限は、問題を含んでいる（オーストリア民法典280条）。それは、権利条約第12条にいう侵害であり、その適用要件をとりわけ、条約第12条4項の要件を、充足しているに違いない。従ってそれは個別的事例においては、必要な程度に限定されなければならない。

b 行為能力の制限

財産管理事務における行為能力は、しかしながら、法律に基づいて、代弁人制度が及ぶすべての事務に限定されている（オ民法280条）。それは、まさに個々の事例における保護の必要と調和しておらず、図式的規制として多くの事例において、必要度を超えている。比較のために：ドイツでは、同意権留保は、きわめてまれに命じられているにすぎない。従って、このような保護手段は、法定代理人が任命されなければならない場合に常に必要であるというわけではなく、全くわずかな事例においてのみ実際に必要とされている、ということが明らかである。従って、本人のための保護手段としては、行為能力の自動的制限は、多分ほとんど正当化されない。

しかしながら、行為能力の制限は、他の目的で正当化されることはありうる。すなわち、法的取引の保護によってである。目標としては、第三者の保護は、全く正当である。しかし、私には、そのために行為能力の自動的制限が実際上必要であるかは、疑問であると思われる。ドイツでは、われわれは、法的取引

〈87〉 Ganner, BtPrax 2007, 238, 239.
〈88〉 Barth/Ganner, BtPrax 2010, 204, 206.
〈89〉 Oben II.2.e. und f.
〈90〉 Im Jahr 2010 wurden nur in 5,92 % der Fälle ein Einwilligungsvorbehalt angeordnet (Deinert, BtPrax 2011, 248, 249).
〈91〉 So auch Ganner (gegen Barth), vgl. Barth/Ganner, BtPrax 2010, 204, 206 f.

の保護のためにそのような規制を行っていない。それによって、特別な問題は生じていない。

2 日本

a 基本的考察

日本は、その成年者保護を2000年に改革した。ドイツとオーストリアは、必要性の原則に従って個々の事例において、その都度の配慮需要に合致した国家的権利擁護の統一的システムを取り入れているが、日本においては、（たとえば、フランスにおけるのと同様に）3段階の国家的権利擁護の段階的システムが存在している。⟨92⟩

精神的病気を理由として判断能力が欠けている成年者のための後見人の任命は、日常生活上の行為を例外として、すべての行為のための行為能力の喪失をもたらす（日本民法7条、9条）。成年後見人は、すべての事務についての法定代理人である（日民859条）

判断能力が著しく不十分である成年者のための保佐人の任命は、一定の重要な事務における行為能力を法律上自動的に制限する。すなわち、本人は、この場合には、保佐人の同意を得なければならない（日民11条、13条）裁判所は、保佐人にその他の領域において代理権を与えることができ（日民876条4項）、かつ同意を要する行為の範囲を拡大することができる。

補助制度は、本人に、その自己の決定に際して援助するものとされており、彼が判断能力の点において不十分である場合に、命じられる（日民15条）。裁判所は、補助人に対して、法定代理人の地位を与えることができる（日民876条9項）。そして、一定の行為について、同意権の留保を命じることもできる（日民17条）。

従って、日本の成年者保護法は、その基本構造において、オーストリア法とドイツ法と比較可能なものである。もちろん、今日において、オーストリアにおいてもドイツにおいても、日本の後見法にとっての等価物が存在するわけではない。両国においては、禁治産制度と成年者後見制度は廃止されているからである。細かい点における数多くの相違を度外視するならば、日本の保佐人はオーストリアの代弁人と、日本の補助人はドイツの世話人と比較することができる。もちろん、日本の補助人は、ドイツの世話人と異なり、自動的に本人の

⟨92⟩ Ich folge hier dem Bericht von Aoki/Ganner, BtPrax 2009, 207 ff.

法定代理人ではなく、裁判所の命令によってのみ代理権を取得するのである（日民876条9項）。同じことが日本の保佐人に妥当するのか、また彼が日民13条の行為につき法律上代理権を有しているのか、そしてその限りで、オーストリアの代弁人法に似ているのかは、私には、必ずしも明らかではない。実務ではどうなっているのか、たとえば、補助人は通常代理権を取得するのか、または例外的場合に過ぎないのか、を知ることは、大変、興味のあることである。

　日本の成年者保護法にとっての障害者権利条約の意義を問うならば、行為能力の制限と法定代理権について考察しなければならない。

b　行為能力の制限

　行為能力の自動的制限についての批判は、特に日本の後見制度に当てはまる。後見人の選任が日常生活に必要な行為（日民7条、9条）を例外として、行為能力の完全な喪失をもたらすからである。後見人の任命は、寛大な考察をする場合でも、権利条約第12条を充足できない。権利条約第12条は、政策的に見れば、まさに包括的な禁治産および後見と対立するものである。すべての事務における行為能力の剥奪は、個々の事例における必要な程度（権利条約第12条4項）における国家的施策の制限と矛盾している。従って、日本の後見制度は、権利条約第12条の要件を充足しているとはほとんどいえない。

　保佐人の任命もまた一定の重要な事務における行為能力を制限している（日民11条、13条）。オーストリアの代弁人の事例において、すでに述べたように、これは原則的に問題である。もちろん、オーストリアの代弁人と日本の保佐人との間においては、重要な相違が存在する。すなわち、日本においては、補助人によって、一つの成年者保護が存在しており、それは、本人の行為能力に全く干渉しないか（「単なる補助人」）もしくは少ししか干渉しない（「同意権留保を伴う補助人」）。従って、他のすべての手段、特に代理権と同意権留保を伴う補助人では十分でない場合には、日本の保佐人は最後の手段として留まりうる。この前提条件のもとで、日本の保佐人は、私見であるが、権利条約第12条と調和しうる。

　これに対して、日本の補助制度は、何等問題を生じさせない。なぜならば、行為能力は、――ドイツの同意権留保と同様に――裁判所の命令によって、かつ個々の事例との関連でのみ制限されるに過ぎないからである。

c　法定代理

　すでに述べたように、権利条約第12条については、いかなる目的で法定代理が利用されるか、すなわち、本人の支援のために、自損行為からの彼の保護

のために、または第三者もしくは社会の保護のために、ということが最終的には重要である。この目的は、権利条約第12条3項及び4項についての関連ポイントを形成する。[93]

　日本法によれば、補助人、保佐人及び後見人は、その個々の活動に際して、本人の考え方を尊重しなければならず、個人的な事情を考慮しなければならない（日民858条、876条5項、876条10項）。彼らが本人の希望に従う場合には、彼らは法的効力のために本人の意思を実現させる。本人がそれなくしては自ら行為できないがゆえに、この援助が必要である場合には、そこに権利条約第12条3項の意味における支援が存在する。

　上述のこととは関係なく、日本の成年者保護法のすべての手段は、権利条約第12条の内容・要件を充足しなければならない。これは、日本の補助制度にも妥当する。補助人が自動的にではなく代理権を取得する場合においてさえ、補助人制度は、本人の行為能力の行使に該当する施策なのである。

Ⅳ　終わりに

　権利条約は、単に本人の権利能力・行為能力と自己決定権の徹底した尊重を要求しているのみならず、他方で本人に、援助および支援を求める権利をも保障している。権利条約は、それ以上に、その内容が成年者保護の実務においても実現されることを要求している。このように見てくると、権利条約の特別な意義は、それが法律と実務について継続的な批判的検証を求めることにある。[94]このことは、オーストリア、ドイツそして日本にも当てはまるのである。

　　　　　　　　　　　　　　　　　　　（フォルカー・リップ／田山 輝明 訳）

＊附属資料（原稿にはドイツ語の条文が添付されていたが、日本での講演であることを考えて、外務省訳を掲げておく。──次章参照）（略）

---

[93] Oben III.2.b.
[94] Vgl. BMJ, Bericht der interdisziplinären Arbeitsgruppe zum Betreuungsrecht v. 28.11.2011 (abrufbar unter http://www.bmj.de, zuletzt aufgerufen am 16.2.2012); rechtsvergleichend Keys, European Yearbook of Disability Law 1 (2009), 59, 87 ff., 89 f.

第 4 章

障害者権利条約と成年後見制度に関するまとめ
――第 2 編の総括――

I 本編の検討対象

　日本政府は、この条約に 2007 年 9 月 28 日に署名したが、2012 年 7 月現在、いまだにこれを批准していない。批准国は現在 117 か国であり（署名国は 153）、本書で分析対象としている欧州連合（ＥＵ）は、2010 年 12 月 23 日にこれを批准した。

　日本の障害者団体も、これを早期に批准すべく運動を展開し、制度改正等を求めている。第 2 編では、その中で、成年後見制度に関連する問題点を取り出して検討してみた。たとえば、障害者インターナショナル日本会議によると、本書のテーマの観点からは、全体的課題として「現行の成年後見制度は自己決定への支援としては、極めて抑圧的であり、不十分」とされている。そして同会議は、成年後見制度を「本人の自己決定支援のしくみとして組み替えるための改正」が必要であるとしている（ＤＰＩ　Vol.25.1）[1]。

　最も重要な制度上の問題は、成年後見制度における法定代理制度であると思われるので、これを、障害のある人の意思決定支援の制度に組み替えるべきである、ということになると思われるが、その記述から改正に関する具体的なイメージを持つことは必ずしも容易ではない。むしろそれは、われわれ法律家の課題であろう[2]。

　他にも、個別的課題として、「成年後見人が付されると、自動的に選挙権・

〈1〉　詳しくは、2009 年 8 月 20 日の「障害者権利条約法務省関連の項目についての意見」（日本障害者フォーラム）http://www.normanet.ne.jp~jdf/yobo/20090820.html を参照。

〈2〉　上山泰・菅富美江「成年後見制度の理念的再検討――イギリス・ドイツとの比較を踏まえて」筑波ジャーナル 8 号（2010：9）、実践成年後見 34 号 57 〜 76 頁、国際シンポジウム「日独成年後見法」（成年後見法研究第 9 号、日本成年後見法学会編 2012 年 3 月）等の先行研究がある。

被選挙権が剥奪される」として、公職選挙法11条1項1号の削除を求めている。憲法15条3項が保障している「成年者による普通選挙」の権利を、法律によって制限するには、厳格な理由（立法に当たっては厳格な審査）が必要であると思われる。財産管理能力に関する判断結果（成年後見開始審判）によって自動的に選挙権と被選挙権が剥奪される制度は、上記の条約を待つまでもなく憲法違反の状態にあるのではないかと思われる。この問題は、成年被後見人の広義の法律行為能力の問題ではあるが、本質は、障害を理由とする「差別」の問題であると思われるので、本書では、独立のテーマとして扱っている（第3編参照）。

　なお、保佐制度との関係では、地方公務員法上の欠格条項（16条1項1号）も問題である。主として取引行為との関連で、浪費的行為の取消等の必要に迫られて、保佐開始の審判を受けたが、現業職としての地方公務員の地位を失い、失職してしまったというような話を聞くことがある。選挙権の剥奪の場合と共通するのであるが、申請の当事者が欠格条項等について十分な検討をしないままに審判を受けてしまうからであろう。これは本人サイドの「勉強不足」の問題ではなく、サポート体制の不十分さの問題であるが、本質的には制度の欠陥問題である。

　本書の検討課題は、上記の課題について、欧州各国の権利条約への対応を参考にしつつ、日本の国家としての対応（法律改正）を議論することであった。本編では、主として行為能力の制限および法定代理制度と障害者権利条約の問題を中心として検討した。

　なお、EU諸国の他に、カナダやアジア諸国の対応も興味あるところであるが、本書では、上記の問題との関連では取り上げることができない。

Ⅱ　障害者権利条約と支援システム

　まず、法定代理制度との関連で最も重要である障害者権利条約第12条の内容確認から始めよう（外務省仮訳による）。

　　第12条　法律の前に等しく認められる権利　　（※は訳者の注）
　　1　締約国は、障害者がすべての場所において法律の前に人として認められる権利を有することを再確認する。
　　　　※法の下の平等
　　2　締約国は、障害者が生活のあらゆる側面において他の者と平等に法的

能力を享有することを認める。

　　※法的能力とは、legal capacity の訳である（権利能力・行為能力）。
3　締約国は、障害者がその法的能力の行使に当たって必要とする支援を利用することができるようにするための適当な措置をとる。

　　※現行の成年後見制度との関連
4　締約国は、法的能力の行使に関連するすべての措置において、濫用を防止するための適当かつ効果的な保護を国際人権法に従って定めることを確保する。当該保護は、法的能力の行使に関連する措置が、障害者の権利、意思及び選好を尊重すること、利益相反を生じさせず、及び不当な影響を及ぼさないこと、障害者の状況に応じ、かつ、適合すること、可能な限り短い期間に適用すること並びに権限のある、独立の、かつ、公平な当局又は司法機関による定期的な審査の対象とすることを確保するものとする。当該保護は、当該措置が障害者の権利及び利益に及ぼす影響の程度に応じたものとする。

※①国際人権法とは普遍的保障（国連の差別撤廃条約等）と地域的保障（欧州人権条約等）を指す。②本人意思の尊重、③定期的審査、④比例原則について規定している。
5　締約国は、この条の規定に従うことを条件として、障害者が財産を所有し、又は相続し、自己の会計を管理し、及び銀行貸付け、抵当その他の形態の金融上の信用について均等な機会を有することについての平等の権利を確保するためのすべての適当かつ効果的な措置をとるものとし、障害者がその財産を恣意的に奪われないことを確保する。

　　※経済生活における諸権利の保障

　条約12条2項以下でいう「法的能力」とは、日本法の概念としては、権利能力と行為能力であると解してよい。日本法においては、すべての者が平等に権利能力を有しているので、この点で、障害者が差別されていることはない。

　問題は行為能力との関連である。成年後見制度はまさに成年被後見人の行為能力に関係する制度であるから、同条約との抵触関係が問題になりうる。

　同条約第12条第4項は、行為能力等の行使に関連する措置が、障害者の権利、意思及び選好を尊重するものであることを要求している。権利の尊重は障害者に限らず当然のことであるが、意思及び選好を尊重すべきことを要求している。日本民法858条も成年被後見人の意思の尊重を定めているが、「成年被後見人の意思」と定めているため、「選好」を含むか否かは明確ではない。私はもと

もと「選好」を含むと解すべきであると考えていたが、その様な解釈は、法律用語の「意思」の通常の理解とは若干の距離があった。できれば、同条に「選好」の文字を挿入すべきであるが（民法がそこまで規定すべきかについては議論の余地があるが、親族編の規定であることをも考慮すべきであろう）、最小限度、それを含むものと解釈すべきである。

利益相反が生じる可能性は、極力避けるべきである。法人後見の場合にも、当該後見法人は、後見業務を行うに当たって、利益相反を生じさせ得る可能性のある団体は、法人後見の引き受けを避けるべきである。

III 現行制度への批判

1 具体的批判点——法定代理

前述のように、既存立法（民法）の問題点として「現行の成年後見制度は自己決定への支援としては、きわめて抑圧的であり、不十分」とされ、条約の批准後速やかになすべき措置として「本人の自己決定支援のしくみとして、組み替えるための改正」が必要とされている。障害者権利条約の成立に向けて重要な役割を果たしてきた組織による問題提起であるから、法律の関連分野の研究者としては、当然、研究によってこれに答えるべきであると考える。

この批判を受け止めるに当たっては、障害者権利条約は、知的障害者等を含む障害者の権利の保護を内容としていることを、まず確認する必要がある。つまり、判断能力それ自体に障害を有している者とその行使（意思の表明）に障害を有する者とが存在する。単独での意思決定が可能である者の場合とそうでない者の場合とがあり、本編では、主として後者の場合を前提として検討した。

被補助人や被保佐人はもちろん、成年被後見人の中にも、通常の法律行為との関連では判断能力は不十分であるにしても、自己の意思を決定し表明できる人がいることは確かである。その場合に、補助人、保佐人または成年後見人（援助者）に法定代理権を与えてしまうと、本人の意思尊重義務が法定されているとはいえ（858条）、代理権が本人意思に対して「抑圧的」に行使される場合があることは否定できない。つまり、本人の自己決定を支援するのではなく、代理して決定してしまう制度が「抑圧的」であるというのである。その限りでは、一定の法改正の検討が必要である。

2 法定代理制度の評価

しかし、そのことは、決してこの分野における法定代理権制度一般の否定につながるものではない。成年被後見人の中には、自己の意思を表明できない者が含まれていることも確かなことだからである。しかも法定代理権制度一般を否定することは、権利条約の趣旨とは逆に、これらの者から保護手段を奪ってしまうことになるからである。

そこで、問題になるのは、法定代理権の付与が許される成年被後見人をいかにして限定するかである。ドイツの世話制度における「すべての事務を処理できない者」に相当するほどに最重度の知的障害者や認知症高齢者が問題となるのである。法律行為を必要とする場合に、単なる支援では、その実現は不可能だからである。この条約は、障害者の権利条約であって、知的障害者に限定したものではないから、本人に対する「支援」を中心として構想しているのは、むしろ当然であろう。最重度の知的障害者等については、むしろ、その援助ないし支援が失われることのないように配慮した制度改革が望まれるのである。本人意思の尊重と必要性の原則を前提として、広義の成年後見制度を改革するとすれば、法定代理権と同意権(取消権)の利用を必要最小限にとどめ、基本的に本人意思のサポートシステムに変革する必要がある。そのためには、狭義の成年後見制度を縮小し、保佐制度と補助制度を充実する必要がある。

3 具体的批判点――取消権

現行法は、被保証人が13条所定の行為を行う場合には、一律に保証人の同意を得なければならないとし、それを得ないで行った場合には、その行為を取り消すことができるとしている(13条)。この条文自体からは、必要性の原則は明らかではない。当該被保証人にとって必要でない事項までが同意を要する対象に含まれている。しかし、やむを得ず、被保証人の行為能力を制限する場合には、その選択の際の判断基準として、必要性の原則を条文上において明記すべきである。

4 定期的な再検査の必要

なお、日本の後見制度は、いったん審判がなされると、少なくとも定期的な再審査は予定されていない。この点は、「可能な限り短い期間に適用すること」(条約12条4項)との関連で、問題となりうる。

Ⅳ 現行制度の具体的検討（われわれの提言の基本構想）

1 補助制度

これについては、定期的な再審査（条約12条4項）の問題を除いて、制度上の問題はほとんどない。もちろん、制度の運用上は、障害者権利条約の趣旨に反することのないように気を付けなければならない。その意味では、この類型の本来の趣旨に沿っての運用が必要である。そのためには、一般市民の当該制度に対する理解が不可欠であり、必要性の原則を重視した運用が必要とされる。その点では、運用に当たって、本人意思の尊重義務の規定（858条）が重視されるべきである。

補助制度も、「司法」の枠内に存在する以上、法定代理（876条の9）にも同意権（取消権17条）にも関係がない、単なるサポートシステムに変更することはできないから、双方またはそのいずれかを利用することになるが、その際には、必要性の原則に従って判断されるべきである。

補助制度は、ドイツの世話人制度から、すべての事務に関する権限を有する世話人およびこれに近い権限を有する世話人を除いた制度に近いものとして理解することも可能である。その意味では、補助制度は、繰り返しになるが、ドイツの世話制度におけるのと同様に、必要性の原則を重視した運用がなされるべきである。世話制度においても、本人保護の必要性との関連で、一定の行為について世話人の同意を必要とする（同意権の留保）ことが可能になっている（違反してなされた行為は、取消が可能）。その意味では、日本においても、何らかの形で、必要性の原則に従って適用範囲の限定が法定されることが望ましい。

2 保佐制度

これについては、保佐相当であるとの審判がなされると、一括して、自動的に民法13条所定の行為（法領域）について行為能力が制限されるので、その点の改正を行うことが望ましい。行為能力の自動的制限の制度を廃止し、家庭裁判所が、審判に当たって、13条所定の行為から、当該本人に必要な行為を選択する制度に改正すべきである。つまり、必要性の原則を重視した制度に改正すべきである。それを前提としたうえで、さらに13条1項所定の行為以上に、必要な行為を追加することができる制度（13条2項）とすべきである。現行

の保佐人への代理権付与の制度も存続させるべきである（876条の4）。すなわち、同意権と代理権の双方につき、必要性の原則を基礎とした制度に変更すべきである。全体的構想としては、日本の広義の成年後見制度は、保佐制度を中心とした制度に再編成されるべきである。

モデルとしては、オーストリアの代弁人制度から、「事務の全領域について権限を有する代弁人」を除いた制度として理解することが可能であろう（本編第1章のリップ論文も参照）。保佐人は、必要性の原則を前提として、一定領域について個別・具体的に（13条所定の行為の一部および同条を超える行為の）権限を与えられるべきである。

地方公務員法等に見られる欠格条項は、保佐制度との関連では、原則廃止されるべきである。

3　成年後見制度

これは、保佐制度を前述のように変更することを前提として、抜本的に縮小・変更すべきである。すなわち、単独ではおよそ法的な意味を有する行為を行うことはできない者のみが利用できる制度にすべきである。イメージとしては、ドイツの世話人のうち、「被世話人のすべての事務処理につき権限を有する世話人」を模範として、またはオーストリアの「すべての領域につき権限を有する代弁人」を模範として、成年後見人の権限につき、具体化（縮小化）を検討すべきである。このような場合に限定するならば、成年後見人への代理権の授与も、本人に対する支援制度として機能しうると考えられるからである。

このような改正を前提とすれば、選挙権等に見られる欠格条項の問題も実質的には解消することが可能であろう。

現行の民法第9条ただし書の存続もこの観点から議論すべきである。方向性としては、ただし書が適用されるような行為をなしうる者の多くは、狭義の成年被後見人ではなくなるであろう。

4　取引の安全への配慮

成年後見制度は、民法上の制度であるから、この観点を無視することはできない。上記のような制度改革を前提とすれば、第三者と成年被後見人本人との取引は想定する必要はないであろう。もしありうるとしても、それは第三者（取引の相手方）の責任においてなされるべきである。

被保佐人と取引をする場合には、相手方は、現在以上にリスクを負担するこ

となるであろうか。現在でも、第三者は高齢者等と取引をする場合には、広義の成年後見制度の利用の有無について確認することが望ましい。今後ともそれが必要であるということなのであって、特別に煩雑になるわけではないだろう。審判の内容や成年後見登記の証明内容が複雑になることは避けられないが、現在でも特別に付与される代理権の範囲等については、同様の状況は生じている。補助の場合についても、ほぼ同様に考えてよいのではないだろうか。

V　援助者ないし支援者

　障害者権利条約にいう「支援」を最もよく実行できる社会福祉分野の組織は、現行制度を前提とすれば、社会福祉協議会であり、事業としては、その日常生活自立支援事業である。この事業は、本人の最小限度の判断能力を前提としており（そのために契約締結審査会が機能している）、業務は、基本的には本人の法律行為等の支援である。この場合には、任意代理権（643条以下）の活用はあるが、一定の範囲に限定されている。

　この制度は、法定代理権を前提としないので（裁判所の関与がないので）、広義の成年後見制度とは本質的に異なるが、機能上は、本人支援ないし援助システムの第4の類型と考えてもよい（もちろん、法制度的には他の3類型とは本質的に異なる）。

　司法の領域以外において、支援ないし援助を行う組織はほかにもある。地域包括支援センターはその典型であろう。

　後見と介護は概念的ないし理論的には区別が可能であるが、実際上は密接・不可分であるから、本人のために同意権（取消権）や法定代理権を必要とするような状態になるまでは、行為能力の制限をせずに支援ができれば、これに越したことはない。介護支援以上に、後見人等に支援のための権限を与えるべきか否かは、裁判官が必要性の原則に基づいて判断すべきである。

VI　任意後見制度

　この制度は、本人意思に基づく制度であるから、本質的には、障害者権利条約と矛盾する制度ではない。しかし、この制度が濫用されることのないように、どこまで公的な援助がなされるべきかが問題である。その意味では、このシステムは、法定代理権、行為能力制限や欠格事由に直結している法定後見制度と

は、議論のレベルがややずれる。

　しかし、任意後見監督人は、国が選任するのであるから、公的援助ないし支援を論じることは可能である。

　本人の行為能力の行使を支援するシステムとしてこれを位置付けるならば、①判断能力が不十分になった場合に発効する将来型、②任意後見契約が発効する前に民法上の委任契約が先行する移行型、③即効型のそれぞれについて、国ないし行政が公的に援助すべきではないだろうか。

　たとえば、即効型以外につき、任意後見の必要性の有無について、任意後見受任者は、一定期間ごとに、裁判所のチェックを受けなければならないとするのも、一つの方法である。

　この制度は、広義の法定後見制度に比べれば、本人意思の尊重にふさわしい制度であるから、大いに活用されるべきである。本人の利益を十分に守るためには、たとえば、必要性の原則を尊重しつつ、受任事項の中の「財産の管理に関する事務」（同法2条）に、同契約が発効した後に、本人が消費者契約法等に基づいて契約取消権を取得したときは、任意後見人がその取消権を本人のために行使することを委任しておくべきであろう。

Ⅶ　検討課題

　権利条約が提起している問題点は、成年後見制度に限っても、多く残されている。それらは、前述の日本障害者フォーラムの「意見書」に網羅的・体系的に記載されている。このたびの中間報告では、その一部を取り上げたに過ぎない。

（田山輝明）

第 3 編

成年被後見人の選挙権

第 1 章

オーストリア法における被代弁人の選挙権

I　課題の設定

　本章では、オーストリアの成年後見法を代弁人法と表記する〈1〉。オーストリアの代弁人法は 1983 年に成立し、1999 年の日本の成年後見法改正の際にはドイツ、イギリスなどとともに参考にされている。その後代弁人法は、1984 年の施行から 20 年以上を経過した 2006 年に改正後初の抜本的な改正が行われるなど、時代の変化に合わせて進化を遂げており、今もなお日本の成年後見法と比較する意義を有することに変わりはない。

　オーストリアでも、以前は行為能力被剝奪者、つまり今の被代弁人の選挙権は国民議会選挙令 24 条〈2〉に基づいて自動的に剝奪されていた。しかし、憲法裁判所は 1987 年 10 月 7 日に当該規定を違憲と判断し、その結果、当該規定は削除されることとなった。この違憲判決をきっかけとして、現在、オーストリアでは被代弁人であっても選挙権を行使できるようになっている。選挙権を行使できないのは、連邦憲法 26 条 5 項〈3〉に基づいた裁判所の判決による場合か、選挙管理委員が投票会場で実際に本人の状態を見て、選挙する能力がないと判

〈1〉　原語は Sachwalterrecht である。
〈2〉　この〔父権の剝奪という〕処分が取り消されるまで、または子が他者による後見に付されている限りにおいて、自らの子に関する父権を剝奪された者、後者の場合については裁判所の処分が出された後少なくとも 1 年が経過するまで〔選挙権が剝奪される〕。
　　1971 年国民議会選挙令 24 条「行為能力の不足による〔選挙権の剝奪〕」
　　（1984 年 7 月 1 日施行、1988 年 9 月 30 日失効）
　　さらに一般民法典 273 条により代弁人が任命されている者は、選挙権を剝奪される。
　　なお、本章では訳注を〔　〕で表す。
〈3〉　連邦憲法 26 条
　　（5）選挙権および被選挙権の剝奪は、その都度異なる範囲であっても、連邦法に基づき裁判所の確定判決の効果としてのみ定められうる。

断した場合のみである。

　日本では成年被後見人から選挙権を剥奪する理由の一つとして、「成年被後見人が現実問題として投票行動を行うことが非常に困難である」という禁治産制度時代の問題意識が現在まで維持され続けている点が指摘されている。この問題に関して参考となるオーストリアにおける条文および制度は、①国民議会選挙令66条、②「移動する選挙管理委員会」および③郵便投票である。①の国民議会選挙令66条は、障害者が投票行為の際に受けられる援助を規定している。また歩行および移動が困難なため、投票所へ行くことができない者のためには、②の「移動する選挙管理委員会」と呼ばれる制度が用意されている。さらに③については投票用紙を事前に申請し、投票用紙の宣言に署名すれば、在宅で投票できる郵便投票という制度も存在する。ここから、オーストリアでは障害者の投票行為を援助するための制度が十分に整備されており、比較法的に見れば「障害者だから選挙行為が困難である」ということを選挙権の剥奪理由として主張することは難しいことが想定される。

　このように、オーストリアは日本が直面する問題に対する解決策をすでに見出している国となっている。そこで次からはオーストリアにおいて、障害者が選挙権を剥奪されなくなった経緯ならびに現在の法状況および制度状況を考察し、日本への示唆を得ることを目的とする。

II　憲法裁判所判決

　1987年10月7日の憲法裁判所の判決以前は、国民議会選挙令24条は、行為能力被剥奪者、つまり現在の被代弁人の選挙権の剥奪を規定していた。当該判決により、同条は憲法に違反するとして削除され、これ以後、被代弁人が選挙権の行使を制限されることはなくなった。当該訴訟の発端は、ザルツブルクにおいて一人の被代弁人が行った選挙権剥奪措置に対する異議申立てであった。

1　憲法裁判所訴訟のきっかけ

　一般民法典273条3項3文に基づき、ザルツブルク地区裁判所の決定によっ

〈1〉　日本弁護士連合会「成年後見制度に関する改善提言」（2005年5月6日）30頁。
〈2〉　Bart/Ganner, Handbuch des Sachwalterrechts (2010, 2.Aufl.)S269.
〈3〉　一般民法典273条（1984年7月1日施行、2001年6月30日失効）

て、1985年10月9日にザルツブルクに居住している Mag.H.D.（以下 D）に代弁人が任命された。代弁人が任命された結果として、D は当時の国民議会選挙令 24 条に基づきザルツブルクに常設されている選挙人名簿から削除された。

　D は、当該措置に対し代弁人を通じて異議を申し立てた。しかし、ザルツブルク市長村選挙官庁およびザルツブルク地区選挙官庁はともに、D の異議申立を認めないとの判断を下した。もっともこの判断を行う際に、D は代弁人を任命されてはいるものの、他者から影響を受けることなく自由に選挙権を行使する能力を有するという事実が確認されていた。従ってここでの焦点は、D の選挙能力の存否ではなく、代弁人の任命が国民議会選挙令 24 条により常に被代弁人の選挙権の剥奪という結果をもたらすのか、という点であった。

2　当時の手続過程

　当時は代弁人が任命されると、任命した地区裁判所はその事実を市町村に報告するよう義務付けられており（非訟事件法248条[4]）、その報告を受けた市町村は本人を選挙人名簿から自動的に抹消するよう法律によって定められていた（選挙人名簿法9条[5]）。従って一般民法典273条に基づき代弁人が任命されると、国民議会選挙令 24 条により選挙権の剥奪が自動的に生じ、行政も裁

　　　（3）障害者の程度と処理されるべき事務の性質および範囲に応じて、代弁人は、障害者の次に掲げる事務を委託される。
　　　　1.　個々の事務の処理、たとえば請求権の行使と防御または法律行為の着手および履行
　　　　2.　一定範囲の事務の処理、たとえば財産の全部または一部の管理
　　　　3.　全事務の処理
　　　　　田山輝明「成年後見法制の研究　下巻」（成分堂、2001年）530頁。
〈4〉　非訟事件法248条（1988年10月1日施行、2004年12月31日失効）
　　手続きの結果に関して、とりわけ代弁人の申述について知られることに正当な利益を有している者または官署は、代弁人の任命を適切な方法で知らされなければならない。
　　さらに、代弁人の任務範囲が公的目録（登記簿）に登録されている権利を包括している場合には、裁判所は代弁人の任命が当該公的目録および登記簿に登録されるよう指示しなければならない。加えて裁判所は、法的利益があると思われるすべての者に対し、代弁人の任命およびその任務範囲についての問い合わせに情報を提供しなければならない。
〈5〉　選挙人名簿法9条（1973年12月14日施行、1993年4月30日失効）
　　（1）市町村は、選挙人名簿の変更を生じさせるにふさわしいすべての事情を職権によって認識し、かつ名簿において必要な変更を行わなければならない。この際、市町村は、他の市町村の選挙人名簿においても考慮されなければならない事情を当該市町村に遅滞なく伝えなければならない。
　　（2）選挙権者がその国民議会に関する選挙権を喪失したために選挙人名簿から抹消される場合には、この者はこれについて抹消の日から2週間以内に知らされなければならない。
　　（3）から（10）省略。

判所も当該措置について判断する資格はないと考えられていた。

　選挙権の剝奪を行う地区選挙官庁自身は、国民議会選挙令24条が代弁人を任命する理由を考慮していないことについて疑問がないわけではなかった。しかし、立法者が定めた法的効果を妨げることは行政の権限ではないため、Dの異議申立は認められないという結果に至ったのである。

3　憲法裁判所の見解

　ザルツブルク地区選挙官庁の決定に対し、Dは連邦憲法144条1項[6]に基づいて憲法上保障されている権利の侵害を理由に、代弁人を通じて憲法裁判所に異議申立を行った。違憲である法律の適用により侵害された憲法上の権利として、Dは国民の法の前の平等（連邦憲法7条1項）[7]、選挙権の行使（連邦憲法26条）、裁判官の面前での手続（連邦憲法83条2項）[8]を挙げた。1987年3月7日に、憲法裁判所は国民議会選挙令24条の憲法適合性を審査するという決定を行った。この決定を行うに当たり、憲法裁判所は次のような見解を述べた。

　「調査すべき箇所は、立法者をも拘束する連邦憲法7条1項の平等命令に抵触しているように思われる。1971年の国民議会選挙令によって選挙権を剝奪される者は、一般民法典273条により代弁人を任命された者である。このため、選挙権を剝奪するには、実際には（裁判所による）代弁人の任命だけが重要となる。代弁人を任命された者と同程度の精神的病気または精神的障害を有している者にどのような理由で代弁人が任命されないのかということは、ここでは考慮されていない。しかし、心的病気に罹患している者または精神的障害者が他の援助によって、つまりその家庭内で、もしくは公的または私的な障害者援助によって自己の事務を（自ら）

---

[6]　連邦憲法144条
　（1）異議申立人が決定によって憲法上保障されている権利を侵害されたか、もしくは違法な命令、法律（条約）の再公示に関する違法な公布、憲法違反である法律または違法な条約の適用を理由にその権利を侵害されていると主張する限りにおいて、憲法裁判所は独立した行政部を含む行政官庁の決定に対する異議申立てについて判決を下す。異議申立ては、審級順序を尽くした後に初めて提起されうる。

[7]　連邦憲法7条
　（1）すべての国民は、法の前に平等である。出生、性別、身分、階級および信条に関する特権は、これを認めない。何人もその障害のために不利に扱われることは許されない。共和国（連邦、州、および市町村）は、日常生活のすべての領域において、障害者とそうでない者を平等に扱うことを保障することとする。

[8]　連邦憲法83条
　（2）何人もその法律に定められた裁判官を奪われてはならない。

必要な程度に処理できる場合には、一般民法典273条2項は代弁人の任命を認めていない。どのような考察が当該差異を生じさせる法律規定〔国民議会選挙令24条〕を客観的に正当化するかについて、憲法裁判所は認識できていない。

　法規定によると、代弁人が任命された心的病気の者または精神的障害者は選挙権を喪失するが、家族の援助があるために代弁人の任命が必要ではない者は選挙権を剥奪されない。良好な生活環境と選挙権行使についての個人的適性は、全く関係性がない。さらに憲法裁判所から見ると、代弁人の任命理由を考慮することなしに、官庁行為（代弁人の任命）と国民議会選挙令24条〔選挙権の剥奪〕を結び付けることは、それ自体憲法上憂慮すべきことであると考えられる」。

ここで述べられた見解では、同程度の精神状態でも他の援助を得られずに代弁人制度を利用しなければならない者は法律により自動的に選挙権が剥奪されるが、家族等の援助を受けられる者は選挙権を剥奪されないという点において憲法上の問題が生じていることが指摘されている。この見解は、次の違憲判決においても引き続き国民議会選挙令が違憲と判断されることとなった中心的理由となっている。

1987年10月7日に憲法裁判所は「国民議会選挙令24条は憲法違反として削除される。削除は1988年9月30日から施行される。以前の法規定は再び有効となることはない」と判示した。理由は次のとおりである。

　「国民議会選挙令24条は、選挙権の剥奪を単に官庁による形式的行為のみと、つまり代弁人の任命とのみ結び付け、その際に（代弁人の任命という）措置の理由について何の配慮もしていない。この法的効果〔代弁人の任命による自動的な選挙権の剥奪〕は、立法者をも拘束する連邦憲法7条1項の平等命令と調和しえない。1971年の国民議会選挙令24条は、選挙権の剥奪を代弁人の任命によって生じさせる。しかし、一般民法典273条は、心的病気または精神的障害を有する者が他の援助によって、たとえば　公の障害者施設によって本人の事務を必要な程度までに処理できる場合には代弁人の任命を禁止しており、ここでは実際に客観的に正当化できない差異が生じている。なぜなら、心的病気または精神的障害を有する者のうち、被代弁人は選挙権を失い、精神面の健康状態が前者の被代弁人と同程度であるにもかかわらず、公的な施設で援助を受けているため代弁人の任命が必要でない者は選挙権を失わないからである。このことは、

国民議会選挙令24条が一般民法典273条の意味における保護を必要とする者を不平等かつ不利に扱っていることを意味する。連邦憲法26条は立法者に選挙権を剥奪するための規定を設ける権限を与えてはいるが、規定を設けることを義務付けているわけではないということが気付かれなければならない。

　　このため、国民議会選挙令24条は、立法者をも拘束する連邦憲法7条1項に違反する。」

ここでは憲法裁判所は、違憲判決を出すに当たり前述の審査決定と同じ理由を用いている。すなわち、国民議会選挙令24条は代弁人を任命されている者と任命されていない者との間に正当化できない差別を生じさせており、これは憲法7条に違反するとしたのである。

Ⅲ　障害者が選挙の際に受けることができる援助

オーストリアでは、現在、被代弁人も選挙権を有している。オーストリア連邦憲法26条5項に基づいて選挙権が裁判所の判断によって個別的に剥奪される場合はあるものの、原則的にはすべての国民が選挙権を有している。

オーストリアでは、投票は、個人により行われなければならないとされる（連邦憲法26条1項[9]）。このため、代理人による投票は禁止されており、外国での投票（「郵便投票」、連邦憲法26条6項3文[10]）を除いては、選挙官庁の面前で選挙権者が投票することが必要となる。身体障害または精神的障害を有する選挙権者がその援助者を自ら選任し、かつ選挙責任者に対して援助者を承認する場合には、この選挙権者は援助者とともに選挙会場へ行き、投票行為の際に援助を受けることができる（国民議会選挙令66条1項[11]）。この場合の障害

---

[9]　連邦憲法26条
（1）国民議会は、投票日に満16歳である男女の、平等、直接、個人、自由および秘密選挙権に基づき、比例代表の原則に従い、連邦国民によって選出される。

[10]　連邦憲法26条
（6）たとえば不在、健康上の理由、または海外に滞在しているために、投票日に選挙官庁の面前で投票できないことが予測される選挙権者は、理由を述べた上で申請し、その選挙権を郵便投票によって行使することができる。申請者との同一性は、疎明されなければならない。選挙権者は、宣誓に代えて署名によって、投票が個人的にかつ秘密に行われたことを明らかにしなければならない。

[11]　国民議会選挙令66条「選挙権の個人的な行使」
（1）選挙権は、個人的に行使しなければならない。選挙官庁による独立した選挙の実施を

者とは、投票用紙を他人の援助なしに記入することが難しいと思われる者である（国民議会選挙令66条2項）。

Ⅳ　障害者が投票所へ行けない場合の選挙実施方法

　Ⅲでは障害者が投票所で受けることができる援助（国民議会選挙令66条）について述べたが、ここでは選挙権者が投票所へ行くことが困難である場合の選挙実施方法について紹介する。

1　移動する選挙管理委員会

　歩行または移動が不可能であることを理由に投票所へ行くことができない者のために、オーストリアでは「移動する選挙管理委員会」と呼ばれる制度が用意されている。

　「移動する選挙管理委員会」とは特別な選挙管理委員のことであり、管轄の市町村から任命された一人の委員長と三人の委員から構成される。選挙毎に定められた選挙期間中に、この委員達は要請に基づいて選挙権者の居所を直接訪問する。このため、歩行能力または移動能力が無いか、もしくは寝たきりの状態のために投票会場へ行くことができないとしても、これが理由で選挙権が剥奪されることはない。〈12〉なお、比較的大きな介護施設または病院には、独立した選挙区が設定されることがある。

　移動する選挙管理委員会の面前で投票するためには、選挙権者は管轄を有す

　　可能にするための補助手段として、投票用紙は、盲目の選挙権者または重度の視力障害のある選挙権者に対し自由に使用できるようにしておかなければならない。身体障害または精神的障害を有する選挙権者は、この者が自ら選ぶことができ、そして選挙責任者に対して承認しなければならない者によって誘導され、投票行為の際に援助を受けることが許される。このような場合を除いて、選挙ボックスには、その都度一人の者のみが入ることを許される。
　（2）身体障害または精神的障害とみなされる者は、公的な投票用紙の記入を他者の援助なしに要求されえない。
　（3）疑わしい場合には、選挙官庁が付き添いの者の使用が許されるかどうかを決定する。付き添いの者の援助をともなうすべての投票は、文書において記録されなければならない。
　（4）盲目、重度の視力障害、または障害があると虚偽の申立てをした者は、行政違反を犯しており、地区行政官庁によって218ユーロまでの罰金刑に、支払い不可能な場合には、2週間までの罰金刑に代わる自由刑に処せられる。
　（5）治療施設および介護施設における被介護者による選挙権の行使については、72条がより詳細な規定を置いている。

〈12〉Öffentlciehe Sicherheit, 9-10(2008)S67.

る居所地の市町村に事前に投票用紙を申請しておかなければならない。市町村は、申請者が選挙委員会を迎えるその自宅や介護ホームの部屋などに関する正確な情報を必要とする。たとえば、裁判所の拘置所、刑事施設などで自由制限を受けている選挙権者も、移動する選挙管理委員を申請できる。もっとも、その収容施設において独自の選挙地区が設定されている場合は当該選挙管理委員を申請する必要はない。

　2007年の選挙法改正により、多くの者の負担が軽減される結果となった。というのも、改正前は歩行困難者または移動困難者のみが移動する選挙管理委員を申請でき、寝たきりの者またはその自由を制限された状態にある者は、移動する選挙管理委員の面前でも投票が許されていなかったからである。さらに改正後は、たとえば親族、医師、看護士または監督者などのような本人以外の者も、選挙委員が訪問している場合には、投票用紙を取得していることを前提に、その機会を利用して投票をすることができることとなった。

2　郵便投票

　もう一つの投票可能性として、2007年の選挙法改正法から「郵便投票」という方法が存在する。郵便投票の場合には、選挙管理委員が立ち会う必要はない。もっとも立法者は、選挙権者が投票を選挙委員の面前で通常の方法で行うことを望んでいるとされる[13]。というのも、投票を選挙管理委員のもとで行い、選挙管理委員との社会的なコンタクトを持つことに、多くの選挙権者は喜びを感じるであろうと考えられたからである。もっとも、本人がその病気または障害のために宣誓の代わりとなる投票用紙上の宣言に署名することができない場合には、郵便投票を行うことはできない。

Ⅴ　ハックシュタイナー氏へのインタビュー

　執筆者は、2012年2月上旬にオーストリア、チロル州の州都インスブルックにおいてチロル州官庁を訪問し、憲法関連業務課のヴァルター・ハックシュタイナー氏に「オーストリアにおける障害者の選挙」についてインタビューを行った。以下は、ハックシュタイナー氏のインタビューの内容である。
（1）チロル州では選挙はどのように行われるのですか。

〈13〉　Öffentlciehe Sicherheit, 9-10(2008)S67.

H：チロル州では、州に勤務する公務員が選挙権を定め、選挙権に関する法律の制定および施行を行います。州の公務員が選挙権に関する法律について管轄を有するのは、オーストリアではチロル州のみです。選挙の前には、選挙権の条件について情報を得ることができるホットラインが設置されます。

　オーストリアでは、国民は満16歳で選挙権を得ることになります。基本的には、選挙権はすべての者に認められています。選挙権を剥奪するには、裁判所がその者について個別に選挙権を有すべきか否かを判断し、判決を下さなければなりません。従って、障害者であっても選挙権を有します。

(2) 誰が選挙管理委員になるのですか。

　H：選挙管理委員は、政党から派遣された政党の代表者がなります。それぞれ何人の代表者が派遣されるかは、その政党の強さによります。たとえば、国民議会の選挙の場合には国会の議席数最多の党が最も多く代表者を派遣できます。

(3) 選挙管理委員は、選挙の際に障害者をどのように援助するのですか。

　H：選挙管理委員は、自分が所属する政党のために行動する恐れがあるので、障害者を援助することはできません。

　投票会場に来ることができない高齢者および障害者のために、「移動する選挙管理委員会」が存在します。この移動する選挙管理委員会によって、投票箱とそれを囲うための壁が本人の部屋に運ばれます。移動する選挙管理委員会は、二、三人からなります。

(4) 障害者の選挙はどのように行われるのですか。

　H：すでに述べたように、オーストリアでは障害者も含めたすべての者が選挙権を有します。つまり、投票会場に来場する者は基本的に誰もが投票することができます。投票会場に来場した者について、誰が障害者で誰が障害者でないかを正確に判断することはできません。身体障害者と異なり、精神的障害者かどうかは外見からは判断しづらいのです。さらに選挙人名簿には、誰が代弁人を任命されているかについて記載されていません。法律上も何ら規定されていないため、選挙官庁もどの選挙権者が代弁人を有しているかについて把握していません。というのも、精神病の有無および代弁人の有無を選挙人名簿に記載すること自体が差別につながると考えられているからです。従って、選挙を実施する側は、誰が精神的障害者で誰が代弁人を有しているかについて全く把握していないため、とりわけ精神的障害者が実際にどのように選挙をしているかについて、具体的に述べることはできません。

(5) 投票の際に障害者を助ける「援助者」について教えてください。

　H：援助者には、誰もがなることができます。たとえば、子供でもなることができます。法律上制限は設けられていません。もっとも前述したように、選挙管理委員は援助者になることはできません。

　援助者になるには、障害者本人が選挙管理委員の面前でこの者が自分の援助者であることを述べる必要があります。障害者がしゃべることができない場合には、身体によるジェスチャーも認められます。たとえば、これが自分の選んだ人物かどうかをうなずくことで示すことが可能です。

　もし障害者が援助者をともなって投票会場に来場した場合に、身体障害者と精神的障害者とで次のような差異が生じます。すなわち、身体障害者はその障害のために投票用紙に記入できないなどの理由から、援助者を選挙ボックスに同行することができます。これに対し、精神的障害者は身体的な理由で投票ができないということは生じないために、原則的に一人で選挙ボックスに入らなければなりません。選挙を実施する側にとって、身体的には何ら問題のない者が精神的障害を本当に有するかどうかを短時間で判断することは難しいという理由から、このような違いが生じます。

(6) 障害者も郵便投票を行うことができますか。

　H：障害者も郵便投票を行うことができます。

　もっとも、郵便投票には問題もあります。郵便投票は、自宅で快適に行うことができます。投票用紙に記入し、管轄の選挙官庁に郵送します。しかし、選挙権者が何の影響も受けずに投票を行ったということを誰が保障できるでしょうか。たとえば父親がある政党の支持者であり、その息子が投票用紙に記入する際に、父親が「援助」した場合には、実際にその息子はその父親の説得を受けて投票したと言えかねません。

　このような理由から、郵便投票は違憲なのではないかと懸念されています。しかし、郵便投票は憲法に規定されているために、憲法違反となることはありえません。このため、公務員は郵便投票についての問題を否定しているか、または無視している状況にあります。

　郵便投票には、送達に関する問題も存在します。投票用紙は他の郵便物と同様にポストに投函されるために、だれかが投票用紙を持ち去ることも可能だからです。また、投票用紙が本来の選挙権者のもとに届けられているかどうかも保障はありません。唯一、書留がこれを保障する方法ですが、ここでも署名の偽造が行われる恐れがあります。

このように、郵便投票は批判の多い選挙方法となっています。
(7) これまで障害者の選挙に関する問題点および濫用の報告を受けていますか。

H：チロル州で障害者の選挙権に関する問題は、公式には報告されていません。もっとも、これは実際に問題が存在しないことを意味するのではなく、問題があっても気づかれないか、報告されていないだけではないでしょうか。

VI　まとめ──日本法への示唆

1　憲法裁判所の判決について

オーストリアにおける 1987 年の憲法裁判所の違憲判決理由は、家族等の援助を受ける者と、受けることができない者（このために代弁人が任命される）との間で、選挙権に対する扱いが異なり差別が生じるというものであった。現在でも一般民法典 268 条 2 項は、オーストリア代弁人法における補充性の原則を規定している。本判決は、代弁人法の補充性原則を重視する結果として生じる差別を違憲としており、代弁人法の理念を尊重する判決だったといえる。

日本では、2011 年 2 月 9 日の第 177 回国会衆議院予算委員会において、片山国務大臣が「成年被後見人の道を選ばれた方とそうでない方とがおられて同じような状況にあったときに、一方は選挙権を失う、一方は選挙権を保有する、こういうことが憲法に規定する法のもとの平等に反するのではないか、こういう論点は恐らくあり得るんだろうと思います」と述べている。この発言の主旨は、まさにオーストリア憲法裁判所判決において被代弁人の選挙権剥奪を違憲とした根拠と同じものであるといえる。

さらにオーストリア憲法裁判所は、国民議会令 24 条により代弁人の任命の結果として自動的に選挙権が剥奪され、代弁人の任命理由を考慮しないことは連邦憲法 7 条違反であると述べている。ここから、日本の公職選挙法 11 条 1

〈14〉　一般民法典 268 条
（2）障害者の事務が他の法定代理人によって、または他の援助の枠内において、特に家族、監護施設、障害者援助施設において、または社会福祉的もしくは精神社会福祉的業務の枠組みにおいて必要な程度に処理される限り、代弁人の任命は許されない。代理権によって、特に老齢配慮代理権、拘束力のある患者処分証書によって、障害者の事務の処理について必要な程度にあらかじめ配慮されている限りにおいても、代弁人は任命されてはならない。代弁人は、訴訟上の行使から、〔それが〕単に妄想上のものであっても、〔その行使から〕第三者を守るためにのみ任命されてはならない。
〈15〉　2011 年 2 月 9 日第 177 回国会衆議院予算委員会。

項 1 号が憲法 14 条に違反する可能性も生じてくる。

2　投票行為について

　また日本では、成年被後見人の投票行為の困難性も選挙権剥奪の理由の一つとされている。投票行為の際の援助可能性という観点からオーストリアを見ると、オーストリアでは、障害者の投票行為を援助するための制度が十分に設けられていることが分かる。まず、国民議会令 26 条に基づき、身体障害者および精神障害者は自ら援助者を選任し、必要であれば援助者が本人とともに投票ボックスに入り、投票行為を援助することができる。さらに、投票会場へ自ら行くことができない者は、「移動する選挙管理委員会」がその者の居所を訪問して投票することができる。このため、オーストリアでは「投票会場へ行くことができない」ことは選挙権を行使できないことの理由にはならない。さらに 2007 年からは、郵便投票という在宅投票制度も存在する。このような援助システムが法律上整備されているため、単に精神的障害があるから選挙行動が困難であろうという理由で選挙権を剥奪されることは、オーストリアでは生じない。ハックシュタイナー氏のインタビューでは、選挙を実施する側でも、それが差別につながるという理由から誰が障害者であるのか把握していないということが明らかになった。ここでは、オーストリアは選挙方法を多様化し、精神的障害者も含めたすべての者の選挙権の行使を徹底していることが伺える。ハックシュタイナー氏には貴重なお時間をいただいたことを、この場を借りて心からお礼を申し上げたい。

　以上、オーストリアにおける障害者の選挙について紹介してきたが、結論としては、オーストリアは選挙の際の濫用を防ぐことよりも、選挙権を行使しうるすべての者に対しその権利の行使を保障することに重きを置く先進的な国であるという印象を受けた。被代弁人の選挙権の扱いも含めたオーストリア方式を日本にそのまま取り入れるかどうかは、議論を要するところであろう。しかし、オーストリアの憲法裁判所判決および現在の選挙制度を鑑みると、少なくとも日本の公職選挙法 11 条 1 項 1 号をこのまま維持する理由はもはや存在しないように思われる。代弁人の任命と選挙権剥奪を法律によって自動的に結び付けることなく選挙の可否を個別的に判断し、障害を理由に投票行為を断念することがない選挙制度を設けるというオーストリアの現状は、今後日本が見出すべき方向性を定める際に検討するに十分値すると思われる。

（青木仁美）

第2章

ドイツにおける被世話人の選挙権

I　課題の設定

　ドイツの連邦選挙法によれば、そのすべての事務の処理につき世話人が暫定命令によってだけでなく選任された者は選挙権および被選挙権を失うこととされている。これは、世話という民法上の制度が参政権という憲法上保障された権利の行使の可否を左右するということを意味している。従って、被世話人の選挙権を論ずる際にはその限度で不可避的に憲法論にも踏み込んでゆかざるを得なくなるわけだが、それは別の機会に譲ることとし、本章では、おもに選挙権喪失の要件、すなわちすべての事務についての世話人の選任、についての理論的側面および実務的側面を概観することを目的とする。

　また、上述の連邦選挙法の規定は結局のところ、後述するように障害者の権利（選挙権）の行使を制限するものであるので、当然のことながら同国が批准している国連の障害者権利条約との関係も問題となる。本章は、この点に関する一つの見解を紹介することもその目的としている。

　本章はドイツにおける被世話人の選挙権に関する研究の第一番目の布石である。

II　被世話人の選挙権

1　法的状況

　1992年1月1日の世話法の施行による「行為能力の剥奪・制限の宣告」の廃止に伴い、成年後見および障害監護に代わって世話制度が導入された。世話制度導入以前、すなわち1990年の第12被選期間の連邦議会の選挙までは、連邦選挙法第13条第2号（以下、「旧13条2号」）は「行為能力の剥奪・制

第 2 章　ドイツにおける被世話人の選挙権

限の宣告を受けた者、または、後見裁判所の証明書によって監護が自己の同意に基づいて指示されたものであることを証明できない場合の精神障害のゆえに監護を受けている者」は連邦議会に対する選挙権を失うと規定していたが、世話制度の導入に伴って本規定も「そのすべての事務の処理につき、世話人が暫定命令によってだけでなく選任された者」は選挙権を失うと改められた。「このことは世話人の事務の範囲が民法第 1896 条第 4 項および第 1905 条に挙げられている事務を含んでいない場合にも同様である」（連邦選挙法第 13 条第 2 号後段）。そして、ある者にそのすべての事務の処理につき世話人が選任された場合または事務の範囲がすべての事務の処理にまで拡張された場合には、世話裁判所は選挙人名簿の管理を担当する官署（後掲 207 頁の表参照）に対してこのことを報告することになっている（非訟事件に関する法律〔以下、「非訟事件法」〕第 691 条第 1 項第 1 文）。また、ある者を選挙人名簿に記載する前にはその者が連邦選挙法第 13 条によって選挙権を失っていないかが確認されなければならないことになっており（連邦選挙令第 16 条第 7 項）、選挙権喪失の事実は届出官署によって記録されてよいことになっている（届出法についての大綱的法律第 2 条第 2 項第 1 号）。選挙権を喪失した者は選挙人名簿に記載されず、選挙証の交付も受けられない（連邦選挙令第 25 条〔選挙証の付与についての要件〕参照）。

　連邦選挙法第 13 条に基づいて選挙権を失った者は被選挙権も失う（連邦選挙法第 15 条第 2 項第 1 号）。

　なお、身体的な障害に基づいて世話人が選任された被世話人においては、当該被世話人が「自己の意思をいかなる方法を講じても表明することができないという極めて稀な場合にのみ選挙権の剝奪が問題となる」。このような被世話人はいずれにしても選挙をすることができないといえる。「しかし、その他のすべての場合においては身体的障害者から選挙権を剝奪することはできない。このことはすでに、自己の意思を表明することができる身体的障害者にとっては"すべての事務についての"世話は必要ではなく従ってそのような世話を付すこともできないということからも、結論づけられる」。

〈1〉　連邦参議院の議員は各ラントによって任免され（基本法第 51 条第 1 項）、連邦大統領は連邦会議によって選出される（基本法第 54 条第 1 項）。
〈2〉　BT-Drucks. 11/4528, S. 189
〈3〉　Münchener Kommentar zum Bürgerlichen Gesetzbuch, Band. 8, 3. Auflage 1992, §1896 Rz. 80（以下 MünchKomm とする）。
〈4〉　BT-Drucks. 11/4528, S. 189

同意権の留保が指示されているか否かという点は選挙能力に影響を及ぼさない。⟨5⟩⟨6⟩

2　連邦選挙法第13条第2項の要件および効果

　連邦議会議員選挙の選挙権については連邦選挙法第12条ないし第14条に規定があり、第12条および第13条に選挙権の実質的要件がそして第14条には選挙権行使のための形式的要件がそれぞれ定められている。

　連邦選挙法第13条は同法第12条との関連において選挙権の実質的要件の中の消極的要件を規定するものであるが、そこには、選挙権について最低年齢を設けることに関してと同様、理性に従い社会に応じた決定をするための一定の人的な最低条件が満たされていなければならないという考慮が働いている⟨7⟩。それによれば個人に起因する理由によって自身による責任ある選択決定ができない市民や選挙から除外された市民は選挙に参加することが認められないことになるのであるが、そこにはそのような市民の人間の尊厳の軽視や疑問視が現れているどころか、むしろ選挙に参加することができる市民の範囲をこのように制限することで民主主義的な選挙が国民の意思形成過程における役割を十分に果たせることが確保されるとされているのである⟨8⟩。

　ここでは本章の主題に関係する連邦選挙法第13条第2項の要件および効果についてのみ述べることとする。

（1）要件

ⅰ）「すべての事務の処理につき」世話人が選任されていること

　基本法第20条の法治主義の原則から導き出される相当性の原則が要請する、世話人選任の際の「必要性の要件」からすると、被世話人のすべての事務についての世話人の選任は例外的な場合に限られる。そのため、選挙権を剥奪されている被世話人の数は非常に少ない。世話人の有無が被世話人の洞察能力の有無と必ずしも連動しているわけではない（選挙に参加する能力のない者が必ずしも除外されているとは限らない）ので、この規定には疑問の余地がある。

⟨5⟩　MünchKomm, §1896 Rz. 80
⟨6⟩　この点について連邦政府は、「病気や障害の特に重篤な場合においてこそまさに同意権の留保は不要となり得る。なぜなら、法取引はこのような本人の意思表示をいずれにしても受け容れないからである」と述べている、BT-Drucks. 11/4528, S. 188 f.
⟨7⟩　Wolfgang Schreiber, BWahlG Kommentar zum Bundeswahlgesetz, 8. Auflage, 2009, SS. 299 u. 301（以下 Schreiber とする）。
⟨8⟩　Schreiber [o. Fn. 7], S. 301

しかし連邦憲法裁判所はこのような扱いを合憲としている[9]。
ⅱ）民法第1896条第4項[10]および第1905条[11]に挙げられている事務は除外され得る。

（2）効果

前述のように、本人のすべての事務の処理のための世話人の選任は世話裁判所によって選挙人名簿を管理する当局に通知されることになっている。これにより選挙人名簿を管理する市町村の当局は、世話との関連での選挙権剥奪の問題に関して決定的な裁判所の判断を知ることができ、また、選挙人名簿の作成や選挙証の交付の際に当該本人が選挙権を剥奪されているという事実を確認することができる。

3　世話についての必要性の原則

民法第1896条第2項第1文は「世話人は世話が必要な事務範囲に限って選任することができる」と規定している（必要性の原則）。これは世話法全体に貫かれている原則である[12]。

---

[9]　BVerfGE 36, 139 [141 f.]; BVerfGE 67 146 [148]
[10]　民法第1896条第4項
「被世話人の電信電話のやりとりおよび被世話人の郵便の受領や開封や留め置きに関する決定は、裁判所が明確に命じた場合に限り、世話人の任務の範囲に含まれる。」
[11]　民法第1905条第1項
「本人が同意することができない被世話人の避妊のために医療上の処置が施されるときは、世話人は以下の要件を満たす場合にのみ同意を与えることができる。
　1．当該避妊処置が当該被世話人の意思に反しないこと、
　2．当該被世話人が長期に亘って同意を与えることができない状態にあり続けるであろうこと、
　3．避妊処置を施さなければ当該被世話人が妊娠するであろうことが想定され得ること、
　4．その妊娠により、適度な方法では避けることのできない当該妊婦の生命に対する危険または当該妊婦の身体的健康状態または心的健康状態に対して重大な被害が及ぶ危険が生じることが予想されること、および
　5．他の適度な方法では妊娠を防ぐことができないこと。
　　子との別れを意味するであろう世話裁判所による措置が自身に対して行われなくてはならないという理由で降り懸かってくるであろう辛くて持続する悲しみの危険も、妊婦の心的健康状態に対する重大な危険となる。」
民法第1905条第2項
「同意には世話裁判所の許可が必要である。避妊処置は上の許可が有効となった後2週間が経過してはじめて実施することができる。避妊処置を行う際には妊娠能力の回復ができるような手段が常に優先されなければならない。」
[12]　MünchKomm, §1896 Rz. 24

(1) 世話の主観的必要性と客観的ニーズ

世話の必要性は二つの観点から存在していなければならない。一つは自己の事務の処理についての当該本人の能力の欠如（世話の主観的必要性）という観点、もう一つは当該本人について生ずるであろう事務（事務範囲）（世話の客観的ニーズ）という観点である。この二つの観点は両者とも考慮されなければならず、これらが世話人選任の「必要性」を決定する。従ってたとえば、重度の精神疾患で施設に収容されており財産管理をすることができないような者に対しても、財産行為の機会が全くない場合には、財産管理についての世話の必要性が生じない可能性もあることになる。[13]

(2) 世話の補充性（世話に代わる措置の不存在）

世話の必要性は、当該事務が任意代理人または法定代理人が選任されないその他の援助者によっても世話人によるのと同様に十分に処理され得る場合にも、存在しない（民法第1896条第2項第2文）。ここに挙げられている二者の相違点は、前者が本人の代理人として代理権の範囲内で法的取引において本人のために行為をするのに対し、後者は本人を拘束するような代理的行為をする権限を有していないという点にある。従って後者は、単に使者または事実上の事務の処理の際の援助者として、そして当該本人がそれに同意している場合にのみ、考慮されることになる。[14]

ここで留意すべきは、「その他の援助者」が優先されるのは、法文から明らかなように「その他の援助者」によって当該成年の当該事務が世話人によるのと（または、任意代理人によるのと）同様に十分に処理され得る場合、そしていかなる事務においても法定代理人が必要でないと思われる場合のみであるという点である。[15][16]「その他の援助者」としては隣人、血族、知人そしてあらゆる種類の社会福祉サービスが考えられる。[18]このような援助者が本人の能力の欠如をカバーするのに十分である場合には、当該本人には世話人は必要ではな

---

[13] MünchKomm, §1896 Rz. 25
[14] Werner Bienwald/Susanne Sonnenfeld/Birgit Hoffmann/Christa Bienwald, Betreuungsrecht Kommentar, 5. Auflage, 2011, Bielefeld, §1896 BGB, Rdn. 77
[15] BT-Drucks. 11/4528, S. 122; Bienwald/Sonnenfeld/Hoffmann [o. Fn. 14], §1896 BGB, Rdn. 78
[16] この要件は援助者の法的地位ではなく事務処理の質に関係したものである、Bienwald/Sonnenfeld/Hoffmann [o. Fn. 14], §1896 BGB, Rdn. 78。
[17] MünchKomm, §1896 Rz. 27; BT-Drucks. 11/4528, S. 122
[18] Tobias Fröschle, Studienbuch Betreuungsrecht, 2. Auflage, 2009, Köln, S. 22; BT-Drucks. 11/4528, S. 121

い。「その他の援助者」の場合には法定代理人が付されないのであるが、この点は「世話」に優る点である[19]。しかし、精神的な障害のためにこのような援助者の調整や監督が当該本人にとって重荷になるような場合には、この調整や監督のための世話人の選任が必要となることがある点に注意しなければならない[20]。

(3) 世話人の法定代理権

　世話人は世話と必然的に結び付く法定代理権を有している必要がある。このことから以下のことが導き出される。

ⅰ) 単なる「事実上の援助の必要性」との区別

　世話の補充性の原則から、専ら事実上の世話のみによって解消し得る要援助状況(衣食住の提供、身体の手入れ、洗濯、炊事、買い物等)は世話法の守備範囲ではなく社会援助の一般法の守備範囲である、という点が明確になる。しかしもちろん、法定代理の必要性が事務範囲の限界を直ちに決定するものではない。立法者の考えでは、世話人の選任は当該被世話人には当該事務範囲の個々の処理について法定代理人が必要であるということを前提としていない。換言すれば、ある分野において法定代理人が不可欠だということで世話人の選任が必要となった場合は、当該分野内の非法律行為もまた世話人の事務範囲に含まれるということである[21]。

ⅱ) 任意代理人による配慮の優先

　本人の要援助性が事実上の事務の処理にのみ存している場合には「その他の援助者」による処理が「世話」に優先されることは前述のとおりであるが、当該本人の要援助性が代理人による行為を要する場合であっても当該事務が任意代理人によっても世話人によるのと同様に十分に処理され得るときには世話人は選任されてはならない。私法上の任意代理が裁判所によって付される世話に優先することにより当該本人の自律性が強化されることになる[22]。

　法定代理人の選任は、本人が行為無能力である場合や取引において本人の意思表示が受け容れられないほど当該本人の行為能力に疑問がある場合にのみ必要となるのではない。世話人の選任は行為能力者においても考慮されることがある。このような行為能力者は自己の事務をもはや自ら処理することができな

---

[19] BT-Drucks. 11/4528, S. 121 f.
[20] Fröschle [o. Fn. 18], S. 22 f.
[21] BT-Drucks. 11/4528, S. 122
[22] MünchKomm, §1896 Rz. 28

い場合には任意代理人を選任することはできるが、疾病や障害によって当該任意代理人を十分に監督できなくなっていることがある。このような監督が必要な場合にのみ世話人が選任されることになる。なぜなら、世話人は任意代理人と異なり裁判所による監督の下に置かれるからである〈23〉。

老齢配慮代理権やその他の代理権を利用することによって世話の利用を回避するという選択肢は当該本人にとって利益になるとともに裁判所の負担を軽減することにもなる〈24〉。

4　世話人選任の方法（世話人の事務範囲の指定）と被世話人の選挙権

老人ホームに入居しているある高齢者について調査を尽くした結果、世話裁判官が「この高齢者は財産に関する事務（年金、預金、ホームの費用）や必要な医療行為に対する同意をもはや行うことができない」という結論に達した。この高齢者はまた就寝中ベッドから落ちてしまうこともしばしばあるという。この場合、この裁判官には以下の二つの選択肢がある。

（1）すべての事務の処理を行う世話人の選任

この裁判官は当該高齢者のすべての事務の処理を行う世話人を選任することができる。この「すべての事務」という表現は、任意の誰かにとって考えられ得るすべての事務ということではなく、単に当該本人にとってのすべての事務を指すに止まる。上の例において、当該高齢者の事務以外の事務ははじめから問題とならない。民法第1896条第2項はこのような解釈を否定するものではない。このような解釈が否定されるとするならば、すべての事務の処理を行う世話人の選任ということはあり得ないことになってしまうからである〈25〉〈26〉。

すべての事務の処理を行う世話人が選任された場合には、裁判官がその旨を選挙当局に報告し〈27〉、当該高齢者は選挙権を失うことになる。

〈23〉BT-Drucks. 11/4528, S. 122
〈24〉BT-Drucks. 11/4528, S. 122
〈25〉Walter Zimmermann, „Das Wahlrecht des Betreuten", FamRZ 1996, 79 (80)
〈26〉これに対しては反対の論述もある。「対応する世話の必要性がない故に包括的な世話の指示がなされない場合には、当該本人は選挙権および被選挙権を失わない。その例として、ある精神障害者が財産を有せず従って"すべての事務の処理のための"世話は必要ないという理由で"財産管理"という事務範囲が後見裁判所によってその者の世話から除外されるというケースが考えられる」、Wolfgang Schreiber, „Reformbedarf im Bundestagswahlrecht?—Überlegungen zur Novellierung des Bundeswahlgesetzes", DVBl. 1999, S. 345 (350).
〈27〉民事事件における報告に関する命令 Anordnung über Mitteilungen in Zivilsachen(MiZi) XV. 4参照。

（2）事務範囲の列挙による世話人の選任

　この裁判官はまた、世話人の選任を別の表現を用いて行うこともできる。すなわち、世話人を「財産管理、健康管理、収容類似の措置（特にベッドの格子）に対する許可」という事務範囲について選任するのである。これは他の事務範囲については世話人は必要ではないということ（世話についての必要性の原則、民法第 1896 条第 2 項）によって正当化される。上級裁判所の裁判もこのような限定的な表現を用いる傾向にあり、たとえばバイエルン上級地方裁判所は 1994 年 3 月 17 日の第 3 民事部の決定（3Z BR 293/93）[28]において、鑑定書から神経科の領域でのみ治療が緊急に必要と認定された本人につき「（世話人の——筆者）事務範囲を、その内容が（世話人選任の——筆者）決定の理由からの解釈を必要とせず当該決定の文そのものから確定され得る程度に具体的に定めることは、事実審の裁判官の役割である。このことはすでに、世話人証明書[29]には具体的に定められた事務範囲のみが列挙されるということからも分かることである」と述べ、世話についての必要性の原則から神経科の領域への限定なしの「健康配慮」という事務範囲の全般的な申告は誤りであるとしている。

　裁判官は、上記のように世話人の事務範囲が実質的には被世話人のすべての事務に及んではいるが事務の内容が個々列挙されている場合にも、そのような決定を選挙人名簿を管理する当局に報告しなければならないかに関しては意見が分かれるところである。この点についてはすべての事務の処理を行う世話人の選任の選挙当局に対する報告を義務付けている非訟事件法第 69l 条も明確に規定していないが、実務では、裁判所の決定に「すべての事務」と書かれていなければ、選挙当局への報告は行われていないようである。[30]実務の扱いに従えば、選挙当局は世話人選任の報告を受けず、上記の例の高齢者は選挙人名簿に登載されて場合によっては郵便投票の書類を受け取ることになる。

---

[28] FamRZ 1994, 1059
[29] 選任証書と同義。非訟事件法第 69b 条第 2 項第 1 文および家事事件および非訟事件における手続に関する法律第 290 条第 1 文は「世話人はその選任に関する証書を受け取る」と規定している。選任証書は設権的効力を有するものではないが世話人の権限を広く第三者に対しても証明するもので、世話人が法的な取引において自己の権限を証明することができるように発行されるものである、FamRZ 1994, 1060。
[30] Zimmermann, FamRZ 1996, 79 (80)

5 「すべての事務」という表現の記載と被世話人の選挙権

　上述のように実務においては、世話人を選任する裁判所の決定に「すべての事務」という表現が記載されていなければ、実質的にみてそれが被世話人のすべての事務の処理を行う世話人の選任である場合であっても、被世話人は選挙権を失うことはない。つまり、裁判所の決定に「すべての事務」という表現があるか否かという形式的な問題が当該被世話人の選挙権の趨勢に大きく影響するのである。

　ところで、世話がはっきりと「すべての事務について」指示されることは今日の裁判では例外であって〈31〉〈32〉、この表現はいわゆる「昔の事案」、すなわち従来の後見法に基づいてすでに行為能力の剝奪・制限の宣告を受けており後見が世話法施行日の 1992 年 1 月 1 日に自動的に世話に移行した被後見人（以下、「自動移行の被世話人」）、に多く見うけられるものである〈33〉。

　この自動的な移行によって、それまで後見に服しており行為能力の剝奪・制限の宣告を受けた者にはさし当たり同意権留保付きのすべての事務を行う世話人が付されることになったのであるが、立法者は、5 年の期間内にすべての自動移行の被世話人を見直し〈34〉、その過程において当該被世話人につき新法に基づく世話の必要性の有無を確認することを求めた。自動移行の被世話人は自身でまたは世話人を介して裁判所に赴き、選挙に参加することができるようになるように自身の状況の即座の見直しを促すことができる〈35〉。

6　問題点

　世話人の選任が当該被世話人の選挙権に及ぼす効果については法政策的に意見の分かれるところであった〈36〉。事実、議論草案第 2 部では選挙能力に対する世話の影響を否定することとされていた（旧 13 条 2 号の削除が提案されていた）が、世話法はこの方針を採らなかった。その結果、今日の連邦選挙法は前

〈31〉 Dieter Schwab, „Probleme des materiellen Betreuungsrechts", FamRZ 1992, 493 (496)
〈32〉 このことは、立法者が民法に「すべての事務の処理を行う世話人」という類型を敢えて設けなかったことによっても明らかである、BT-Drucks. 11/4528, S. 121. ちなみにこれとは対照的に、非訟事件法第 691 条はすべての事務の処理を行う世話人が選任される可能性を法文の中で認めている。
〈33〉 Thomas Paßmann, „Wahlrecht und Betreuungsbedürftigkeit", BtPrax 1/98, 6 (7)
〈34〉 Thomas Paßmann, BtPrax 1/98, 6 (7)
〈35〉 Thomas Paßmann, BtPrax 1/98, 6 (7)
〈36〉 MünchKomm, § 1896 Rz. 80

述のように、すべての事務の処理について世話人を選任された者の選挙権を剥奪しているのである（世話法第7条）。この点につき連邦政府は、「選挙権を剥奪されることは当該本人の権利に対する重大な侵害であ」り、また、とりわけ当該本人が老人ホームやその他の施設で暮らしている場合に、当該本人に選挙書類が送付されてこないことから、当該本人が内緒にしておきたい行為能力の剥奪・制限の宣告や監護の指示を受けているという事実が施設の他の入居者に知られてしまうという理由で、選挙権の剥奪は当該本人にとって「行為能力の剥奪・制限の宣告や監護の他の結果よりも何倍も差別的である」と認めながらも、議論草案で提案されていた旧13条2号の削除は「民主主義的な統治システムにおける選挙権の機能のための規定の意義を無視することになる。行為能力の剥奪・制限の宣告および障害監護の廃止に伴って対象を失う（行為能力の剥奪・制限の宣告や監護を受けていることと選挙権の喪失との――筆者）従来の連動に代わって別の連動を見出すことは憲法上の理由から要請されている」〈37〉としている。

　通常、世話の開始は被世話人の選挙権に何の影響も及ぼさない。しかし、世話法による連邦選挙法の改正によって、前述のようにすべての事務の処理について世話人が選任された被世話人は選挙権を剥奪されることになった。このような包括的な世話の必要性は当該被世話人が選挙の意味や効果を理解できないということを前提としていなければならず、この点に選挙権の剥奪の正当性を見出すことができる〈38〉。しかし、法的世話の指示およびそれに続く事務範囲の指定が当該被世話人の実際の洞察能力および選挙能力についての信頼できる逆推論にはならず、従って現行の連邦選挙法第13条第2号の規定は選挙についての洞察能力が欠如しているケースを包括的にカバーできていないので、今日の法的状態の合憲性を疑問視する者もいる。選挙に参加できる資格も選挙権喪失の要件と同様に普通かつ自由・平等な選挙の原則に適応するように法的に明確に規定することは立法者の義務である。現行の規定は憲法的にも選挙法的にも不十分であるので、連邦の立法者には世話法の配慮という考えと調和する選挙法上の解決を見出すことが求められている。その最も明確で選挙の実務上最も容易な解決策は、当該被世話人の選挙の意味に対する洞察能力についての、そして場合によってはその者からの選挙権の剥奪についての、独自かつ個別の

〈37〉 BT-Drucks. 11/4528, S. 188
〈38〉 Ulrich Hellmann, „Rechtliche Betreuung, Selbstbestimmungsrecht, Handlungsfähigkeit und Geschäft(un)fähigkeit — wie passt das zusammen?", S. 9 (www.lebenshilfe.de)

世話裁判官による決定であろう。[39]

III 連邦選挙法第13条第2号と障害者権利条約との関係

　ドイツでは、国連障害者権利条約（以下、「障害者権利条約」）批准前にすでに、基本法第3条第3項の改正（「何人も障害を理由に不利益を受けてはならない。」）（1994年）、社会法典第9編（2001年）、連邦障害者同等視法（BGG）（2002年）および一般的同等処遇法（AGG）（2006年）によって障害者政策に理論的枠組みの変化がもたらされていた。配慮という従来の考え方ではなく自己決定と社会参加の実現が障害者のための政策の指針となるべきものとされたのである。世界的には障害者の包括的な社会参加という目標は2006年の障害者権利条約によって明確に掲げられた。この条約は障害を人間の生活の多様性の一部として評価し、法主体としての障害者の地位を強化し、それによりもはや時代遅れとなった配慮という原則を克服するものである。ドイツは2007年3月30日に障害者権利条約に署名、2009年2月24日に批准し、2009年3月26日より同条約に拘束されている。

　ところで前述のように、連邦選挙法第13条第2号は「そのすべての事務の処理につき、世話人が暫定命令によってだけでなく選任された者」は選挙権を失う旨規定している。この規定は、選挙権は法的にみて完全に独立して行動し決定する能力を有している人にのみ帰属すべき一身専属的権利である、という考えに基づいている。つまり、選挙の意味につき最低限の弁識能力を有している者、換言すれば、自覚して選択決定する能力および熟考して選択決定する能力を有する者のみが選挙に参加できるべきであるということである。

　このような区別は国際法上の原則に照らして問題はないのであろうか。上記のような区別は国際法上そして基本法第38条第1項第1文に謳われている選挙の普通性および平等性の原則の観点からも憲法上の問題はないとする見解がある一方で、これを否定的に考える見解もある。[40]

　ここでは連邦選挙法第13条第2号の国際法、特に障害者権利条約との整合性の有無について検討する。

---

[39] Schreiber, DVBl. 1999, S. 345 (350)
[40] Schreiber, aaO [o. Fn. 7], S. 342

1　障害者権利条約による権利保障

障害者権利条約は、既存の国際条約で保障されている人権を障害者の生活状況に具体的に適合させ文書化することにより、障害者が社会のあらゆる領域において完全にそして同権的に参加できるようにすることを目的としている[41]。同条約の理解およびその実施について根本的に重要なのは、障害者の他者との同権性を謳った同条約第 12 条[42]である。とりわけ同条第 2 項および第 3 項は、障害者があらゆる側面において他者と平等に法的能力を有すること、そして締約国はその法的能力の行使について必要な支援を用意することを明言している点で、大変有意義である。

選挙権をはじめとした政治的権利については障害者権利条約第 29 条[43]に規定されている。同条によれば締約国は障害者に対して政治的権利およびこの権利を他の者と平等に享受する機会を保障することになっているが、これには、障害者が、直接にまたは自由に選んだ代表者を通じて、他の者と平等に政治的および公的活動に効果的かつ完全に参加することができること（障害者が投票する権利・選挙される権利および機会を含む）を確保することも含まれている。選挙への障害者の同権的な参加についての法的状況および実態は上記の要請に照らして判断されなければならない。現行法に憲法上保障されている市民の選挙権に対する恣意的な侵害がなされる可能性があることが判明した場合には、関連条項は再検討されなければならない[44]。

2　選挙権剥奪に関する規制の許容性

被世話人から選挙権を剥奪することに関して議論草案第 2 部では、前述のように、連邦選挙法第 13 条第 2 号の完全な削除が提案されていた。しかし、立法者は、当該規定の削除は民主主義的な統治システムにおいて選挙権が果たしている機能に対する同規定の意義を無視することになるとし、憲法上の理由から、行為能力の剥奪・制限の宣告や障害監護の制度の廃止に伴って関連性を失ってしまった選挙権剥奪との従来の連動に代わって、選挙権剥奪のための別

---

[41] Ulrich Hellmann, Zur Vereinbarkeit des Wahlrechtsausschlusses nach §13 Nr. 2 BWG mit bestehenden völkerrechtlichen Verpflichtungen, BtPrax 2010, 208 (209)
[42] 168 頁参照
[43] 345 頁参照
[44] Hellmann, BtPrax 2010, 208 (209)

の連動を見出すことの必要性を認めた。〈45〉

　いくつかの意見表明では、選挙権の剥奪を同意権留保の指示と連動させることが検討された。しかしこれは、同意権の留保は（選挙権を剥奪する必要性がまさに大きい──筆者）重篤な疾病や障害の場合にはこのような本人による意思表示は法取引ではどのみち受け容れられないという理由から断念されることがあり得るので、実情に即さないとされた。〈46〉

　立法者はまた、一定の限定された事務範囲についての世話人の選任で選挙権を剥奪することも正当化されないとしている。ある者が一部の領域についてだけしか世話を必要としていない限り、その者に選挙の制度および意義に対する必要な洞察力が欠けているという結論は正当化されないのである。〈47〉

　身体的障害者についての選挙権の剥奪は、当該障害者が自分の意思をいかなる方法を講じてももはや表明することができないという非常に稀な場合にのみ考慮されることになる。しかし、選挙権の剥奪を考慮しなければならないほどの重大な身体的障害がある場合には、当該本人はいずれにせよ選挙に参加することができないので、選挙権の剥奪は実際上の意味を持たない。それ以外の場合には身体的障害者から選挙権を剥奪することは不可能である。このことはすでに、自分の意思を表明することのできる身体的障害者には「すべての事務についての」世話は必要なく従ってそれを指示することも不可能である、ということから明らかである。〈48〉

　また、他方で市民権および参政権に関する国際協定（以下、「国連市民条約」）第25条およびヨーロッパ人権裁判所の裁判に基づいた国際法上の規準によれば、国家には選挙権を制限するための適切な規制をすることが認められている

〈45〉BT-Drucks. 11/4528, S. 188
〈46〉BT-Drucks. 11/4528, S. 188 f.
〈47〉BT-Drucks. 11/2000, S. 189
〈48〉BT-Drucks. 11/2000, S. 189
〈49〉国連市民条約第25条
　「すべての市民は、第2条に掲げる特性（人種、肌の色、性別、言語、宗教、政治観やその他の事柄についての考え方、出身国や社会的門地、財産、出生またはその他の身分──訳者）に基づく差別および不適切な制限を受けることなしに、以下の事柄に対する権利および可能性を有する。
　ａ）公の事務の形成に直接にまたは自由に選択した代表者を通じて参加すること。
　ｂ）選挙人の意思の自由な表明が保障されている真正かつ反復的かつ普通かつ平等かつ秘密の選挙において選挙し選挙されること。
　ｃ）平等の一般的な観点の下で自国の公職に就き得ること。」

という仮定が可能である。⟨50⟩

3　連邦選挙法第13条第2号の適正性

（1）全面的な世話のための要件の厳格性

　選挙権の喪失に繋がるすべての事務の処理についての世話人の選任（全面的な世話の指示）は、厳格な要件の下、極めて例外的な場合にのみ行われる。つまり、全面的な世話の指示は、世話法の原則に従えば、成年者が自己の法的事務を全く処理できずかつ当該本人の生活領域内のすべての事務において規制の必要性も存在している場合にのみ、許されることになる。従って、財産を有しない場合や健康が安定している場合には財産管理や健康管理といった事務領域を法的世話人に委ねる根拠がなく、その結果、当該本人の個別の能力とは無関係にすべての事務についての世話人も選任されてはならないことになる。これは障害者を不当に不利益に扱うことになるどころか、むしろ結果において全面的な世話そしてそれと同時に選挙権の剥奪が比較的稀な例外事案に限られ続けることに繋がっている。⟨51⟩

（2）全面的な世話のための要件の曖昧さ

　しかし、ここで問題となり得るのは、一律に選挙権の喪失という効果を生む世話法上の関連規準が曖昧過ぎて、このような重大な権利侵害を正当化させるには不適当ではないかという点である。ヴュルツブルク区裁判所は1999年に呈示決定（裁判所が具体的事件について適用しようとする法律を違憲だと考えた場合において、連邦憲法裁判所の判断を求めるために手続を中止して意見を連邦憲法裁判所に呈示する旨の決定）⟨52⟩をもって連邦憲法裁判所に対して、すべての事務についての世話の指示のための曖昧すぎる要件およびその法律上の効果として生じる選挙権の喪失が基本法と相容れるものなのか否かについての審査を求めた。ヴュルツブルク区裁判所は、すべての事務についての世話の要件に対する厳密な規制を、特にすべての事務についての世話と明文で指示する（この場合、選挙権は失われる）か多数の事務領域を列挙することで「すべての事務についての準世話」を設定する（この場合、選挙権は失われない）かは恣意的に行なわれるという理由から、強く求められるものと考えた。世話は常に当該本人の利益のために役立たなければならないので、全面的な世話の指

⟨50⟩ Hellmann, BtPrax 2010, 208 (210)
⟨51⟩ Hellmann, BtPrax 2010, 208 (210)
⟨52⟩（訳注）山田晟『ドイツ法律用語辞典』（補正版）（大学書林、1989年）、442頁

示は単に公共の利益の保護のためになされる選挙権剥奪という結果を伴ってはならない。民法第1896条を、全面的な世話の指示の際には選挙権の喪失について明文で示さなければならない、と改正することが提案された。連邦憲法裁判所は、基礎となった事件から全面的な世話の指示の正当性には疑問が残るという示唆を取り出した後で、提示理由書を事態説明が十分でないという理由のみで認められないものとした。同時に同部 Senat は必要性の原則から導き出される世話の必要性と世話に関するニーズとの区別を確認し、立法者が民法第1896条第1項第1文、同条第2項そして第1908条d第3項の曖昧な法概念（この曖昧さを埋めることは法の適用の伝統的かつ周知の役割である）を用いることで自らに認められている形成の自由〔権〕を侵害したかもしれないということについての十分な手掛かりを指摘することはしなかった。〈53〉

（3）個別審査の必要性

　障害者には権利を行使させないという措置や障害者の代理という考え方から障害者の自己決定の尊重・促進という考え方へのパラダイムシフト（考え方の変化）は、国連市民条約第25条に挙げられている諸原則の具体化であると捉えることができる。この具体化は選挙権剥奪のような重大な権利侵害の一律の規制と対峙する。その結果、選挙能力の個別の審査に基づく選挙権剥奪の新たな規制が求められる。〈54〉

（4）裁判所による恣意的な選挙権剥奪の危険

　一律的な選挙権の剥奪に対する批判は、障害者は既存の規制の不統一なまたは誤った取り扱いを通じて選挙権を恣意的に奪われるという危険に晒されているということによっても支持されている。世話の実務の長年の経験はこの種の危惧を強調している。そのようなわけで、後見裁判所（世話裁判所）は管轄の選挙官署に「家事事件および非訟事件における手続に関する法律」第309条に基づく選挙権剥奪に繋がる「すべての事務についての世話」に関する通知をいつ行わなければならないかという問いは、実務において常に問題をもたらしている。裁判所はしばしばすでに財産管理や健康管理および居所指定権といった「典型的な」事務範囲についての世話の指示をもって事実上全面的な世話が指示されたものとして、管轄の選挙官署にその旨の通知を行っている。この関連で歓迎されるべきは、決定の主旨が当該世話が「すべての事務」に及ぶことを明瞭に証明していない場合には選挙人名簿を管理する官署は非訟事件法第

〈53〉 Hellmann, BtPrax 2010, 208 (210 f.)
〈54〉 Hellmann, BtPrax 2010, 208 (211)

691条第1項に基づく後見裁判所（世話裁判所）による通知に拘束されないとするザールルイス行政裁判所の確認である[55]。このことは連邦選挙法第13条第2号の明らかな文言やそれに対応するラント法や地方自治体法の規定および法の明確性の要件から導き出される。なぜなら、そうでないと後見裁判所（世話裁判所）としては、あらゆる個別事案において世話人の限定された事務範囲を確定する際、たとえば財産がないために〔財産管理〕行為の必要性がないので財産管理のための世話が問題にならないようなときにも、当該被世話人の「すべての事務」についての世話であるという判断になりかねないからである。その結果このことは、世話法が根拠を用意していない後見裁判所（世話裁判所）による「選挙権の行使能力の審査」にまで至ってしまうことになる[56]。

また、疾病や障害を理由に選挙権を行使できない要世話者について選挙の不正操作の危険をそれを防ぐ目的で行う全面的な世話の指示で（このような措置が世話法の原則に基づいて必要とされることなしに）回避しようとすることも許されない[57]。

4　障害者権利条約第29条の直接的効力

国際法上の規範が直接国内で適用されるかどうかという問題では、そこに書かれている権利が十分に具体的に書かれているか否かが特に重要である。このことは国連市民条約第25条に対しては認められている。同様のことは差別の禁止について一般的に妥当する。差別の禁止は障害者権利条約第5条にも明示されている。いずれにせよ、障害者権利条約第29条が選挙権に関して差別を禁止している限り、この規範も直接適用されると考えてよい。ヨーロッパ人権裁判所の決定は第1追加議定書第3条を引き合いに出してヨーロッパ人権条約の直接効果のある保護の性格を明示している。

ドイツの裁判所がこのような規定に依拠する法的手段が問題となったときにどのような結論を導くのかはまだ不明である[58]。

---

[55] FamRZ 2010, 64
[56] Hellmann, BtPrax 2010, 208 (211)
[57] Hellmann, BtPrax 2010, 208 (211)
[58] Hellmann, BtPrax 2010, 208 (212)

Ⅳ　まとめ

　ドイツにおいて被世話人が選挙権を失うか否かは当該被世話人に全面的な世話人が選任されているか否かの１点によって決まってくる。そして、当該世話人が被世話人のすべての事務の処理について選任されたかどうかは、畢竟、選任を指示する裁判所の決定に「すべての事務」という文言があるか否かという極めて形式的な点にかかっている。選挙権の喪失という効果はすべての事務の処理についての世話人の選任という要件が満たされれば必然的に発生するものなので、いかなる場合に全面的な世話人の選任がなされるかを考えることは障害者の人権保護の観点からも極めて重要である。

　わが国もドイツと同様に成年被後見人に対し選挙権および被選挙権を認めていない（公職選挙法第 11 条第１項第１号）。確かに、認知症高齢者や精神障害者、知的障害者、高次脳機能障害者等の中には財産管理能力や身上監護能力を欠く者も多いことは事実であり、そのような人たちの行為能力を制限することにより当該本人を保護しかつ取引の安全を維持しようという成年後見制度の目的には一定の合理性はあるが、一度後見開始の審判を受け成年被後見人になると自動的に選挙権を失うことになってしまうのである。

　ドイツでは、本文で述べたように、全面的な世話人の選任をいくつかの方法で回避することが可能であり、また、裁判所も全面的な世話人の選任には慎重であるので、被世話人が選挙権を奪われる事例は、正式な統計はないが、多くはない。立法論としては、一度は提案されたように、連邦選挙法の当該規定を削除することが考えられるが、現行法では選挙権喪失の要件論の枠内での議論が中心的な役割を果たすことになろう。今後日本が障害者権利条約を批准することになれば、後見開始と連動して成年被後見人から自動的に選挙権を剝奪する現行法の見直しは避けられない。ドイツの要件論の議論は同様の規定を持つわが国の成年後見制度においても大いに参考にされるべきであり、この点にこそこのテーマの研究価値があるものと考える。

第 2 章　ドイツにおける被世話人の選挙権

表

ラント	選挙人名簿の管理を担当する機関
バーデン＝ヴュルテンベルク	市町村 Gemeinde [60]
バイエルン	市町村
ベルリン	管区庁——管区住民庁——
ブランデンブルク	官公庁、連合市町村 [61] に属しない行為する能力のある [62] 市町村 amtsfreie und geschäftsfähige Gemeinde
ブレーメン	市役所——登録官署——、ブレーマーハーフェンでは同市の市町村参事会
ハンブルク	ハルブルク Harburg 管区庁——届出事務本部 Zentrale Meldeangelegenheiten (ZM) [63] ——
ヘッセン	市町村官署
メクレンブルク＝フォアポンメルン	市町村
ニーダーザクセン	市町村
ノルトライン＝ヴェストファーレン	市町村
ラインラント＝プファルツ	市当局および市町村当局、地域市町村 Ortsgemeinden では連携市町村 [64] 当局 Verbandsgemeindeverwaltungen
ザールラント	市町村
ザクセン	市町村、行政共同体 Verwaltungsgemeinschaften の任務遂行市町村 erfüllende Gemeinden [65]、行政団体 Verwaltungsverbände
ザクセン＝アンハルト	市町村
シュレースヴィヒ＝ホルシュタイン	連合市町村に属しない市町村の長、官公庁の長
チューリンゲン	市町村

[60] 市町村は最小の地域団体 Gebietskörperschaft（国家領域の一定部分をその行政区域とする公法人）である（図を参照）。

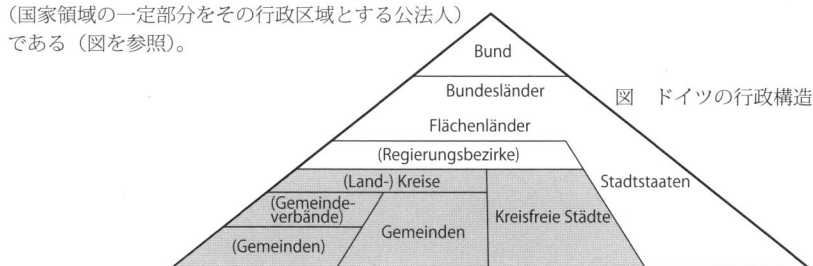

図　ドイツの行政構造

[61] 連合市町村 Amt とは公法上の団体の特別な形態で、今日ではブランデンブルク、メクレンブルク＝フォアポンメルン、シュレースヴィヒ＝ホルシュタインの三つのラントにしか存在しない。

[62] ドイツ語は geschäftsfähig だが民法上の行為能力とは無関係の概念である。行為能力とは自然人についてのみ観念し得るものである。

[63] http://www.hamburg.de/zentrale-meldeangelegenheiten

[64] 連携市町村 Verbandsgemeinde とは公益的な理由から組織された地域団体で、同一郡内の隣接する市町村から成る。

[65] 任務遂行市町村とは、複数の市町村が行政共同体を組織した場合において他の市町村のために任務を引き受ける市町村のことである。

（片山英一郎）

第3章 フランス法における成年被後見人の選挙権

I 課題の設定

1 問題状況

　本章の課題は、成年被後見人（以下、たんに「被後見人」という場合には、成年被後見人の意である）の選挙権に制約を課することが許されるか否か、仮にそれが認められるとして、その限界をいかにして画するかという問題について、フランス法における制度を検討し、これによって、わが国の成年後見法の理念と体系に即した解決を模索するための比較法的資料を供することである。

　被後見人の選挙権に関するフランス法の規律——選挙法典L. 5条——の諸特徴のうち、わが国の議論にとって特に参考となると思われることは、二つある。すなわち、第一は、その制度枠組である。フランス法においては、後見開始・更新の審判に際して、裁判官が、被後見人による選挙権の行使の可否を個別的に審査するという制度が採用されているのである。第二は、この制度が、数次の法改正により、いくつかの段階を経て現状に至ったという歴史的事情である。

　そこで、本章においては、フランス法において今日の規律が採用されるに至った経緯を概観し、上記の法制度がどのような理念に基づくものであるかを確認することとしたい。これによって、フランス法の考察は、単なる立法例の紹介たるにとどまらず、わが国の法状況を顧みる積極的な契機ともなり得るだろう。

　以下では、本論に入る前に、議論を整理するための分析視角（2）と、フランス選挙法典の変遷過程（3）を整理しておくこととしよう。

2 分析視角

　選挙権に対して課される制約の合憲性を判断するに当たっては、選挙権に対

する制約原理の構造を踏まえておく必要がある。そこでの課題は、大まかにいえば、「被後見人の権利保障」と「選挙制度の公正性の維持」という要請を二つながらに実現する方策を見出すことにある。これは、すぐれて法的な衡量の問題ということができるが、その解決にあたっては、問題を二つの論点に分けて捉えることが有用であろう。

　第一に、選挙権の性格、その不可侵性をどのように解するかが問題になる。ここにおいては、そもそも選挙権に制約を課することが可能か否かが問われることとなろう。

　第二に、選挙権もまた何らかの制約に服し得るとしたうえで、その制約の基準——成年者の選挙権に制限を課することを正当化する「内在的制約」「公共の福祉」の具体的内容——をどのように理解するかである。この関係で問題になるのは、選挙権制限を成年後見開始という事実と画一的に結びつけることの当否である。かかる事実は、選挙権の行使をも不相当とするような能力の減退を直ちに意味するものであろうか。この問いに答えるためには、成年後見制度において想定される「能力」をどのような射程を有するものとして捉えるか——財産管理に関する判断能力に局限して捉えるか、それとも、生活の全局面にわたる判断能力として捉えるか——を明らかにしなければならない[1]。

　さて、以上のような整理が可能であるとすれば、本章において触れることとなる諸々の議論を分析するに際しても、①選挙権の権利性がどのように解されているか、②成年後見における能力判定と選挙権行使の適格性審査との関係がどのように捉えられているか——そして、仮に両者の関係が切り離され得るとすれば、後者においてはどのような評価が行われるべきであるのか——、という二つの視点を踏まえつつ検討を進めていくことが必要となろう。

3　フランス選挙法典の変遷

　1969 年から今日に至るまでの間に[2]、フランス選挙法典については四度の改正が行われており、その間に、成年被後見人の選挙権に関する取扱いにも変更

---

[1]　この点については、成年後見に付されたという事実を各種欠格事由の発動基準とすることを成年後見制度の「転用」問題として捉える、上山泰『専門職後見人と身上監護〔第二版〕』（民事法研究会、2010 年）291 頁以下の指摘が重要である。

[2]　1969 年を起点に採るという時代区分は、ジャン・カルボニエの主導にかかる成年後見法改正（1968 年 1 月 3 日の法律第 5 号）の時期におおむね符合するものであり、現行法の考察にとって必要十分といえよう。カルボニエによる家族法改正については、稲本洋之助『フランスの家族法』（東京大学出版会、1985 年）136 頁以下を参照。

が加えられている。以下では、その内容を整理したうえで、それを踏まえて本章における叙述の順序をも示しておくことにしよう。

　成年被後見人の選挙権に関する法的規律は、論理的には、次の五通りに類別することができると考えられる。

　① すべての成年被後見人に対して選挙権を認める（全面的許容）
　② 原則として、被後見人に対しても選挙権を認める（原則的許容＝例外的禁止）
　③ 例外的に、被後見人に対しても選挙権を認める（例外的許容＝原則的禁止）
　④ すべての成年被後見人に対して選挙権を認めない（全面的禁止）
　⑤ 禁止・許容双方の可能性を認めつつ、いずれが原則かを明記しない（中立）

　この分類に照らしてみると、各時期の選挙法典における規律の内容は、三つの時代区分に整理することができる。

【第一期】全面的禁止
① 　1969 年選挙法典・1985 年選挙法典改正〈3〉

> 　次に掲げる者は、選挙人名簿に登録してはならない。〔1 号から 5 号まで省略〕
> 6 号　後見に付された成年者

② 　1992 年選挙法典改正

> 　後見に付された成年者は、選挙人名簿に登録してはならない。

【第二期】例外的許容＝原則的禁止
③ 　2005 年選挙法典改正

> 　後見に付された成年者は、後見裁判官による投票許可がなければ、選挙人名簿に登録することができない。

【第三期】中立
④ 　2007 年選挙法典改正（現行法）

> 　裁判官は、措置の開始又は更新に際し、被保護者の選挙権を維持するか剥奪するかを裁定する。

　このように、フランスの立法は、今日までに「全面的禁止」「例外的許容」「中立」という三つの段階を経ている。ところで、これと対比すると、わが国の状況は、いまだ「全面的禁止」の状態にあるということができるだろう〈4〉。そうすると、

〈3〉　この時期には、成年被後見人からの選挙権剥奪は公序であり、これに反する措置を講ずることは許されない（フランス民法典旧 501 条を参照）とする破毀院判決も下されている（Cass 1^e civ., 9 novembre 1982, D. 83, p. 388, note J. MASSIP）。
〈4〉　なお、後見以外の保護類型（保佐（日仏）、ならびに補助（日）および司法救助（仏））については、日仏いずれにおいても選挙権の制限は存しないから、取扱いに格別の違いはな

わが国における制度改革のあり方を模索するというここでの目的にとっては、まずもって、【第一期】から【第二期】への移行がどのような理由でもたらされたかを確認することが有益だと考えられる。そこで、Ⅱにおいては、「例外的許容」の規律をもたらした 2005 年改正に至る経緯を考察することとしたい。

他方、【第二期】と【第三期】は、——【第三期】が少なくとも「例外的許容」を明言しない立場を採っていることにかんがみると——前者の思想をさらに一歩進めた結果として後者に至ったという関係にあるといえよう。しかし、「許容」と「禁止」のいずれを原則とみるかを明言しない「中立」という態度は、不自然であるようにもみえる。このような曖昧な立場が採用されたのはなぜなのか。Ⅲにおいては、その理由を考察する。そのうえで、Ⅳにおいて、現行法の状況に一言することとしよう。

Ⅱ　2005 年改正

成年被後見人による選挙権行使の例外的許容を内容とする【第二期】の法的規律は、「障害者の平等並びに機会、参加及び市民的権利のための 2005 年 2 月 11 日の法律」（法律 2005-102 号。以下、2005 年法という）71 条によって実現された。[5]

同条は、同法律中、「市民権及び社会生活への参加」と題する章に置かれている。このことからわかるとおり、それは、被後見人の市民権ないし参加権としての選挙権を十全に保障することを目的として制定されたものである。[6] 以

　　い。また、フランスにおいても、保佐または後見に付された成年者には、被選挙権は認められていない（選挙法典 L. 200 条）。

[5]　この法律は、投票所へのアクセスの改善をはじめとして、障害者の社会参加一般に関する積極的な対処を規定している。しかし、ここでは、選挙権の取扱いのみに焦点を当てて検討を進める。

[6]　この法律は、障害者の権利に関する条約への批准（フランス共和国は、2007 年 3 月 30 日に条約、2008 年 9 月 23 日に議定書に署名し、2010 年 2 月 18 日に条約・議定書を批准した）に先立って、国内の法体制を整備するために制定されたものとして位置づけられている（選挙権関係の規定の位置づけにつき、cf. Th. FOSSIER et al., Curatelle, tutelle, accompagnements. Protection des mineurs et des majeurs vulnérables, Litec, 2009, n° 43, p. 27)。実際、一般論としてではあるが、同条約の批准にかかる法律の制定過程においては、同法と条約との連続性がたびたび強調されている（e.g. Texte n° 1777 de M. Bernard KOUCHNER, ministre des affaires étrangères et européennes, déposé à l'Assemblée Nationale le 24 juin 2009, p. 3)。

　なお、ここで同条約に関する一般的な状況にも付言しておくと、フランスは、同条約に対して、次の三点につき解釈宣言を付している。

下では、この法律が制定されるに至るまでの立法論議をふり返ってみることにしよう。

1　第一ラウンド――元老院第一読会

　(1)　2005年法制定への歩みは、元老院における「障害者の平等並びに機会、参加及び市民的権利のための法律草案」の提出（2004年1月28日）に遡る(7)。この当初提案をみるとき、ここでの関心からは、選挙権の取扱いに関する言及が一切なされていないことに注意しなければならない。この点に関する問題提起は、審議過程において提出された、ニコラ・アブー議員による修正提案によって行われたのである(8)。

　(2)　アブー議員は、修正提案131号として、既存の草案に「後見に付された成年者についての選挙権の禁止を撤廃すること」を内容とする条文を付加すべきことを提言した。その趣旨は、次のように説明されている(9)。

> 　フランス共和国は、条約15条にいう「同意」という文言を、人権および生物医学に特に関わる国際条約、並びに、これらの条約に沿う国内立法に適合するように解釈することを宣言する。このことは、生物医学的調査につき、「同意」という文言が異なる二つの意味に帰せられることを意味する。
> 　(1)　同意することのできる者によって与えられた同意
> 　(2)　同意をすることのできない者については、代理人または法律の指定する機関又は組織によって与えられた許可。
> 　フランス共和国は、自らの同意を自由にかつ原因を理解して与えることができない者が、その利益についてのあらゆる医学的検査を除き、特別の保護を享受することが重要であると思料する。フランス共和国は、上記(2)にみた許可のみならず、上述の国際条約に規定されるようなその他の保護もまた、その保護の一部をなすものと思料する。
> 　条約29条につき、選挙権の行使は、条約12条に定める要件および態様に従ってでなければ制限され得ない法的能力の構成要素の一つである。

〈7〉　Texte n° 183 (2003-2004) de M. Jean-François MATTEI, ministre de la santé, de la famille et des personnes handicapées, déposé au Sénat le 28 janvier 2004.

〈8〉　後述のとおり、ニコラ・アブー（Nicolas ABOUT）議員は、立法論議において格別の役割を果たしているが、それは、彼が2001年から2009年まで、元老院の社会問題委員会委員長を務めていたことによるものではないかと推察される。同氏の経歴を簡単に述べておくと、彼は、中道政党である民主運動に所属する（その後、元老院の中道連合グループの代表をも務めている）、1947年7月14日生まれの医師であり、イヴリーヌ県より元老院議員に選出された（1995年選出、2004年再選。なお、これに先立ち、1978年から1981年までは国民議会議員を歴任）。2011年1月21日、視聴覚高等評議会評議員に任ぜられたことに伴い、同23日に元老院議員を辞している（以上は、国民議会、元老院および視聴覚高等評議会ウェブサイト上の名鑑に負う）。

〈9〉　書誌版によって文言を確認することができなかったため、修正提案は、【後注】に示した元老院のウェブページから閲覧した。

現行の後見制度は、1968年1月3日の法律に基づくものである。ところで、この法律は、財産に関する後見を定めるものであって、人格に関するそれを含まない。それゆえ、思想の自由の一態様であるところの選挙権の喪失を財産保護の措置に結びつける理由は何ら存しない。加えて、1990年7月27日の法律によれば、精神障害を理由として同意なしに入院させられたという事実は、選挙権の行使には関わらない旨が確認されている。さらにまた、民法典501条により、後見裁判官は、後見に付された成年者に対し、給料の全部または一部の受領、一定の支出の管理を許可することができる。後見に付された成年者は、婚姻の意思を表明することもできる。

　にもかかわらず、選挙法典L. 5条があまりに厳格であるために、投票権の行使については何らの緩和もなされ得ない。こうした一律の規律は、後見に付された者にとってはまさしく侮辱である。この法律による不正義は、社会からの疎外を助長するものであり、基本権に反し、また、明らかに治療を阻害する。以上より、自らの選挙権を行使することができる成年被後見人を受け容れるために、われわれの選挙制度を柔軟にすべきである。

以上の提案は、2004年3月1日の審議に付される。議場において、アブー議員は、さらに次のような説明を加えている[10]。

　私のみるところでは、これはきわめて重要な点です。閣外大臣、フランスは後見状態にあることによって市民権を剥奪されている成年者の数について記録を保持していると指摘した2000年のファルドー報告[11]を思い出してください。人口比にして2%近くに相当する60万人以上の成年者が、種々の投票から遠ざけられているというのです。

　フランスとは対照的に、ヨーロッパのたいていの国では、欧州人権条約に基づき、民主的参加、特に障害者の投票の促進に向けての努力をしています。これらの国々では、民主的参加は、民主的生活を革新する手続と性格づけられることがしばしばです。

　多くの国では、障害者、特に精神上の障害を抱える人々を選挙人名簿に登録することを奨励しています。それらの国では、障害者の個人的問題に対応するための投票所の人的および行政的な構成を保障し、建築構造上のアクセシビリティー

〈10〉 J. O. Sénat, Débat, p. 1868.
〈11〉 Conseil National Handicap, Le rapport fardeau (Personnes handicapées : Analyse comparative et prospective du système de prise en charge. Rapport au Ministre de l'Emploi et de la Solidarité et au Secrétaire d'État à la Santé, à l'Action Sociale et aux Handicaps), p. 30. 全国障害者評議会によって作成された報告書であり、欧州諸国との比較に基づいて障害者の選挙参加に関するフランス法の状況を批判的に分析している（http://cnhandicap.org/Data/Documents/files/Rapport%20Michel%20Fardeau.pdf より閲覧可能）。

を確保しています。これによって、投票所に赴くことのできない障害者は、自宅で投票することができるようになっています。また、点字や候補者の写真付きの投票用紙を発行しています。

したがって、今日では、現在の後見制度は改められなければなりません。現行法は、財産に関する後見を定めるものであって、人格に関するそれを含んでいません。したがって、思想の自由の一態様たる選挙権の喪失を財産保護の措置に関連づける理由は、何ら存在しないのです。

(3) この修正提案については、作業委員会のポール・ブラン議員（国民運動連合：当時の与党）および政府のボワソー閣外大臣が、その「内容」には賛成する旨の意見を述べた。もっとも、同大臣は、作業途上にある成年者保護法改正（後述 2007 年法）との対照を図らなければ、アブー議員のいうような選挙法改正を行うこともできないという作業手順上の理由から、2005 年法との関係では、アブー議員の提案は時期尚早とする反対意見を述べている。しかし、アブー議員が、現状を放置するのでは選挙権を基本権として認めないことになるとの再反論を行ったことを受け、議会としては、閣外大臣の意見を斥けてこの修正提案を容れることとなる。〈12〉

以上の経緯を経て、同日、元老院第一読会においては次の条文提案がなされる。

【草案 32 条の 2】　選挙法典第 5 条は廃止する。

(4)　ここで、元老院第一読会における議論の経緯を分析しよう。

議論を主導したアブー議員の提案は、大きく分けて四つの基本観に支えられていた。すなわち、第一に、民法典上の後見制度が財産管理のみを規律するものであり、したがって、これと選挙権の行使可能性とを結びつけて理解することには必然性はないという体系的根拠。第二に、現行法の他の規律と比して、選挙権に関する制限は過度に抑制的である、という体系的根拠。第三に、選挙権は不可侵の基本権であるという理論的根拠。そして、第四に、欧州人権条約を背景として、被後見人の選挙権行使を積極的に支援することがヨーロッパ諸国の趨勢であるという比較法根拠、である。

こうした構想に立つアブー議員の草案の特徴として、注目すべきは、それが、選挙法典 L. 5 条の「廃止」という解決を採用したことである。これによれば、現に有する能力の程度を問わず、あらゆる被後見人が選挙権を行使し得ること

〈12〉Ibid., p. 1869.

となる。この段階での草案は、選挙権行使の「全面的許容」という徹底した内容を有するものだったのである。

2　第二ラウンド――国民議会第一読会

(1)　元老院第一読会草案は、翌 3 月 2 日、国民議会に上程される。これを受けて、国民議会のジャン－フランソワ・ショシー議員（国民運動連合）が、同年 5 月 13 日、国民議会第一読会において、元老院における議論の経緯を報告している。[13] この報告自体は、草案 32 条の 2 との関係では、特に目新しい内容を付け加えてはいない。この沈黙が、ショシー議員の元老院案に対する積極的な賛同を意味していることは、すぐ後に述べるとおりである。

さて、国民議会第一読会における同条の審議は、同年 6 月 9 日の第二会議において行われる。そこにおいては、ヴァレリー・ペクレス議員（国民運動連合）が次のような修正提案を行う。[14]

> 目下進行中の民法典改正は、成年者の法的保護措置――それは同時に自由を奪う措置でもあるのですが――を、精神上の能力の減退によって市民生活における行為を現に単独ではなし得ない者に限定しようとしています。
> 選挙権については、一律にこの権利を維持するのではなく、自由の保護者たる裁判官に、〔選挙権を〕維持することが適切であるかどうかを評価する余地を与えるほうが好ましいように思われます。

(2)　この修正提案への対応は、作業委員会と政府代表者とで真っ向から対立する。まず、ショシー議員は、作業委員会を代表して、ペクレス議員の修正提案に対して次のような反対意見を述べる。

> ここでの問題は、差別の撤廃にあります。ある者には選挙権がないなどということを、どうしていうことができましょうか。ペクレス議員が提案されたように、被後見人を選挙人名簿に登録することを禁止した選挙法典 L. 5 条につき、元老院は、政府の意見に反対してこれを廃止しましたが、これは正当なことです。
> ヨーロッパの他の国とは異なり、フランスは政治生活に対する障害者の参加についてはきわめて抑制的な政策を採っています。後見に付する旨のあらゆる審判が自動的に政治生活への参加の排除を帰結するということは、市民権という観点からすれば遺憾なことといえましょう。

---

[13] Rapport n° 1599 de M. Jean-François CHOSSY, député, fait au nom de la commission des affaires culturelles, familiales et sociales, p. 208.

[14] J. O. Assemblée Nationale, Débat, p. 4695.

これに対し、民法改正との平仄を合わせるという技術的理由から、すでに元老院において改正に反対していた政府側は、民法への言及を含むペクレス議員の論旨に賛意を示す。こうして政府による支持を得たペクレス議員は、さらに、「民主主義は、濫用と誘惑をもたらし得る脆いものである」として、選挙権の行使はその能力ありと判断された者に対してのみ保障されるべきであると補足する。結局、国民議会においてはペクレス議員によるこの修正提案が採用され、同年6月15日、次のような条文提案が採択されることとなった。[15]

　【国民議会第一読会32条の2】　選挙法典は次のように修正する。
　(1)　第5条は次のように定める。
　「第5条　後見に付された成年者は、民法典60条の適用により、後見裁判官による投票許可がなければ、選挙人名簿に登録することができない。」

　(3)　ここで、国民議会における議論の経過をまとめておこう。
　国民議会での議論においては、「全面的許容」を主張する論陣（ショシー議員）と、裁判官による個別・具体的な審査を主張する論陣（ペクレス議員・政府）との対立構造が明確になった。もっとも、同じく後者の立場に与するペクレス議員と政府とでも、論拠の力点にはかなりの相違がある。すなわち、政府の論拠は、民法典との整合性という技術的かつ消極的なものである。これに対し、ペクレス議員は、選挙権行使における意思決定および投票手続の適正性確保の困難さを理由に、「全面的許容」派に対する積極的反論を加えている。元老院第一読会において、政府が改正の見送りを主張したことは、前述のとおりである。しかし、条文の提案そのものはいずれの議会においても受け容れられたという事情を前提とすれば、もはや従前の立場を維持し得なかったのであろう。それゆえ、ここでは、民法典との平仄を合わせるという配慮を示したペクレス議員に賛同したものと推察される。

3　第三ラウンド——元老院第二読会

　(1)　6月15日中に元老院に回付された国民議会第一読会草案32条の2に

---

[15] Ibid., p. 4921. なお、この提案は、実際に成立した2005年法の文言と比べて、「民法典60条の適用により」という文言を有する点で異なっている。国民議会の記録上、この文言が挿入された経緯は明らかではないが、同条は、名の変更に関する手続を定めるものであり、ここでの規律とどのような関係に立つかは全く不明である。実際、この部分は、後の議論において異論なく削除されることとなる（後述）。

ついては、10月13日の審議において、ブラン議員による報告が行われる[16]。それはまず、国民議会における提案の趣旨説明から始められる。

> 　任務違背、および、選挙権の行為に関する被後見人の保護を全くなくすことによってもたらされるであろう現実の影響にかんがみて、国民議会議員は、被後見人の選挙人名簿への登録を裁後見裁判官の許可に服せしめるという、より保護的な規定に立ち返ることを望みました。
> 　この新しい規定は、したがって、被後見人の選挙権の絶対性を取り除くとともに、正当にも、自らの行為について意識をもたない者が投票すること、および、選挙権の行使に当たって何らかの影響を受けることを回避することを可能にするものであります。

このように、ブラン議員は、選挙権行使の適正性を確保することの難しさを理由とするペクレス議員の説明に沿うかたちで、国民議会第一読会の成果を報告する。そのうえで、彼は、元老院第一読会が示した「全面的許容」の立場を放棄し、元老院としても国民議会と同じ立場を採るべき旨を次のように論じる。

> 　被後見人につき全面的かつ絶対的に選挙権を禁止することは不正義であると、障害者評議会は考えています。というのは、それは、障害者の市民権を否定することにほかならないと思われるからです。
> 　作業委員会は、障害者の完全な市民権のための異議申立ては正当だと考えます。それどころか、それは当然かつ明白なことです。しかし、委員会は、被後見人の選挙権の問題を攻撃することは当を得ないと思料します。
> 　実際には、真の問題は、後見が言い渡される条件と、濫用的な措置があって、人の能力に比して保護の水準が厳格に過ぎることとに存するのです。……それゆえ、当委員会は、問題は、選挙権における帰結にではなく、むしろ成年者の法的保護の制度に存するのだと考えます。だからこそ、当委員会は、この制度の大改革をいま一度要請しているのです。
> 　もっとも、絶対的な禁止を維持することが許されないのはたしかですが、裁判官に属する他のあらゆる問題においては、すでに、被保護者が単独で行為することを、裁判官が許可することとなっています。以上の次第ですから、当委員会は、限定を付することなく、国民議会議員の定めた解決に賛同するものであります。

このくだりで特に重要であるのは、ブラン議員が、ここには「選挙権」の問題と「後見」の要件の問題が含まれていることを指摘したうえで、両者は不可

---

[16] Rapport n° 20 (2004-2005) de M. Paul BLANC, fait au nom de la commission des affaires sociales.

分であるとみたことである。それゆえ、彼は、制度改革は後見法についてこそ行われるべきであって、選挙権に関する規律のみを批判することは筋違いであるという。こうした前提に立って、ブラン議員は、実定法上、後見制度においては、裁判官の関与のもとに被後見人単独による行為が許容される場合があるから、選挙権の許否をも裁判官に委ねる国民議会の提案にこそ賛成すべきだとしたのである。

　(2)　しかし、これに対しては、10月21日の会議において二つの修正提案がなされる。一つは、第一読会において「全面的許容」を提唱したアブー議員によるもの（修正提案238号）であり、当然のことながら、国民議会およびブラン議員の説明に対して全面的な反論を加えている。その論旨は、既述の立場に即応して、①民法典の後見制度は財産管理のみに関わる、②選挙権は不可侵の基本権であり、一定の場合に刑事犯罪者についてこれを奪うことができるにすぎない、という二点に集約される。①との関係では、保佐においては選挙権の行使は制限されていないが、このことは、保佐という制度が財産管理に関する行為能力のみを制限する制度であることを意味するものであるとし、後見についても同じ制度理解が妥当するはずだと述べていることにも注意しよう。他方、もう一つは、60条の参照は不適切だとするアンドレ・ラルドゥー議員による提案（修正提案313号）である。

　これらのうち、アブー議員による異議は、後見制度の本質に迫る議論の応酬を呼び起こす。すなわち、ブラン議員は、上記の修正提案に対し、アブー議員の意見は傾聴に値すると認めつつ、「それでもなお」として、次のような反論を加える。

　　……ある人を後見に付するということは、精神上の能力の重大な減退または意思を表明することの不可能性を確認することを意味します。そして、この減退は、保佐の場合とは違って、財産および資財の管理についての能力についてのみ吟味されるものではありません。それは、一般的かつ絶対的な無能力なのです。
　　……もちろん、ある人が財産管理については自らの権利を行使することができないと判断しながら、その人には常に国家または地方公共団体の将来を決める能力があると考えることはできません。とはいえ、一定の場合には、たしかにきわめて例外的な場合ではありましょうが、後見に付されることによって投票権が剥奪されないこともあり得ます。

〈17〉 J. O. Sénat, Débat, pp. 7079-7081.
〈18〉 Ibid., p. 7080.

第 3 章　フランス法における成年被後見人の選挙権

　ここに現れているとおり、ブラン議員は、「全面的許容」案に反対であるにとどまらず、被後見人に対して選挙権を与えること自体に消極的である。その背景には、後見をもって、財産管理のみならず、生活の全部面にわたる判断能力の欠如状態として捉えるという制度観がある。こうした観点から、被後見人には選挙能力がないのが常態であり、したがって、ごく稀にこれがあると認められる場合に限って選挙権を与えるという対応を採りさえすれば、選挙権制限による基本権侵害は最低限度にとどめられ得るという構想が示されたのである。

　他方、政府もまた、従前の立場どおり、アブー議員の修正提案に反対の意見を述べる。しかし、その論調はブラン議員ほどには鮮烈な対決姿勢を示しておらず、むしろ、裁判官の判断によって選挙権の制約が必要な限度にとどめられるという点に注意を促す内容となっている。

　これらの反対論に対し、アブー議員は、2005 年法の根本的な意義と後見制度の利用にかかる社会的実態をも引きつつ、さらに次のような反論を試みた。

　　　もし、法案の標題が障害者の機会または参加の平等にしか触れていないのであれば、何も面倒なことは感じません。
　　　しかし、「障害者の平等並びに機会、参加及び市民的権利のため」のものと題される法案が、家賃を心配する人のあらゆる責任を免れさせるためにしばしば濫用的に後見に付される数多の人々から市民権を奪うものであることは、私には承服できません。
　　　私は、〔被後見人が、〕制約がより小さく、濫用的でない立場に置かれると定めるとともに、選挙権を中心とする市民権の一部を当事者に保持させることを推奨する後見法の改正を望みつつ、本日、象徴的に、この修正提案が採用されることを希望するものであります。

　以上の説明にみられる「象徴的に」というくだりは、アブー議員の信念を率直に反映したものといえようが、同時に、彼が自陣の形勢不利を悟ったことをも窺わせる。実際、ベルナール・セイリエ議員（ヨーロッパ民主・社会連合会派）による賛同を得たにもかかわらず、アブー議員の修正提案はついに容れられずに終わる。そして、最終的には、60 条に関する言及を削除するラルドゥー議員による修正のみが採り入れられ、これによって、2005 年法において採用される文言が成立するのである。

4　議論の収束——国民議会第二読会、両院同数合同委員会

　被後見人の選挙権をめぐる立法論議は、以上にみた元老院第二読会において

事実上の収束をみた。すなわち、以上の経緯で採用された元老院第二読会の方針は、同年12月15日の国民議会第二読会におけるショシー議員の報告においてもそのまま採用されるとともに[19]、同23日の議会において、何らの議論も行われることなく承認されている[20]。また、翌2005年1月25日の両院同数合同委員会においては、もはや草案32条の2に関する議論は一切行われていない[21]。

かくして、条文の順序と通し番号が整えられ、既成の選挙法典L.5条を修正する2005年法71条が成立することとなった。

5　小　括

以上が2005年法制定に至る立法論議の経緯の概略である。以下、そこにおいて争点とされた事柄をまとめておこう。

（1）　先述のとおり、立法過程において現れた議論には、大きく分けて三つの論調がみられた。すなわち、第一は、民法改正を俟って改革に着手すべきであるとするもの。第二は、選挙権を存続させるか否かを裁判官による評価に服せしめるもの。そして、第三は、判断能力の減退を理由とする選挙権の剥奪は一切許されないとするもの、である。しかし、立法過程においては、改正前の「全面的禁止」という取扱いが選挙権に対する許されざる侵害を含んでいることが認識され、したがって、2005年法の段階においても改正に着手する必要はあるとされた。それゆえ、上記第一の方向は斥けられ、基本権保障のための方途として、第二・第三のいずれが適切かが争点とされた。

さて、このように「全面的禁止」構想の不採用を与件としたうえで、さらなる検討に付された「法的」論点は、本章冒頭に掲げた二つの問題であった。

①　選挙権の基本権性——選挙権を与えるか否かを後見裁判官が決するという制度の導入は、直ちに許されない選挙権の剥奪となるか。

アブー議員は、上記のように、後見と選挙権との間に結び付きはないとの立場を採ったうえで、選挙権の存否に関しては裁判官による評価の余地すら存しないと説く。その理由は、法理論的には選挙権の基本権性に認められているが、政策的には、障害者の基本権保障に関する象徴たる意味を含ましめられている。

---

[19] Rapport n° 1991 de M. Jean-François CHOSSY, député, fait au nom de la commission des affaires culturelles, familiales et sociales, pp. 189 et 190.
[20] J. O. Assemblée Nationale, Débat, p. 11452.
[21] V. Rapport n° 152 de MM. Paul BLANC et Jean-François CHOSSY fait au nom de la commission mixte paritaire. (numéro de dépôt à l'Assemblée Nationale : 2038).

これに対し、裁判官による評価の導入に積極的な論者は、一定の場合に選挙権を制約すること自体は、基本権に対する合理的な制約であるとみる。その理由として指摘されているのは、意思決定および選挙権行使の適正性を確保することが困難であるという事実上の要因である。

②　後見制度と選挙権との結びつき——後見は財産管理のみに関わる制度か、より広汎な能力の減退を前提とする制度か。

「全面的許容」を主張するアブー議員は、民法上の行為能力制度の射程を財産管理に限定することによって、後見に付されたことと選挙権の行使との間には何らの関連性もないとの立論を正当化する。これに対し、ブラン議員は、保佐の場合には財産管理能力が制限されるにすぎないが、後見においては、財産管理に限らず、生活の諸局面における能力が制限されるとみていた。

(2)　以上の整理に照らして2005年法の意義を探ってみよう。まず、①については、同法が、裁判官による個別的判断の導入が直ちに違憲の問題を生じさせるものではないとの理解を前提としていることは、明らかである。他方、②については、論理的にいえば、必ずしもアブー議員の理解が排斥されたわけではなく、いずれの制度理解も成り立ち得ることに注意を要する。つまり、アブー議員のように、後見開始の審判においては選挙権の行使能力は判断されないという前提に立ったとしても、選挙権の行使能力があるかどうかを——後見に付するか否かの判断とは区別しつつ——後見裁判官が判断するという制度を採ること自体は、なお可能だということができる。

以上が、2005年法の制定過程から析出される論点である。次いで、冒頭に示した計画に従い、【第二期】から【第三期】への以降がどのようにしてもたらされたかを明らかにすることとする。

Ⅲ　2007年改正

前述のとおり、「裁判官は、措置の開始又は更新に際し、被保護者の選挙権を維持するか剝奪するかを裁定する」と規定する現行選挙法典L. 5条は、「例外的許容」の立場を採らない点で、これを前提とする2005年法とは異なる規律内容をもつ。こうした相違から窺われるとおり、2007年法（現行法）の立法過程において主たる争点となったのは、成年被後見人による選挙権の行使が原則として禁止されているとみることの当否であった。2005年法の立法過程においては、「全面的許容」を主張するアブー議員の提案の採否が争点とされ

たため、被後見人に選挙権の行使を認めることが「原則」なのか「例外」なのかという問題については、なお議論の余地が残されていたのである。

以下では、わずか二年のうちにこの転換がもたらされた経緯を確認し、フランス法が【第三期】に至った道筋を跡づけていくこととしよう。

1　国民議会

2007 年法の審議は、2006 年 11 月 28 日、国民議会におけるパスカル・クレマン国璽尚書・司法大臣による法案の上程によって始められる。[22] この法案の内容に詳細に立ち入ることはここでは差し控えるが、目下の問題意識からは、当初の草案が、被後見人の選挙権には何ら触れていなかったことが特に注意を惹く。このことは、選挙権については 2005 年法によって対処済みであるとする草案起草者の認識を示唆するものといえよう。また、国民議会においても、被後見人の選挙権に関して特段の議論が行われることなく、2007 年 1 月 17 日に法案が通過している。[23] この経緯もまた、2005 年法が国民議会に発する提案を基調とするものであったことによって説明され得よう。

2　元老院──第四ラウンド？

(1)　国民議会を通過した法案は、翌 18 日、元老院に回付される。被後見人の選挙権に関する再度の転換が行われたのは、この元老院においてであり、それを主導したのは、またしてもアブー議員であった。彼は、民主運動連合の議員らを率いて、次の二つの修正案を提出した。[24]

【修正提案 182 号訂正 3】
　　選挙法典 L. 5 条は、次のように改正する。
「第 5 条　後見に付されたすべての成年者は、選挙権を行使する。ただし、後見裁判官が、当該成年者がこの権利の行使に関する絶対的無能力を確認したときは、民法典 477 条 3 項により、公証証書によって、そのための代理をする者を指定することができる。代理人は、この証書を〔保護を享受する〕成年者の居所において作成しなければならない。これによって指定された代理人は、投票ごとに、県知事から委任状による投票の委任を受ける。」

【修正提案 183 号訂正 3（当初案）】
　　選挙法典 L. 5 条は、次のように改正する。

----

[22] Texte n° 3462 de M. Pascal CLÉMENT.
[23] J. O. Assemblée Nationale, Débat, p. 466.
[24] J. O. Sénat, Débat, p. 1642 et s.

「第5条　後見に付されたすべての成年者は、裁判官による反対の決定がない限り、選挙権を行使する。」

後者の提案から明らかなとおり、これらの修正提案は、2005年法の原則と例外を「反転」させることを目的とするものである。前者の提案は、この反転を前提としつつ、さらに二段構えで「例外」の範囲を限定している。すなわち、それは、選挙権の行使が例外的に禁じられる場合を「絶対的無能力」という強い定式によって示し（第一段階）、かつ、自らによる選挙権行使が禁じられた場合にも、代理人による権利行使の余地を残す（第二段階）点で、2005年法の規律に限定をかけることを企図していたのである。

ところで、すでに2005年法の立法論議においても確認されたとおり、アブー議員の議論を支える根本的な論拠の一つは、選挙権の基本権性であった。この点は、2007年2月14日に行われた全体審議における彼の弁論において明瞭にいい表されている[25]。これまでにみた論旨を明確化するためにも、その全体を再現してみよう（議場の反応等に関する記録は省略する）。

> まさに憲法の文言により、選挙権は普遍的なものであります。ところで、親愛なる同僚の皆さん、皆さんは70万人ものフランス市民が、犯罪によるのでもなく、非行によるのでもなく、後見に付されたことによって選挙権を剥奪されていることをご存じでしょう。こうした状況は、ヨーロッパにおいては全くみられないことです。フランスは、不名誉な記録を保持しているのです。
>
> ともあれ、1968年法という源に立ち返ってみましょう。後見開始の基準となるのは、自らの財産的利益を擁護することについての無能力です。しかるに、投票をすることは、集団的な討議に参加することですが、それは、全くの個人的な利益を管理することとは何の関係もないのです。
>
> 現行法が前提とする個人的利益と集団的生活との同視は、全く意味をなさないものです。民主主義においては、あらゆる市民は自らを代表する者の集団的選任に参加する権利をもつのです。
>
> 被保護成年者にとって、投票には危険があるのでしょうか。危険というのは、おそらくは、不正かつ欺瞞的な約束によって欺かれることでしょうか。候補者の公約を吟味することができないということでしょうか。私は、そうは考えません！まことに残念なことですが、多くのフランス人が不正な約束に釣られていますし、候補者の公約を吟味していません。
>
> だからこそ、私は、被後見人の選挙権を回復させることを目的とする「反転の」

---

[25] Ibid., p. 1523.

修正提案を擁護するのです。それは、他のほとんどの国と同じように、もはや市民権の剥奪を原則とせず、例外とするものであります。

　実際、補充性の原則にかんがみますならば、裁判官が被後見人を選挙人名簿に登録することを禁じる可能性を保持するとしても、それは「絶対的無能力」の場合に限られなければなりません。しかも、それが認められた場合にも、成年者は投票を代理してもらう権利を保持しなければなりません。

　今日では、意思を表明することができない状態になったときに本人に代わって治療上の選択を行うために、信用に足る者を選任しておくことが法律によって認められています。生の終末に関する法律です。また、本法律が採用されますならば、市民生活上の行為についても、それができないような心神の無能力に陥ったときのために、われわれを代理してくれる者を選ぶことができることになりましょう。将来保護の委任です。こうした状況にありながら、なぜ、事前に選挙権の行使を代理する者を選ぶことはできないというのでしょうか。

　委任状によって投票する権利は、投票者がバカンスに出ているときについては認められています。保護に付されることは、投票期日中にバカンスに出ることよりも重大な非だといえるでしょうか。むしろ逆ではないかと考えます。

　こうした権利剥奪は、被後見人にとって侮辱にほかなりません。この法律上の不正義は、社会からの疎外を助長するものであり、基本権に反し、また、明らかに治療を阻害するものであります。法律の目的は、人を終局的に「無能力」にしてしまうことではなく、いつかその能力を回復するために手を差し伸べることにあるのです。

(2)　さて、全体審議において表明された以上の構想を前提としつつ、アブー議員らによる提案をめぐっては、翌15日、次のような議論が戦わされた。

　まず、アブー議員は、その提案趣旨を基礎づけるために、新しい成年者保護法が宣言する「基本権の保障」（新415条2項）と補充性（新425条2項）を引きつつ、〈26〉後見が身上監護と財産管理のみを目的とするものであり、選挙権の行使可能性に関する判断を何ら含まないものであるという、2005年法制定過程以来の議論を再確認する。

　これに対し、法律委員会を代表して答弁に立ったのは、ジャン＝ジャック・イエスト議員（国民運動連合）であった。イエスト議員は、提案とは逆に、被後見人による選挙権行使の可能性はあくまで例外だと説く。すなわち、未成年者、市民権を剥奪されたことによって選挙権を喪失した成年者といった例を挙

〈26〉　なお、2007年改正法の翻訳として、清水恵介「フランス新成年後見法」日法75巻2号（2009年）491頁がある。ごく簡単な紹介として、拙稿「フランス成年後見法の現状概観」実践成年後見42号（2012年）126頁をも参照。

示しつつ、選挙権は、現行法においては、意思を表明することができる者に対してのみ与えられているのだから、被後見人による選挙権行使は例外的に認められるにすぎないというのである。この見地から、イエスト議員は、いかなる場合にも選挙権が保障されるとする修正提案182号訂正3に反対する[27]。

ところが、イエスト議員も、修正提案183号訂正3に対しては、後見開始および更新の際には必ず裁判官の判断が行われるとすることは適切だとして、賛意を表する。そして、裁判官が逐一判断を下すことによって、自らの意思を表明する能力を有しない者には選挙権を与えず、これを有する者には選挙権を与えるという規制のしくみを明確化するために、むしろ次のような文言を採用すべきであるという再修正の提案を行う。

【選挙法典L.5条】 裁判官は、措置の開始又は更新に際し、被保護者の選挙権を維持するか剥奪するかを裁定する。

これが2007年法において最終的に採用された文言であることは、冒頭に引用した現行法の条文が示すとおりである。イエスト議員は、「これで問題はないだろう！」と述べたうえで、被後見人の権利擁護を前進させるためにも、この修正に賛同してほしいと訴えてその説明を終える。また、クレマン司法大臣も、イエスト議員による修正を加えた条文に賛同することによって議論の収束を図った。これを受けて、アブー議員も、障害者の権利保障のさらなる発展に期待しつつ、上記提案の文言を受け容れる旨を表明する[28]。

(3) 以上のとおり、現行選挙法典L.5条は、2005年法の立法過程において敗れたアブー議員による再提案を端緒とし、イエスト議員による修正を経て成立したものであった。しかし、ここで看過されてはならないのは、アブー議員の当初提案が——「裁判官による反対の決定がない限り」との文言に明確に現れているように——被後見人による選挙権行使の「原則的許容」を目指すものであったのに対し、イエスト議員による趣旨説明が、2005年法律において前提とされていた「例外的許容」の立場を明らかにしていたことである。このように、提案の基本的部分に関して見解の対立をみせているにもかかわらず、イエスト議員による再修正提案が容れられたのは、再修正後の文言が原則・例外関係に触れないものであったこと、および、基本権保障の前進という実を取り、アブー議員が政治的な譲歩を示したことによるものと推察されよう。

---

[27] J. O. Sénat, Débat, p. 1625.
[28] Ibid., p. 1625 et 1626.

3　小　括

　以上のとおり、2007年法は、2005年法に引き続くアブー議員の尽力に負うものといえる。ところで、2007年法の立法過程においては、アブー議員が「全面的許容」案を撤回して「原則的許容」案を提出したことから、議論の軸は、選挙権の基本権性に照らして、「許容」「禁止」のいずれを原則とみるかという点に移った。そして、この点については、一方、アブー議員が、従前の主張を踏襲して選挙権の不可侵性を強調し、他方、イエスト議員が、選挙権が与えられるのは自ら意思決定をなし得る者に限られると主張した。

　このように、立法過程においては、「許容」「禁止」という二つの原則論が対立したのであるが、法律そのものは、おそらくは双方の政治的思惑により、この点をいわば括弧に入れて成立させられた。すなわち、上記いずれの立場とも背馳しない中立的な文言が採用されたことにより、選挙法典L.5条は、アブー議員の立場からは「原則的許容」への転換を宣言したものとして、また、イエスト議員の立場からは裁判官の個別・具体的判断を義務化しただけのものとして、それぞれ読まれ得るものとなった。

　かくして、その立法過程をみる限り、現行選挙法典L.5条の規律は、基本構想に関する不明瞭さを抱えたまま成立させられたものと評せざるを得ない。そうであるとすれば、この点に関する態度決定は、その後の現行法の解釈・運用に委ねられたというべきであろう。

Ⅳ　現行法における運用状況

　最後に、これまでにみてきた立法の経過を踏まえて、現行選挙法典L.5条がどのように解釈・運用されているかに付言しよう。

1　理論的問題

　前述のとおり、現行選挙法典L.5条は、少なくともその文言においては、「原則的許容」「例外的許容」のいずれの構想を採用したかを明らかにしていない。二つの立場の相違は、具体的には、仮に後見裁判官が選挙権について何らの判断も下さなかったときに、被後見人の選挙権は存続されるのか剝奪されるのか、というかたちで現れることとなろう。

　被後見人の選挙権という問題が民法（後見法）と選挙法の交錯領域にあるた

めか、この点については、民法上も選挙法上もあまり議論がみられない。しかも、これに言及する若干の議論においてさえ、被後見人の選挙権行使に関する叙述が一致していないことが注意を惹く。

まず、成年者保護法研究者として著名なフォシエ教授らの解説をみよう。そこにおいては、次のように「原則的許容」の立場が明言されている。すなわち、2007年法以後は、選挙能力が存することが原則となるのだから、後見開始の審判に際して裁判官が何らの判断も下さなかったときには、被後見人の選挙権は当然に維持されることとなるし、また、更新の場合には、当然に選挙権が回復されることになる、というのである。

これに対し、選挙法典に関する解説は、一致して、フォシエ教授とは二つの点で食い違う理解に立つ。すなわち、第一に、ある実務的注釈書によると、本条は、2005年法が採用した「例外的許容」を修正して「中立」の立場を採ったものとされ、この前提から、裁判官が選挙権の許否についての判断を行わなかった場合には、従前の取扱いが継続されることになると説かれている。第二に、裁判官が被後見人の選挙権を許容する旨の判断をしたとしても、そのことによって直ちに選挙権を取得するわけではなく、選挙人名簿への登録を請求することができるにすぎない。フランス法上、成年者は、職権によって当然に選挙人名簿に登録されるというのであるから（選挙法典11-1条）、この理解もまた、「原則許的容」とは整合し難いというべきであろう。もちろん、選挙人名簿への登録は選挙権行使の要件であり、選挙権の存否自体を直接に左右するわけではないから、上のような取扱いは許されると解する余地はあろう。しかし、2005年法が、投票へのアクセスの促進等をも併せて規定していることにかんがみると、選挙権を行使する能力のある被後見人にとってできる限り抑制的でない措置が講じられるべきではないのか、との疑問はなお残るように

〈29〉 Th. FOSSIER et al., Curatelle, tutelle, accompagnements. Protection des mineurs et des majeurs vulnérables, Litec, 2009, n° 666, pp. 290 et 291. さらに、J. BOUGRAB et A. de BROCA (dir.), Code du Handicap 2011, 2ᵉ éd., Dalloz, p. 915 もまた、選挙権保持を原則としている。

〈30〉 J.-P. CAMBY, Juris-Classeur Libertés, art. Fasc. 1000, 2007, n° 11.

〈31〉 CIRCULAIRE MINISTERIELLE, NOR : INT/A/07/00122/C du 20 décembre 2007 relative à la révision et à la tenue des listes électorales et des listes électorales complémentaires, n° 15.（http://www.interieur.gouv.fr/sections/a_votre_service/publications/circulaires/2007/inta0700122c/downloadFile/file/INTA0700122C.pdf?nocache=1205499581.65 より閲覧可能）選挙法典に関する解説は、いずれもこの叙述を引用している（V. CAMBY, loc. cit. ; O. COUBERT-CASTÉRA, Code électoral commenté, 9ᵉ éd., Berger-Levrault, 2010）。

思われる。

2　現実的問題

次に、実際に選挙権行使の可否を決するに当たって留意すべきとされる問題に付言しておこう。

2007年法においては、後見の開始および更新の際には医師の意見を徴することが義務化されているから（431条、442条）、その段階で、能力の減退が「投票権の行使」に対してどのような影響を及ぼすかについても医学的所見が示されることとなる。これは、いわゆる必要性の原則の一つの現れと位置付けることのできる措置であり、その具体的手続は、民事訴訟法典1219条（特に1項3号）に定められている。

【フランス民事訴訟法典1219条】
　民法典第431条に定める詳細な診断書〔の内容〕は、次のとおりとする。
　1号　要保護成年者または被保護成年者の能力の減退を正確に記載する
　2号　この減退の予見可能な変化に関するあらゆる情報資料を裁判官に提供する
　3号　財産および身分に関する民事生活上の行為における成年者の補佐または代理の必要性、ならびに投票権の行使に関して、この減退から生じる結果を明記する
　2　診断書には、成年者に対する審問がその健康を損なうおそれがあるか、または成年者がその意思を表明する状態にないかを記載する。
　3　診断書は、医師が共和国検事または後見裁判官のみに宛てたものに封をして申請人に交付する。

もっとも、同条によって明らかになるのは、選挙権行使の可否に関して診断書によって医師の意見を徴しなければならないということのみである。本条のみならず、民法典、選挙法典のいずれもが、選挙権の許否の判断基準それ自体を提示してはいないことを考えると、運用の基準にはなお不明瞭さが残されているといわなければならないだろう。

---

[32] ARBELLOT, op. cit., n° 84.22, p. 4431. V. aussi FOSSIER et al., loc. cit.
[33] 条文訳は、フランス民事訴訟法研究会「フランス民事訴訟法翻訳(8)」際商39巻4号（2011年）546頁に負う。

Ⅴ　まとめ

　以上、本章においては、被後見人の選挙権に関するフランス法の法的規律を、立法上の二つの転換の意義を解明することに重点を置きつつ検討してきた。そこから述べ得るフランス法の特徴は、以下のようなものである。

　フランス法の法的規律の特徴は、裁判官が各事例において選挙権行使の可否を判断することによって、選挙権を許容するか剝奪するかを決するとした点にある。冒頭に掲げた二つの論点に即して評価するならば、こうした規律は、①選挙権に対して一定の制約を課し得ることは認めるという前提に立ったうえで、②選挙権に対する制約を成年後見開始と画一的に結びつけることは否定しつつも、成年後見開始を機会として、しかも同一の判断権者によって制約が課される可能性を認めるという、半「転用」的とも評すべき特徴を有するものといえよう。被後見人による選挙権の行使には一定の制約がなお必要だとの前提を維持するならば、選挙権の許否を裁判官による個別審査に委ねるという規律は、被後見人の具体的状況に応じて、基本権の制約を必要最低限度にとどめるための一つの方途と評し得るものと考える〈35〉。

　ところで、フランス法のような制度のもとでは、さらに進んで、選挙権の「許容」と「禁止」のいずれを原則とみるかが問題になる。この点につき、フランス2007年法は、明確な態度決定をあえて差し控えるという選択をしたようであった。裁判官の判断が義務化されるならば、この点に関する裁定がなされないという事態はほとんどないはずであるから、いずれが原則であるかを明示し

〈34〉判断権者という点については、本論においてもたびたび言及したとおり、フランス法においては「後見裁判官」という特別の機関が設けられており、日本とはいささか問題の様相を異にすることに注意が必要である。後見裁判官がどのような役割を果たしているかを考察することは重要な課題であるが、その検討には他日を期することとしたい。

〈35〉併せて注意すべきは、日仏の相違として、フランスには保護措置の「更新」制度があり、措置内容の可変性が制度上保障されていることである。これによって、フランスにおいては、5年以内には成年者の能力の再評価が行われ、その結果に即して措置の内容が見直されることになる（フランス民法典441条および442条）。選挙権行使の許否は、論理的にいえば選挙ごとになされる必要があろうが、これでは煩瑣に過ぎ、実現は困難である（選挙権制限が存置された背景に、「選挙時に個別に意思能力を審査することは困難でありますことから、欠格条項を存置したものであります」（参議院法務委員会議録第四号（平成11年11月18日）30丁）という意見があったことは、ここで再確認しておいてよいだろう）。これに代わる取扱いとして、一定期間ごとに措置内容を更新するものとし、その機会に裁判官が選挙権行使の許否をも再審査するという制度を設けることには、合理性があるように思われる。

ないこと自体が制度の運用に支障を来すとは考えにくい。とはいえ、この点を理念の次元で見定めておくことは、裁判官の判断に指針を与えるためにも重要といえよう。

　そこで、最後にこの問題に付言しておくと、「原則的禁止」論者は、①選挙権は、自ら意思決定をすることのできる者にのみ与えられるべきである、②後見人は、自ら意思決定をすることができないのが常態である、という二つの前提から自説を根拠づけていた。このうち、前提①は、それ自体としては異論の余地の少ない命題であるといってよいだろう。これに対し、前提②は、現実には被後見人の判断能力の程度もさまざまであることを考えると、基本権に対する制約を支える事実認識としては、問題を含んでいるように思われる。「総合的・包括的な権利擁護制度」たることを目指した新たな後見法のもとでは、[36]「必要性」「補充性」の指導理念を最大限尊重し、選挙権についても「原則的許容」の立場を明示的に採用すべきだったのではないか、との感を禁じ得ないところである。

（山城一真）

【後注】議事資料について
　審議過程の議事資料は、いずれも元老院のウェブサイトにおいて閲覧することができる。国民議会のものも含めて、議事の経緯に即して資料のリンク先が示されおり、至便である（脱稿時（2012年3月9日）においては、いずれの資料も閲覧可能であった）。
2005年法：http://www.senat.fr/dossier-legislatif/pjl03-183.html
2007年法：http://www.senat.fr/dossier-legislatif/pjl06-172.html

〈36〉今尾真「フランス成年者保護法改正の意義と理念」新井誠ほか編『成年後見法制の展望』（日本評論社、2011年）165頁、特に186頁以下。

第4章

イギリス法における
精神障害者の選挙権

I 課題の設定

　成年被後見人は選挙権を有しないとする公職選挙法11条1項1号は、障害者権利条約29条に違反する可能性が高く、わが国が同条約を批准する妨げの一つとなっている。そこで現在、公職選挙法11条1項1号の見直しまたは廃止が検討されている。[1]本章では、すでに同条約を批准しているイギリス（連合王国）の法状況を紹介する。わが国の選挙制度は、イギリスの制度を極めて強く模倣して創られたといわれており[2]、成年被後見人の選挙権欠格条項の見直しについて検討するに当たり、イギリス法の動向を確認することは、意義があるものと思われる。

　イギリスは、障害者権利条約の起草過程に密接にかかわっており、署名開放当日（2007年3月30日）に、いち早く署名した国の一つである[3]。しかし、批准に当たっては慎重な態度をとり、当初の予定である2008年末から約半年遅れて2009年7月に批准した。この遅れには、国内法が条約と適合していることを確かめる調査と、条約に留保を付す必要性をめぐって度重なる議論[4]

---

[1]　2009年12月8日、障害者権利条約批准に向け国内法を整備するために内閣に設置された「障がい者制度改革推進本部」の第5回会議「議事録」41-46頁、49頁および「政治参加に関する意見一覧」14-17頁参照（議事録、資料等は http://www8.cao.go.jp/shougai/suishin/kaikaku/kaikaku.html にて閲覧可能 [2012/06/02]）。

[2]　山本悟＝鈴木博『公職選挙法逐条解説〔改訂新版〕』（政経書院、1967年）13頁。

[3]　Joint Committee on Human Rights, The UN Convention on the Rights of Persons with Disabilities, First Report, HL Paper 9, HC 93 (2009), Ev16. イギリスは、本条約の検討のために国連に設置された特別委員会（Ad Hoc Committee）の第一回会合（2002年7月29日－8月9日）から代表を派遣している数少ない国（全22か国・2機関）の一つであった（U.N.Doc. A/AC.265/INF/1）。

[4]　批准によって、条約がイギリスの国内法に組み込まれるわけではないが、コモン・ロー

がなされたことが少なからず関係している。

　イギリスは、条約のすべての規定が施行可能であり、引き受けた諸義務を履行しうることが確かめられるまでは、批准しないというアプローチを原則とする。しかし政府は、障害者権利条約の批准が遅れれば、障害者が平等な人権を享受し、政府がそれを完全に支援するという強くて明確なメッセージを送る貴重な機会を逃すことになりかえって問題であると主張した。そこで、原則的なアプローチをとらず、留保を付して早期に批准することが提案されたのである。これに対して、多数意見は、障害者の権利を保障するための条約に、その法的効果を排除または変更する留保を付すことは、国内の障害者や他の締約国に対して悪印象を与え認めがたいというものであった。とはいえ、その論者の多くもまた、批准の遅れを是としなかったため、留保を付すべき規定を最小限にとどめるべく慎重な議論が重ねられた。その結果、四つの留保と一つの解釈宣言が付されることとなった。

　このように、条約と国内法との適合性について予定よりも長い時間をかけて綿密な検討をおこなったとされるイギリス政府が、留保を提案した規定の中

　　によると、国内裁判所は、国内法を解釈する際、条約の規定にも配慮しなければならないとされるため、各省庁・行政機関は自国の法制度、政策、実務、手続が条約と反していないかを確かめる作業を行う必要があった（First Report, ibid., p.5 n.2）。
〈5〉　留保の議論に関して、人権に関する両院委員会（Joint Committee on Human Rights）から三つの報告書が刊行されている（First Report, ibid.;The UN Convention on the Rights of Persons with Disabilities: Government Response to the Committee's First Report of Session 2008-09, Sixth Report, HL Paper 46, HC 315 (2009); The UN Convention on the Rights of Persons with Disabilities: Reservations and Interpretative Declaration, Twelfth Report, HL Paper 70, HC 397 (2009).）。
〈6〉　First Report, op. cit., p.17, Ev 53 (UN Convention Campaign Coalition). この議論がなされている 2008 年 12 月段階で本条約に留保を付していた批准国は、43 か国中、わずか 4 か国であったことから一層反対を受けた（First Report, op. cit., p.19.）。2012 年 6 月現在でも、113 か国中、19 か国である（UN Enable 国連公式ウェブサイト参照）。
〈7〉　留保が付されたのは、12 条（法の前の平等）、18 条（移動の自由及び国籍についての権利）、24 条（教育）、27 条（労働及び雇用）であり、24 条については、解釈宣言もなされた（なお 12 条は、社会保障給付申立ての代理人（とりわけ身体的または精神的能力を欠く者のために、その者に代わって年金などを申立、受領するために選任された者）を定期的に審査するシステムが存在しないために留保の対象とされていたが、新しい再審査制度の導入によりこの点が改善されたため、2011 年 10 月、12 条に関する留保は撤回された。See, Office for Disability Issue, UK Initial Report On the UN Convention on the Rights of Persons with Disabilities (2011), para.41.）。
〈8〉　Joint Committee on Human Rights, A Life Like Any Other? Human Rights of Adult with Learning Disabilities, Seventh Report, HL Paper 40-Ⅱ, HC 73-Ⅱ, vol. Ⅱ (2008), Ev 386, Department of Health, Government response to the Joint Committee on Human Rights: A life

に条約29条は含まれていなかった。つまり、2009年当時、障害者の政治参加はイギリスの法制度上、問題なく保障されていると考えられていたのである。これは、わが国の現状とは様相を異にするものであり、注目に値しよう。

　もっとも、長い歴史を有するイギリスの選挙制度の下で、精神障害者に対して、法律の文言上、平等な選挙権が保障されるようになったのは、ごく最近のことである。2006年選挙管理法（Electoral Administration Act 2006）が制定されるまで、むしろ長年にわたって、法はこれらの者の選挙権の行使を制限してきたとさえいえる。

　特に、イギリスの国会議員選挙および地方議員選挙において投票権（entitlement to vote）が認められるための要件のうち、①関連する選挙人名簿に登載されていること、②投票権行使の欠格事由（legal incapacity to vote）に該当しないことという要件が、精神障害者の投票権の行使を制限する可能性のあるものであった。

　そこで、以下では、精神障害者の投票権行使の欠格事由（Ⅱ）と選挙人名簿への登載（Ⅲ）について、過去に法が課していた制限の内容とそれがいかにして取り除かれたのかをみていくことにする。そして、そのような変遷を経た現行法の下でも、なお精神障害者の投票権の行使が制限されうる場面が存しないか検討する。それに加えて、調査報告に指摘される現実の問題について触れる（Ⅳ）。最後に、本稿で概観したイギリス法から、わが国の成年被後見人の選挙権の議論において参考となりうる部分を抽出してみたい（Ⅴ）。

Ⅱ　精神障害者の投票権行使の欠格事由

　まずは、投票資格の要件の一つである、投票権行使の欠格事由についてみていこう。1983年国民代表法（Representation of the People Act 1983）によれば、投票権行使の欠格事由とは、1983年国民代表法、その他あらゆる制定法が定める投票資格の欠缺事由（disqualification）に該当する場合、あるいは現存す

---

　　like any other? Human rights of adults with learning disabilities, Cm.7378 (2008), p.5.
〈9〉　17世紀前半（ジェームズ1世の在位中）には、投票者および候補者に対して指針となるよう、投票に関するある程度のルールや法的権利の概要が決められていたとされる（Halsbury's Laws of England (1910), vol.12, para.297）。
〈10〉　Representation of the People Act 1983, ss.1(a)(b)(i) and 2(a)(b)(i) (as amended by Representation of the People Act 2000, s.1(1))．2000年改正法に関する概説は、齋藤憲司「選挙制度の改正 2000年国民代表法の制定」ジュリスト1180号（2000年）58頁参照。

る適用可能なコモン・ローにおいてその能力を欠く（incapacity）場合をいう、と規定されている。この規定は、具体的にどのような場合に、どのような態様において投票権行使が制限されることを意味するのであろうか。まず、コモン・ロー上のルールからふりかえってみることにする。

1 コモン・ロー上のルール

1874年のStowe v Joliffe事件判決において、制定法またはコモン・ローによって投票が禁じられている者とは、制定法またはコモン・ローのいずれかにおける禁止によって、「個人に固有の資質またはさし当たり取り除くことのできない資質（some inherent or for the time irremoveable quality）」のために議会選挙人の地位を有さない者であると定義された。本稿では、精神的疾患が上記の資質に、該当するかが問題となる。

これに関しては、18世紀まで遡ると、「白痴 "idiot"」は選挙人名簿に登載されることができないため、投票することができないとする判決を見つけることができる。また同じ頃に、重度の精神障害を患っている「瘋癲 "lunatic"」については、本心に復している間の投票を認める（すなわち、本心に復していなければ投票できないとする）判決が出されている。この立場は引き続いて19世紀はじめの判決においても確認されており、「白痴」、「瘋癲」の選挙権の制

〈11〉 Representation of the People Act 1983, s.202(1) (as amended by Electoral Administration Act 2006 s.73(1), (2)).

〈12〉 Petersfield Case, Stowe v Jolliffe (1874) LR 9 CP 734.

〈13〉 Ibid, 750. per Lord Coleridge, CJ.

〈14〉 例として、貴族、女性、法律で禁止される事業を行う者、投票の資格を剝奪するような有罪の判決を受けた者があげられている（Ibid, 750. per Lord Coleridge, CJ）

〈15〉 Halsbury's Laws of England (1910), vol.12, para.303, n.(a); Halsbury's Laws of England (4th ed, 2007), vol.15(4), para.122, n.11. Also See, Letts, P., Assessment of Mental Capacity, (2nd ed, 2004), p.90. 同書［第2版］の邦訳として英国医師協会著〔日本社会福祉士会編訳・新井誠監訳・解題〕『イギリス成年後見ハンドブック：能力判定の手引き』（勁草書房、2005年）がある。

〈16〉 "idiot"及び"lunatic"の訳語は、衆議院議員選挙法調査会「選挙権ニ関スル調査資料」（1922年）45頁所掲の「各国下院議員選挙缺格者一覧」（大正11年12月現在）「英国」部分「投票ノ當時コンポス、メンチス（記述可能）ノ状態ニ在ラサル者（瘋癲、白痴等）」によった。なお、現在「白痴」及び「瘋癲」は用いられない（ステッドマン医学大辞典編集委員会編『ステッドマン医学大辞典［改訂第6版］』（メジカルビュー社、2008）等参照）。

〈17〉 Halsbury's Laws of England (1910), vol.12, para.303, n.(a); Halsbury's Laws of England (4th ed, 2007), vol.15(4), para.122, n.11.

〈18〉 Ibid.

限は、コモン・ローの法理として確立していたとされている。[19]

　これらの判決の意義について考えるに当たり、まず「白痴」と「瘋癲」の定義に触れよう。イングランド法の歴史上、かなり初期の段階で、「白痴」と「瘋癲」は、その精神的な障害が生来のものか否かで区別して用いられていたことが確認されている。[20] 16世紀末の判決には、「白痴」を"fool natural"と呼び、「生涯続く生来の欠陥によって、誰とも契約するための判断力や理解力を一度も有したことがない者として知られる」と説明するものがある。[21] これに対し「瘋癲」は、あるときは良好で正常な記憶力を有し、またあるときは心神喪失（non compos mentis）の状態である者と説明されている。[22] そして「瘋癲」の者が心神喪失の時になした行為は、すべて「白痴」の者がなした行為に相当し、他方、本心に復している間（inter lucida intervalla）になした行為は、本人を拘束するとされている。[23] このように、「瘋癲」と「白痴」は、その精神障害の発症が生後か生来のものかに加え、本心に復する可能性または疾患の回復の可能性が有るか無いかということでも区別されていた。[24]

　19世紀になると、両者は制定法や一般用語の上で、いくぶん区別が明確ではなくなったとされるが、[25] いずれも「一般的に、理性または知性の瑕疵または欠缺をもたらすようなあらゆる形態の精神疾患または精神的欠陥（mental illness or defect）を患う患者にあてはまり、その知性にわずかに影響を与えるだけまたは全く影響を与えない……ような精神疾患患者にはあてはまらない」[26] とされていた。従って、「白痴」と「瘋癲」は少なくとも判断能力を損なうような精神障害を患う者を指していたといえる。

　以上を踏まえて、「白痴」の投票は認められないとし、「瘋癲」の投票は本心に復しているときのみ認められるとするコモン・ロー原則について若干検討し

---

[19] Halsbury's Laws of England (1910), vol.12, para.303; Halsbury's Laws of England (4th ed, 2007), vol.15(4), para.122.

[20] Report of the Royal Commission on the Law Relating to Mental Illness and Mental Deficiency1954-1957 (1957), Cmnd. 169, para.146; Report of the Royal Commission on the Care and Control of the Feeble-minded (1908), Cd.4202, para.765.

[21] Berverley's Case of Non Compos Mentis, (1598) 4 CO.REP. 123, 124b; 76 E.R. 1118,1122.

[22] Ibid.

[23] (1598) 4 CO.REP. 123, 125a; 76 E.R. 1118,1122-1123.

[24] Halsbury's Laws of England (1911), vol.19, para.812.

[25] Report of the Royal Commission on the Law relating to Mental Illness and Mental Deficiency1954-1957 (1957), Cmnd. 169, para.147.

[26] Ibid, para.153.

てみよう。このルールは一見、「白癡」や「瘋癲」という精神障害に区分される者の投票権の行使をその疾患の態様に応じて制限しているようにみえる。しかし、「白癡」が生来一度も判断能力を獲得したことがなくその状態が生涯続く者とされていたこと、判断能力が回復する可能性のある「瘋癲」が、本心に復していない場合の投票のみを禁じられていたことから、つまるところ、実際に投票権の行使を制限する根拠とされたのは精神障害の類型ではなく、投票を行うための精神能力の有無であったと考えられる[27]。

では、投票に必要な精神能力とは何か。これを明示的に定義した判決はなく、コモン・ロー上の能力テスト－投票の当時にその行為の本質と効果（nature and effect）を広い意味で理解することができるか－が基準にされた。投票者には、投票時に自分が今何をしており、票を投じるという行為がどのような効果をもたらすかを広い意味で理解できる精神能力が必要と考えられていた[28]。このような精神能力を欠く者は、投票権行使の欠格事由に該当し、投票資格を有さない者とされた。

このルールは長らく維持され、21世紀に入ってもなお効力を有していた[29]。しかしながら、本章のはじめに確認したように、2009年当時、精神障害者の選挙権行使は少なくとも法制度上、他の者と平等に保障されていたと考えられる。この点に関して重要な鍵となる制定法について、以下みていくことにしよう。

2　2006年選挙管理法73条1項

2006年7月、イギリスにおける選挙の管理及び規制に関して規律する法として2006年選挙管理法が成立した。本法には、選挙人名簿の登載とその情報維持、選挙の立候補、選挙及び国民投票の管理と実施、政党に関する諸規定が盛りこまれている。本法制定に当たり、第一に万人の投票へのアクセスの保障、第二に投票率の向上、第三に可能な限りの不正の抑止が中核的な目的として掲

---

[27] Law Commission, Consultation Paper No.119, Mentally Incapacitated Adults and Decision-Making: An Overview (1991), para.2.29 は、当該ルールを「精神能力を欠く者 mental incapacity」の投票が認めないものとして説明している。

[28] See, Law Commission, ibid, para 2.29; Hale, B., Mental Health Law, (5th ed) (2010), p.312. 英国医師会が刊行した精神能力判定に関するガイドブックは、理解することに加えて、被選挙人の中から誰かを選択する能力も挙げている（Letts, P., Assessment of Mental Capacity, (3rd ed) (2010), p.98）。

[29] Letts, P., op. cit., (2nd ed) p.90、前掲・邦訳書94頁。

第 4 章　イギリス法における精神障害者の選挙権

げられた。[30]

　同法 73 条 1 項は、第一の目標を反映する条項の一つである。同条は、「人は、その精神状態（mental state）を理由に、投票権行使の欠格の対象となると定めるすべてのコモン・ロー原則を廃止する」と規定しており、精神障害者の投票へのアクセスを保障する内容となっている。ここで、本条の「精神状態」という文言について一歩踏み込んで、その具体的な内容を考えてみたい。もし、「精神状態」という文言が精神能力の欠缺を含むのであれば、前項で触れたコモン・ロー原則が本条項によって廃止されることになるが、この規定ぶりからは判然としない。[31] この点について、本法制定の審議過程における立法者の見解をたよりに検討を試みる。

　本条のもとになる規定は、下院の第一読会時（2005 年 10 月 11 日）の法案[32]および下院での審議を受け修正された上院の第一読会時（2006 年 1 月 12 日）の法案[33]の中に見つけることはできない。その原点は、2006 年 2 月 11 日に行われた上院の第二読会におけるリックス卿（Lord Rix）[34]の指摘に見出される。リックス卿は、「白癡」や「瘋癲」といわれる精神障害者の投票を制限するコモン・ロー原則について、①象徴的な面と②実務的な面の二つの面においてその影響が懸念されることを述べた。以下、重要な発言と思われる部分を引

〈30〉 Electoral Administration Act 2006 Explanatory Notes, para.4, Halsbury's Laws of England vol.15(4) Elections & Referendum (4th ed) (2007) para.122.

〈31〉 たとえば、この条項について、「従って、単に精神上の健康に問題があるとか学習障害であることをもって投票権の欠格とはされず、名簿に登載される資格を有する。しかし、中には、人が投票を望む際に判定されるべきである、投票を行うための精神能力を欠く者もいるであろう。」、「投票の日に投票所において、投票者が、投票に関するコモン・ロー上の〔精神〕能力を有していないと官吏長に思われない……限り、投票が認められる」と説明するものがある（Letts, P., op. cit., (3rd ed), pp.98 and 100）。この解釈によれば、2006 年選挙管理法 73 条 1 項の「精神状態」は、単に精神障害を有するという事実にとどまり、精神能力を欠くことは含まれないことになるかもしれない。

〈32〉 Electoral Administration Bill, ordered by House of Commons (11/10/2005), Available at: http://www.publications.parliament.uk/pa/cm200506/cmbills/050/2006050.pdf [2012/06/02]

〈33〉 Electoral Administration Bill, ordered by House of Lords (12/1/2006), Available at: http://www.publications.parliament.uk/pa/ld200506/ldbills/058/2006058.pdf [2012/06/02]

〈34〉 1924 年コッティンガム生まれ、長年役者として活躍。1951 年、長女のシェリーがダウン症で生まれて以後、学習障害者の支援の世界に足を踏み入れ、イギリスではじめての学習障害者向けのテレビ番組の司会を務めたり、テレビ番組の出演で得た資金をチャリティ団体に寄附するなどの支援を継続した。1980 年から Royal Mencap Sociey という歴史ある学習障害者支援のチャリティ団体の事務局長を務め、現在は最高責任者である。1992 年一代貴族（life peer）となった。

用する。

　「障害に触れる際に用いる文言は常に変化しており、議論の種でもあります……が、現代において誰も用いずいまやすべての人がそれを攻撃的で侮辱的で非人間的であると認識している言葉もあります。いえ『法律家を除くすべての人』というべきでしょうか。なぜなら投票権行使の資格について規律する既存の判例法は特に『白癡』は投票することができない一方『瘋癲』は本心に復しているときだけ投票することができるとしているのですから。古い判例法の中にはもちろん、もはやその正当性を問題とする必要がないものもありますが、この法は象徴的（symbolic）な意味でも実務的（practical）な意味でも重要な影響をもたらしています。象徴的な影響とは、学習障害を有する者や精神上の健康に問題を抱える者が白癡や瘋癲と呼ばれることは許容されることであると彼らに示すことです。これらの言葉が法の中に存在するならば、人々がこれらの言葉を用いることをとがめることはできないでしょう。実務的な影響とは、今日でも、学習障害を有する者や精神上の健康に問題を抱える者が民主主義における最も基本的な権利——投票する権利、自分たちを代表し国を統治するのは誰かということに意見を述べる権利——をもたないという誤解が広くなされていることです。投票するための精神能力を有し、法的な権利も有する視覚障害やコミュニケーション機能の障害を有する者が投票所に受け付けてもらえないことによってその投票権が奪われているという証拠が……あります」。⟨35⟩

　判例法がもたらすこのような混乱は、「当該判例法が時代遅れで攻撃的であるということだけでなく、もはや効力を有しないという明確かつ公式な声明がなされることによって軽減されうることは間違いありません。そのような声明は、・法・的・資・格・の・概・念・か・ら・精・神・能・力・の・概・念・を・切・り・離・す・よ・う・に・国・民・代・表・法・を・修・正・す・る・こ・と・に・よ・っ・て、すなわち古い判例法を廃止することによって、かなり容易に行なうことができると思われます」⟨36⟩。

　「……投票を行うための法的資格〔欠格事由〕と投票を行うための精神能力との間の区別の強調は、明確でなければなりません。前者〔投票を行うための法的資格〕は、投票者の国籍、年齢、刑務所に服役しているか、貴族であるかどうかということによって決まります。これに対して後者

⟨35⟩ Hansard (HL), vol.678, col.1028 (2006/2/13).
⟨36⟩ Hansard (HL), vol.678, col.1029 (2006/2/13).

第 4 章　イギリス法における精神障害者の選挙権

──精神能力──は単純に、ある選挙が行われていることを理解しその選挙において何らかの方法で自己の選択を伝達する能力の問題です。抱えている障害がどのようなものであっても、またコミュニケーションにどのような困難を有していたとしても、登載された投票者が、すべての投票者が答えることができなければならないとされる同一の法定の質問事項に答えることができる限り、その者は投票する権利を有します。それ以外のテストがあるべきではありません」(傍点、〔　〕内は筆者による)。

このような主張を背景にして、本条項の原案が現実に議会にあらわれたのは、上院の報告審議（Report Stage）の初日（2006 年 5 月 15 日）であった。修正提案を用意したリックス卿は次のように述べている。

　　　この修正案は、「人が投票する能力を欠くこととその者の精神状態とを関連付けるすべてのコモン・ロー上のルールを廃止する。……当該コモン・ロー上のルールを廃止することは、障害を有する者を他のすべての者と全く等しい資格基準の下におくことになるであろう……障害を有する者は投票をする権利及び侮辱されない権利を有している。これらの修正を認めることによって、上院は障害者の平等を守ることに対する義務を果たし、差別と虐待から保護していることを示すことができる」のである。

この提案に対して、カーター卿（Lord Carter）、他 3 人の上院議員から賛同を受け、反対意見は出されなかった。またその後、2006 年 6 月 13 日に下院で行われた上院修正案の検討会（Commons Consideration of Commons Amendments）において、ブリジット・プレンティス（Bridget Prentice）議員は、「障害を有する者を他のすべての者と全く同じ資格基準に置くことを認める」ものであると賛同して、リックス卿が最初に提案した案は、一切変更されることなく成立したのである。

以上より、2006 年選挙管理法 73 条 1 項について次のことがいえよう。まず、本条項の主たる立法目的は、精神障害を有する者が障害を有さない者と全く同一の投票権を有していることを明確に保障することであった。そこで、「白癡」や「瘋癲」という差別的な用語を残し、精神障害者が選挙権を有しないという誤信を広めて精神障害者の選挙権行使を不当に阻む要因となっているコモン・ロー原則の廃止が提案されたのである。そして特筆すべきは、立法の際、投票を行うための法的資格（欠格事由）と精神能力の有無は、何ら関係しないこと

〈37〉 Ibid.
〈38〉 Hansard (HC), vol.682, cols.122 and 123 (2006/5/15).

が明確にされるべきであると強く主張されたことである。このようにして導入された本条項は、精神能力を欠くことを理由に投票権行使を認めないコモン・ロー原則を廃止するものであると解される。⁽³⁹⁾

III 精神障害者の選挙人名簿への登載
――投票権行使のための前提要件――

　前節で確認したように、精神能力の欠缺はもはや精神障害者の投票権行使を妨げない。しかし、投票者が投票を行うためには、その前提として選挙人名簿へ登載されていることが必要である。そのためには、欠格事由に該当しないことに加え、国籍要件、年齢要件を満たし、さらに名簿の登載申請の日または登載申請のための「申告」（declaration）がなされた日⁽⁴⁰⁾にいずれかの選挙区に居住している必要があるとされる⁽⁴¹⁾。

　精神病院に長期に入院しており自宅を失っている患者などは、選挙人名簿の登載に必要な住所を有しているといえるであろうか。もしこれらの者が選挙人名簿への登載において不利な扱いを受けているのであれば、選挙権を有していたとしてもこれを行使することが実質上不可能であり、問題である。以下では、選挙人名簿の登載において、精神病院に入院している患者に対してどのような保障がなされているかを見ていくことにしよう。イギリスの選挙法は、有罪の判決を受けて精神病院に収容されている者と、その他の入院患者との間で異なる取り扱いをするため、両者をわけて論じていこう。

1　任意・強制入院中の患者の場合

　ここでは、精神疾患患者の治療と保護について規律する精神保健法（Mental Health Act）制度の下で、犯罪と関係のない理由で精神病院に収容されている

〈39〉Electoral Administartion Act 2006, Explanatory Notes, para.408.
〈40〉登載申請のためにはいずれかの選挙区に居住している必要があるが、ホームレスや未決拘禁者（remand prisoners）、精神病施設入所者、兵役についている者等はこの要件を満たすことが困難である。そこで、ホームレス、再拘留者及び精神病施設入所者は、ある地域と密接な結び付きがあることを表明する「地域とのつながりの申告」（declaration of local connection）を、兵役についている者は「軍務の申告」（service declaration）をなすことによって、選挙人名簿登載のための住所が得られるようになった（本文後述）。See, Representation of the People Act 2000, Explanatory Notes, para.10, 齋藤・前掲注〈10〉58頁。
〈41〉Representation of the People Act 1983, s.4 (as amended by Representation of the People Act 2000, s.1(2)).

患者の選挙人名簿への登載について、どのようなルールが存在するのかを確認する。

1983年国民代表法の下では、精神障害者が精神病院等、その精神疾患の治療を目的とした施設に拘束されている場合、当該施設を居住地として選挙人名簿に登載されることは認められていなかった。[42] 入院が患者本人の同意に基づく場合（任意入院）のみ、精神病院に入院していなかったならば居住していたと思われる国内の住所、または入院するまで住んでいた国内の住所を居住地と申告（「患者申告 patients declaration」）して、選挙人名簿への登載することが認められていた。

しかし、この申告は援助なしで行われなければならないとされており、[43] 実際に、精神障害者が独力で登載に必要とされる、申告の日付、精神病院の住所、登載する居住地の住所を表明することは困難であったと思われる。また、この申告は任意入院患者のみに認められるものであったため、保護者の同意によって入院を受けている（強制入院）患者等は選挙人名簿に登載することができなかった。[44] このように、精神病院に入院している者は、選挙人名簿に登載されることが難しく、そのためにしばしば投票権を行使することができない状態に陥っていた。[45]

この問題は、2000年国民代表法の改正によって改善されることになる。まず、同法は、任意入院患者と、その収容が犯罪と関係のない強制入院患者とが、選挙人名簿の登載において全く平等なルールの適用を受けることを定める。[46] そして、これらの入院患者に対し、その者の置かれている状況に応じて二つの方法を用意した。

第一に、精神病院に滞在している期間が、選挙人名簿に登載されるための居住地とみなすのに十分な長さに達している患者の場合、その病院を居住地として登載されることが認められた。[47] このことによって、長期の入院で病院以外の住所を失ってしまったような患者も登載が可能となったのである。第二に、

---

[42] Representation of the People Act 1983, s.7(1).
[43] Representation of the People Act 1983, s.7(4).
[44] Law Commission, op. cit., para.2.29.
[45] Letts, P., op. cit., (3rd ed), p.99.
[46] Representation of the People Act 1983, s.7(1)(a) (as amended by Representation of the People Act 2000, s.4).
[47] Representation of the People Act 1983, s.7(1)(2) (as amended by Representation of the People Act 2000, s.4).

これら長期入院の患者を含め、すべての入院患者は、精神病院以外に自己が有する居所を居住地として登載すること、あるいは、ある地域と関係があることを申告する（「地域とのつながりの申告」）ことによって、その場所を居住地として登載することが認められた[48]。申告とは、入院していなければ居住していたと思われる場所の住所、あるいは、これまでに居住したことがある国内の住所を居住地として各自治体の選挙登載所（electoral registration office）に対して申請することをいい、これが問題なく受理されれば、選挙人名簿への登載をうけることができる[49]。申告の申込書は、身近な自治体の選挙登載所、図書館や市民相談所（Citizen's Advice Bureau）等で入手することができ、氏名、居住地として希望する場所の住所、申込書の返還を受け取るための住所（なければ直接登載所に受け取りに行くことも可能）を記入して提出する。記入の際には、援助を求めることが可能であるとされる[50]。

このように、2000年の国民代表法改正によって、精神病院に入院している患者の選挙権の行使を実質上妨げていた選挙人名簿への登載の制限に関する問題が解消された。

2　収容が犯罪に関係のある患者の場合

つぎに、精神保健法の下での精神病院への収容が犯罪に関係のある場合についてみていこう。イギリスの選挙法は、精神保健法によって拘留された犯罪者とその他精神保健法に基づいて強制的にまたは任意に収容された患者との取り扱いを分けている。後者については、前項で確認したように、選挙権行使は認められており、そのための法的な保障も進められてきた。これに対して、前者については、他の有罪判決をうけて服役中の犯罪者がそうであるように、議会選挙および地方選挙において投票する資格を認めないものとされている[51]。

このことについて、当該投票資格の剥奪は、精神障害を有することを理由とする剥奪ではなく、有罪判決を受けたことを理由とするものであるので、他の

---

[48] Representation of the People Act 1983, s.7(5) (as amended by Representation of the People Act 2000, s.4).
[49] Representation of the People Act 1983, s.7B(1)-(4) (as amended by Representation of the People Act 2000, s.6).
[50] The Electoral Commission, Beginner's guide to registration (2008), Available at: http://www.electoralcommission.org.uk/guidance [2012/06/02].
[51] Representation of the People Act 1983, s.3A(1) (as added and amended by Representation of the People Act 2000, s.2).

犯罪者と同等に扱うという点では、一定の合理性が認められるという説明がなされている〈52〉。しかし、近時、欧州人権裁判所において、すべての犯罪者が自動的に投票権行使の資格を剥奪されるイギリスの法は、比例性の原則に反し欧州人権条約に違反しているという判決がなされた〈53〉。このことから、犯罪を理由として精神病院に収容されている患者についても、選挙権の行使が拡張されるような立法がなされる可能性があり、イギリス国内において今後どのような改正がなされるか、現在注目されているところである。

　以上、精神障害者の選挙人名簿の登載に関する近年の法改正について概観してきた。従来、強制入院患者や精神病院以外に居住地とすべき場所がない患者は、選挙人名簿の登載に必要な住所を有さないため、登載ができないことがあった。そのため投票権を有していても、事実上その権利の行使が妨げられるという問題があった。これに対応すべく、2000年の同法改正では、強制入院患者についても任意入院患者と同等の権利が認められるようになった。また、精神病院や、自己とつながりのある地域であることを申告した地を住所として名簿に登載されることが認められるようになった。このようにして、これまで精神病院に収容されているために制限されていた患者の選挙権行使が保障されるようになった。

　他方、犯罪と関連があって精神病院に収容されている者の選挙権は、依然として認められていない。このことについては、有罪判決を受けて拘禁中の者の選挙権制度の改革において、見直しが待たれるところである〈54〉。

Ⅳ　精神障害者の投票が制限されうる場面

　Ⅱ、Ⅲ節で確認してきたように、現行法は、精神能力を欠く者の投票権行使の法的資格を認め、また、精神病院に入院する患者が選挙人名簿に登載されることを保障している。では、精神障害者の投票が制限されうる場面は、もはや想定しえないのであろうか。以下では、本人が投票を行う場合と、第三者が本人に代わって投票を行う場合とに分けて、この点についてみていこう。

〈52〉 Hale, B., op. cit., p.312.
〈53〉 Hirst v. United Kingdom (no. 2) [GC], no. 74025/01, ECHR 2005-IX
〈54〉 しかし、受刑者の選挙権付与については世論や議員の支持を得がたく、改正作業は難航しているとされる（河合正雄「受刑者の選挙権保障――2000年代のイギリスの動向を題材として――」早稲田法学会誌62巻2号（2012）68頁等参照）。

第3編　成年被後見人の選挙権

1　本人による投票が認められない場合

　コモン・ローによって、精神能力を欠く者の投票権行使が否定されていた当時、投票所の官吏長（presiding officer）には、投票者が被選挙人を区別する能力を十分に有し、法定の質問に申し分のない態度で答える能力を十分に有するかどうかを判断することが求められていたとされる。ここでの法定の質問は、本人確認（投票者が選挙人名簿に登載されている者本人であること）と、二重投票の防止（投票者がすでに当該選挙に投票済みでないこと）のために行われる質問をさす。しかし、すでに述べたように、2006年の立法によって、当該コモン・ローは廃止された。従って、官吏長は、投票者が被選挙人を区別する能力を有しているかを見極め、精神能力がないことを理由に投票を禁じることは許されない。これに対して、本人確認と二重投票の防止のための質問は、依然として、官吏長に認められる職務である。官吏長は、この質問に対して満足な回答が得られないと判断した場合、投票用紙の交付を拒むことができる。つまり、投票者は、この質問に答えることができなければ、投票が認められない可能性がある。

　このような運用は、精神障害者に対する不平等となりうるであろうか。これらの質問が設けられている目的は、名簿登載者以外の者による投票と二重投票という不正の防止である。上記の質問は、すべての投票者が投票時に回答できなければならない事項であり、精神能力に疑義のある障害者にだけ課される負担ではない。そして、これらの質問に満足な回答が得られないと官吏長が判断すれば、精神障害者であるか否かにかかわらず、すべての投票者が投票を認められない可能性がある。従って、これらの質問が精神障害者の投票権を不当に制限するものであるとまではいえないと考えられる。

〈55〉 Law Commission, op. cit., para.2.29.
〈56〉 Representation of the People Act 1983, Schedule 1 –Parliamentary Election Rules, Rule 35 (1). 具体的な質問として①「あなたは、次の通り、この選挙のために国会選挙人の登載簿に登載されている人ですか？」（と言って登載簿にある全項目を読み上げる）、②「あなたは、ここであるいは他の場所で、この選挙にすでに投票していませんか？」、北アイルランドでは「あなたの生年月日を教えてください」という質問がなされる。
〈57〉 Representation of the People Act 1983, Schedule 1 –Parliamentary Election Rules, Rule 35 (3).

2　代行者による投票は是か

　次に、投票者が判断能力を喪失しており投票を行うことができない場合、その投票権を第三者が代理行使することは認められるか、という点について検討してみよう。精神能力を欠く者にも投票資格があるとすれば、判断能力の喪失により投票権が事実上行使できなくなったときに備えて、あらかじめ自己に代わって投票権を行使してくれる者を選任しておくなどの対応が考えられなくもない。現行法で保障されている精神能力を欠く者の投票権は、自己の代わりに代行者をたてて投票することを許すものであろうか。

　精神能力を欠く者の代行判断について規律する法的枠組みとして、イングランド・ウェールズでは2005年精神能力法（Mental Capacity Act 2005）が、スコットランドでは、スコットランド無能力成年者法（Adults with Incapacity (Scotland) Act 2000）が存在する。本制度がカバーする決定には、財産に関する事項と身上にかかわる事項とがあり、何を着るか、毎週何を購入するかといった日常的な事項から、ケアホームに移るかどうか、外科手術を受けるかどうかといった人生を左右するような事項まで、法律行為か否かに関係なく幅広く含まれる。これらの事項について本人が自分自身で判断できない場合、裁判所、裁判所選任の法定後見人（deputy, guardian）、任意後見人（donee of Lasting power of Attorney, Welfare Powers of Attorney）が、本人に代って判断を行うことになる。

　これらの法制度の下では、わが国とは異なって、何を着るか、どこに行くか、誰と交流するか等、とかく私的なことまで代行判断が認められている。では、投票行為もその対象となりうるであろうか。スコットランド法には格別の規定

〈58〉第3編第3章所収の山城一真「フランス法における成年被後見人の選挙権」によれば、フランスでは、2007年の選挙法典改正時、一部の議員によって、医療に関する代行決定者の事前の選任が許されるならば、同様に、「事前に選挙権の行使を代理する者を選ぶこと」を認めるべきではないかという提案がなされていた。

〈59〉北アイルランド政府報告書によると、同法域の精神保健法の改正と精神能力を欠く者に関する新しい法制度の導入は2014年をめどに行なわれる予定である（Department of Health, Social Services and Public Safety, A Policy Consultation Document: Legislative Framework for Mental Capacity and Mental Health Legislation in Northern Ireland.（2009））。

〈60〉Mental Capacity Act 2005, Code of Practice, para.1.8.

〈61〉Mental Capacity Act 2005 ss.9, 10, 15-17, Adults with Incapacity (Scotland) Act 2000 ss.4,16 and 57.

〈62〉菅富美枝「自己決定を支援する法制度」大原社会問題研究所雑誌622号（2010）34頁参照。

がないが、2005年精神能力法においては、「除外される決定」という節の中に次のような規定がおかれている。すなわち、「この法律は、あらゆる公職選挙又は国民投票において、本人に代わって投票の決定が行われることを認めるものではない」。つまり、同法の規定に基づいて、第三者が、精神能力を欠く者に代って投票を行うことは許されないのである。

このように本法の適用から投票を除く旨の規定は、すでに起草段階で存在していた。法律案を提案した法律委員会（law commission）の報告書によると、本法に除外規定を置いた理由は、代行者がその一般権限のもとで適法に行いうる代行判断の範囲を明確にするためであった。そして、投票は、すでに一般法（general law）において本人の行為によってしか効果が生じないとされている事項の一つであり、第三者による代行判断は認められないことが明確にされるべきものであると説明された。投票が本法の適用を受けないということは、たとえ能力のあるうちに本人が投票に関する代行判断者の選任をしていたとしても、そのような代理権授与契約は認められないことになる。

ところで、イギリスの選挙法においては、一定の理由──たとえば、仕事や距離等の障害や身体的な障害等──によって当日投票に赴くことができない者は、代理の申請をして、代理人を選任し、代わりに投票をしてもらうこと（代理投票制度 proxy to vote）が認められている。先に述べたように精神能力を欠く者の投票権を第三者が代理行使することは認められていないが、代理投票制度を利用して投票を行うことは認められるのであろうか。

選挙委員会が選挙人名簿登載官吏向けに作成した実務ガイドラインでは、選挙人名簿の登載に当たっては、精神能力が全く無い者についても認められるが、投票代理人の選任を新しくしたりまたは継続するためには、投票者本人に投票の決定をなしうるだけの精神能力がなければならないと、説明されてい

〈63〉Mental Capacity Act 2005 s.29(1). 本法から除外される決定として、婚姻やシビルパートナーシップの同意及びそれらの解消、性関係の同意、養子収養に関する同意、子の財産に関しない親責任からの解放、ヒトの受精及び胚研究に関する法（Human Fertilisation and Embryology Act 2008）に関連する同意が挙げられている（s.27(1)）。
〈64〉Mentally Incapacity Bill s.30(e).
〈65〉Law Commission, Law Com No.231, Mental Incapacity (1995), para.4.29.
〈66〉Representation of the People Act 2000 Sch 4 para.3(3).
〈67〉2000年政党、選挙及び国民投票法に基づいて設立された政府独立の団体。第一に、政党及び選挙の資金の透明性を確保すること、第二に選挙、国民投票、選挙人名簿の登載の適切な運営を保障することを目的とする。選挙人名簿登載官吏や投票所スタッフ等、実務家用のガイドラインを作成している。

る。投票代理人は、本人がなした決定を本人に代わって投票してくる存在にすぎない（性質的には使者）ため、もし本人が投票に関して決定することができないのであれば、当該制度の利用は認められないのである。

　しかし、このように説明すると新たな問題が生じる。すなわち、代理制度を利用せず本人が直接投票所に赴いた場合には、投票に関する判断能力の有無は問題とされないにもかかわらず、代理投票制度を用いる者には投票に関する判断能力が必要とされるという問題である。両者を対比して、基準が不明確であることを指摘する論者もいる。この問題について考えるに当たって、まず、代理投票制度を用いる際に必要とされる精神能力の程度を明らかにする必要があると思われる。当該能力について、投票所に赴いて法定の質問に答え、投票することができる程度のもので足りるとするのであれば、両者に大きな違いはないであろう。しかし、代理投票制度を用いるためには、投票行為の内容と効果を理解し、代理人を選任する能力まで必要とされると解するのであれば、両者に求められる能力の違いを具体的に説明する必要が生じてくるものと思われる。

　上記にみたように、精神障害者の投票権の行使が、なお制限される可能性のある場面は、二つの限定的な場面にすぎない。第一に、投票者が、投票所の官吏長によってなされる不正防止の質問に答えることができない場合である。ただし、実務においては、精神能力を欠く者の投票権を制限することに対して、かなり消極的な態度がとられている。たとえば投票所スタッフのための実務ガイドブックでは、「選挙人として登載されている者や代理のリストに名がある者は、精神能力を欠くことを理由に投票用紙の交付を拒否されない、すなわち投票から締めだされることはない」ことが確認されている。このような態度をとっている以上、不正防止の質問を受けた者が不正を理由にではなく、精神障害ゆえに満足な回答をすることができない場合に、投票用紙の交付が拒絶されることが、どれほど頻繁に行われるかは明らかではない。第二に、精神能力を欠いている者の投票を第三者に委任することは認められていない。法は、投票は投票者本人の行為によってしか効果が生じないとするため、投票行為に第三者を介在させる場合には、かならず本人が投票について判断することが前提と

〈68〉 Electoral Commission, Managing electoral registration (2008), Part B para.5.10.
〈69〉 Redley, M., Huges, J., and Holland, A., Voting and Mental Capacity, BMJ (2010) p.341, col.4085.
〈70〉 Letts, P., op. cit., (3rd ed), p.101.
〈71〉 The Electoral Commission, Handbook for polling station staff (2010), p.20.

なる。従って、本人が誰に投票するかを自身で決定できれば、代理人に委任することができるし、反対に、投票について決定する精神能力を欠いていたとしても、直接投票所に赴いて、自分自身で投票することができる者の投票は制限されない。

このように現行法制度のもとでは、精神障害者の投票権の行使は法律の文言上、他の者と完全に平等であるとされており、また制限がなされうる場面も、非常に限定的であるといえよう。しかし、現実にはなお課題が残っているとされる。最後に、精神障害者の投票権の行使が事実上制限されていることを明らかにした実態調査について付記しておこう。

3　調査報告書にあらわれる制限の実態

Centre for Participation[72]という研究グループがケンブリッジシャーにおいておこなった選挙人名簿の登載に関する研究では、次のようなデータが明らかとなった。まず、学習障害のサービスを受けていない地域住民（イングランド東部、n ＝ 4,100,000）の95％が選挙名簿に登載されているのに対して、ケンブリッジシャーにおいてサービスを受けている者のうち名簿に登載されているのは、たった66％にすぎなかった。さらに、選挙人名簿に登載された者の総体の61％が投票を行っているのに比べて、学習障害者の場合、実際に投票を行ったのはたった22％であったという。このような問題の一因として、介助施設に居住の学習障害者については、スタッフが居住者の投票を行う能力が無いと勝手に判断して、選挙名簿登載の申請用紙が届いてもこれを教えないこと等が報告されている[73]。

また、精神科病棟で働く医療従事者（n ＝ 19）に対して行われた入院患者の選挙権に関する意識調査によると、任意入院患者については、89％が選挙権を有すると回答したが、強制入院患者が選挙権を有すると思うという回答は53％にとどまった。選挙権がないとした回答は、強制入院患者は、その障害が重度であることや、投票所に連れていくことが困難であるという実務的な理由のほか、現行法制度が依然として時代遅れで差別的な内容のままであると誤信しているためになされていた。また、ほとんどすべての回答者が、選挙に先

---

[72] 2002年末に発足。ケンブリッジ大学と学習障害を有する者とが協力して、学習障害者の生活を向上させることを目的に研究をしている地域のグループである。ウェブサイトにて本研究グループによる報告書を閲覧することができる。Available at: http://www.c4p.org.uk/ [2012/06/02]。

[73] Seventh Report, op. cit., Ev.86.

立って選挙権に関する情報を与えられていないと回答しており、精神科病棟で働く者の間に選挙権に関する知識が決定的に不足していることが明らかになった。[74]

その一方で、選挙運営者が投票所のアクセシビリティの改善に向けて取り組んでいることが報告されている。たとえば、2010年5月10日の国会議員選挙における投票所のアクセシビリティに関する調査では、全体の結果こそ5年前に比べて1％しか改善されていないが、「登載に関する文書、選挙の前に配布された投票カードは読みやすく、理解しやすかった」という回答が2005年では56％だったものが2010年では87％になっている。また、90％の人が投票の際に受けた指示や情報が分かりやすかったと答えており、94％の人が投票の能力について疑義をはさまれなかったと回答した。もっとも、この調査を行ったグループは、6％の人が投票所のスタッフによって能力を疑われたということは深刻な問題であるとコメントしている。投票所スタッフに投票の能力を判断する権限が存しないことを明確にした選挙委員会作成のガイダンスが存在するにもかかわらず、未だにそのような権限を有すると思っているスタッフがいることを懸念している。[76]

これらの研究は、法的に平等な権利が保障されるだけでは足らず、実務の面でその権利の行使を支援する体制が整えられていなければならないことを示している。法的な権利が保障されていても、実際に学習障害を有する者が選挙名簿に登載されること、意見を持つために必要な知識や理解を与えられることが保障され、投票したいと希望した場合に提供しうる支援体制がつくられなければ、障害者権利条約（5条や29条）に反するという主張がなされている。[77]

---

[74] Rees, G., Suffrage or suffering? Voting rights for psychiatric in-patients, BJP (2010), p.197, col.159.

[75] Scope（イングランド・ウェールズ）、Capability Scotland（スコットランド）、Disability Action Northern Ireland（北アイルランド）の三つのチャリティ団体が主導する障害を有する投票者の選挙のアクセシビリティ向上のための運動（Polls Apart Campaign）の一環。1992年の国会議員選挙から開始した。この運動を通じて、選挙委員会と協働し、障害を有する者、その家族、障害関係の専門家、投票所スタッフ、立候補者に対して情報を提供するが、国会議員選挙における投票のアクセシビリティについて調査することが、最も重要な活動である。2010年の選挙に関する調査報告書は Polls Apart 2010 Opening elections to disabled people. Available at: http://www.pollsapart.org.uk/pages/2010report.php [2012/06/02].

[76] Ibid, p.28.

[77] Seventh Report, op. cit., Ev.117.

V まとめ

　以上にみてきたように、現在、イギリス法は、精神障害者に対して他の者と全く平等な投票権を保障している。2006 年選挙管理法の制定によって、投票を行うための精神能力を欠くことを投票権行使の欠格事由とするコモン・ロー原則は廃止された。また、2000 年国民代表法の改正によって、入院先の精神病院や自己とつながりのある地域を住所として申告する制度が新設され、従来住所がないために選挙人名簿への登載ができず、投票権の行使が不可能であった精神病院の入院患者についても、投票権の行使が保障されるようになった。

　本稿ではさらに、このような改正を経てもなお、法が精神障害者の投票権の行使を制限しうる場面が存しないかを検討した。そのような場面として第一に、官吏長が投票所において行う不正防止の質問に回答できない場合、投票用紙の交付が受けられないことが想定される。しかし、この質問は、すべての投票者が回答を求められる質問であり、精神障害者にのみ課される制限ではない。また、精神能力を欠くことを理由に投票を妨げることは許されないというイギリス法の趣旨に鑑みると、実際には、精神障害を理由に不正防止の質問に回答できない投票者を投票から締め出すような運用は、忌避されるものと思われる。第二に、精神能力を欠く者が、第三者に候補者の選択を委任して自己の投票権の行使を果たすことは認められない。これは、投票は本人の行為によってしか認められないという一般原則から当然に導かれることである。従って、精神能力の有無にかかわらず、一般的にこのような方法による投票権の行使は認められないのである。このように、現行法の下で精神障害者の投票権行使が制限されうる場面は非常に限定的であるうえ、障害を有さない者も同様に制限を受けうる場面である。しかし、調査報告書によると、周囲の支援者の知識不足や支援体制の不備から、選挙人名簿への登載手続がなされなかったり、名簿への登載はあるが当日投票所に連れて行ってもらえず、事実上、投票権の行使が妨げられている状況がある。従って、法律上平等な権利が保障されるようになった後でも、投票権の行使を支援する制度を構築することが目指されている。

　このように実務的な課題が残されてはいるものの、本稿で論じてきたイギリス法の状況は、わが国が被後見人の選挙権剥奪規定（公職選挙法 11 条 1 項 1 号）を維持していることに対して、有益な示唆を与えてくれると思われる。当該規定が維持されている正確な理由は必ずしも明確ではないとされるが、日弁連は

主に「①成年被後見人は事理弁識能力を欠くことから、投票に際して必要な判断を行うことができない、②（①と関連して）現実問題として投票行動を行うことが非常に困難であること、あるいは仮に選挙権を認めた場合に、成年被後見人本人以外の者による不正な投票行為が為される虞がある〈78〉」ことをあげている。これらの点につき順次、イギリス法との対比を試みる。

まず、①判断能力の欠缺が投票権行使の制限理由とされる点からみていこう。わが国において、判断能力を欠く者の投票資格を否定する歴史は、選挙制度の確立とともに始まっている。明治22年、大日本帝国憲法とともに公布された衆議院議員選挙法第14条1号において、「瘋癲白痴ノ者」は「選挙人及被選挙人タルコトヲ得ス」とされた。先に述べたように、わが国の選挙制度は、イギリス法を母法としており、選挙権の欠格条項についても、その影響を強く受けたものと考えられる〈79〉。ここで、この規定の立法趣旨について、一歩踏みこんで検討してみよう。

この当時、白痴の者は、事の是非、物の善悪を識別することができず、民法上のすべての事項について責任を負わないとされ、瘋癲の者は、心神喪失中に為した契約は、禁治産の宣告を受けなくとも取消すことができるとされていた〈80〉。これらの者の投票権行使を制限した理由については、「選挙権及被選挙権の如きは公権中の最大なるもの」であるから「瘋癲白痴をして此の重要なる公権を行はしむへからさるや明らかなり」〈81〉と解説をしている。その後、明治33年の同法改正によって、「瘋癲白痴ノ者」の代わりに「禁治産者及準禁治産者」（衆議院議員選挙法11条1号）という文言がおかれた。本規定の趣旨は、次のように解説されている。「抑モ選挙権被選挙権ナルモノハ国家ノ政治ニ干與スル

〈78〉日本弁護士連合会『成年後見制度に関する改善提言』（2005年）30頁。http://www.nichibenren.or.jp/library/ja/opinion/report/data/2005_31.pdf [2012/06/02] にて閲覧可能。

〈79〉衆議院議員選挙法調査会・前掲注〈16〉44-50頁は、大正14年の選挙法改正のための調査報告書であるが、欧米諸国の欠格者について整理されている。文言に差異はあれど、欠格条項一覧にあがった国のすべてが精神能力を欠く者または精神障害者を欠格者としていた。中でもイギリスは、「瘋癲、白癡」者を欠格としていることが紹介されており、衆議院議員選挙法14条1号と文言が同一であり、その強い影響がうかがえる。他に、「痴呆者、癲狂者」（アメリカ）、「禁治産者（準禁治産者）」、「後見」、「保佐」を受けた者（フランス、ドイツ、プロイセン、アメリカ、オーストリア、スペイン）、精神上の疾病を理由に「癲狂院」（フランス）や、「療養所又ハ保育院」に収容された者（ドイツ、プロイセン）等がある。

〈80〉磯部四郎＝服部誠一『民法辞解〔明治27年〕日本立法資料全集別巻6』（信山社、1997年）160頁、499頁。

〈81〉林田亀太郎『衆議院議員選挙法』（東京専門学校、1894年）32-33頁。林田氏は、立法当時、法制局法制部に所属していた。

ノ権利ニシテ事ノ重大ナル」ものである。「然ルニ今法律上有効ナル行為ヲモ為スコトヲ得サル者ニ此ノ権利ヲ附與センカ其ノ弊害ヤ實ニ甚タシカルヘシ是レ即チ本條カ此等ノ者ニ對シテハ選挙権被選挙権ヲ共ニ附與セサルコト、シタル所以ナリ」。つまり、これらの規定は、私法上の行為を行うことさえできない者に、私人が国家に対して有する権利の中でも最も重要な参政権を付与することは認められないという考えのもとに導入されたのである。

翻って、選挙権欠格条項の創設に大いに参考にされたと思われるイギリス法には、もはや「瘋癲」や「白癡」の選挙権を剥奪する法は存在しない。2006年選挙管理法73条1項の制定によって、完全に廃止された。精神能力の有無は、投票を行うための法的な資格と何ら関係がなく、精神能力を欠く者にも他の者と平等な選挙権が認められた。このような規定が制定された背景には、精神能力を欠く者の選挙権を剥奪するコモン・ローが存在するために、精神障害者が「民主主義における最も基本的な権利」を持たないという誤解が広まることを阻止することであった。投票権が、最も重要な権利であるから慎重な態度で制限するのではなく、最も基本的な権利であるからこそ最大限保障するべきであるという考えに基づいている。

次に、②現実問題として投票行動を行うことが非常に困難であるという理由についてみていこう。イギリスでは、このような実務上の不都合を理由に投票権の行使が妨げられていることは深刻な課題とされており、障害者権利条約29条との関係で、どのように支援体制を整えるかを検討しているところである。投票権の行使が実際上困難であるということは、支援体制の充実の原動力にはなっても、権利を制限するという話にはならない。最後に、成年被後見人本人以外の者による不正な投票行為が行われる可能性については、イギリスの今後の状況をみることによって明らかとなる部分があるかもしれない。

成年被後見人の選挙権剥奪規定の原点とされる衆議院議員選挙法14条1号が規定されたのは、納税要件を満たす男子のみに選挙権が認められていた制限

〈82〉 熊本貫一著・林田亀太郎閲『改正衆議院議員選挙法釈義』(明治図書出版、1901) 214 頁。
〈83〉 1999 年成年後見制度の導入と同時に行われた公職選挙法改正において「成年被後見人」が欠格者として残置された経緯については、竹中勲「成年被後見人の選挙権の制約の合憲性」同志社法学 61 巻 2 号 (2010) 146-147 頁参照。
〈84〉 Hansard (HL), vol.678, col.1028 (2006/2/13).
〈85〉 たとえば、学習障害者の支援として、投票について図を用いた訓練のイベントが催されたり、学習障害者向けにわかりやすく作成された投票権に関する情報がインターネット上に公開されている (Seventh Report, op. cit., Q.37)。

選挙制度が採られていた時代である。多くの国が障害者の平等な権利を保障する障害者権利条約を批准している現代において、この規定の精神が今後も維持されることが妥当であるか、検討すべき時がきている。その議論に当たって、以上にみてきたイギリスの法状況は一助となるものと思われる。今後、判断能力が不十分な者の選挙権行使を支援するために、さらにどのような支援体制が整えられていくのかという点を含め、引き続きイギリスの動向に注目していきたい。

(橋本有生)

第5章

欧州人権裁判所における成年被後見人の選挙権剥奪に関する判決

I　課題の設定

　現在、世界で成年被後見人の選挙権についての議論がなされているところであるが、ヨーロッパにおいては欧州人権裁判所によって、成年被後見人の選挙権を一律に剥奪することが、欧州人権条約に違反するものであること、国際法の潮流にも反するものであることが判決によって示された。成年被後見人の選挙権の剥奪に関して、それが人権の侵害とされうることと、当該国に限られたものではあるがその理由付けが示されたものとして、以下ではこの欧州人権裁判所2010年5月20日判決を紹介する。

II　事案の概要

　本判決の事案は、ハンガリー国民である申立人が、ハンガリー共和国に対し、部分的後見の下に置かれているという理由のみで申立人を選挙登録簿から排除するハンガリー共和国憲法の旧規定が、欧州人権条約第一議定書3条の違反、または条約13条・14条とも照らした場合の違反であるとの申立てを行った

〈1〉　Alajos Kiss v. Hungary, no.38832/06, [2010] ECHR 692
〈2〉　この判決についての判例紹介として憲法の立場から、井上亜紀「成年被後見人の選挙権を一律に制限するハンガリー憲法の規定はヨーロッパ人権条約第1議定書3条に違反すると判断した事例——ヨーロッパ人権裁判所2010年5月20日判決——」佐賀大学経済論集44巻6号185頁（2012）があり、本稿執筆後に接した。
〈3〉　人権と基本的自由の保護のための条約（以下、欧州人権条約とする）
　　・欧州人権条約13条（実効的な救済を受ける権利）
　　　この条約に定める権利および自由を侵害された者は、その侵害が公的な資格で行動した者による場合でも、国の機関の前における実行的な救済を受ける。
　　・欧州人権条約14条（差別の禁止）

というものである。

　事案の概要は以下の通りである。申立人は、1954年に生まれ、Rózsaszentmárton に在住しているハンガリー国民である。1991年、申立人は躁鬱病と診断され、2005年5月27日に部分的後見の下に置かれた。この措置は、民法に基づくものであったが、憲法70条5項の適用を受けることで、申立人は選挙権から排除されることとなった。裁判所の部分的後見の決定においては、申立人は自己の面倒は十分に見ることができるが、ときどき無責任なやり方で金銭を浪費し、ときたま攻撃的であることが記録されていた。申立人は、この部分的後見の決定には不服を申し立てなかった。

　2006年2月13日、申立人は、近日行われる議会選挙のために作成された選挙人登録簿から自身が除かれていることを知った。これに対して、申立人は、選挙を所管する官庁に対して不服申立てを行ったが、効を奏さなかった。申立人はさらにペスト中央地方裁判所に不服申立てを行ったが、2006年3月9日、裁判所は、憲法70条5項のもとでは、後見を受けている者は選挙に参加することができない、として却下した。この決定は、申立人の代理人に2006年4月25日に送達された。その間に、2006年4月9日と4月23日に議会選挙が行われ、その選挙には、申立人は参加できなかった。

　申立人は、2006年9月1日に欧州人権条約34条に基づいて、ハンガリー共和国に対する申立てを欧州人権裁判所に提出した。この申立ては、ブタペスト所在の NGO、Mental Disability Advocacy Center (MDAC) の Legal Officer によって代理された。2009年1月26日、欧州人権裁判所第2部首席裁判官は

　　　　この条約に定める権利および自由の享受は、性、人種、皮膚の色、言語、宗教、政治的意見その他の意見、国民的もしくは社会的出身、国家的少数者への所属、財産、出生または他の地位等によるいかなる理由による差別もなしに、保障される。
　・欧州人権条約第一議定書3条（自由選挙に対する権利）
　　　　締約国は、立法機関の選出に当たり、人民の意見の自由な表明を確保する条件の下で、妥当な間隔をおいて、秘密投票による自由選挙を行うことを約束する。
　　　　人権条約の訳文は、杉原高嶺編修代表『コンサイス条約集』（三省堂）による。
〈4〉　See Alajos Kiss v. Hungary, paras. 1-10.
〈5〉　ハンガリー共和国憲法（旧）70条5項
　　　　行為能力が限定あるいは後見の下に服されることによって制限されている者、または本人が公的な活動に参加することを禁ずる旨の確定判決を受けている者、あるいは確定判決に基づいて自由刑に服する者、刑事手続きにおいて言い渡される確定判決に基づいて強制的な措置に服する者には、選挙権は与えられない。さらに、ハンガリー共和国に居住する他の欧州連合の構成国の成年に達した市民は、その国籍を有する国において当該国の法律あるいは司法的決定またはその他の公的決定によって被選挙権が奪われているときは、その権利を有しない。

ハンガリー政府に対する申立ての通知を決定し、その受理可能性(欧州人権条約29条3項)と同時に申立ての本案について審理することが決定された。

また、2009年5月11日に、障害者に関するハーバード・ロー・スクール・プロジェクトが、合議体の首席から、手続きに参加する許可(欧州人権条約36条2項、規則44条2項[6])を得て、第三当事者として参加し、意見を提出している。

Ⅲ　ハンガリー共和国の後見制度

ここで、欧州人権裁判所の判決の内容の前に、ハンガリーの後見制度の概要について本事案当時のものではあるが、みておくことにしたい[7]。

1　類型・概要

ハンガリーの後見制度は、主に、①行為無能力者の後見(全部後見)と②制

〈6〉・欧州人権条約36条2項
　　　裁判所長は、司法の適正な運営のために、裁判手続の当事者ではない締約国または申立人ではない関係者に対し、書面の陳述を提出しまたは弁論に参加するよう招請することができる。
　・欧州人権裁判所規則44条2項
　　(a) 規則51条1項あるいは54条2項(b)に基づいて、被告締約国に申立の通知が一旦なされれば、小法廷の長は、裁判の適正な運営のために、条約36条2項に規定されているように、手続きの当事者ではないあらゆる締約国、あるいは申立人ではないあらゆる関係者に対して、書面でコメントを提出することあるいは例外的な場合において聴聞に参加することについて依頼、あるいは許可を与えることができる。
　　(b) この目的についての許可の請求は、書面によって裁判所規則34条4項に規定されている公用語のうちの一つで、被告締約国に申立の通知がなされてから12週間以内に適切に理由づけられて提出されなければならない。そのほかの期限は、例外的理由に関して、小法廷の長によって設定されうる。
〈7〉　以下の記述は、Mental Disability Advocacy Center, Guardianship and Human Rights in Hungary Analysis of law, Policy and Practice 2007(以下、MDAC 2007年レポートとする)およびハンガリー民法の英訳条文に依拠するものである。
　　　レポートは以下のアドレスで2012年3月10日現在取得可能。(http://mdac.info/sites/mdac.info/files/English_Guardianship_and_Human_Rights_in_Hungary.pdf)
　　　なお、国際的NGO団体および国内NGO団体などから構成されるHungarian Disability CaucusによるレポートでDisability Rights or Disabling Rights? CRPD Alternative Report (2010)がある。このレポート(以下、Hungarian Disability Caucusレポートとする)では、ハンガリーの障害者の権利の状況が障害者権利条約の観点から報告されている。以下において2012年4月現在取得可能。(http://mdac.info/en/resources/disability-rights-or-disabling-rights-crpd-alternative-report)

限された能力者の後見（部分的後見）の2類型で構成されている。また、必要に応じて、一時的な後見人が選任されることもある（ハンガリー民法18/A条以下）。

　成人年齢は、18歳であり、未成年であっても婚姻した者は法律によって成人とみなされる〈8〉。14歳から18歳に達するまでは、能力の制限された者とされ、法定代理人の同意・追認なしには意思表示は有効とはみなされないが、一部の行為（すなわち（a）法律の規制により権限の認められた個人の性質に関する意思表示をなすこと（b）日常における必要性を満たすことを目的とするあまり重要でない事柄に関する契約を締結すること（c）労働を通して得た賃金を処理すること、およびその者の賃金の程度までの義務を負うこと（d）未成年者に対して利益［有利な地位］のみを提供する契約を締結すること）については法定代理人の追認を必要としない〈9〉。なお、14歳未満の未成年者は、法的に無能力とされている〈10〉。

　2類型のうち、行為無能力者である全部後見の被後見人の場合は、「一般に多数締結され特別な考慮を要しないあまり重要でない契約」を締結することはできるが、それ以外の意思表示は無効となる〈11〉。部分的後見の類型の場合は、被後見人のなした意思表示は、後見人の同意あるいは追認のない限り有効とはならない〈12〉。ただし（a）法律によって権限が与えられている個人の性質に関する意思表示をすること（b）日常における必要性を満たすことを目的とするあまり重要でない事柄に関する契約を締結すること（c）雇用契約か社会保障のようなそれ以外の関係によるものかに関係なく労働に対して受け取った所得、生活保護および非雇用による利益による所得の50％を処理すること、および同様の割合までの義務を引きうけること（d）被後見人に対して利益のみを提供する契約を締結することに関しては、後見人の同意は必要ない〈13〉。また、裁判所の決定によって能力が制限されていない事柄に関しては、被後見人が単独で意思表示できるものとされる〈14〉。もっとも、民法14条6項において、広範

〈8〉　ハンガリー民法12条。以下特に断りのない限り、ハンガリー民法を民法と記す。条文は章末に＜資料＞としてまとめて記す。
〈9〉　民法12/A条。
〈10〉民法12/B条1項。
〈11〉民法15/A条。
〈12〉民法14/B条1項。
〈13〉民法14/B条2項。
〈14〉民法14条5項。

囲に能力が制限される規定がある。

　選任された後見人の活動の内容は、「被後見人の財産を管理し、公的な代理人となる」ことである（制限された能力の後見の場合には、「裁判所の後見の決定において明記された事柄に関して」、に限定される）。事情によって必要な場合には、後見人は、被後見人に対してケアを与える。この後見人の活動において、特に重要な事柄に関するもの、たとえば、相続に関すること、不動産の移転や担保権の設定、一定額以上の財産の移転などについては、後述する監督機関（後見のための機関）の監督に服する。

2　根拠法

　以上の後見制度の根拠法としては、民法および民事訴訟法に重要な部分が置かれている。また、本事案で問題となっている被後見人の選挙権の自動的な一律の排除の規定は、憲法（70条5項）の規定である。その他に、後見に影響を与える現行の追加的関連規定を持つ法律として、「子供の保護と監督の実施に関する法」、「後見のための機関に関する政令」、「子供の保護および後見手続法」、「結婚、家族および監督法」、「行政手続きおよびサービスの一般規定に関する法律」がある。

3　手続き

（1）審判・監督機関

　審判・監督機関としては、裁判所と、後見のための機関がおかれている。裁判所に対して後見の申立てが行われると、裁判所は証拠に関して聴聞を行い、決定を下す。当該成人の能力が決定されると、裁判所は役割を終え、当該事案は、地方の後見のための機関に送られる。後見人の選任は、この機関によってなされ、ひとたび後見人が選任されると、それ以後は、この機関が後見監督の責任を負い、後見人の活動の監督などを行う。個々の後見人の決定に対する不服の申立ては、地方の後見のための機関に対して行われ、後見のための機関の決定に対しては、郡レベルの後見機関に対して不服を申し立てることになる。

〈15〉民法20条1項。
〈16〉民法20条2項。
〈17〉未成年の法定代理人について民法13条、成年者の後見人について民法16条。ただし、公証人や裁判所によって有効と判断されれば、監督機関の承認は必要ない。
〈18〉MDAC2007年レポート（前掲注〈7〉）、19頁。
〈19〉民法19条以下も参照。

後見人の活動においては、特に重要となる事柄に関しては、後見人は、当該後見のための機関から承認を得て行わなければならない。
　後見のための機関は、地方および地域の庁に含まれる行政機関である。その数の目安としては、ブタペストの 23 区それぞれの後見のための機関を含めて、地方レベルの機関として 278 か所、それに加えて、郡のレベルで 20 か所の機関が存在するとされている。
　後見のための機関の管轄は、精神的に障害を持つ者を後見の下に置く手続きの開始の権限以外にも、子供や家族の問題を含むさまざまな問題に拡大されている[20]。

(2) 手続きの間の被後見人の能力
　裁判所によって、当該成人の能力が決定されるまでは、裁判手続きを通して当該成人は能力を持つものとみなされ、それゆえにそのほかの能力者である訴訟当事者がハンガリー裁判所において有するすべての手続き上の権利（能力がある場合と同様の権利）が認められる。

(3) 申立権者
　配偶者、最近親者、兄弟姉妹、後見のための機関、検察官庁が後見開始の審判の申立権者となりうる者である。これらに含まれない者であっても、後見のための機関に対して、当該成人を後見の下に置くことが必要であると思われることを通知することにより、後見のための機関が最終的には申立てを行うかどうかの決定権を持つことにはなるが、（間接的に）後見開始の申立てを行うことができる[21]。

(4) 後見の終了・変更
　後見の決定の基礎となっていた事由がなくなった場合、後見は終了する。後見の終了に関しては、5 年に一度後見の見直しがあり、そこで後見終了の手続きが開始されることになるか、あるいはいつでも後見終了の申立てを行うことも可能である[22]。後見終了の申立てが可能な者は、被後見人自身、その配偶者、最近親者、兄弟姉妹、後見のための機関、検察官庁である[23]。
　部分的後見を全部後見に、あるいは全部後見を部分的後見に、というように後見の変更を行うことも可能である[24]。ただし、後見の終了は任意に申し立て

---

[20] 以上について、MDAC 2007 年レポート（前掲注〈7〉）、19 頁以下。
[21] 民法 14 条 2 項、15 条 2 項。MDAC 2007 年レポート（前掲注〈7〉）、25 頁。
[22] 民法 14/A 条、21 条 3 項。
[23] 民法 21 条 2 項。
[24] 民法 21 条 4 項。

ることができるのに対し、後見の変更については、5年に一度の後見の見直しに際してのみ行うことができると考えられている[25]。

なお、意思能力の欠如が永続的なものであり、そのことが法廷で専門家によって証明されたときは、後見の見直しは行われないと考えられている[26]。

Ⅳ 判決内容

以上のことを前提とし、実際の判決内容をみていくこととしたい。

判決は、まず、受理可能性の審査と本案についての判断とに区別される[27]。受理可能性の審査では、申立てが、すべての国内的救済手段が尽くされた後に（国内的救済原則）、かつ国内での最終決定から6か月の間に提出されたかが審査される。本判決のような個人申立ての場合には、さらに、申立人が、匿名ではなく、訴訟を提起することに関して個人的な利益を有する者であること、欧州人権条約の手続きや国際人権規約に基づく手続きなどの国際的調査または解決手続きに提起された申立てと同一なものではないこと、明白に根拠不十分ではないことが審査される[28]。また、管轄についての決定もこの段階で行われる[29]。欧州人権条約の条文上では、受理可能性については、原則として本案の判断とは別になすものとされている。人権裁判所の当初の規則でも、受理可能性と本案の併合審理を予定した規定はなかったが、2002年の規則改正によって、併合審理の規定が導入され[30]、本判決も受理可能性と本案の併合審理の結果として判決が下される形式を取っている。以下、判決原文に沿って受理可能性、本案についての判断の順にみていく。

1 受理可能性

本事案については、受理可能性に関しては国内救済手段が尽くされたかどうかが問題となった。国内救済手段を尽くすとは、「実効的な」訴訟を普通の方

〈25〉 MDAC 2007年レポート（前掲注〈7〉）、63頁。
〈26〉 MDAC 2007年レポート（前掲注〈7〉）、62頁。民法15条5項。
〈27〉 受理可能性については、小畑郁「ヨーロッパ人権裁判所の組織と手続」戸波江二ほか編『ヨーロッパ人権裁判所の判例』（信山社、2008）11頁以下、F・スュードル著・建石真公子訳『ヨーロッパ人権条約』（有信堂高文社、1997）66頁以下参照。
〈28〉 小畑・前掲注〈27〉、11頁、および建石・前掲書、66～70頁。
〈29〉 小畑・前掲注〈27〉、11頁、建石・前掲書、64頁。
〈30〉 小畑・前掲注〈27〉、13頁。

法で利用するという義務を意味するにとどまる[31]。また、ここにいう普通の利用とは、主要な裁判所（もし憲法裁判所が存在するならばそれも含む）を利用することであり、そうしなかった場合にのみ、申立てが不受理となる。

　本事案では、申立人が後見の下に置かれることに対して不服を申し立てなかったことが、国内救済手段を尽くしていないことに該当するかが争われた。ハンガリー政府が、申立人は後見の下に置かれることに対して不服を申し立てなかったため、国内の救済措置が汲みつくされていないとして却下されるべきであると主張したのに対し[32]、申立人自身は、精神的病気のために自己が部分的後見の下に置かれる必要性を受け入れ、それゆえ、地方裁判所の決定に不服を申し立てなかったのだと主張し、以下のように述べた。すなわち「問題となっている申立ての目的は、もっぱら後見の下に置かれる者として申立人が自動的に選挙権を喪失するという事実を争うことである。申立人の後見について争うことは、この問題の解決には効果的ではない。後見手続きは、それ自体は選挙権に関係するものではない。申立人の法的能力の完全な復活のみが、選挙権を復帰させるが、しかし申立人の法的能力を完全に復活させることは（精神的無能力に直面しているのだから）可能なことではないし、（後見が与える法的保護を失うことになるのだから）望ましいことではない」と[33]。

　以上に対して、欧州人権裁判所の判断は次のようなものであった。

　　「当裁判所は、申立人は部分的後見の下に置かれることの必要性を受け入れ、それゆえに申立人は不服を申し立てなかったのだということを指摘する。当裁判所は、申立ての主題的な事柄は、後見の方法ではなく、憲法に規定された後見の自動的な結果、すなわち、申立人の選挙権の剥奪なのであると認定する。ハンガリー政府は、後者の問題を正すことのできる法的救済を示していない。このことは、申立てが国内の法的救済を汲みつくしていないことを理由にこれを却下することはできないということにつながる。さらに、申立てが条約の35条3項の意味での明白な根拠不十分ではないし、その他の理由によっても、承認できないものではない。それゆえ、本申立ては受理可能であると決定されるべきである。」[34]

　このように申立ては受理可能と決定され、本案の判断に進むことになった。

〈31〉建石・前掲書、73頁。
〈32〉See, op. cit., note (4) para. 21.
〈33〉Ibid., para. 22.
〈34〉Ibid., para. 23.

2　本案の判断：前提──「評価の余地」理論

　欧州人権裁判所の裁判においては、申し立てられた人権の制約が、国家の裁量に属するものであれば欧州人権条約の違反とはされず、そのため問題となっている人権の制約が国家の裁量に属するかが判断されることになる。このような判断が欧州人権裁判所では、「評価の余地」理論として行われてきた。本判決でも、憲法（旧）70条5項による成年被後見人に対する選挙権の剥奪が、ハンガリーに対して認められている「評価の余地」に属しているかどうかが問題とされている。以下では、この「評価の余地」の理論について、判断の前提として簡単に必要な範囲で触れておくこととしたい。

（1）「評価の余地」理論[35]

　「評価の余地」理論とは、国家が人権条約上の権利を制約する際に、いかなる制約を行うかについて国家に一定の裁量を認める理論である[36]。条約の適用に関して国家は一定の「評価の余地」を持ち、国家のとった措置が人権に対する介入になっていても、これが国家に認められる裁量（「評価の余地」）の範囲内であれば、条約違反とは認定されない[37]。この理論の根拠となるのは、人権条約による人権保障システムが国内的な人権保障システムとの関係では「補完的」存在であることである。すなわち、欧州人権条約は、国内法を補完し欠点を補うものであるが、国内法にとって代わるものではなく、また、条約を適用する際の制約の必要性の判断においては、人権裁判所裁判官よりも国内当局の方が、社会や地域的な状況、条件、制約の需要に関してより多くの情報を有しており、適切な判断を行いうるはずである、ということが前提となっている[38]。もっとも、国内当局に無制限の裁量が認められているわけではなく、人権裁判所が条約違反の有無に関する最終判断権を有し、国内当局の裁量を認めつつも、それに対して人権裁判所が審査を行い、国家の裁量権の範囲を確定することとなる。

〈35〉「評価の余地」の理論に関しては、江島晶子「ヨーロッパ人権裁判所の解釈の特徴」戸波ほか・前掲書30頁以下、同・「評価の余地　表現の自由と道徳の保護（わいせつ物出版法による刑事訴追・押収）──ハンディサイド判決──」戸波ほか・前掲書144頁以下、建石・前掲書55頁以下、門田孝「欧州人権条約と『評価の余地』の理論」櫻井雅夫編集代表『EU法・ヨーロッパ法の諸問題：石川明教授古稀記念論集』（信山社、2002）251頁以下参照。
〈36〉江島・前掲注〈35〉、30頁。
〈37〉江島・前掲注〈35〉、30頁、建石・前掲書55頁。
〈38〉江島・前掲注〈35〉、30、147頁、建石・前掲書51、55頁。

この「評価の余地」理論は、人権条約の条文上に明記されているものではない。欧州人権裁判所によって（かつては人権委員会によっても）、それぞれの事例の審査において、具体的事件に即して、権利の性質や当該事件の特性に応じて国家の裁量を限定的に認める理論として発展させられてきた。「評価の余地」の範囲は、一貫したものではなく、時や場所、権利に対する介入（権利の制限）の目的、制限される当該権利の性質によってさまざまに変化し、また、「評価の余地」理論の役割や範囲といった評価については、一致してはいないようである。もっとも、一般的には、ヨーロッパの共通基準の存在するところでは国家の裁量を狭く解し、締約国ごとに国内法や国内慣行がおおいに異なっていて、ヨーロッパの共通基準が存在しない場合には国家の裁量は広くなる傾向にある。実際に評価の余地の中にあるか否かの判断には、（３）に述べる比例原則が大きな役割を果たしている。

（２）権利の制約が認められる条件

　人権条約上の権利に対する当該制約が国家の裁量に属するものであるかが問題とされる一方、権利に対して制約を行うことが認められるには、次のような条件が満たされる必要があるとされる。すなわち、①制約が法律によって定められていること②制約が正当な目的の実現を意図するものであること③制約が民主的社会において必要であることである。本判決で問題となるのは②および③である。なお、この③は「評価の余地」の中にあるかどうかの判断で重要な役割を果たす「（３）比例性原理」と同様のものとなろう。

（３）比例性原理

　欧州人権裁判所は、権利と権利を制約する必要性との間に一定の適切な均衡、公正な均衡が図られることを要求しており、権利の制約の必要性とその正当性の審査のためにこの均衡の維持が検討される。比例性原理の具体的内容については、権利によってさまざまである。定式化されているものとして、当該権

〈39〉江島・前掲注〈35〉、31頁、建石・前掲書56頁。
〈40〉「評価の余地」理論の評価に関するそれぞれの見解および文献については、江島・前掲注〈35〉、31頁、門田・前掲注〈35〉、281頁以下などを参照。
〈41〉江島・前掲注〈35〉、31頁、門田・前掲注〈35〉、285頁。
〈42〉江島晶子「ヨーロッパ人権条約が保障する権利」戸波ほか・前掲書26頁（以下こちらを江島・前掲注〈42〉と表記する）。また、同「ヨーロッパ人権裁判所における『評価の余地』理論の新たな発展」明治大学大学院紀要29集63頁以下（1992）参照。
〈43〉比例性原理に関しては、江島・前掲注〈42〉、26頁、前掲注〈35〉、31頁、建石・前掲書49頁。また、門田・前掲注〈35〉、286頁も参照。
〈44〉江島・前掲注〈35〉、31頁、前掲注〈42〉、26頁。

利の制約が「民主的社会において必要」かどうかの判断において、当該制約が、「遂行される正当な目的と釣り合っているかどうか」、当該制約の正当化のために主張される「理由に関連性があり、十分なものかどうか」があげられる。なお、この定式は統一的なものではなく、権利や事件の性質など、用いられる場面によってバリエーションがあり、内容が異なる。たとえば、このほかの定式としては、「用いられる手段と遂行される目的との間の比例性に合理的な関係があること」、「問題となっている一般的利益と個別的利益との間に公正な均衡があること」などがある。また、この比例性原理においては、権利の制約が当該権利の本質を害するものではないか、より制約的でない代替手段がないか、制約に対する補償制度や法的救済があるか、手続的公正さがはかられているか、も考慮される。

本事案においても、後見の下に置かれたという理由のみによって選挙権から排除するという人権の制約が「評価の余地」に属するのかが問題となり、そこではこの制約の目的の正当性と、当該人権の制約がその目的に比して釣り合いのとれたものであるのかが問題となった。以下でみる当事者の主張、および人権裁判所の判断は、基本的にこの枠組みによっている。

3　本案の判断：当事者の主張

以上を踏まえ、まずそれぞれの当事者の主張についてみたあと、続いて欧州人権裁判所の判断についてみていくこととしたい。

(1) ハンガリー政府の主張

ハンガリー政府は、第一議定書の3条の下の権利が絶対的なものではなく、特定の状況のもとでは制限されてもよいとして以下のように主張した。

> 「締約国は、選挙権と被選挙権の条件をその国内法で指定してよく、これらの条件が、問題となっている権利を、選挙権のまさに内容が影響を受けるほどに制限してはならないが、この点においては評価に広い余地をもたせてよい。選挙権から排除する根拠（憲法70条5項）は、1989年法律31号によって憲法に組み入れられた。その法律の論証によれば、その目的は、基本的な権利と、世界人権宣言を含む国際的な人権条約の精神における義務を規定することであった。

〈45〉以上の定式の具体例について江島・前掲注〈35〉、31頁、前掲注〈42〉、26頁。
〈46〉江島・前掲注〈42〉、27頁。
〈47〉See op. cit., note (4), paras. 24-27.

これらの有資格者を識別する際には、最低年齢の必要——通常は法定の成人年齢——を設定し、それによって、国は自動的にその年齢に満たない市民を選挙権者から除外する（個々に判断すれば、いくらかの未成年は、公的な出来事に参加するのに十分に成熟していることが分かるであろうにもかかわらず）ことが一般的に実施されてきた。その目的は、自己の判断の結果が判断でき、自覚することができて、思慮深い判断ができ、成年に結び付くその他の権利が与えられる市民のみが公的な事柄に参加すべきであるということを保障することである。

　後見の下にある者を選挙権から排除することも、その同じ目的を追求する。これら後見の下にある者は、成人であるけれども、病的な精神あるいは病的な中毒によって、選挙権の行使をする能力を含む自己の事務を管理する能力が欠けている。申立人が後見の下に置かれるべきかどうかを判断したときには、自己の決定の責任の結果を判断できないかあるいは自覚できない、もしくは思慮深い判断ができないような市民の選挙権を剥奪する憲法の規則に従って申立人に結果的に生じる選挙権からの排除を、裁判所はその判断のなかに入れていた。

　さらに、政府の見解では、不服の申し立てられている禁止［選挙権の剥奪——引用者注］は、ヴェニス委員会の意見 no.190/2002 に従っており、[48] それ以上に、定期的な裁判所の再審査のうちの一回で申立人の後見が廃止されるか、同じように後見の終了に対する申立人の申立てが精神状態の回復のために効を奏したときには、申立人の選挙権は法的に復帰するのであ

〈48〉選挙に関わる事柄における適正な実施の規則に関する、法による民主主義のためのヨーロッパ委員会（ヴェニス委員会）の意見 no.190/2002 には、以下のような規定がおかれている。
Ⅰ．1　普通選挙—1.1　規則と例外
d. 投票権と被選挙権の剥奪
ⅰ 法律条項は、以下の累積的条件に服する場合にのみ、個人から投票権および被選挙権を剥奪するよう規定されてよい。
ⅱ 法律によって規定されなければならない。
ⅲ 比例性の原則が守られなければならない。被選挙権を個人から奪うための条件は、投票権の剥奪の条件よりも厳格でなくてよい。
ⅳ 選挙権を奪うことは、精神的な無能力[障害]あるいは、重大な罪の犯罪の有罪判決に基づかなくてはならない。
ⅴ さらに、政治的権利の停止あるいは、精神的無能力[障害]の発見は、司法裁判所の明示的な決定のみによってなされうる[課されうる]。

るから、この不服の申し立てられている禁止は、それゆえ不均衡なものとされえない。」

ここでは、すなわち、①選挙権の制約には広い評価の余地が認められていること②当該選挙権の剥奪が、選挙権を一律に一定年齢以上の者に限ることと同じ正当な目的を持つものであること③後見の下に置くかどうかの審判の際には、同時に選挙権の剥奪についても考慮に入れられていること④後見が終了すれば選挙権は回復されるため、このような選挙権の制約は不均衡なものとはいえないことが主張されている。

（2）申立人の主張

これに対して、申立人側の主張に関しては、判決において以下のように記されている。

「まず、申立人は、原則的に、ハンガリー政府が示唆するように、問題となっている制限［被後見人の選挙権の剥奪——引用者注］が、後見の下に置かれている者は、一般的に選挙への参加に必要な責任ある選択をすることができないという見解に同意するものではなく、正当な目的を追求するものであることを認めた。しかしながら、本質的には、障害を持つ者の公的な活動からのどのような排除も、関連する国際的な人権の要請と矛盾しないかどうかが審査されなければならず、特に、国内レベルでその方法について確かな議論がなかったところでは、審査が必要なのであるから、このことに関して、国家は狭い評価の余地しか享受しないというべきであると申立人は主張した。申立人は、障害を持つ者の選挙権に関しては、特定の選挙制度の歴史的あるいは政治的特殊性は、何の役割も果たさないということをさらに付け加えた。

申立人は、また、問題となっている制限が、選挙年齢に達しているハンガリー人口の0.75％に影響を与え、これは、軽視できないグループであるということも主張した。ハンガリー政府への回答おいて、申立人が強調したのは以下のことである。すなわち、未成年者と障害者との間には重要な差異があり、最も重大な差異は、すべての未成年者の成熟性［選挙に適するかどうか——引用者注］に関する個々の調査をすることは、国家権力に負わせられる不合理な任務になるのに対し、同様のことは、どの場合においても、個々の司法手続きによってその地位が決定される被後見人の選挙権の適性に関してはいうことはできないということである。

さらに、申立人は、申立人を後見の下に置く結果となった司法の決定に

第 5 章　欧州人権裁判所における成年被後見人の選挙権剥奪に関する判決

先立って、申立人の精神的病気と選挙のための能力のつながりを証明する調査が行われていないと主張した。申立人の観点によれば、申立人の状態は、決して政治的な事柄に適応する能力を妨げはしないから、実際にそのようなつながりはない。そのような調査がないことは、以下のような事実によって説明されうる。すなわち、どのような出来事においても、地方裁判所は、憲法によって直接規定されているというこの点において裁量権を持たないという事実である。これは、部分的後見の下に置かれている者が投票することができる、ドイツ、オーストリア、スイス、フランス、イタリア、スウェーデン、スペインを含む欧州評議会のいくつかの構成国の法律とは異なる。」⟨49⟩

　ここでは、①被後見人の選挙権の制限の目的は正当なものであることには争いがないこと②特に国内において被後見人の選挙権の制限について議論がなかったような国においては、認められるべき評価の余地は狭いものとされるべきであること③当該選挙権の制限は、ハンガリーの選挙年齢に達した人口の0.75％に影響を与えるものであり、また、個々の裁判手続きを経てその立場が決定される被後見人とそうではない未成年者とを、選挙の適性の調査において同様に見ることはできないこと④地方裁判所は憲法の規定に関して裁量を持たず、そのため申立人の精神的病気と選挙能力の関係については吟味されていないということが主張されている。

　続いて、国際法に関して、申立人は以下のように主張している。ここでも判決文から引用する。⟨50⟩

　「国際法に関して、申立人は、ハンガリー政府の主張への回答において以下のように主張した。すなわち、意見 no.190/2002 は、事実、後見の下に置かれている者は、選挙権から除外されうるかどうかという問題に関して言及していないが、この言及していないということは、後見の下に置かれたすべての者を一括して、自動的に選挙権の禁止をすることを許しているものと解釈することはできない。申立人は、勧告 R(99)4 の原則 3.2 と⟨52⟩

⟨49⟩　See op. cit., note (4), paras. 28-30.
⟨50⟩　Ibid., paras. 31-32.
⟨51⟩　前掲注⟨48⟩参照。
⟨52⟩　無能力の成人の法的保護に関する原則に関する加盟国に対しての欧州評議会閣僚委員会勧告 R(99)4（「勧告 R (99)4」）においては以下のような項目がある（1999年2月23日に採択。判決において以下の部分が参照されている）。
　　原則3　能力の最大限の維持

障害者権利条約 12 条、29 条への注意を喚起した。
　申立人は、さらに、それに従うと知的・社会心理的な障害を持つすべての人々は独立した意思決定をすることができないという、ハンガリー政府のアプローチを時代遅れのものとして拒絶した。申立人の見解によれば、現代的な法は、知的あるいは精神的障害を持つ人々の意思決定能力はできるだけ、特に選挙権の分野において認められる、ということを受け入れている。このアプローチは障害者権利条約のような、国際法におけるトレンドに現われている。後見の下に置かれている人々は、法的状態に基づいて、自覚できないし、思慮深い判断ができないし、選挙に適さないから、後見の下に置かれている人々の権利に関して一括して自動的に禁止をすることは正当化されるのだ、ということが認められてしまうのならば、市民のうちの多くの部類が、第一議定書の 3 条によって規定されている保護を、その個々の状況について与えられる適切な考慮なしに奪われることになるだろう。このことは、当裁判所の当該問題に関する判例法（Hirst v. United Kingdom (no. 2) [GC], no. 74025/01, ECHR 2005-IX）に矛盾する。」
　ここでは、⑤被後見人の選挙権の一律の剥奪が、勧告 R(99)4 の原則 3.2 と障害者権利条約 12 条、29 条に抵触すること、国際法のトレンドに反することが主張されている。
　最後に、申立人は、「非難の対象となっている制限は、裁判所に後見手続きにおける特定の問題を扱うことを許可する、あるいは後見の下に置かれている者が選挙に適しているかの調査という観点での別の手続きを創設する、といったより制限の少ない代案で代替することが可能である」と、⑥他の代替措置を取りうることを主張した。

(3) 第三当事者
　以上の当事者の主張に対し、訴訟参加人であるハーバード・ロー・スクール・プロジェクトは以下のことを強調している。すなわち「問題となっている禁止は、勧告 R(2006)5 のみとの不一致ではなく、障害者の権利の包括的な保護を

　　「…2. 特に、保護の方法は、ある者の選挙のためのあるいは意思決定のための、あるいは健康の分野においてのあらゆる治療に対する同意に承諾したり拒否したりするための、あるいは本人の能力が許すあらゆる場合における人格に関するその他の決定のための権利を、その者から自動的に奪うものであるべきではない」
〈53〉See op. cit., note (4), para. 33.
〈54〉障害者の社会における権利と完全な参加に関する、欧州評議会の行動計画についての加盟国に対する欧州評議会閣僚委員会勧告 R（2006）5：2006 年から 2015 年までのヨーロッ

保障する国際法におけるはじめての法的な拘束である、障害者権利条約12条と29条にも従っていない。この条約は、2007年3月30日にヨーロッパ共同体によって署名されたが、これは、第一議定書の3条を解釈するときに考慮されるべきヨーロッパ諸国の慣行を代表している。〈55〉」と。

4　本案の判断：欧州人権裁判所の判断

（1）原則——判例法の参照

　当事者の主張に対して、欧州人権裁判所は、まず、原則としてこの問題における判例法を参照する。判例法については、Hirst v. the United Kingdom 事件の判断において要点が述べられているとし、以下のような内容を引用する。〈56〉

　　「欧州人権裁判所は、第一議定書3条は、投票権と被選挙権を含む個人の権利を保障することを明らかにした」、「第一議定書3条のもとで保障される権利は、法律のルールによって治められる効果的で意味のある民主主義の基礎を作り出し、維持するのに決定的なものである」、「選挙権は、特権ではない。21世紀においては、民主主義の国家では、選挙権に人々を取り込んでいく方向性が信念とされなければならない。普通選挙権は、基本原則になった」。「それにもかかわらず、第一議定書3条によって与えられた権利は絶対的ではない。その分野には、暗黙の制限の余地があり、締約国は、評価の余地［締約国の裁量——引用者注］を許容されるべきである」。「欧州人権裁判所は、この領域における評価の余地が広い［締約国に広い裁量の余地を持たせてよい——引用者注］ことを再確認する」。「しかし、第一議定書3条の要請が応じられたかどうかを最終的に決定するのは、欧州人権裁判所である。すなわち、欧州人権裁判所が、当該条件が問題となっている当該権利を、その権利のまさに本質を損ない、その効果をその権利から奪う程度にまで減じていないことを確信しなければならない。すなわち、その条件が正当な目的の追求において課されたものである

　パにおける障害者の生活の質の改善（以下「勧告R(2006)5」とする）には以下のように規定がある（以下の部分が判決において参照されている）。
　　3.1　　行動ガイドラインNo.1　政治的、公的活動への参加
　　3.1.3　加盟国の具体的な行動
　　　「……ⅲ　障害を持つ誰もが、投票権あるいは被選挙権から当人の能力をもとにして排除されないことを保障するために［加盟国は具体的な行動をとる］……」
〈55〉 See op. cit., note (4), para. 34.
〈56〉 Ibid., para. 36.

こと、使われる手段が過大なものではないこと（傍点引用者）を確信しなければならない。特に、立法府の選択において人々の自由な表現を妨げるどのような条件も課してはならない――換言すれば、当該条件が、普通選挙を通して人々の意思を明らかにすることに向けられた選挙手続きの完全性や有効性を維持することへの配慮を、反映しなければならないし、あるいはそれに背いてはならない。たとえば、未成年の年齢を定めることを、選挙手続きに参加する人々の成熟性を保障する観点から考察してもよいし、事情によっては、被選挙権を、当該国に十分に連続してあるいは密接につながりがある、あるいは関わりがある者を特定するために、居所といったような基準に適合させてもよい。普通選挙の原則からの逸脱は、普通選挙から逸脱した方法によって選ばれた立法府とその立法府が公布した法律の民主主義的妥当性を蝕むから、一般の人々のうちのどのようなグループあるいはカテゴリーを排除するのであっても、その排除は、第一議定書の基礎をなす目的と調和しなければならない。」

選挙権の制限に関しては、各締約国に対して広い評価の余地が認められつつも、一定の基準（特に傍点部）を満たしていることが欧州人権裁判所によって認められなければ条約違反として認定されることが、ここでは原則として確認されていると考えられる。

(2) 当該事案への判例法の適用

次に、欧州人権裁判所は、問題となっている選挙権制限の基準が、上述のような判例の原則に配慮して、釣り合った方法で、正当な目的を追求しているのかどうかを決定しようとする。

(ⅰ) 正当な目的

欧州人権裁判所は、被後見人の選挙権の制限の目的に関しては、次のように指摘した。〈57〉

「第一議定書3条は、条約のその他の規定のように、権利の制限［ここでは選挙権の制限――引用者注］が追求しなければならない目的を指定したり、限定したりはしておらず、それゆえ、広い範囲の［ここでは選挙権制限の――引用者注］目的が3条と両立できる。ハンガリー政府は、不服の申し立てられている当該方法は、自己の判断の結果を判断し、自覚し、思慮深い判断をできる市民のみが公的なことに参加できることを保障する

〈57〉 See op. cit., note (4), para. 38

という正当な目的を追求することを主張した。申立人は、この観点［選挙権制限が正当な目的を追求するものであること——引用者注］を受け入れ、当裁判所には、異なった視点をあげるべき理由は見当たらない。それゆえ、当該方法が正当な目的を追求するものであることは、確かめられた。」

以上のように述べ、目的の正当性は認定されている。

（ⅱ）比例性

しかし、比例性の判断においては、以下のように判示し、人権条約第一議定書３条の違反が認められた。[58]

「当裁判所は、問題となっている当該制限が、全部後見の下に置かれている者と部分的後見に置かれている者とを区別していないこと、いったん後見が終了すれば取り除かれることに注目する。しかしながら、当裁判所は、選挙年齢に達したハンガリー人口の 0.75 ％が、後見の下に置かれているという理由での無差別の方法による選挙権の剥奪に関係しているという申立人の主張を注意深く見る。当裁判所は、これを重大な数と見て、その影響を無視できる数とは主張できないと考えた。[59]

ハンガリー政府は、評価の余地に依拠して、以下のように主張した。すなわち、自己の決定を判断でき、自覚でき、思慮深い判断ができる者のみが公的な事柄に参加できることを確実にする規則を制定することは、立法府に許されている、と。

当裁判所は、以下のことを認める。すなわち、これは、一般的に、現代において選挙権に制限を課すことが正当化されうるのかどうか、そしてもし正当化されるのであれば、どのようにして公平なバランスがとられるべきかについて決定することに関して、国家の立法府に対して広い評価の余地が与えられるべき領域である。特に、立法府に対して、精神的に障害がある者の選挙権への適性を判断するのに、どのような手続きが適合すべきかに関して決定することを認めるべきである。当裁判所は、ハンガリー政

〈58〉 Ibid., paras. 39-44. なお、翻訳引用に際して、比較参照判例（cf. および see mutatis mutandis と表記されていた判例）の参照表記に関しては省いて引用した。

〈59〉 ハンガリーの人口は、2009 年 12 月末の時点で、1,003 万 1,000 人。なお、首都の人口はおよそ 172 万人であるとされる。国土面積は日本の４分の１程度（以上については ARC 国別情報研究会編『ARC レポート（新装版）ハンガリー 2010/2011 年版』参照）。2006 年時点で 66,000 人以上（MDAC2007 年レポート（前掲注(7)）、訴訟代理人となった NGO 団体によれば判決が下された時点ではおよそ 80,000 人が後見制度の下にあると考えられている（http://mdac.info/en/european-court-human-rights-upholds-right-vote-per）。

府がこれまでに競合する利益を比較衡量しようとした、あるいは現状の制限の比例性について評価を行おうとしたという証拠はない、と認定する。

　しかしながら、当裁判所は、当人の実際の能力を考慮せずに部分的後見の下に置かれている者による選挙の無条件の制約をすることが、評価の余地に属するものであるということを認めない。確かに、欧州人権裁判所は、この評価の余地は広いと何度も繰り返し述べているが、すべてを含むものではない（Hirst v. the United Kingdom (no. 2) 　[GC], §82）。さらに、基本的な権利の制限が、精神障害者のように、過去において相当な差別を受けてきた特定の社会的に弱いグループに適用されるのならば、国家の評価の余地は、相当により狭いものとなり、問題となっている制限にかなり重大な理由がなくてはならない。特定の分類それ自体に異議を唱えるこのアプローチの根拠は、そのようなグループは、彼らの社会的排除という永続的結果をともなう偏見に、歴史的にさらされたからということである。そのような偏見は、立法府の、彼らの能力や必要性を個別的に評価することを妨げる固定観念化を引き起こすだろう。

　当事案における申立人は、自動的な、部分的後見の下に置かれている者の選挙権の包括的な制限の負荷の結果、自己の選挙権を失った。それゆえ、申立人は、自己が選挙権制限の手段の被害者であると主張した。当裁判所は、たとえ第一議定書３条を遵守して、精神障害者の権利の制限が現行の範囲よりも狭められて課された場合であっても、申立人がなおも選挙の権利を奪われたであろうかについては、推測することはできない。

　さらに、知的障害者あるいは精神障害者を単一のクラスとして取り扱うことは、問題のある分類であり、彼らの権利の抑制は、厳密な吟味のもとに服さなければならない。このアプローチは、国際法のその他の法律に反映されている。それゆえ、当裁判所は、以下のように結論づけた。すなわち、個別的な司法の評価なく、そして、精神的障害者の部分的後見の必要性のみに基づいた、選挙権の一律的な排除は、選挙権の制限の正当な根拠と矛盾しないと考えることはできない。

　従って、条約の第一議定書３条の違反が存在する。」

　この比例性の判断は、①被選挙人に対する当該選挙権の制限が選挙年齢に達したハンガリー人口の0.75％に影響を与えることになること②選挙権の制限には、広い範囲の評価の余地が与えられる③しかし、広い評価の余地が与えられるといっても、当人の実際の能力を考慮せず、部分的後見におかれているこ

とのみで選挙権を制限することは評価の余地に属するものとはいえず④このように、特定のグループに対して一律に基本権の制限をする場合には、かなりの重大な理由を必要とすること（本件においてはそのような理由があることは認められていない）が主な内容となり、以上のことから、被後見人になったことで自動的に選挙権が剥奪されることが、第一議定書3条違反と判断されている。

（3）損害賠償

　欧州人権条約41条は、「裁判所がこの条約またはこの条約の議定書の違反を認定し、かつ当該締約国の国内法が部分的な賠償がなされることしか認めていないときは、裁判所は、必要な場合には、被害当事者に正当な満足を与えなければならない」と規定する。本判決において、裁判所は、申立人の非金銭的損害として3,000ユーロと裁定した。訴訟費用と経費としては、申立人が、国内の司法と欧州人権裁判所の裁判で負った訴訟費用と経費として、一時間当たり100ユーロで請求される75時間の弁護士料に相当する7,500ユーロを請求したのに対し、5,000ユーロ（およびそれぞれについて申立人に課せられる税と遅延損害金）と裁定し、支払日の為替相場で適切にハンガリーの通貨フォリントに換算して支払うように判決した。

V　判決前後の状況

　以下では、本判決が出される前後のハンガリーにおける精神的な障害を持つ人たちへの対応および欧州人権裁判所において以上のような判決が下され、後見の下に置かれたことを理由として一律に選挙権から排除することが欧州人権条約に反するとの判断がなされて以降、判決に関係するハンガリーおよび欧州評議会において、被後見人の選挙権についてどのような対応が取られているのかについてみておくこととしたい。

1　障害者権利条約の批准と民法改正

　障害者の人権に関しては、ハンガリーは、障害者権利条約を2007年に批准し、これはEU加盟国で最も早く、世界でも2番目に批准した国であるとされる。しかしながらこのことは障害者権利条約の履行が必ずしも望ましい状態で履行されているとは限らず、問題点も指摘されている[60]。

---

[60] たとえば、障害者権利条約のモニタリングに関して、以下のような問題があるとされる。
　　（このような問題点の指摘は、以下のようなNGO団体のホームページで見ることができる。

他方で、後見の規定を含めて新しい民法が10年もの間準備されてきている。改正民法は一度議会で可決されたものの、その後憲法裁判所の決定により、施行が無期限に延期され、発効していない。[61]

2　判決の効力・執行[62]

　自己が当事者である事件についての確定判決には、締約国は従わなければならない（欧州人権条約46条1項）。当該国家は、確認された違反を終了し、違反の結果を改善するための措置をとらなければならない。[63]しかし、これは国際的な平面での法的拘束力であり、欧州人権条約が国内的効力を有している国でも、判決が国内的効力や、執行力を有するとは限らない。[64]

　確定判決の執行は、関係締約国自らが行うものと考えられている。他方、こ

---

http://mdac.info/sites/mdac.info/files/Hungary_briefing_paper.pdf　3月10日現在アクセス可能）

　2007年以降、National Disability Council（NDC）が、障害者権利条約33条1項によって求められているような障害者権利条約の実施に関連する事柄に対して、政府の中での中心的な役割を務めてきた。このNDCは助言を与える団体であり、また、2008年に、政府によって、障害者権利条約33条2項を遵守して条約の実施を促進し、保護し、モニターする「独立した」しくみとして設計されたものであったが、このNDCは社会労働省（Ministry of Social and Labour Affairs）の団体であり、政府と市民社会の両方の代表者によって構成されており、（実際は）政府から全く独立していない。

　このことが、ハンガリーに対して障害者権利条約の履行をモニターする独立したしくみを創設することを義務付ける障害者権利条約33条2項の義務を履行できていないという点で、国際法（条約）に抵触されるものとされている。障害者権利条約33条3項、および4条3項は市民社会が、特に障害者および、それらの者を代表する団体が、法および政策を計画、実施、モニタリングすることに関与すること及び完全に参加することを保障するものであるし、モニタリングは、政府から実際に独立している団体によって行われ、そして市民社会がこれらのしくみにおいて欠くことのできない役割を果たすことを必要とするからである。

　このことに関して、NGO団体からは、政府が意見をもとめる透明なしくみを創設すべきであり、後見の下に置かれている障害者を含む市民団体をモニタリングに関与させるべきであるとの指摘がなされている。

〈61〉改正民法には自己決定支援の規定や障害者権利条約に配慮した規定が含まれていた。改正民法の提出までの状況は、たとえば、以下のホームページ等を参照（http://www.mdac.info/en/hungary-parliament-reforms-legal-capacity-laws）。なお、Hungarian Disability Caucusレポート（前掲注〈7〉）83頁以下にも民法改正に関する記述がある。

〈62〉小畑・前掲注〈27〉、15頁以下、建石・前掲書91頁以下参照、なお、前田直子「欧州人権条約における判決履行監視措置の司法的強化——パイロット手続きにおける二重の挑戦——」国際協力論集18巻2号41-56頁（2010）、徳川信治「欧州人権裁判所によるいわゆるパイロット判決手続き」立命館法学321・322号1690-1723頁（2008）も参照。

〈63〉建石・前掲書93頁。

〈64〉小畑・前掲注〈27〉、15頁。

の執行については、閣僚委員会（「欧州評議会の名において行動する」権限を持つ機関で、評議会の各加盟国から1名ずつの代表によって構成される政府間機関）が監視を行う。閣僚委員会に違反認定を含む確定判決が送付されると、事件は遅滞なく閣僚委員会の議題とされ、関係締約国は、当該判決を執行するためにとった措置を閣僚委員会に通報するように求められる。閣僚委員会はこの通報を受けて、関係締約国が「公正な満足」を支払い、かつ違反を終了させ、できる限り被害者に現状を回復する「個別的措置」と、同様の違反を防止し、あるいは継続的違反を終わらせるための「一般的措置」をとったかどうかを審査する。ここでいう「公正な満足」は、精神的損害だけでなく物質的損害および条約機関での手続きの費用を含む金銭補償である。

各事件は「公正な満足」の支払い、および個別的措置が取られるまで年6回開催される閣僚委員会の人権特別会合の議題に繰り返しあげられる。閣僚委員会が、関係締約国が求められるすべての措置をとったことを確認すれば、「46条2項に基づく自らの職務が遂行された旨の決議」を行う[65]。

本判決に関しては、訴訟費用の賠償は行われたようであるが、2012年2月28日現在、賠償金（被金銭的損害について）の支払いが確認されておらず（期限は2010年11月20日）、個別的な方法および一般的な方法の計画・実行も情報待ちの状態であり、未解決の事案扱いである[66]。

3　憲法の改正

2011年まで効力を有していたハンガリー共和国の憲法は1949年8月20日に採択されたものであった。これは、ハンガリーにとって初めての成文憲法であった。1988年以降、新憲法を準備するとの考えがハンガリーにおいて現れた。議会制民主主義および社会市場経済の複合的なシステムを構築することを目的とするものであった。しかし、時間的な圧力のために新憲法は起草されず、国民議会は1949年憲法の包括的修正（1989年10月23日法律31号）を採用した。1989年に修正された憲法の序言では、この憲法は、一時的なものとして、新憲法の制定まで効力を維持すると述べられていた。

1989年以来、この憲法は何回か修正され、比較的最近においても10回以

〈65〉以上の一連の手続きに関して、小畑・前掲注〈27〉、15頁参照。
〈66〉2012年4月12日に行動計画が提出されている。また、公正な満足（賠償）については支払がなされているようである。なお、判決の執行状況は、http://www.coe.int/t/dghl/monitoring/execution/Reports/pendingCases_en.asp で見ることができる。

上議会の3分の2の決議によって修正されている。⁽⁶⁷⁾

　2012年3月現在、現行のハンガリー政府は2010年に発足したが、新憲法の準備と採択は再び行動計画に入れられ、現在の与党の主要なプロジェクトとなった。国民審議会の団体および議会の憲法起草特別委員会は、この目的のために立ち上げられた。議会の特別委員会は、2010年の7月に立ち上げられ、2010年7月20日に作業を開始した。特別委員会は、基本理念の文書を用意したが、結局は、憲法作成過程の作業文書としてのみ考慮された。その間に、草案はFIDESZ/KDNP（連立与党）の代議士によって準備され、2011年3月14日に議会に提出された。草案は、ハンガリー議会によってFIDESZとKDNPの連立与党の投票によって2011年4月18日に可決され、2011年4月25日に大統領により署名された。附則に示されているように、新憲法は、2012年1月1日に発効するとされており、発効した。⁽⁶⁸⁾

　旧憲法70条5項においては、「行為能力が限定あるいは後見の下に服されることによって制限されている者、……は選挙権を有しない」とされており、本判決において問題とされたように後見の下に置かれる場合は、直ちに選挙権から除外されることになっていた。

　今回の改正により成立することになった憲法の規定によれば、まず、15条（XV条）において、「(1)何人も法の下に平等である。すべての人間は法的能力を有するものとする。(2)ハンガリーは、人種、肌の色、ジェンダー、障害、言語、宗教、政治的あるいはその他の意見、国籍あるいは社会的出身、経済的そのほかの環境などによるどのような差別をすることもなく、あらゆる者に基本権を保障するものとする。(3)男性と女性は平等の権利を有するものとする。(4)ハンガリーは、法的な平等性を実施するために特別な措置を講ずるものとする。(5)ハンガリーは、子供、女性、高齢者、障害者を保護する特別な措置を講ずるものとする。」と定められ、法の下の平等を保障する規定の中に、障害者を平等に扱っていくための措置を講ずることが明文によって規定されている。そして、23条6項（XXIII条(6)）において、「罪をおかしたこと、あるいは制限された精神能力を理由に裁判所によって選挙権を奪われた者は、選挙権を有しない。ハンガリー以外のEU加盟国市民で、ハンガリーに居住する者は、自国において何らかの法律、裁判所あるいは行政の市民権の状態に関

〈67〉 See, Opinion on the new Constitution of Hungary adopted by the Venice Commission at its 87th Plenary Session (Venice, 17-18 June 2011) (CDL-AD(2011)016) paras. 5-7.
〈68〉 Ibid., para. 8.

する決定の下で選挙権を奪われているときは、被選挙権を有しない」と規定され、「裁判所によって選挙権を奪われ」という文言が入れられており、規定上は、選挙権から除外される場合は、裁判所による個別的判断を経ることを必要とすることになったものと思われる。この点で、全面的改正の中で、(そのため、欧州人権裁判所の判決との直接の関係は不明確ではあるが、) 判決の方向性には沿うように見える改正が行われている。

4　欧州評議会での対応

　本判決が下されて以降、欧州人権条約と直接関係する欧州評議会において、ヴェニス委員会および閣僚委員会から解釈宣言や勧告が出されている。まず、判決より5カ月後の10月、欧州評議会のヴェニス委員会は、選挙に関わる事柄における適正な実施の規則に関する、法による民主主義のためのヨーロッパ委員会（ヴェニス委員会）の意見 no.190/2002 に対する解釈宣言が、障害を持つ者の選挙に関して発表された〈69〉。

　この解釈宣言において、「障害を持つどのような者も、証明された精神的障害を理由として裁判所の個別の決定により選挙権や被選挙権を剥奪されたのでない限り、自身の身体的あるいは精神的障害を理由に選挙権あるいは被選挙権から排除され得ない〈70〉」とされ、選挙権の剥奪に対しては裁判所の個別の決定が必要であるとの方向に欧州評議会が動くものと考えられた。その後、ヴェニス委員会は、この解釈宣言の文言を「普通選挙は、これまで継承されてきたヨーロッパの選挙制度の基本原則である。この点から、障害者は差別されてはならず、国連障害者権利条約29条および欧州人権裁判所の判例に適合するようにされなくてはならない。」との文言に変更し、一歩後退したかのように思われた〈71〉が、さらにその後、2011年11月16日に採択された障害者の政治的および公的活動に関する閣僚委員会の勧告 (CM/Rec(2011)14) においては、裁判所の判断によっても、法律によっても選挙権を奪うことはできないことが述べられている。勧告には法的拘束力自体が生じるものではないが、上述の人権裁判所判決のように勧告は判決において参照・引用されるものであり、評価の余

〈69〉 See, Interpretative Declaration to the Code of Good Practice in Electoral Matters on the participation of people with disabilities in elections (CDL-AD(2010)036).

〈70〉 Ibid., para 2.

〈71〉 See, Revised Interpretative Declaration to the Code of Good Practice in Electoral Matters on the participation of people with disabilities in elections (CDL-AD(2011)045), para.2.

地の理論においての判断の際の資料とされるものと思われる。

(足立祐一)

＊本稿は、2011年7月23日の成年後見法制研究所定例研究会での報告によるものである。

資　料

ハンガリー共和国民法試訳〈1〉

第二部　人
第Ⅰ編　法主体としての人
　1章
8条（1）ハンガリー共和国のすべての者は、法的能力を有する。すなわち、すべての者は、権利を有し、義務を負うことが認められている。
（2）法的能力は、年齢、性別、人種、民族的背景、宗教的所属に関わらず、平等である。
（3）法的能力を制限する契約、単独の意思表示は無効である。
9条　生きて生まれたとき、法的能力は、受胎の日からそれぞれの者に対して認められる。出生の時より300日前を受胎の日とみなすが、受胎をそれより以前あるいは以後と証明してもよい。出生の日は、前記の期間の中に含まれる。
10条　子供の権利の保護に必要なとき、特に、当該子供とその法定代理人の間で利害の対立がある場合は、子供が生まれる前に後見人が選任されなければならない。
　2章
11条（1）法的行為能力が制限されていない、あるいは法律によって剥奪されていないすべての者は、法的に行為能力を有する。
（2）行為能力を有する者は誰でも、完全な契約を結ぶ、およびその他の意思表示をする権利が認められる。
（3）法的行為能力を制限するどのような契約および単独の意思表示も無効である。
12条　未だ18歳に達していない者は、結婚していない限り未成年者とみなされるものとする。行為能力が欠けていること、あるいは未成年であることを理由に必要とされる後見のための機関の同意が欠けているために、裁判所の決定によって結婚が無効とされている場合には、成人という効果は結婚には与えられない［結婚によっても成人とはみなされない］ものとする。
12/A条（1）未成年者は、その者が14歳に達し、かつ行為無能力でないとき、能力が制限されるものとする。
（2）法律によって別段の定めのない限り、能力の制限された未成年の意思表示は、その者の法定代理人の同意または追認なしには有効とみなされない。能力の制限された未成年者が、〔婚

〈1〉後見に関係する範囲に限って、ハンガリー行政司法省のホームページの英語による条文（http://www.civil.info.hu/uploaded/documents/seged/NK/ActIVof1959.doc）を訳出した。
　　［　］内は、他の訳語の候補を示す。なお、節や款の表示に相当する見出し部分は省略した。

姻によって成人とみなされ〕行為能力者になった場合、あるいは〔法定の年齢に達して〕行為能力者になった場合は、未確定の意思表示に関して自身の決定をなす権利が与えられるものとする。
（3）能力の制限された未成年者は、その者の法定代理人の参加なしに、次の権限が与えられる。
a) 法律の規制により権限の認められた個人の性質に関する意思表示をなすこと
b) 日常における必要性を満たすことを目的とするあまり重要でない事柄に関する契約を締結すること
c) 労働を通して得た賃金を処理すること、およびその者の賃金の範囲内の義務を負うこと
d) 利益［有利な地位］のみを提供する契約を締結すること
（4）後見のための機関の許可によって、法定代理人は3項d) 号に従って能力の制限された未成年者に対し、約束されたあるいは与えられた贈与を拒否する権限が与えられるものとする。後見のための機関が、法定代理人の拒否の表明の承認を拒否するときは、後見のための機関のそのような決定が法定代理人の受領の表明に置き換わる。
（5）法定代理人は、意思表示が能力の制限された未成年者自身によってなされることを法が要求するとき、およびその意思表示が労働によって得た賃金に関するものであるときを除き、能力の制限された未成年者の名において意思表示を発する権限が与えられるものとする。

12/B条（1）14歳未満の未成年者は、法的に行為無能力である。
（2）14歳以上の未成年者で、裁判所が法的行為能力を排除して後見の下に置いた未成年者もまた行為無能力であるものとする。未成年者を後見の下に置く手続きには、15条の規定が適用される。後見は、法定の年齢に達しているが、未成年者がその法的行為能力を、その関連する決定が法的に拘束力を有する日に失っている場合に効果を発生する。

12/C条（1）行為無能力の未成年者によってなされた意思表示は、無効であるものとする。その未成年者の法定代理人は、その未成年者の利益のために手続きを行うものとする。
（2）一般的に多数締結され、かつ特別な考慮を必要とせず、行為無能力の未成年者と直接締結され、すでに履行されたあまり重要ではない事柄に関する契約は、無効とはみなされない。

12/D条 未成年者の身体あるいは財産に影響を与えるような法定代理人のどのような意思表示に関しても、当該未成年者が制限された能力である場合には、あるいは、法的に行為無能力とみなされているが、精神的には害されていない場合には、未成年者の意見を見込んでなされるものとする。

13条（1）意思表示が以下のことに関連する場合、法定代理人によってなされた意思表明の有効性に対して、後見のための機関の承認が必要となる。
a) 未成年者の扶養の権利の放棄
b) 相続を理由として未成年者に与えられる権利あるいは負わされる義務。また、個々に拒否されうるあらゆる財産の相続の拒否をすること
c) 未成年者の不動産の移転あるいはあらゆる形式の不動産担保権。ただし、同時に対価なく不動産の獲得に用益権が成立されるときを除く。
d) その他の特段の定めに従って引き渡された未成年者の財産
e) 有体、非有体にかかわらず、その他の特段の定めによって規定されている総量制限を上回る価値のその他の未成年者の財産
（2）裁判所または公証人によって有効と判断された意思表示の有効性に対しては、後見のための機関の承認は必要ではない。

13/A条（1）たとえ未成年者の後見のための機関の承認があっても、十分な対価なしに贈与するあるいは義務を引き受ける、または、対価なく自身の権利を放棄するような意思表示をすることはできないものとする。
（2）この規定は、能力の制限された未成年が労働で得た賃金を自由にすることを妨げるものではないし、普通のそして慣習的な贈与を排除するものでもない。

13/B条（1）行為無能力あるいは制限行為能力に基づいた無効は、行為無能力者あるいは能

力が制限されている者の利益のためにのみ援用されうる。
（２）その法的行為能力に関して相手方に誤認を与えたいかなる者もそのような行いに対して責任を負い、そのような責任のもとで契約を履行することを強制されうる。
14条（１）能力を制限する趣旨で、裁判所が法定年齢の者を後見人の管理の下におくときは、その者は能力が制限されている者であるとする。
（２）後見は、配偶者、最近親者、兄弟姉妹、あるいは後見のための機関、検察庁によって請求されうる。
（３）法的活動の要請に関しての通知を後見のための機関が受け取ってから60日以内に、2項にあげられている近親者によって後見手続きが開始されないときは、後見のための機関は、後見人の管理の下に置くことが必要であるとの通知を受け取ったことに関して、後見手続きを開始するものとする。
（４）その自己の事務を処理するのに必要な意思能力が、その精神状態、病的な精神あるいは病的な中毒のために、永続的あるいは頻繁に、著しい程度で、一般的あるいは特定のグループの事柄に関して減少する者は、裁判所によってその者の能力を制限する後見の下に置かれる。
（５）意思能力の制限が一部に過ぎないときは、後見の付されているその者は、裁判所が当該事柄の決定において彼または彼女の能力を制限していない事柄に関するすべての事柄について、有効な意思表示を単独ですることができる。
（６）裁判所は、特に以下のグループに属する事柄に関しては、後見の下に置かれている者の能力を完全に制限できる。
１）生活保護の要請、社会給付金および失業手当、このような給付や雇用から得られた所得の処分で、雇用契約によるものか、それに類するそれ以外の関係によるかにかかわらず、14/B条の２項c）号において定義されている総額をこえる額の処分
２）動産と不動産に関する処分権
３）家族法に属する事柄における特定の意思表示、すなわち

a）夫婦間の財産権あるいは登記されたパートナーシップに関係する財産権に関する意思表示
b）認知に関する意思表示をすること
c）子供に名前を付けることとその修正
d）子供の養子縁組を承諾すること
４）扶養義務に関する金銭的決定
５）住居の賃貸借に関して意思表示をすること（契約の締結・終了も含む）
６）相続に関する事柄
７）内々の社会的慣例における立場に関する意思表示
８）医療行政に関する権利の処分
９）居所の決定
14/A条（１）人の法的行為能力を制限する裁判所の決定は、後見の法定の見直しの開始される日を明記するものとする。この日は、裁判所の決定が効力をもった日から5年以内に設定されなければならない。
（２）この見直し手続きは後見のための機関によって開始されるものとする。見直しの申立ては、後見の終了、後見の拡大、制限された行為能力の後見から法的行為無能力への後見への移行、法的行為無能力の後見から制限された行為能力を許可する後見への移行、制限された行為能力の後見の下に置かれている者によって行使されることのできない権利の範囲の見直し、を求めることができる。
14/B条（１）一般的な原則によって、あるいは裁判所の決定において明記されていることについて、2項で定められていることを除き、能力の制限をされている者の意思表示は、その者の後見人の同意あるいは追認なしには有効とみなされない。後見人とその被後見人の間のどのような不一致も後見のための機関によって解決されるものとする。能力を制限されている者が行為能力者となったときは、自己の不確定な意思表示の有効性に関して自身の決定をなす権限が与えられるものとする。
（２）能力を制限されている者は、後見人の参加なしに以下のことをなす権限が与えられる。
a）法律によって権限が与えられている個人の性質に関する意思表示をすること
b）日常における必要性を満たすことを目的と

第5章　欧州人権裁判所における成年被後見人の選挙権剥奪に関する判決

するあまり重要でない事柄に関する契約を締結すること
c) 雇用契約か社会保障のようなそれ以外の関係によるものかに関係なく労働に対して受け取った所得、生活保護および非雇用による利益による所得の50％を処理すること、および同様の割合までの義務を引きうけること
d) 利益のみを提供する契約を締結すること
（3）能力の制限されている被後見人は、公的文書における全般的な権限をその者の後見人に与えてもよい。これは、後見人の同意があること、本人の名で本人の目的のために行動すること、2項に定められているものを除いて意思表示をすること、法律によって能力を制限されている者から受けられるときのみ意思表示が認められるような事柄を除くことを条件とする。
（4）被後見人は、3項にあげられている全般的な権限を公証された私文書による方法によって廃止してもよい。さらに、このことに関して、後見人に知らされなければならない。
（5）迅速な手当てを要する事柄において、あるいはその他の法律に規定されるときは、後見人は、3項であげられている同意なしに、被後見人の名において、被後見の利益のために行動する権限が与えられる。

15条（1）裁判所によって法的行為能力を排除する後見の下に置かれた成人は、法的に無能力である。
（2）後見は、本人の配偶者、最近親者、兄弟姉妹あるいは後見のための機関、検察官庁によって請求されうる。
（3）法的活動の要請に関しての通知を後見のための機関が受け取ってから60日以内に、2項にあげられている近親者によって後見手続きが開始されないときは、後見のための機関は、後見人の管理の下におくことが必要であるとの通知を受け取ったことに関して、後見手続きを開始するものとする。
（4）成人で、自身の事務を処理するのに必要な意思能力が、その精神状態あるいは病的な精神のために完全にかつ永続的に欠けている者は、裁判所によって後見の下に置かれるものとし、後見はその行為能力を制限するものとする。

（5）当人が影響される意思能力の欠如が永続的なものであり、そのことが法廷で医療専門家によって証明されない限り、制限された法的行為能力に関する裁判所の決定は、14/A条において規定されている法的な見直しの期限日を明記するものとする。

15/A条（1）行為無能力な者によってなされた意思表示は、2項で定められているものを除き、無効なものとする。後見人は、本人の利益のために手続きをするものとする。被後見人が、健全な精神である、すなわち、自己の住居の場所を認識できるときは、決定を行う前に、後見人は被後見人の見解と要求を聴くものとし、可能な限りそのような要請を遵守するものとする。この義務に繰り返し違反する後見人は、19/C条に従って免職となるものとする。
（2）行為無能力の者は、一般的に多数締結され、特別な考慮を要しないあまり重要ではない契約を独力で締結することができる。

16条（1）後見のための機関の承認は、行為無能力者の後見人あるいは能力の制限された者とその後見人によってなされた意思表示の有効性に対して、その意思表示が以下のことに関するものであるときに必要であるものとする。
a) 行為無能力者である、あるいは能力の制限された者の生活費
b) 相続を理由として、行為無能力者あるいは能力の制限された者に与えられる権利あるいは負わされる義務
c) 行為無能力者あるいは能力の制限された者の不動産の移転あるいはあらゆる形式の不動産担保権。ただし、同時に対価なく不動産の獲得に用益権が成立されるときを除く。
d) 20/B条に従って譲渡された行為無能力者あるいは制限能力者の財産
e) 有体物・無体物にかかわらず、50,000フォリントを超えるあるいは後見の決定において明記された額を超える価格のその他の財産
（2）関連する状況によって正当化されるときは、後見のための機関は、以下のことを承認してよい。
a) 行為無能力者の後見人の要請、あるいは被後見人が制限能力者の場合の被後見人と後見人

の共同の要請があり次第、被後見人の子孫に対して、被後見人自体の家庭の創設および維持をすること、あるいは、被後見人の資産から融資されているその他のきわめて重要な目的を達成することについて承認すること。しかし、その支援がその子孫の相続の必須の持分を超えないものとする。
b) 被後見人が制限能力者である場合の後見人と被後見人の共同の要請があり次第、後見の下にある者が、贈与として財産を引き渡す、あるいは対価なしにその権利を放棄する、あるいはそのような財産・権利を公共の目的のために寄付することについて承認すること。ただし、そのような取引が、後見に置かれているものの生計を危険にさらさないときに限る。
（3）後見のための機関の承認は、以下に対しては必要とされない。
a) 裁判所あるいは公証人によって有効と判断された意思表示の有効性
b) 裁判所の決定により制限された能力の後見の下に置かれた者の法的能力が、1項にあげられている意思表示について、その裁判所の決定によって拘束されないとき

16/A条（1）行為無能力あるいは制限能力に基づいた無効は、無能力者あるいは制限能力者の利益のためにのみ援用されうる。
（2）その法的行為能力に関して相手方に誤認を与えたいかなる者もそのような行いに対して責任を負い、そのような責任のもとで契約を履行することを強制されうる。

17条（1）意思表示をなした時点において、永続的であろうと一時的であろうと自己の事務を処理する精神能力が全く欠けている者は、たとえ後見人の管理の下に置かれていなくとも、法的に行為無能力である。
（2）後見人の管理の下に置かれていない行為無能力者によってなされた意思表示は、3項に規定されている場合を除き、無効であるものとする。
（3）遺言による処分を除き、後見人の管理の下に置かれていない成人の行為無能力者によってなされた意思表示は、意思表示の内容および状況が、当事者に法的に行為能力があるときに当該意思表示が正当化されるであろうときは、無能力を理由に無効とはみなされない。

18条（1）ある者を制限能力あるいは行為無能力の後見の下に置く法的処置が正当とされ、かつこの者の資産の保護に即時の行動を要するときは、後見のための機関は仮差押えを決定し、仮差押人［管財人］を任命するものとする。仮差押えの決定は、不服を申し立てることはできない。
（2）仮差押え、および仮差押人の活動は、強制執行法の保全行為の実施に関する規定によって定められる。

18/A条（1）即時の行動が必要な場合、後見のための機関は、自己の事務を処理するために必要な意思能力が、その精神状態あるいは不健全な精神により、完全にかつ永続的に欠けている成人に対して一時的後見人を選任できるし、その他の方法によって本人の利益を保護することはできないときは、原則として仮差押えによってその利益を保護するものとする。一時的後見人の選任の決定に対しては、不服を申し立てることはできない。
（2）後見のための機関は、一時的後見人の選任の決定において、14条6項に規定されているものの中から、それに関して一時的後見人が被後見人の名において、被後見人の利益のために行為をする権限をもつ特定の事柄を指定するものとする。

18/B条 後見のための機関は、仮差押えあるいは一時的後見人の選任の決定から8日以内に、後見の下に置くための法律行為の申請をするものとする。他方で、裁判所は仮差押えあるいは一時的後見人の選任を、上述の申立ての受領から30日以内に見直すものとする。

19条（1）後見のための機関は、後見の下に置かれる者に対する後見人を裁判所の決定によって選任するものとする。後見人の選任の詳細な規制は特にその他の法律に規定される。
（2）法的行為能力を有するあらゆる成人は、成年後見人に選任されうる。後見人に選任された者は、選任された職を有効であるとして引き受けなければならない。

19/A条（1）後見の下に置かれた者によって

法的能力を失う前に公的な文書によって選任された者、あるいは、これが可能ではないときは、後見の下に置かれた者の同一の家計内で生活する配偶者が、それが本人の利益のうちにあるときは、後見人として選任されるものとする。そのような者がいないとき、あるいは本人の配偶者を選任することが被後見人の利益を危険にさらすであろうときは、後見のための機関はすべての適用可能な状況の観点から適当と思われる者を後見人の職に選任する。

（２）後見人職に対して、適任の者に関しては、両親、あるいは両親が死亡しているときには公的な文書または遺言において名前をあげられている者に、優先権が与えられるものとし、あるいはそのような者がいない場合には、その他の近親者に、必要な場合にはそれらの者がケアを与えられるあるいは与えることをいとわないならば、同様の扱いがなされる。

（３）１項、２項に従って後見人が選任できないときは、被後見人のために専門職の後見人が選任される。専門職後見人は、犯罪歴をもたない者でなければならない。精神障害者や、病的な中毒を持つ者、精神病患者にケアを与える者によって構成される非政府組織（協会など）に推薦された者もまた職業後見人に選任される。

（４）被後見人によって明確に異議が述べられているときは、その者は後見人に選任されることができない。

19/B条（１）特別な事情の下では、後見の下に置かれている者に対して、一人より多い後見人が選任されうる。

a) 後見の下に置かれている者の両親あるいは二人の近親者が後見人職を受任するとき、あるいは、

b) 後見の下に置かれている者の資産の管理あるいはその他の特定の事柄を扱うことに特別な行動や専門知識を要するとき

（２）１項b) 号に関しては、後見裁判所は、それぞれの後見人に別々の義務を定めるものとする。

（３）後見人に加えて、後見のための機関は、また補欠の後見人を被後見人に対して選任しうる。補欠の後見人は、後見に置かれている者に関する事柄で、後見人が不在あるいはその他の理由で後見人の任務を遂行できない場合には、即時の手当てを必要とする事柄の手続きを進める権限を持つものとする。

19/C条（１）後見のための機関は、後見人を以下のときに解任するものとする。
a) 裁判所が後見を終了するとき
b) 被後見人の死亡以降
c) 重大な理由を援用し、後見人によって後見人自身の解任が要請されるとき
d) 後見人の選任を排除する基礎をあたえる理由が後に生じたとき

（２）後見人が義務の履行に失敗する、あるいは後見人が任務を遂行することで被後見人の利益が侵害される、あるいは危険にさらされるときは、即時の措置が必要とされるときは停職の後に、後見のための機関は後見人をその職から解任するものとする。

（３）後見人がその職から１項b) 号に従って解任されたときは、後見のための機関は、被後見人の登記簿にその死亡を登録するために、後見を決定した裁判所に被後見人の死亡を知らせるものとする。

20条（１）原則としてあるいは行為能力を制限する裁判所の決定において明記された事柄について、後見人は被後見人の資産を管理し、その者の公的な代理人となるものとする。

（２）事情によって必要とされる場合には、後見人は、原則として同意した場合には、被後見人に対して身上監護も提供するものとする。

20/A条 後見人は、管轄権をもつ後見のための機関に監督されるものとする。後見人は、被後見人の状況に関して後見のための機関に対し、要請された時あるいは年一回は報告する必要があるものとする。

20/B条 被後見人の資産（現金、有価証券およびその他貴重品）が、資産管理の規則にしたがったおよび 20/C条を遵守した継続的費用に対してただちに必要ではないときは、後見のための機関の請求があり次第、後見人は、被後見人の資産を提出する［後見のための機関に付託する］ものとする。後見のための機関に預けら

れている資産に関するどのような処理についても事前の後見のための機関の同意が必要とされる。

20/C条 後見人は、被後見人の幸福に最も役立つように被後見人の資産を管理する。後見人は、後見の下にある者の個人的な要求を聴く義務があるものとし、そのような要求を資金に応じて適切に満足させるものとする。

20/D条 （1）2項において定められている場合を除き、後見人は資産の管理に関する年次の計算報告書を提出するものとする。後見人が被後見人の近親者であり、被後見人の財産状況が通常の手順のような計算報告を必要としないときは、後見のための機関は簡略化した計算報告を認めるものとする。

（2）専門職後見人の場合を除き、年次の計算報告は、被後見人が資産を持っておらず、雇用の収入、年金その他の給付金の1か月の合計が特定のその他の法律において規定されている限度を下回るときは、必要としない。

（3）被後見人が経済組織の構成員（株主）であるときは、被後見人の負う義務で、被後見人の資本への貢献の50％もしくは100,000フォリントを超過するあらゆる義務に対して、後見人は後見のための機関の承認を要請するものとする。問題となっている経済組織が会計法に従って報告を必要とする場合には、後見人はこの報告の複写を年次の計算報告書に添えて提出するものとする。

（4）後見のための機関は、1項および3項に明記されている要請に加え、どのような後見人に対しても、特別の計算書を作成するよう命じる権限が与えられるものとする。このような命令は、当該被後見人から要請されたときも発せられる。

（5）後見人による財産の管理の詳細な規制は、特定のその他の法律において定められる。

21条 （1）後見の決定の理由がもはや説得的でないときは、裁判所は、能力に関する後見を終了する。

（2）後見の終了の申立ては、被後見人自身、その配偶者、最近親者、兄弟姉妹、後見のための機関、検察官庁によって提起することができる。

（3）後見終了のための法律行為は、14/A条に規定される法定の見直し手続きより前に行うこともできる。

（4）2項において規定されている当事者は、後見の終了に加え、裁判所が被後見人の能力を制限した事柄の範囲の見直しの要請、さらに、制限された行為能力の後見からから行為無能力の後見への移行あるいは、行為無能力の後見から、制限された行為能力を許可する後見への移行に対する要請もすることができる。

第6章

スイスにおける
被後見人の選挙権

I　スイス憲法・民法と被後見人の選挙権

　現行スイス法は、憲法において、民法上の禁治産宣告を受けた被後見人の選挙権を剝奪している。選挙権についてどのように規定するのかは各国の事情に依拠するものであり、その適否を簡単に評価することはできない。しかしながら指摘しうることは「憲法において、民法上の禁治産宣告を受けて被後見人となった者には選挙権を与えないと規定していること」自体が、禁治産宣告を受けた被後見人への評価の表れではないかということである。憲法は、その国の最高法規であり、諸法令は憲法に違反することはできず、また憲法を改正することは容易ではない。それにもかかわらず、憲法が選挙権の除斥原因を列挙していること、とりわけ禁治産者の選挙権の剝奪規定を置いていることの意味は大きいと言える。

　選挙権との関係で大きな意味を持つ後見制度を具体的に規定しているのは、スイス民法典である。スイス民法典は1912年の制定以来、後見については大幅な変更がなかった。しかしながら、今般改正が予定されており、これは後見法に関しては100年ぶりの大改正と言うことができる（スイス司法・警察省のホームページによれば、2013年1月1日に施行されるようである）。改正の根本思想は、本人の自己決定権の尊重と差別的な意味を持つ「禁治産」という用語を排除することにある。これは、禁治産宣告を受けた被後見人という立場を、形式的にも実質的にも改善しようとしていると捉えてよい。被後見人の人権を、民法レベルで改善しようとしていることは、スイス国内においても障害者の人権をどのように考えるかが議論されてきている証左であるように思われる。

　スイスにおける以上のような一連の流れは、日本の後見制度を検証する上で

も参考になると思われる。スイスは欧米の、とりわけ EU 諸国とは距離があるようにも思われるが⟨1⟩、それでもやはり世界の潮流である「障害者の人権の尊重」を自国なりに検証していることは大変興味深いことであろう。

Ⅱ　スイス憲法⟨2⟩

現行スイス民法 369 条 1 項⟨3⟩に該当する者の選挙権は剥奪されるとするのが、スイス憲法 136 条⟨4⟩である。この規定により、スイスでは、精神病もしくは心神耗弱のために禁治産宣告をされた者だけが投票権を停止される⟨5⟩。たとえば、重懲役刑や軽懲役刑の有罪判決を受けた者、自己の重過失のために破産した者など、その他の剥奪事由の規定は存在しない。憲法の制定者は、精神病もしくは心神耗弱のために禁治産宣告がなされた場合には「投票権の実現に対する政治的判断能力について、必要最小限のものがもはや存しない」と考えていた（憲法委員会教書 96、359）。しかし、実務の立場から、精神障害者については、禁治産の措置は要しないという理由から、しばしば禁治産宣告を受けていないとの批判がある（RYSER-ZWYGART, Psychiatrische Betreuung, 242 f.）。成年後見は、成年者の保護のために継続して保佐や擁護を必要とし、もしくは安全が他者により脅かされている場合に付されるものであり、実際に禁治産宣告がなされるかどうかは、本人の生活関係と管轄官庁の判断に強く依存している。民法 369 条に規定されている禁治産宣告がなされていない精神病者や心神耗弱者の選挙権は、なお存在する。この区別のある取り扱いは、障害者の間に事

⟨1⟩　スイスは欧州評議会の構成国であり、欧州人権条約も批准している。その点では、欧州諸国と足並みを揃えていると言えるが、一部の追加議定書には署名すらしていないなど、特異な面もある。

⟨2⟩　Vgl. Andreas Kley, Die schweizerische Bundesverfassung Kommentar, Bernhard Ehrenzeller/ Philippe Mastronardi/ Rainer J. Schweizer/ Klaus A. Vallender, S.2125 ff., Hangartner Kley, Die demokratischen Rechte in Bund und Kantonen der Schweizerischen Eidgenossenschaft, S. 30 ff. 本節は、これらを適宜訳したものである。

⟨3⟩　章末の条文を参照。

⟨4⟩　章末の条文を参照。

⟨5⟩　スイスの国民（住民）投票制度には、レファレンダム（「議会が可決した憲法・法律・条例等をさらに有権者の投票にかける」もの）と、イニシアティブ（「有権者の発議提案にもとづいて投票を行う」もの）とがあり、これら二つを合わせて国民投票と呼称する。レファレンダムには義務的なものと任意的なものとがあり、前者は自動的に投票に付されるが、後者は有権者の一定数の反対署名を集めた場合などに、投票に付される（村上弘「スイスの住民投票──直接民主制と間接民主制との共鳴？──」立命館法学 250 号 1653 頁以下参照）。

実上不平等な扱いがあることを意味するが、その具体的な理由付けはなしえない[6]。たとえば、テッシン州では、心的病気の者にも原則的に州の選挙権を与え、本人に政治的行為の意義と効果についての判断能力が欠けている場合にのみ、選挙権を剥奪できるという対応を取っている。しかしながら、これは憲法と一致する方法とは言えないので、連邦レベルで同じ対応を取ることはできないとされる[7]。

Ⅲ　現行スイス民法典[8]

憲法は、禁治産宣告がなされた被後見人の選挙権を剥奪しているが、後見に関してはスイス民法典が規定していることは上述のとおりである。そこで、以下では現行スイス民法の後見制度について、概括的に紹介する[9]。

1　後見法の目的と手段

後見法は、一定の心神耗弱状態による不利な結果を、自然人によって、例外的には法人によって（現行民法360条）、回避したり、調整したり、もしくは少なくとも緩和し、そしてそれによって心神耗弱者の福祉を保障しようとするものである（現行民法367条は、後見人が被後見人の全利益を保護しなければならない旨規定する）。この基本的な考え方は、すでに現行法において用いられている。

補助する者のための重要な手段として、後見法は官庁による職務と結合した措置（後見、補佐、保佐）を提供している[10]。その措置において、自然人が後見機関（後見人、補佐人、保佐人）とされており、心神耗弱者（被後見人、被

〈6〉　Hangartner, a.a.O, S.31 では、このような差異ある基準を問題視するものの、賛成の意を示している。
〈7〉　Andreas, a.a.O, S.2126
〈8〉　なお、章末に掲載した現行民法典の条文は、本文に後述する穂積・松倉両文献を参考にしつつ、独自に訳を付したものである。
〈9〉　Vgl. Ernst Langenegger, Honsell Heinrich(Hrsg.)/ Vogt Nedim Peter(Hrsg.)/ Geiser Thomas(Hrsg.), Basler Kommentar ZGB Ⅰ Art. 1-456 ZGB, S. 1779 ff. 本節はこの文献を翻訳し、適宜引用したものである。
〈10〉　なお、現行の後見関係官庁体系として、スイスは二つの官庁を用意している。一つは後見主務官庁であり、もう一つが後見監督官庁である。この二つの官庁の職務については条文の随所に現われ、すべてを網羅的に示すことが紙幅の関係上できないが、主に以下の規定を参照願いたい。現行民法 407条、413条、417条、418条、419条、421条、426条等。

補佐人、被保佐人）の利益のために働くものとされる（後見につき現行民法369条以下、保佐につき同392条以下、補佐につき同395条を参照）。

個々の場合に必要な限りで、心神耗弱者が意思表示によって自らを不利な状態に陥らせるような義務に応じてしまったり、正当な請求権を放棄してしまったりすることを防止するために、後見法は、官庁による職務と結合した措置によって、ほぼ完全に行為能力を剥奪すること、もしくは行為能力を制限することを可能とする。後見と補佐としての官庁による職務と結合した措置では、法律によって、上記の効果を生じるが（現行民法367条、395条）、保佐の場合には、被保佐人の行為能力の効力が法律上排除されている（現行民法392条）。

後見法は、一定の心神耗弱のために自身の肉体的存在・健康を急迫で重大な危険にさらしている者のために、擁護のための自由の剥奪という官庁による職務と結合した措置ではない措置を定める（現行民法397条a以下）。この措置の枠内においてなされる身上監護は、後見機関（公務員）に任務として割り当てられるのではなくて、適当な施設（診療所など）に割り当てられる。

後見主務官庁は、386条もしくは392条(11)により、例外的に用心のために、もしくは一時的に心神耗弱者にとって不利な結果を回避するために、さらなる官庁による職務と結合した措置ではない措置をとることができる。

2　後見法を適用する場合の諸原理

後見措置は、常に本人の自由を侵害するものである。行為能力のある被保佐人も、保佐人の行為によって、間接的に自由が制限される。すなわち、具体的には自己決定権が、部分的に他者決定によって侵害されるのである。

このような性格の後見法は、補充性の原則と比例の原則という二つの原則に支配される。両者は、最終的に、万が一心神耗弱となったとしても、本人の自由を調整しなければならず、官庁的侵害により必要以上に自由が制限されてはならないという思考を根底に置いている。従って、行為能力の制限ないしは剥奪が問題となるだけでなく、措置の実現の種類と方法とにより開始される自由の間接的な制限の場合、すなわち保佐の場合であっても問題となる。

〈11〉 章末の条文参照。

3　民法の具体的規定〈12〉

　現行スイス民法典の規定については、穂積重遠校閲・辰巳重範訳述『瑞西民法　完』（明治44年、法学新報社）と松倉耕作「スイス後見法（条文訳と概要紹介）」南山法学17巻4号45頁以下において、すでに訳がなされている。なお、後者には、現行のスイスの後見法の概要紹介もなされている。具体的な現行のスイス後見法・制度については該文献を参照頂きたい。本章末尾には、現行のスイス民法における後見制度を理解する上で必要と思われる条文のみを掲載するにとどめた。

　以下、日本法とは異なる395条に現われる「補佐」について述べる。

　395条においては、「補佐」という言葉が登場する。「補佐」制度とは、次の三つの類型を持つ（Ernst, a.a.O. S.1923 ff. を適宜訳した）。

①協力的補佐職（395条1項）　被補佐人が1項に列挙された行為を補佐人の協力なくしては行えないという効果を持つものである。この制限された範囲において、被補佐人の収入と財産は保護される。協力的補佐人は被補佐人の法定代理人ではない。しかし、列挙された行為は、被補佐人と補佐人とが協力した場合にのみ成立する。従って、被補佐人は判断能力を必要とし、総じて列挙された法律行為自体を行うことはできる。

　通常は、そのような法律行為を行うことについての主導権は被補佐人にあり、補佐人は協力するのみである。個々の場合には、補佐人はあらかじめ権限を与えることができる。反対に、被補佐人が補佐人に全権を委任することもできる。1項による行為に対して補佐人の協力が欠けている場合には、19条1項、410条、411条を類推適用する。補佐人の拒絶に対しては、被補佐人は420条1項による後見の異議をなすことができる。

②管理的補佐職（395条2項）　財産の管理に関する排他的な法定代理である。被補佐人は管理からはずされる。補佐人は、財産管理人として、被補佐人の意思に基づくことなく、または、被補佐人の意思に反して有効に財産管理を行うことができる。

　管理的補佐職は、財産管理の範囲内においては法定代理人であるから、被保

〈12〉スイス民法は条文の欄外に見出しを載せる形を取っている。最上位の見出しを大文字のアルファベットで、その下位にある見出しをローマ数字で、さらにその下位のものを算用数字で、そして最下位のものを小文字のアルファベットで示している。今回は、見出しは条文の前にそれぞれ掲げる形とした。

佐人はその限りで行為能力を剥奪され、その限りで補佐人は後見人と同等である。それゆえ、財産管理の範囲に対応する限りで、管理的補佐人に後見の遂行に関する規定（398条以下）が適用される。

収入と財産の収益の処分に関して、管理的補佐職は、行為能力を制限しない。被補佐人は、収入と財産の収益の範囲内ではすべての行為をなすことができる。③連結した補佐（395条1項・2項）　補佐の2類型を合わせたものであり、被補佐人の行為能力を最も多く侵害することになる。

Ⅳ　新スイス民法典[13]

1　改正理由

後見法を改正する目的は、耗弱者・援助を要する者の自己決定権を保護し、促進することにあるが、同時に必要的な援助を行うこと、そして社会的な烙印を押すことを防ぐことにもある。現行のスイス民法典（360条から455条）は、1912年以来、一部の規定を除き、事実上変更がなされていない。そのため、今日の関係や経験に、もはや適合したものではない。従って、根本的に改められる必要があるし、改正の際には、新しい法律的措置は比例の原則に適合し、個人的必要性と本人の可能性に合わせられることとなる。

2　改正の経緯[14]

- スイス司法・警察省は、後見法の改正に関する学際的な専門家委員会を設置した（1999年4月13日の報道発表）。
- 連邦評議会は2003年6月25日に、民法典改正についての専門家草案ならびに子供と成年者の保護についての手続に関する連邦法に対する予備草案を協議することについて、スイス司法・警察省に権限を与えた。

---

[13] スイス司法・警察省ホームページ（http://www.ejpd.admin.ch/ejpd/de/home/themen/gesellschaft/ref_gesetzgebung/ref_vormundschaft.html）ならびに、スイス民法典の変更に関する教書（Botschaft zur Änderung des Zivilgesetzbuches、同ホームページよりダウンロードできる）を参考とした。

[14] 松倉耕作「新しいスイスの後見法──2006年連邦評議会草案」名城ロースクール・レビュー18巻241頁以下に記載があるが、草案段階のものである。ここでは2013年1月1日の施行が決定された条文・制度を検討した。改正の経緯については、スイス司法・警察省ホームページ参照。

- 連邦評議会は 2004 年 10 月 27 日に予備草案の結論について了解し、スイス司法・警察省に教書を作成することを委託した。
- 2006 年 6 月 28 日に、連邦評議会は後見法の全面改正についての教書を可決した。
- 議会の審議。
- 連邦評議会は新しい成年者保護法を 2013 年 1 月 1 日に施行する。
- 連邦評議会は、新しい成年者保護法の施行を 1 年程度延期してほしいというチューリッヒ州、ヴァート州、グラウヴェンデン州の請願を拒絶した。それは、2013 年 1 月 1 日の施行を信じたそれぞれの州に不利益を与えないようにするためであった。

3　概説[15]

　スイス民法典が規定する後見制度（現行民法 360 条から 455 条まで）は、1912 年の発効以来――擁護のための自由の剥奪の規定（397 条 a から f まで）を除外して――事実上変更されていない。本法は、今日の関係や経験にもはや適するものではなく、従って根本的に改められるべきである。

　変更の目的の一つは、自己決定権を促進することにある。「固有の世話（新民法 360 条から 373 条まで）」の章において、以下の二つの新しい法制度が議題となった。すなわち、配慮委託において、行為能力者が、判断無能力の場合に身上監護もしくは財産管理を委任し、もしくは法的取引において代理することとなる自然人もしくは法人を指定できるとすること、および、患者配慮処分において、判断能力者が、一方では医学的措置に判断無能力の場合に同意するか、それとも同意しないかを決めることができ、しかし他方では、判断無能力の場合に権限を与えている自然人にも決定を認めることである。

　一時的な判断無能力もしくは――たとえばおよそ生命の終わりまでの――継続的な判断無能力になった場合には、今日の実務はさまざまな方法で実際的な行動をすることによって凌いでいる。従って、新しい成年者保護法は、判断無能力者の親類が、容易にある程度の決定を下すことができるようにする必要性について十分に考慮している。従って、家庭内の連帯が強められ、官庁が自動的に保佐職を命令しなければならないことが回避される。患者配慮処分が存しない限り、一定の範囲の親類が――一定の州法に従って――、判断無能力者の

〈15〉スイス民法典の変更に関する教書（前掲注〈8〉）を翻訳の上、適宜引用した。

医学的措置に対する同意を与えること、もしくは拒否することについての権利を取得する（新民法378条）。たとえば、不妊手術・移植医療もしくは学問についての、特別法の特別規定は留保されている。さらに、草案は判断無能力者の配偶者ならびに登録されたパートナーに、郵便物を開封すること、収入と財産の通常の管理に配慮すること、そして扶養の必要の充足のために通常必要な全法律行為を実施することについての権利を与えている（新民法374条）。

今日の官庁的措置、すなわち後見制度、補佐制度と保佐制度は、一定の画一的な内容を持ち、従って比例の原則は十分に考慮されていない。その点については、精神的障害もしくは類似の耗弱状態のために、本人の事務をもはや処理し得ず、親類もしくは私的・公的なサービスによる支援が不十分である場合に、統一的な法律制度として保佐制度（第390条から第425条）が始まることとなっている。規格化された措置の命令のかわりに、将来的には官庁による注文仕立ての制度が要求され、従って個々の場合に実際に必要とされているような非常に多様な国家的配慮が行われる。

本法は、保佐職について四つの類型、すなわち付随的保佐職、代理保佐職、協働保佐職、包括的保佐職を規定している。

付随的保佐職は、援助を要する者の同意によってのみ付され、行為能力には関与していない。

代理保佐職については、本人は、保佐人の行為を甘受しなければならない。代理保佐職が付された場合には、官庁は、状況に応じて行為能力を限定的に制限することができる。

協働保佐職は、援助を要する者の特定の行為に本人の保護のために保佐人の同意を要する場合に付される。

包括的保佐職は、結局は禁治産（現行民法第369条から第372条）を引き継いだ制度であり、法律により行為能力が消滅させられる。包括的保佐職は、とりわけ本人が継続的に判断無能力である場合に命じられる。

付随的保佐・代理保佐・協働保佐は互いに組み合わせることができる。包括的保佐職の場合には、保佐人の任務範囲は、身上監護・財産管理・法的取引のすべてを含むが、それ以外の保佐職の場合には、官庁は任務範囲を本人の必要性に応じて、すなわち必要性に応じて決定しなければならない。

現行民法385条3項が規定する親の配慮は、廃止されることとなっている。これにより、官庁は、両親を、財産目録作成の義務・定期的な報告と計算書の整理についての義務・特定の行為について官庁的同意を受ける義務から開放す

ることができる。同様のことが、配偶者・登録されたパートナー・子孫・兄弟姉妹・事実上の生活のパートナーが保佐人として指名される場合（新民法420条）にも、適用されることとなる。[16]

　後見職の実体は、今日では統一的かつ概括的に組織されてはいない。フランス語地域の州では、後見官庁が、通常は審判する一方で、ドイツ語地域のさまざまな場所では、政治的に選ばれた関係する専門家の基準値を満たさなくてもよい素人が職務を行っている。専門家の間では、すでに長きにわたり関係の改善が必要とされてきた。ある程度の州は、改善に自発的に着手し、あるいはすでに実行に移している。新法の発効にともない、子供の保護と成年者保護の分野におけるすべての決定が一つの専門官庁の下に集権化される（新民法440条）。官庁の内部組織については州の権限であり、特に州は判断するための部局をどの程度の規模とするかということについて決定する。反対に、学際的な専門裁判所を規定しようとした草案に対しては、専門官庁として行政庁もしくは裁判所が設置されうるとした。州の組織〔設定〕の自由は、できる限り広く保護されている。

　現行の後見制度（現行民法426条以下）によれば、最初に委任者も官庁の職員も個人的に責任を負う。委任者や官庁の職員が損害を補償できない場合にのみ、州や市町村が責任を負う。擁護のための自由の剥奪については、しかしながらすでに1981年以来、直接の国家責任が違反的行為についての求償権とともに適用されている（現行民法429条a）。国家的行為に対するそのような近代の責任規定は、将来的にすべての成年者と子供の官庁的な保護について適用されることとなる（新民法454条、455条）。求償についての要件の限定は、しかしながら州に任されたままである。

4　新民法の具体的規定[17]

（1）新民法393条の付随的保佐について

　付随的保佐制度は、現行民法394条に範を取ったもので、本人が措置について同意することを要件としている。本制度は保佐制度の最底辺に位置するものであり、本人の行為能力と行為の自由を制限していない。従って、協力的で

---

[16] Vgl. Botschaft zur Änderung des Zivilgesetzbuches S.7002 ff.
[17] 草案段階の条文の訳は、松倉前掲注〈9〉においてなされている。そこで、本稿においては、必要と考えられる条文のみを章末条文一覧に掲載した。草案段階とは異なる条文もあるため、記載したものは筆者が独自に翻訳を施したものであることを注記しておく。

好意的な者が、進んで援助をする場合のみが問題となる。予備草案によれば、広範囲にわたって危険が発生する限りにおいて、付随的保佐職を、本人の同意がなくても命じ得るとしていた。これについては、一方では付随的保佐制度を廃止することが要求され、一方では援助を要する者の同意による措置とすることが求められた。今日の保佐制度の広い普及に関しては、本人の要求（現行民法394条）について草案は、以下の二つの解決策を計画している。〈18〉

（2）新民法394条の代理保佐について

代理保佐制度の場合は、保佐人は、委任された任務範囲内で本人を代理する（新民法391条）。すなわち、任務の履行の場合に援助を要する者の保佐人は1項の範囲で行動する。

保佐人に対して非独占的代理権もしくは独占的代理権を与えることができる。独占的代理権を与える場合には、本人の行為能力は制限される（2項）。しかし、成年保護官庁が、本人の行為能力を制限しない場合にも、保佐人の行為を甘受しなければならない（3項）。このことは、すでに現在においても、新法とは異なって本人の行為能力への影響を及ぼさない（現行民法417条1項）、現行民法392条と393条とによる代理保佐と管理保佐の場合に、適用されている。

2項により行為能力が制限されるとともに、本人は、保佐人によって代理される行為について、もはや義務を負担する権限も処分権限も有しない。成年保護官庁は、行為能力を個々的にも制限することができる。たとえば、多世帯用住居の所有権者である本人に、使用賃貸借契約を現状以上に締結し得ないことを命じることができるのである。その際に、その多世帯用住居に関する本人の処分権は存続する。しかしながら、そのような措置は、本人の特別な耗弱状態を十分に考慮する場合にのみ、意義のあるものとなるにすぎない。〈19〉

（3）新民法396条の協働保佐について

現行法は、協働補佐の形式（現行民法395条1項）において、行為能力の制限を規定している。現行民法395条1項の1号から9号は、補佐人の行為の強制的で例外のない列挙である。協働は、被補佐人の協働を要する行為を有効なものとするために必要となる。すなわち、協働は該当する行為に対する許可、つまり被補佐人が行為主体となる行為に対する許可である。補佐人の同意は明示的にでも黙示的にでもなしうる。また、補佐人は事前の同意もしくは追

〈18〉 Vgl. Botschaft zur Änderung des Zivilgesetzbuches S.7045.
〈19〉 Vgl. Botschaft zur Änderung des Zivilgesetzbuches S.7045 f.

認を行いうる。協働補佐人は法定代理人ではない。なぜなら、法定代理人とは異なり、協働補佐人は被補佐人のために代理して行為するのではないからである。むしろ、これは本人自らの行為でなければならない。それゆえ、協働は、被補佐人が当該行為について判断能力を有している場合にのみ、想定しうる。

協働保佐制度は、現行法から大いに示唆を得ている。しかしながら、現行法とは異なり、変更することのできない行為の列挙を法律上なすのではなくて、それぞれの保護の必要性に応じて個々的に判断される（新民法391条）。

「規定された行為」、すなわち同意を要する行為は、成年保護官庁の任意の決定において示される。保佐人の必要な協働が欠けている場合には、瑕疵ある法律行為についての規定、すなわち義務負担行為の場合の同意の欠缺の規定の法律効果を準用することとなる。一身専属的な権利に属するものについては、協働は命ぜられない。[20]

（4）新民法397条の保佐制度の組み合わせについて

必要性に応じた措置の理念は、同じ状況にある者に対して、それぞれの必要性に応じて、それぞれの範囲において、付随的保佐、代理保佐、協働保佐が命じられ得ることに添うものである。包括的保佐職だけは、組み合わせになじまない。[21][22]

V 新スイス民法典と選挙権剥奪との関係

1 参政権に関する連邦法2条[23]

精神病もしくは心神耗弱のために禁治産宣告がなされている者は、憲法136条1項により、連邦の案件に関する参政権を持たない。この規定を考慮すれば、参政権に関する連邦法2条は、2002年の連邦法により削除されてよい（旧参政権に関する連邦法2条では、憲法136条1項と同じような規定を持っていた）。

改正スイス民法典の施行にともない、憲法レベルでは存続しているにもかか

〈20〉 Vgl. Botschaft zur Änderung des Zivilgesetzbuches S.7047f.
〈21〉 包括的保佐に関しては、後掲第5節において教書を参照した箇所がある。そちらを参照されたい。また、包括的保佐は新スイス民法398条に規定されている。条文については、章末条文を参照。
〈22〉 Vgl. Botschaft zur Änderung des Zivilgesetzbuches S.7048.
〈23〉 条文に関しては、章末を参照。

わらず、禁治産という概念は、法制度上廃止される。参政権に関する連邦法2条は、選挙権の剥奪に関しては、継続的な判断無能力に適合させることで、憲法を解釈している。もちろん、精神耗弱状態のために包括的保佐職（新法398条）の下にあることが必要である。本法は加えて、配慮委託によって代理されている者も含んでいる。すなわち、この場合には、本人が判断無能力であるかどうかについて、官庁的な確認が存することとなる（新法363条2項2号）。

　本法は、スイス民法の変更にともない変更（追加）された条文の一つである。前節までに示したように、新スイス民法では、禁治産という用語は、社会的な烙印を押されないようにするための改正でもあったために、削除されている。しかしながら、憲法の制定者は、現行法における禁治産がなされた被後見人に選挙権が与えられていないのは「投票権の実現に対する政治的判断能力についてもはや必要最小限のものがもはや存しない」と考えていたからであり、新法において、現行の禁治産と同じ精神が流れている規定があるとすれば、そこに当てはまる者には、やはり選挙権が与えられるべきでないと考えるのは当然の理であろう[24]。

　そこで、参政権に関する連邦法では、継続的な判断無能力のために包括的な保佐の下にある者、もしくは配慮委託によって代理されている者は、投票権を剥奪された禁治産者とするという規定を置いた。これは、憲法の精神を反映したものであろうし、同時に禁治産者と同じような境遇の者には、やはり選挙権は与えないという態度を示したものと考えられるであろう。

2　包括的保佐

　それでは、新法における包括的保佐とは具体的にどのようなものなのかについて、教書を参考に記しておきたい（条文は章末）。

　包括的保佐職は、今日の後見職を引き継いだ制度である。本職は身上監護、財産管理および法的取引のすべての事務に関係する（2項）。

　決定された要件は、特に著しい援助の必要性があること、なかんずく継続的な判断無能力にあることである（1項）。従って、特に重い認知症患者が問題となる。継続的な判断無能力は、行為能力がないということではない（スイス民法17条）ので、本人の行為能力は包括的保佐職を付す命令によって最初から剥奪されてはならず、法律によって間接的に消滅することもない。それにも

〈24〉該当部分につき、必要な限りで引用したものである。Vgl. Botschaft zur Änderung des Zivilgesetzbuches S.7109.

かかわらず、継続的な判断無能力は、包括的な保佐職が本当に最終手段としてのみ命じられることを明白にするために、最終手段として記載されている。特にこの制度は精神的障害を持つ者に対しても、個々の場合に必要となり、意義深いものとなるには程遠いものである。このような者も必要性に応じて保護されるべきである。

　包括的保佐職は二つの機能を持つ。一つは、本人が法律行為を行うことについて責任を負うことができない場合に、行為能力が剥奪されることである。もう一つは、もはや行為をなすことができない者に、行為能力をいずれにせよ与えないとすることである。この決定は、条文において明確に記載されてはいない（3項）。[25]

　教書には、包括的被保佐人にも必要性に応じた保護が与えられるべきだとはするものの、最終手段としての意味で本制度を創設したとしている。ここから思うところは、この制度は、さほど使われることはなく、本当にやむを得ない場合にしか命じられないものにしようとしているのではないかということである。立法者意思が尊重されるとすれば、本制度に服する者は僅少となり、ひいては選挙権を剥奪される者も少なくなると考えられる。立法者意思とは違う方向に運用されることとなれば、本制度が濫用され、選挙権を剥奪される者は増えてしまうとも考えられる。今後の動向を注視していく必要があろう。

（梶谷康久）

---

[25] Vgl. Botschaft zur Änderung des Zivilgesetzbuches S.7048 f.

第3編　成年被後見人の選挙権

> 資　料

スイス憲法

第136条　①連邦の案件についての参政権は、18歳に達しており、精神病もしくは心神耗弱のために禁治産が宣告されていないすべてのスイス国民に与えられる。すべてのスイス国民は、同一の参政権および義務を有する。
②前項の権利を与えられた者は、国民議会選挙と連邦〔の案件についての〕国民投票に参加することができ、かつ連邦の案件についての国民のイニシアティブ、およびレファレンダムをなすことができ、ならびに署名することができる。

現行スイス民法

〔A．通則〕
第360条　後見機関は、後見官庁、後見人および保佐人である。
〔C．後見人および保佐人〕
第367条　①後見人は、未成年被後見人もしくは禁治産宣告を受けた被後見人の一身上または財産権上の全利益を守らなければならず、かつ、その代理人である。
②保佐人は個々の行為のために任命され、または財産管理を委任される。
③保佐人に関しては、後見人に関する本法の規定が準用される。ただし、特別の規定が存する場合には、この限りではない。
〔A．未成年〕
第368条　①親の配慮の下に存しない未成年者は後見に服する。
②身分取扱吏、行政官庁および裁判所は、その職務行為において前項の後見開始原因の発生を知ったときには、直ちに管轄官庁に通知しなければならない。
〔B．成年者の無能力、Ⅰ．精神病および心神耗弱〕
第369条　①精神病もしくは心神耗弱により自らの事務をなすことができず、その保護のために継続して保佐または擁護を必要とし、または、他人の安全を害するおそれのある成年者は後見に服する。
②行政官庁および裁判所は、その職務行為において前項の後見開始原因の発生を知ったときには、直ちに管轄官庁に通知しなければならない。
〔Ⅱ．浪費、飲酒癖、不行状、不経済〕
第369条　浪費、飲酒癖、不行状により、もしくは、財産管理の方法により自己または家族を窮迫の状態もしくは零落の危険にさらし、その保護のために継続して保佐または擁護を必要とし、または他人の安全を害するおそれのある成年者は後見の下に服する。
〔Ⅲ．自由刑〕
第371条　①1年またはそれ以上の自由刑に処せられた成年者は後見に服する。
②行刑官庁は、前項の者が刑に服した時に、直ちに管轄官庁に通知しなければならない。
〔Ⅳ．本人の申請〕
第372条　加齢による衰弱もしくはその他の疾患により、もしくは無経験により、自らの事務を適当に処理し得ないことを、成人である本人が証明した場合には、その者の申請に基づき、成人である本人に後見人を付すことができる。
〔A．要件、Ⅰ．通則〕
第379条　①後見主務官庁は、その任務に適当と認められる成年者を後見人に選定しなければならない。
②特別の事情のあるときは、職務を共同して、または、権限に関する一部の職務上の除外に基づいて執行する数人の者が選任されうる。
③後見の共同執行は、各人の同意がある場合に限り、数人に委任されうる。
〔Ⅱ．親族および配偶者の優先〕
第380条　重大な反対事由がない場合には、後見主務官庁は後見人の選定に際して、個人的な利害関係および住所地からの距離を考慮して、後見を受けるのに適任である近親者または配偶者を優先しなければならない。
〔B．選任の手続き、Ⅰ．後見人の選任〕
第385条　①後見主務官庁は遅滞なく後見人

を選任しなければならない。
②後見を受けるべき者が成年に達する前に、すでに必要であるならば禁治産の手続きを行うことができる。
③成年の子が禁治産宣告を受ける場合には、通常は後見ではなく親権に服する。
〔Ⅲ．仮配慮〕
第386条 ①後見人の選任以前に後見事務を行う必要が生じた場合には、後見主務官庁は職権をもって必要な措置を講じる。
②後見主務官庁は、特に行為能力の一時的剥奪を宣言し、かつ、代理人を任命することができる。
③前項の措置は公告されなければならない。
〔Ⅳ．辞退および取消し、1．行使〕
第388条 ①被選任者は、選任の通知後10日以内に辞退の理由を主張することができる。
②前項のほかに、利害関係人は、通知を知った後10日以内に、違法な選任を取消すことができる。
③後見主務官庁により辞退または取消しが理由あるものとして認められた場合には、後見主務官庁は、新たな選任を実施し、さもなければ決定のために意見書とともに事件を後見監督官庁に提出する。
〔2．選任者の一時的義務〕
第389条 被選任者は、辞退または取消しの申請をした場合といえども、後見職を解かれるまでは、後見を行う義務を有する。
〔A．保佐の開始、Ⅰ．代理〕
第392条 後見主務官庁は、法律に特に規定されている場合、ならびに、次の各号の場合に、関係者の申請に基づき、または、職権により保佐人を選任する。
1．差し迫った事務について、成年者が疾病、不在等のために自ら行うことができず、また、代理人を選任することができないとき
2．未成年者または禁治産者の法定代理人が差し迫った事務について、被代理人と利害関係を異にするとき
3．法定代理人が代理について支障をきたしているとき
〔Ⅱ．財産管理、1．法律による場合〕

第393条 ある財産に対して必要な管理が欠けているときは、後見主務官庁は必要な処分を命じなければならず、次の各号に該当する場合には保佐人を特に選任しなければならない。
1．ある者が長期間不在であり、行方不明であるとき
2．財産の管理を自ら行うことができず、または、代理人を選任することができず、かつ、後見人を置くことができないとき
3．相続人が不明である場合、ならびに、胎児の利益を保護する必要のあるとき
4．（2005年に削除）
5．慈善行為その他公益に供する目的のために公的に集められた金銭があり、管理または使用に関して定められていないとき
〔Ⅲ．行為能力の制限〕
第395条 ①ある者の禁治産について十分な理由は存しないが、その保護のために行為能力を制限する必要があると思われるときには、補佐人を設置し、次の各号の場合にその協力を必要とする。
1．訴訟行為ならびに和解
2．不動産の売買、抵当権設定、および、その他の物上負担
3．有価証券の売買、および、質入れ
4．通常の管理行為を超える建築
5．消費貸借
6．元本の受領
7．贈与
8．手形債務の負担
9．保証の負担
②前項と同様の要件のもとで、被補佐人の財産管理権は保護の必要性に照らして剥奪することができる。ただし、被補佐人はその収入については自由な処分をすることができる。
〔C．保佐人の選任〕
第397条 ①保佐人の選任の手続きは後見の場合と同一の規定が適用される。
②任命は、後見主務官庁が相当と認める場合にのみ、公告される。
③任命が公告されない場合には、関係人のその時の住所地の執行官庁に通知される。ただし、通知が適当と認められない場合は、この限りで

はない。
〔A. 要件〕
第397条 a ①必要な個人的世話がほかに指示しえない場合には、成年者もしくは禁治産者は精神病、心神耗弱、飲酒癖その他の病気のために、もしくは、著しい不行状のために適当な施設に収容され、もしくは、残置される。
②前項の場合は、その者の状況に対する負担も顧慮されなければならない。
③本人の状態が許す場合には、直ちに解放されなければならない。
〔B. 管轄〕
第397条 b ①決定についての管轄は、住所地の後見官庁に存し、危険が迫っている場合には、本人の居所地の後見官庁に存する。
②危険が差し迫っている場合、または、本人が精神病である場合には、州は決定についての管轄をさらに他の適当な官署に委譲することができる。
③後見官庁が〔施設への〕収容もしくは残置を命じた場合には、解放についても決定する。ただし、その他の場合には、それについては、施設が決定する。
〔C. 通知義務〕
第397条 c 本人の居所地の後見官庁、ならびに、他に州の権限により指定された官署は、禁治産者を施設に収容、もしくは、残置し、または、成年者に対してさらなる後見的措置が必要であると判断した場合には、住所地の後見官庁に通知をする。
〔D. 裁判所の判断〕
第397条 d ①本人または近親者は、決定に対して通知後10日以内に書面により裁判所に異議を申し立てることができる。
②この権利は、解放の申請について却下された場合にも適用される。
〔A. 職務への就任、Ⅰ. 財産目録の作成〕
第398条 ①後見職への就任の際には、後見人および後見主務官庁の代表者により管理されるべき財産について、財産目録が作成されなければならない。
②被後見人が判断能力を有する場合には、可能な限り、財産目録の作成について参加を求めら

れる。
③事情により正当と認められる場合には、後見監督官庁は後見人または後見主務官庁の申請に基づき、公式財産目録の作成を命じることができる。この財産目録は債権者に対して、相続法上の公式財産目録と同一の効力を有する。
〔B. 擁護および代理、Ⅰ. 擁護、1. 未成年者の場合、a. 通則〕
第405条 ①被後見人が未成年者である場合には、後見人はその者の扶養および教育につき適切に行う義務を有する。
②前項の目的を達するために、後見人は父もしくは母と同様の権利を有する。ただし、後見官庁と協働しなければならない。
〔b. 擁護のための自由の剥奪の場合〕
第405条 a ①ある施設への未成年者の収容に関しては、後見人の申請に基づいて後見主務官庁が決定する。ただし、危険が差し迫っている場合には、後見人も決定をすることができる。
②その他の場合については、成年者もしくは禁治産者に対する擁護のための自由の剥奪の場合の裁判所の判断または手続きの管轄に関する規定が準用される。
③子供は、16歳に達していない場合には、自ら裁判上の判断を求めることができない。
〔2. 禁治産者の場合〕
第406条 ①被後見人が成年に達している場合には、擁護は、一身上のすべての事務についての保護および保佐に及ぶ。
②危険が差し迫っている場合には、後見人は、擁護のための自由の剥奪に関する規定に従い、ある施設への収容または残置を命じることができる。
〔Ⅱ. 代理、1. 通則〕
第407条 後見人はすべての法律上の事務に関して被後見人を代理する。ただし、後見監督官庁と協働しなければならない。
〔2. 禁止行為〕
第408条 保証契約の締結、多額の贈与行為、または、基金の設立は、被後見人の負担によって行うことはできない。
〔3. 被後見人の協働〕
第409条 ①被後見人が判断能力を有し、かつ、

少なくとも16歳である場合には、後見人は重要な事務に関して、可能な限りで、決定前に被後見人の意見を問わなければならない。
②被後見人の同意を得た場合であっても、後見人は自己の責任を免れない。
〔4．被後見人自身の行為、a．後見人の追認〕
第410条 ①被後見人が判断能力を有する場合には、自ら義務を負い、権利を放棄することができる。ただし、後見人が予め明示または黙示の同意を与え、または、その行為を追認しなければならない。
②相手方が自ら定め、または裁判官によって定められた相当な期間内に追認が行われない場合には、相手方はその行為に拘束されない。
〔b．追認の瑕疵〕
第411条 ①後見人の追認が与えられない場合には、当事者双方は履行済みの給付の返還を請求することができる。この場合には、被後見人はその給付を自ら使用し、または返還請求の際になおその利得を保持し、または故意にその利得を譲渡した限りにおいて、その責任を負う。
②被後見人が相手方に行為能力について錯誤的な認識を与えた場合には、相手方に対し、これにより生じた損害を賠償する責任を負う。
〔C．財産管理、Ⅰ．管理及び決算の義務〕
第413条 ①後見人は注意義務を有し、それにより被後見人の財産を管理しなければならない。
②後見人は管理に関する決算を行い、後見主務官庁により定められた時期に審査を受けなければならない。ただし、その時期は少なくとも2年ごとでなければならない。
③被後見人が判断能力を有し、少なくとも16歳である場合には、できる限り、決算書の作成に際して参加を求められる。
〔Ⅱ．自由財産〕
第414条 被後見人に自由処分が許された財産、または、後見人の同意により自己の労務によって取得した財産は、被後見人が自由に管理することができる。
〔D．在職年限〕
第415条 ①後見職は通常2年の期限を付与される。

②在職年限の満了後に、後見人はさらに2年毎に、簡単な確認によって、引き続き在職することができる。
③4年の満了後は、後見人は後見職の継続を拒絶する権利を有する。
〔A．保佐人の地位〕
第417条 ①保佐は被保佐人の行為能力に影響を及ぼさない。ただし、補佐人の協働に関して特別に規定がある場合はこの限りではない。
②在職年限および報酬は、後見主務官庁が決定する。
〔B．保佐の内容、Ⅰ．個々の事務について〕
第418条
保佐人が個々の事務を委任された場合には、後見主務官庁の指示を遵守しなければならない。
〔Ⅱ．財産の管理について〕
第419条 ①保佐人がある財産の管理または監督を委任された場合には、その財産の保存に関する管理のみを行うことができる。
②前項以外の処分行為は、被保佐人は、被代理人自身、または、被代理人が与えることができないときには、後見主務官庁が与える特別な権限に基づいてのみ、行うことができる。
〔A．異議申立て〕
第420条 ①判断能力を有する被後見人、または利害関係人は、後見人の行為に対して後見主務官庁に異議申立てをすることができる。
②後見主務官庁の決定に対しては、その決定の通知後10日以内に後見監督官庁に異議申立てをすることができる。
〔B．許可、Ⅰ．後見主務官庁〕
第421条 次の各号の行為をする場合には、後見主務官庁の許可を必要とする。
1．不動産の売買、抵当権設定、その他の物上負担
2．それ以外の財産の売買および質入れ、ただし、これらの行為が通常の管理行為に属さない場合に限る
3．通常の管理行為を超えた建築
4．消費貸借
5．手形債務の負担
6．1年またはそれ以上の用益賃貸借契約、または3年またはそれ以上を期限とする不動産の

使用賃貸借契約
7．後見人がある職業を独立して行うことに対する同意
8．訴訟行為、和解、仲裁契約または債務免除契約の締結、ただし、緊急の場合における後見人の仮処分は、この限りではない
9．夫婦財産契約または相続財産分割契約
10．支払不能の宣言
11．被後見人の生命保険契約
12．被後見人の職業訓練に関する契約
13．（1978年に削除）
14．後見人の住所の変更
〔Ⅱ．後見監督官庁〕
第422条　次の各号の場合には、予め後見主務官庁の裁決を得てから、さらに後見監督官庁の許可を必要とする。
1．被後見人を養子とすること、または被後見人の養子となること
2．公民権の取得または放棄
3．ある企業の引受けまたは清算、ならびに無限責任をもって、または巨額の資本をもってある会社へ加入すること
4．農民の隠居扶養料契約、終身定期金契約、資金提供と引き替えに終身年金を支給する契約
5．相続の承認または放棄、相続契約の締結
6．（1998年に削除）
7．被後見人と後見人との間の契約
〔A．通則、Ⅰ．後見人および官庁〕
第426条　後見人および後見官庁の職員は、職務執行の際に、善良な管理者の注意義務を遵守しなければならず、かつ故意または過失によって生じた損害に対して責任を負わなければならない。
〔Ⅱ．市町村、郡および州〕
第427条　①後見人および後見官庁の職員によって損害が補償されない場合には、州がその不足分について責任を負う。
②州は、後見人および後見主務官庁に次いで、関係市町村または郡が第一に責任を負うべき旨を規定することができる。
〔B．要件、Ⅰ．官庁の職員〕
第428条　①後見官庁が後見の執行について責任を負う場合には、各職員がその責任を負う。

ただし、自己に過失がないことを証明することができる場合は、この限りではない。
②責任を負う各職員は、その持分に応じて損害を負担する。
〔Ⅱ．機関相互の関係〕
第429条　①後見人および後見主務官庁の職員が同時に責任を負う場合には、後見主務官庁の職員は後見人によって賠償されない損害に対してのみ責任を負う。
②後見監督官庁の職員および後見主務官庁の職員が同時に責任を負う場合には、後見主務官庁の職員は、後見監督官庁の職員によって賠償されない損害に対してのみ責任を負う。
③詐欺によって責任を有する者は、直接に、かつ連帯して責任を負う。
〔C．擁護のための自由の剥奪〕
第429条a　①違法な自由の剥奪により損害を受けた者は、損害賠償請求権を有する。その損害が重大であると認められる場合には、補償請求権を有する。
②州は、損害を故意または重過失により与えた個人に対する求償を留保して、責任を負う。
〔D．訴訟〕
第430条　①後見人または後見官庁の職員、市町村、郡または州に対する責任の訴えは、裁判官が判決を下す。
②責任の訴えは、行政官庁による予審をすることができない。
〔A．未成年者〕
第431条　①未成年者に対する後見は、被後見人が成年に達したときに終了する。
②（1994年に削除）
〔C．その他の被後見人、Ⅰ．取消しの要件〕
第433条　①第431条および第432条に規定されている者以外に対する後見は、管轄官庁による取消決定によって終了する。
②管轄官庁は、被後見に対する原因が消滅した場合には、直ちに前項の取消を行う義務を有する。
③被後見人および利害関係人は、後見取消の申請をすることができる。
〔3．精神病者〕
第436条　精神病または心神耗弱のために置

かれた後見の取消は、鑑定人の意見に照らして被後見の原因が消滅したことを確認した後でなければ、行うことができない。
〔D．保佐、Ⅰ．通則〕
第439条　①保佐人による代理は、設置の目的とされた事務が処理されることにより終了する。
②財産管理は、これが置かれた原因が消滅し、保佐人が解任されることにより終了する。
③補佐人の補佐は、後見の取消しに関する規定に従い管轄官庁により行われる取消しにより終了する。
〔A．行為無能力、死亡〕
第441条　後見人の職務は、後見人が行為無能力となるか、または死亡した時に終了する。
〔B．退職、不再選、Ⅰ．任期の満了〕
第442条　後見人の職務は、任命された期間が満了することにより終了する。ただし、任務の継続を許可された場合には、この限りではない。
〔Ⅲ．継続の義務〕
第444条　後見人は、後継者が職務を引き継ぐまでは、後見に関する必要な職務を継続する義務を負う。
〔C．解任、Ⅰ．原因〕
第445条　①後見人が重大な懈怠もしくは職権濫用の責任があり、または信頼するに値しないと見るべき行為をし、または支払無能力となった場合には、後見主務官庁により解任される。
②後見人がその職務を遂行しない場合には、たとえ過失がなかったとしても、被後見人の利益を危うくする場合には、直ちに後見主務官庁は、解任することができる。
〔C．後見人の退職〕
第453条　①最終報告書および最終決算書が認可され、かつ被後見人の財産が被後見人、被後見人の相続人または後任の後見人に引き渡されたときには、後見主務官庁は後見人の退職を宣告する。
②後見主務官庁は、最終決算書を被後見人、被後見人の相続人または次の後見人に送達し、責任の訴えに関する規定に関して注意を与えなければならない。

③前項の通知と同時に、後見人の退職、または最終決算書の認可が拒否されたことについて、通知されなければならない。

新スイス民法

〔A．原則〕
第360条　①行為能力者は、行為能力者が判断無能力である場合において、身上監護または財産管理を引受けること、もしくは法的取引において判断能力のない行為能力者を代理することを、自然人もしくは法人に委任することができる。
②行為能力者は、受任者に委任しようとする任務を明確に限定しなければならず、任務の履行のための指示を与えることができる。
③行為能力者は、受任者が委任に適さない場合には、委任をせず、もしくは委任を解除し、代替となる措置をなすことができる。
〔B．設定と取消し、Ⅰ．設定〕
第361条　①配慮委託は自筆で設定されるか、もしくは公的に書面にされなければならない。
②自筆の配慮委託は、委任者により〔書面の〕初めから終わりまで手書きで記載され、日付が記載され、署名されなければならない。
③身分取扱官庁は、申請に基づき配慮委託が設定されたという事実と、そして受託地を中央データバンクに登録する。連邦評議会は、必要な規定、なかんずくデータへのアクセスについての規定を公布する。
〔B．設定と取消し、Ⅱ．取消し〕
第362条　①委任者は配慮委託を何時でも、設定のために定められた方式のうちの一つの方式で取り消すことができる。
②委任者は配慮委託を、証書を破棄することによっても、取り消すことができる。
③それ以前の配慮委託を明白に破棄することなく、新しい配慮委託を作成する場合には、新たな配慮委託が明らかに単なる追加を意味するものではない限りで、これまでの配慮委託の代わりに新たに設定された配慮委託が効力を持つ。
〔C．有効性の確認と承認〕

第363条 ①ある者が判断無能力者となったことを成年保護官庁が認識し、そして配慮委託が存するかどうかを確認し得ない場合には、成年保護官庁は身分取扱官庁に照会する。
②配慮委託が存する場合には、成年保護官庁は次の各号について審査をする。
１．有効に設定された配慮委託であること
２．有効性についての要件が生じていること
３．受任者が事務処理について適任であること
４．成年保護のさらなる措置を要すること
③受任者が配慮委託を承認した場合には、官庁は委任についての債務法の規定による義務を示し、受任者の権限を伝える証書を交付する。
〔D. 説明と補充〕
第364条 受任者は成年保護官庁に配慮委託の説明と付帯項目についての補充を要請することができる。
〔E. 履行〕
第365条 ①受任者は配慮委託の範囲内で委任者を代理し、委任についての債務法の規定に従って、注意深く自己の任務を引受ける。
②配慮委託に含まれていない行為がなされなければならない場合、もしくは受任者がその任務において本人と反する利害を有する場合には、受任者は即座に成年保護官庁に通知する。
③利害が相反する場合には、法律により受任者の権限は消滅する。
〔F. 補償と経費〕
第366条 ①配慮委託が委任者の補償についての指示を含んでいない場合には、成年保護官庁は、事務の範囲を顧慮して正当なものである場合、もしくは受任者の給付が通常有償である場合には、相当な補償を確定する。
②補償と必要な経費は、委任者が負担する。
〔G. 解約告知〕
第367条 ①受任者は、成年保護官庁に対する書面による通知により、２ヶ月の解約告知期間をもって、いつでも解約告知をなすことができる。
②委任者は、重大な事由に基づいて任務を期限の定めなく解約告知をなすことができる。
〔H. 成年保護官庁の介入〕
第368条 ①委任者の利益が危険にさらされ、もはや遵守し得ない場合には、成年保護官庁は職権により、もしくは近しい者の申し立てに基づいて必要な措置を講ずる。
②成年保護官庁はとりわけ受任者に、財産目録の提出、定期的な計算書の保管、報告の実施を義務付けること、もしくは受任者に権限を一部または全部剥奪する旨の指示を与えることができる。
〔I. 判断能力の回復〕
第369条 ①委任者が再び判断能力を回復したときは、配慮委託は法律により失効する。
②失効により委任者の利益が危険にさらされる場合には、委任者が利益を自ら守ることができるまで、受任者は委任された任務の継続に配慮することを義務付けられる。
③受任者が任務の消滅を認識する前に行う行為については、委任者は委任がなお継続されている場合と同様の義務を負う。
〔A. 原則〕
第370条 ①判断能力を有する者は、どの医的措置を判断無能力となった場合に同意し、もしくは同意しないかについての患者配慮処分を決定することができる。
②判断能力を有する者は、判断無能力となった場合に処置する医者と医的措置を取り決め、自らの名で決定することとなる自然人も指定することができる。判断能力を有する者は、指定した者に指示を与えることができる。
③判断能力を有する者は、指定した者が事務に適さない場合について、委託を承認せず、もしくは解約告知をし、代替的な処分をなすことができる。
〔B. 設定と取消し〕
第371条 ①患者配慮処分は書面にて設定され、日付が記入され、署名がなされなければならない。
②患者配慮処分を設定する者は、その事実と受託地を保険証に登録させることができる。連邦評議会は、必要な規定、なかんずくデータへのアクセスについての規定を公布する。
③配慮委託の取消しに関する規定は、準用される。
〔C. 判断無能力の発生〕

第372条 ①患者が判断無能力となり、患者配慮処分の存在が知れない場合には、処置する医者は保険証をもとにして、解明する。緊急の場合には留保されたままとなる。
②患者配慮処分が法律上の規定に違反し、もしくは自由意思に基づいていないか、患者の推定的意思に合致していないというような根拠ある疑いが存する場合を除いては、医者は患者配慮処分に従う。
③医者は、患者配慮処分に適合しえなかった根拠については、患者に関する書類に綴じ込む。
〔D. 成年保護官庁の介入〕
第373条 ①成年保護官庁は書面で患者に近しい者それぞれに以下の各号について通知し、主張することができる。
１．患者配慮処分が従えないこと
２．判断無能力者の利益を危険にさらし、もしくはもはや遵守し得ないこと
３．患者配慮処分が自由意思に基づいていないこと
②配慮委託の際の成年保護官庁の介入についての規定は、準用される。
〔A. 代理権の要件と範囲〕
第374条 ①配偶者もしくは登録されたパートナーとして判断無能力者と共に同一の家計にある者、もしくは、判断無能力者に対して適切かつ人的に保佐を行う者は、配慮委託も相当する保佐制度も存しない場合には、法律により代理権を有する。
②代理権は次の内容を有する。
１．扶養の必要を充足するために通常必要とされるすべての法律行為
２．収入やその他財産的価値のある物の通常の管理
３．必要な場合の、郵便物の開封および処理を行う権限
③特別な財産管理の範囲内での法律行為に対しては、配偶者もしくは登録されたパートナーは成年保護官庁の許可を受けなければならない。
〔B. 代理権限者〕
第378条 ①次の各号の者は各号の順に、判断無能力者を代理し、将来の外来・入院中の措置に同意を与え、もしくは拒否する権限を有する。
１．患者配慮処分において、もしくは配慮委託において示されている者
２．医的措置の代理権をもつ保佐人
３．配偶者、登録されたパートナーとして判断無能力者と同一の家計にあり、そして通常一身専属的に保佐をなす者
４．判断無能力者と同一の家計にあり、通常一身専属的に保佐をなす者
５．判断無能力者を通常一身専属的に保佐する場合の、その子孫
６．判断無能力者を通常一身専属的に保佐する場合の、その両親
７．判断無能力者を通常一身専属的に保佐する場合の、その兄弟姉妹
②複数人が代理権限を有する場合には、信じるにたる医者は代理権限を有する者それぞれが、他者と示し合わせて行動することを要件とすることが許される。
③患者配慮処分に示されていることに欠缺が存する場合には、代理権限を有する者が判断無能力者の推定的意思と利益に従って決定する。
〔A. 目的〕
第388条 ①成年者保護のための官庁的措置は、援助を要する者の福祉を守り、保護をする。
②官庁的措置は本人の自己決定を可能な限り維持し、促進するものとする。
〔B. 補充性と比例原則〕
第389条 ①成年保護官庁は、次の場合に措置を命じる。
１．家族、その他の近親者、または私的なもしくは公的な援助による助けを必要とする者への援助が達せられていない、もしくは当初から不十分であると思われるとき
２．助けを必要とする者の判断無能力の場合に、十分に適切な世話がなされておらず、そして法律による措置が不十分であるとき
②それぞれの官庁的措置は必要かつ適切でなければならない。
〔A. 要件〕
第390条 ①成年保護官庁は成年者が次のような状況にある場合には、保佐職に付する。
１．精神的な障害、身体的障害、もしくは類似

の個人に内在する耗弱状態のために、本人の事務を一部のみ、またはすべて処理できないとき
2．一時的な判断無能力もしくは一時的な不在のために、処理されなければならない事務について、自ら行いうることも代理権限が与えられた者が行いうることもできないとき
②親類と第三者の負担と保護が顧慮されなければならない。
③保佐職は、本人もしくは近親者の申立てに基づいて、もしくは官庁により付される。
〔B. 任務範囲〕
第391条 ①成年保護官庁は、本人の必要に応じて、保佐職の任務範囲を画する。
②任務範囲には身上監護、財産管理、もしくは法的取引が該当する。
③成年保護官庁が権限を明示的に与えている場合に限り、保佐人は本人の同意なく郵便物を開封し居所に入ることが許される。
〔C. 保佐職の放棄〕
第392条 保佐職の設定が明白に過度な任務範囲であることが判明した場合には、成年保護官庁は、次の各号に定められた行為をなすことができる。
1．必要な安全措置を講じること。とりわけ法律行為に対する同意を与えること
2．固有の事務について第三者に委託を与えること
3．適任者もしくは一定の範囲について認識や情報を与えることができる代理人を指定すること
〔A. 付随的保佐制度〕
第393条 ①付随的保佐職は、本人が特定の事務の処理のために付随的援助を必要とする場合に、援助を要する者の同意により付される。
②付随的保佐制度は本人の行為能力を制限しない。
〔B. 代理保佐制度、Ⅰ．総則〕
第394条 ①代理保佐職は、援助を要する者が特定の事務を処理することができず、そのために代理を必要とする場合に、付される。
②成年保護官庁は本人の行為能力を相当な範囲内で制限することができる。
③万が一行為能力が制限されていない場合で

も、本人は保佐人の行為を甘受しなければならない。
〔C. 協働保佐制度〕
第396条 ①協働保佐職は、援助を要する者の特定の行為が本人の保護のために保佐人の同意を要する場合に、付される。
②本人の行為能力は法律により相当な範囲内で制限される。
〔D. 保佐制度の組み合わせ〕
第397条 付随的保佐制度、代理保佐制度、および協働保佐制度は、相互に組み合わされることが可能である。
〔E. 包括的保佐制度〕
第398条 ①包括的保佐職は、本人が主に継続的な判断無能力のために、とりわけ援助を要する場合に、付される。
②包括的保佐制度は、身上監護、財産管理、法的取引のすべての事務に関係する。
③本人の行為能力は法律に基づいて消滅する。
〔保佐職の終了〕
第399条 ①保佐職は本人の死亡により、法律に基づいて終了する。
②存続の理由がなくなった場合にはただちに、成年保護官庁は保佐職を本人もしくはその親族の申請に基づいて、もしくは職権に基づいて終結させる。
〔親類についての特別規定〕
第420条 配偶者、登録されたパートナー、両親、子孫、兄弟姉妹、本人の事実上の生活のパートナーが保佐人として任命されている場合には、成年保護官庁は状況が許す場合には財産目録作成義務、最終計算書の作成義務、一定の行為について同意を求める義務を一部または全部につき免除することができる。
〔A. 成年保護官庁〕
第440条 ①成年保護官庁は一つの専門官庁である。成年保護官庁は州により決定される。
②成年保護官庁は少なくとも三つの組織により決定を下す。州は一定の行為については例外を設けることができる。
③成年保護官庁は児童保護官庁の任務も負う。
〔A. 原則〕
第454条 ①違法な作為行為もしくは不作為

行為により成年保護の官庁的な措置の枠組みにおいて侵害された者は、損害賠償請求権を持ち、侵害が重大であることが認められる限りにおいて、補償請求権を持つ。
②成年保護官庁もしくは監督官庁が成年保護のその他の範囲において違法な行動をした場合についても、同様の請求権が発生する。
③州は、損害を惹起した者に対して、被害者が賠償請求をしえない場合に責任を負う。
④損害を惹起した者に対しての州の求償権については、州が権限を有する。

〔B. 消滅時効〕

第455条 ①損害賠償請求権もしくは補償請求権は、被害者が損害を知った日から1年で時効により消滅する。損害行為の日から10年を経過した場合も同様とする。
②刑法が長期の消滅時効期間を規定している、刑事責任を負う行為から生じる請求権の場合には、刑法により規定された消滅時効期間が適用される。
③継続的措置の命令もしくは実行による侵害が生じた場合には、州に対する請求権の消滅時効は継続的措置の終了の前には進行しない。他の州による再実行の場合には、その実行が終了する前には進行しない。

参政権に関する連邦法

〔投票権の剥奪〕

第2条 継続的な判断無能力のために包括的な保佐の下にある者、もしくは配慮委託によって代理されている者は、連邦憲法第136条1項の意義において投票権を剥奪された禁治産者とする。

第7章 アメリカ合衆国における精神障害者の投票権

I　検討対象の限定

　本章は、この論考と後掲資料「アメリカ合衆国の各州法における精神障害者の投票権に関する一覧表」(以下「一覧表」という)とから成り立っている。

　一覧表の原文(以下「原文」という)は、アメリカ合衆国において、精神障害者の自己決定尊重の理念の実現を目指して政治や法律を改善するための活動を行っているベイゼロン精神保健法センターが、そのウエブサイト上で公表している[1][2]。

　原文は、2000年にケイ・シュライナー、リサ・オックス、トッド・シールズらの共著「民主主義のジレンマ——障害をもったアメリカ人法と認識障害および感情障害を持つ者の投票権に関する覚え書」(21 BERKELEY J. EMP. & LAB. L. 437 (2000))において発表した表に依拠し作成された。表は最初にナショナル・ディサビリティ・ライツ・ネットワーク(NDRN)によって、

---

[1]　ベイゼロン精神保健法センターは、精神障害者の権利擁護を促進することを目的として精神障害者が地域で尊厳をもって生活できるための立法や政策上の提言を行うために1972年に精神保健や精神障害を専門とする弁護士や専門家によって設立された。ベイゼロンセンターの名称は、精神保健法の領域のいくつかの裁判で、最初に精神障害者が適切な治療を受ける権利を認め、また20年以上たって1990年に制定された連邦法である障害を持つアメリカ人法(ADA)に結実した理念である「最も制限的でない他にとりうべき環境で精神障害者が治療を受けること」を唱えるなど、先駆的で画期的な判決意見を残したアメリカ合衆国連邦控訴裁判所コロンビア特別区巡回区のデヴィド・エル・ベイゼロン判事(Judge David L. Bazelon)に由来している。なお、ベイゼロン判事は、同裁判所において40歳で最年少の判事、1962年〜1978年に首席裁判官を務めて、1986現役復帰裁判官として退職している。

[2]　http://bazelon.org.gravitatehosting.com/Where-We-Stand/Self-Determination/Voting/Voting-Policy-Documents.aspx の Additional Resources の Chart of State Laws on Voting Qualifications Affecting People with Mental Disabilities (6/16/08)(2012年6月3日最終確認)。

2004年6月時点の情報に改められ、さらにそれ以降、アメリカ合衆国の各州における成年被後見人とその選挙権に影響を与える三つの法領域である①憲法および選挙法②後見法③精神遅滞法または精神保健法について、それぞれの法律の具体的な内容の簡潔な要約が、ベイゼロン精神保健法センターによって、継続的に最新の情報に更新されている。

　一覧表は、ベイゼロン精神保健法センターのウエブサイト内に掲載されている最新版（2008年6月16日時点）の原文を翻訳し、必要に応じて最小限の訂正、加筆を施した。〈3〉

　以下にこの一覧表から伺えるアメリカ法の特色について述べる。

　なお、この一覧表は、アメリカ合衆国の50州とコロンビア特別区、プエルト・リコの2準州を対象としており、連邦法をその対象にしていないので、ここでは原則として州法だけを考えることにする。〈4〉

II　精神障害者の選挙権に関するアメリカ憲法・選挙法、発達障害者法・精神遅滞法および精神保健法の特色

　日本国憲法44条は、「両議院の議員及びその選挙人の資格は、法律でこれを定める。但し、人種、身上、性別、社会的身分、門地、教育、財産又は収入によつて差別してはならない」とし、それを受けて、公職選挙法第11条第1項第1号は「成年被後見人は選挙権及び被選挙権を有しない」旨規定している。大部分のアメリカ各州においては、憲法自体において、明文で、精神障害者の選挙権が剥奪されうることが規定されており、〈5〉それを受けて、具体的に

〈3〉　原文における明らかな誤植と思われる記載については、その州法の原文を確認した上で訂正した。また他州の記載事項との関係で、明らかに記載漏れと思われる箇所は他州にならって最小限の形式的な加筆をした。

〈4〉　なお、連邦選挙人登録法（National Voter Registration Act）は、特に「刑事事件での有罪決定又は精神的判断能力が不十分であること（mental incapacity）を理由として」各州法がその者の選挙権を剥奪することを認めている（42 U.S.C. §1973 gg-6(a)(3)(B)）。また、各州の憲法およびそれに基づく選挙法の規定は、連邦憲法および連邦法の規定に反する場合には無効とされることになる。この点につき、合衆国憲法第6編第2項の連邦法規優越条項と後述のドウ対ロウ事件を参照。

〈5〉　たとえばアラバマ州においては「精神的に無能力である (mentally incompetent) 者は投票資格を与えられてはならない。ただし、当該障害が除去されたときはこの限りではない（アラバマ州憲法第8章第177（b）条）。憲法によって投票資格を剥奪された者は、投票する権利を有さない（アラバマ州法第17-3-9条）」、ミシシッピィ州においては「『白痴 (idiots)』及び『精神障害 (insane) の』者は、選挙権者として資格を有しない（ミシシッピィ州憲法

選挙権を剥奪する規定を州の選挙法や後見法が規定しているという構造になっている。なお、「白痴 (idiots)、精神障害 (insane) の者」、「精神が健全でない (non compos mentis)」、「精神が不健全 (unsound mind)」、「精神的に無能力である (mentally incompetent)」などの文言が人権を保障する最高法規である憲法において現在も用いられていることは、やはり大変な矛盾といわざるを得ず、アメリカ合衆国の各州法における精神障害者の選挙権を考える上で特筆に値すると思われる（これらの言葉は原文でも法典の文言そのままを示す " " が付されており、一覧表でも「 」をつけた。なお、一覧表においては、原語の持つニュアンスを正確に表すことを第一に考えてあえて言い換えをしていない）。

また、発達障害者法ないしは精神遅滞法および精神保健法では、典型的な規定は「入所、治療又は収容によって、投票権は剥奪されない（ミシシッピィ州法第 41-21-101(b) 条）」と「法律によって投票する資格を有するすべての発達障害者は、投票権を有し、サービス提供機関はサービス受給者を登録、申請及び投票について援助しなければならない（コロラド州法第 27-10.5-119 条）」であり、ほぼすべての法域において同様に、施設入所自体を理由として無能力とされ選挙権を剥奪されないこと、州は本人の選挙権行使について援助しなければならないことが定められている。

III　精神障害者の選挙権に関するアメリカ後見法における「部分後見型」の特色

後見法の領域の各州の規定については、成年被後見人の選挙権行使の領域においても他の財産管理や身上監護の領域と同様に、「本人の自己決定の尊重と保護の必要性の調和」の理念の下に、本人の自律性ないしは自己決定を最大限保障する制限された後見制度 (limited guardianship) である部分後見が行わ

　第 12 章第 241 条）。『白痴』及び『精神障害の』者は、投票する資格を有してはならず、投票を許可されてもならない（ミシシッピィ州法第 23-15-11 条）」と規定されている。なお、日本国憲法と同様に精神障害者に対する投票資格剥奪に関する規定が憲法上明文で存在しない州は、コロラド、コネチカット、アイダホ、イリノイ、インディアナ、ニュー・ハンプシャー、ノース・カロライナ、ペンシルヴェニア、テネシーの 9 州である。これ以外の 41 州とコロンビア特別区とプエルト・リコの 2 準州は精神障害者の投票権剥奪につき憲法で規定している。この点につき一覧表を参照。

〈6〉　日本においては被後見人の権限につき「オール・オア・ナッシング」になってしまう等の批判のあった従来の禁治産、準禁治産制度を改正して部分後見を採用した新しい成年後見制度が 1999 年に成立し、2000 年 4 月から施行されている。その立法段階において、アメ

れている類型（「部分後見型」）が、アメリカ合衆国で最大多数の 21 法域（約 40.4％）[7]にのぼることがわかる。すなわち、「部分後見型」は、アメリカ合衆国全 50 州にコロンビア特別区とプエルト・リコを加えた 52 法域から後に述べる「選挙権自動喪失型（日本法型）」の 6 法域（約 11.5％）[8]と後見法と選挙権の制限の関係が明らかではない「不明型」の 19 法域（約 36.5％）[9]、そしてそもそも後見法との関係で選挙権の制限が存在しない「選挙権制限不存在型」の 6 法域（約 11.5％）[10]とを除いた最大多数の 21 法域（約 40.4％）を占めているのである。

リカ全州の後見法を調査し、その特徴を、事実的要素たる無能力概念の変化と後見人の制限された役割、価値的要素たる自律性ないしは自己決定と保護の必要性との調和、論理的要素たる最も制限的でない他にとりうるべき方法に分析し、この各要素とも日本法上受け入れられる余地が存在するのであり、日本においても被後見人の自律性、自己決定を促進するために、より柔軟できめ細やかな制限された後見制度が、アメリカ法を参考にして可及的速やかに採用されるべきであるという私見を述べるものとして、拙稿「アメリカ合衆国における精神遅滞者保護のための制限された後見制度」早稲田大学法学会誌第 43 巻 291-335 頁 (1993 年 3 月) を参照。

[7] ※アラバマ、アラスカ、アーカンソー、カリフォルニア、コネチカット、デラウエア、フロリダ、ジョージア、ハワイ、アイオワ、ケンタッキー、ルイジアナ、ミネソタ、※ネブラスカ、※ニュー・メキシコ、ノース・ダコタ、オクラホマ、※サウス・ダコタ、テネシー、ワシントン、ウィスコンシン。

※の付いている 4 法域は選挙権との関係について具体的には触れていないが部分後見に関する一般的抽象的な規定を有するなど、実質的には部分後見の枠内において選挙権剥奪の問題が処理されていると考えられる法域を意味している。なお、コロンビア特別区は、条文上は抽象的に部分後見が規定されており、上の基準に従えば※コロンビア特別区となり「部分後見型」に属するが、『コロンビア特別区法の歴史』（2001 年編集）「コロンビア特別区の創設とその多様な形態の統治機構に関する法律――選挙権の規制」により「後見制度の下にある者は、選挙権の資格を有しない」とされているので、実質的に「日本法型」が行われていると評価して「日本法型」に分類した。この点につき一覧表の後見法の欄を参照。

[8] アリゾナ、コロンビア特別区（ただし条文上は部分後見が規定されているが、「選挙権自動喪失型（日本法型）」が行われていることにつき脚注[7]参照）、メイン（ただし、現在ではドウ対ロウ事件判決により州法が違憲無効とされていることにつき脚注[14]とその本文を参照）、メアリーランド、マサチュセッツ（「選挙権自動喪失型（日本法型）」の規定を州務長官意見が合憲限定解釈しており実質的に「部分後見型」が行われていることにつき一覧表の州憲法・選挙法において投票資格を剥奪される者の欄と脚注[15]の本文を参照）、ミズーリである。

[9] アイダホ、カンザス、ミシガン、ミシシッピィ、モンタナ、ネヴァダ、ニュー・ジャージー、ニュー・ヨーク、ノース・カロライナ、オハイオ、オレゴン、プエルト・リコ、ロード・アイランド、サウス・カロライナ、テキサス、ユタ、ヴァージニア、ウエスト・ヴァージニア、ワイオミング。

[10] コロラド、イリノイ、インディアナ、ニュー・ハンプシャー、ペンシルヴェニア、ヴァーモント。

一般に制限された後見制度、すなわち部分後見制度においては、財産管理、身上監護の両者につき成年被後見人が原則としてすべての権利を保有し、例外的に自ら行使できない権利を特定し、個別に明示して、当該権利についてのみ成年被後見人の保護の必要性の見地から成年被後見人の権利を制限し、成年後見人による部分的な代理権行使を認めるという構成がとられている。なお、アメリカにおいては選挙権の行使は、財産管理行為ではなく、身上監護領域に属する行為であると理解されている〈11〉。ただし、民主主義の基本的な原理である選挙権は、当然にその選挙権をもつ州民自身によってのみ、その行使が認められるべき一身専属的な権利であるから、理論的には、原則として可及的広汎に成年被後見人本人の行使を認め、選挙権行使の意味を理解できないような、きわめて精神障害の程度が重い例外的場合にのみ、本人の選挙権行使を認めず、その場合、その法定代理人である成年後見人による行使も考えられないことになろう。

　同様に一身専属的な身上監護に関する権利である、身体への侵襲と考えられる手術などの医療上の行為への同意権（インフォームド・コンセントの権利）を後見人や家族が行使できるかも大きな理論的対立のある困難な問題である。本人の生命、身体を守るために当該医療が必要である場合には、医師の行為を適法化するためにも後見人など法定代理人による同意権行使の必要性が認められる。しかし、選挙権については一般に選挙について判断できず選挙権を認められない本人に代わって、後見人などの他者が選挙権を行使する必要性自体が観念できず、また事実上後見人が2票持つことを認めることになり、弊害が大きいので医療における同意とは同一に論ぜず、法定後見人など代理人による代理投票権の行使は否定的に考えざるを得ない〈12〉。

　成年被後見人の選挙権において「部分後見型」を採用している州後見法としては、次のワシントン州とアイオワ州の規定が典型例である。

　すなわち「判断能力が不十分な者 (incapacitated person) に後見を付すこと

〈11〉これを明示するものとして、「身上に関する制限された後見制度の手続 (Limited guardianship of the person proceeding) には、投票権の決定が含まれる」と規定するウィスコンシン州法第880.33(3)条がある。一覧表のウィスコンシン州の後見法の欄を参照。

〈12〉もっとも、アイオワ州法第468.513条は「法的無能力者 (legal incompetent) の投票は、書面の宣誓供述書を添えて後見人によってなされなければならない」として、土手および排水事業地区という特殊な行政目的を達成するために設けられた特別地区の土地改良のために土地所有者から選ばれる受託者の選挙という特殊な代理についてではあるが、この一覧表が作成された2008年6月16日時点で少なくともアイオワ州法が、代理投票の様式を明文で認めているといえることにつき、一覧表のアイオワ州の後見法の欄を参照。

によって、投票権が失われる結果になってはならない。ただし、裁判所が、個人的な選択をすることができない程度までその者が投票の性質及び効果を理解する能力を欠いているという点で、その者は、選挙権を合理的に行使するために無能力である (incompetent) と決定したときはこの限りでない。後見を設定する裁判所の命令は、その者が投票権を保有するか否かを特定しなければならない。裁判所が、その者が投票権を合理的に行使するために無能力であると決定するときは、裁判所は適当な県監査官に通知しなければならない（ワシントン州法第 11.88.010 (5) 条）。判断能力が不十分な者に後見を付しており、その者がワシントン州法第 11.88 章によって投票権を合理的に行使するために無能力であると裁判所によって決定されている旨の公知の証拠を受け取った場合において、その者が県に登録されている選挙人であるときは、県監査官はその者の選挙人登録を取り消さなければならない（ワシントン州法第 29A.08.515 条）」というワシントン州の規定は、単に後見人を付すことによっては選挙権は剝奪されず、裁判所により、その者が選挙権行使につき無能力であると決定されたときにのみ、選挙権を剝奪されるとして個別具体的に選挙権を行使できるか判断しており、理論的に「部分後見型」の典型例としてあげられる。

また、「精神遅滞者に後見人が選任されたときは、裁判所は被後見人の投票能力について別個の決定をしなければならない。裁判所は、投票権について理解し、投票権を行使する十分な精神能力を欠いていると決定した場合においてのみ、被後見人を投票につき無能力であると認定しなければならない（アイオワ州法第 633.556 条）。裁判所の命令によって投票権につき決定した後見が終了するときは、その者は、終了手続の一部として又は別個の決定によって、投票権の回復を要請することができる（アイオワ州法第 633.679 条）。

『投票について無能力である』者は、登録及び投票について資格を有しない。裁判所が、その者はもはや無能力でないと認定した旨の地方裁判所書記官による認証により、その者は、他の要件を満たすときは、再び投票資格を与えられなければならない（アイオワ州法第 48A.6(2) 条）」というアイオワ州法の規定においても、本人が投票について無能力であるという個別具体的な判断がなされた場合にのみ投票権を剝奪され、無能力が回復したときは投票権が回復するとされている。ここに本人の自己決定を可及的に尊重する「部分後見型」の理念を見て取れるのである。

このように「部分後見型」においては、「成年被後見人だから」ではなく、裁

判所において「選挙権を行使できないという選挙権行使の無能力についての特段の認定がなされ、個別具体的に明示的に選挙権行使を制限されたから」成年被後見人は選挙権を行使できないという構成が取られているといってよい。

Ⅳ 精神障害者の選挙権に関するアメリカ後見法における「選挙権自動喪失型（日本法型）」の特色

　これに対して先に述べたように、日本においては、憲法44条を受けて、公職選挙法第11条第1項第1号により、本人が成年被後見人となると自動的に選挙権が剥奪される構造になっている。しかし、アメリカ合衆国では、日本のような「選挙権自動喪失型（日本法型）」の規定を持つものは、「部分後見型」が21法域（約40.4％）にのぼるのに対して、52法域中6法域であり全法域の約11.5％に過ぎないことが一覧表から見て取れる。しかもそのうちメイン州では、当該規定がドウ対ロウ事件判決により、判決日に遡及して違憲無効とされ、マサチューセッツ州では、当該規定が州務長官意見により合憲限定解釈され、実質的には「部分後見型」が行われ、コロンビア特別区では、条文上は「部分後見型」であるので、名実ともに「選挙権自動喪失型（日本法型）」が行われているのは、ミズーリ州、メアリーランド州、アリゾナ州のわずか3州のみであるといえる。〈13〉以下、その3州、すなわちミズーリ州、メアリーランド州そしてアリゾナ州の州法を確認する。

　ミズーリ州法は「精神的判断能力が不十分であること (mental incapacity) により財産又は身上の後見制度の下にある者及び精神施設に強制的に拘禁されている者は、投票することができない（ミズーリ州憲法第8章第2条）。判断能力が不十分である (incapacitated) と審判された者は、投票資格を有しない（ミズーリ州法第115.133(2)条）」と規定し、個別具体的に選挙権行使の能力について検討しないで後見制度の下にある者の選挙権を自動的に剥奪しており、「選挙権自動喪失型（日本法型）」の典型と言える。

　「州は、精神障害により後見制度の下にある又は世話を受けている者の投票権を規制し又は禁止することができる（メアリーランド州憲法第1章第4条）。精神障害により後見制度の下にある者は、登録された選挙人としての資格を有しない（メアリーランド州選挙法第3-102(b)(2)条）」というメアリー

〈13〉この点につき脚注〈8〉を参照。

ランド州および「裁判手続において身上監護及び財産管理につき判断できない(incapable) と宣言され、身上及び財産の後見人が選任されたときは、選挙人登録は一定の手続に従って取り消される（アリゾナ州法第 16-165(C) 条）」というアリゾナ州もミズーリ州同様に「選挙権自動喪失型（日本法型）」の典型例と言えよう。

　メイン州憲法第 2 章第 1 条は「精神病により後見制度の下にある者は選挙権者となってはならない」と規定し、メイン州ではミズーリ州と同様に「選挙権自動喪失型（日本法型）」を採用していた。しかし、この規定は、その施行法である選挙法の規定とともに、一覧表の通りアメリカ合衆国における精神障害者の選挙権を考える上で画期的な判決というべき 2001 年 8 月 9 日のドウ対ロウ事件で[14]、連邦メイン州地方裁判所により、合衆国憲法第 14 修正の法の適正過程条項（デュープロセス条項）および平等保護条項に違反するとして違憲無効とされ、また二つの連邦法、すなわち公共サービスにおける差別的取り扱いを禁じる「障害を持つアメリカ人法」第 2 編および「リハビリテーション法」第 504 条に違反するものであると判示された。この判決を受けて、メイン州の州務次官よりすべての州内事務職員および登録官へ通知された 2001 年 9 月 4 日付内部文書により、精神病により後見制度の下にある者の投票禁止はドウ対ロウ事件の判決が下された 2001 年 8 月 9 日に遡って排除された事実から、メイン州においては「選挙権自動喪失型（日本法型）」の規定につきその違憲性の程度がきわめて大きく直ちに是正されなければならないと考えられたのだといえよう。

　このことは合衆国憲法の下にあるアメリカの他の州や日本など憲法において合衆国憲法と同様に法の適正過程条項および平等保護条項が保障されている国においても、「選挙権自動喪失型（日本法型）」が憲法の人権規定との関係で「部分後見型」に比べて不合理であり、違憲の可能性があるということを示唆していると言えよう（これに対して、「部分後見型」が違憲になった例はアメリカ合衆国の全州において存在しない）。

　またすでに述べたように、マサチューセッツ州では憲法と選挙法が「……後見制度の下にある者を除く……すべての州民は、当該選挙において投票権を有さなければならない（マサチューセッツ州憲法第 3 修正）。……後見制度の下にある者ではない……すべての州民は、当該市又は町において選挙人名簿に自らの

---

[14] Doe v. Rowe, 156 F. Supp. 2d 35 (D. Me. 2001).

名前を記載させることができ、あらゆる当該選挙において当該市又は町で投票することができる（マサチュセッツ州法第51章第1条）」と規定し、後見制度の下にある者は自動的に選挙権を剥奪されるという「選挙権自動喪失型（日本法型）」が行われていたが、マサチュセッツ州憲法第3修正について「上記規定を解釈する州務長官意見は、選挙権を剥奪する前に、その者が投票につき無能力であること (incompetence) の特段の認定がなされることを要求している」ことから、「選挙権自動喪失型（日本法型）」の規定を州務長官意見が合憲限定解釈することによって、マサチュセッツ州では実質的に「部分後見型」が行われているといえる。このことも先に述べたメイン州におけるドウ対ロウ事件判決およびその後のメイン州での実務的対応とならんで、「選挙権自動喪失型（日本法型）」が、憲法の人権規定との関係で「部分後見型」に比べて不合理であり、違憲の可能性があるということを示唆していると言えよう。

V 精神障害者の選挙権に関するアメリカ後見法の特色のまとめと日本法への示唆

以上、一覧表より見て取れるアメリカ法の特色を概観した。

後見制度と選挙権との関係を概観する作業によって①後見人を付され被後見人となっても、個別具体的に選挙権行使ができないという裁判所の明示的な判断なくして選挙権を剥奪されないという「部分後見型」を採る法域がアメリカ合衆国52法域のうち最大多数の21法域（約40.4％）を占めていること②後見人を付され被後見人となると自動的に選挙権を剥奪される「選挙権自動喪失型（日本法型）」をとる法域は6法域（約11.5％）あるが、当該州法規定が連邦憲法との関係で判決によって違憲無効とされたり、州務長官意見によって被後見人の投票権を剥奪する前にその者が投票権行使につき無能力であることの特段の認定を要求し当該州法規定が「部分後見型」に合憲限定解釈されたり、そもそも当該州法規定は「部分後見型」であったりして、実際に名実ともに「選挙権自動喪失型（日本法型）」が行われている法域はわずかに3法域にとどまること③州法の規定を違憲無効とした判決の判決理由や州務長官意見から考えると「選挙権自動喪失型（日本法型）」は違憲の疑いがあると言わざるを得ないことが明らかになった。従って、今後「選挙権自動喪失型（日本法型）」の

〈15〉この点につき、脚注〈8〉を参照。

規定は「部分後見型」に移行していくだろうと推測される。このことは日本法のこれから進むべき方向を考える際に少なからず示唆的であると考えられる〈16〉。

（志村武）

〈16〉各州法における精神障害者の投票権についてのより詳細な検討と分析は、今後の課題としたい。また、本研究を進める中で、いくつかの問題が浮き彫りになった。
　①精神障害者の投票権と障害者権利条約、障害を持つアメリカ人法との関係
　②1965年投票権法（選挙における黒人差別廃止のために、登録の際に英語の理解力、読み書き能力、教育程度、性格テストを用いることを禁止した連邦法）の考え方の精神障害者の投票権の問題への類推ないし応用の可能性などである。
　これらも、併せて今後の課題としたい。

第3編　成年被後見人の選挙権

資料　アメリカ合衆国の各州法における精神障害者の投票権に関する一覧表

州	州憲法及び選挙法において投票資格を剥奪される者	後　見　法
アラバマ	精神的に無能力である（mentally incompetent）者は投票資格を与えられてはならない。ただし、当該障害が除去されたときはこの限りではない。アラバマ州憲法第8章第177(b)条。 憲法によって投票資格を剥奪された者は、投票する権利を有さない。アラバマ州法第17-3-9条。	部分後見において、部分的に判断能力が不十分な（incapacitated）者は、裁判所が部分後見人に委譲するのが適当であると判断しなかったすべての法的権利を保有する。アラバマ州法第26-2A-105条の注釈。
アラスカ	「精神が不健全（unsound mind）」であると裁判所によって決定された者は投票することができない。ただし、当該障害が除去されたときはこの限りではない。アラスカ州憲法第5章第2条。 精神的損傷をもつ（mentally impaired）者の投票資格を剥奪するのに必要な精神の異常性に関する裁判所の決定は、特に後見審理において又は別個の手続において提起されなければならない。1992年8月28日 1992年アラスカ州法務総裁意見（回答）第123号。	後見人は被後見人が登録し又は投票することを禁じることはできない。アラスカ州法第13.26.150(e)(6)条。 後見人が選任されている判断能力が不十分な者（incapacitated person）は無能力である（incompetent）と推定されず、裁判所の命令によって明示的に制限されているもの又は裁判所によって後見人に特に与えられているものを除き、すべての法的権利及び市民的権利を保有する。アラスカ州法第13.26.090条。
アリゾナ	判断能力が不十分な（incapacitated）者であると審判された者は、投票資格を与えられてはならない。アリゾナ州憲法第7章第2(C)条。 アリゾナ州法第14-5101条によって選挙人につき判断能力が不十分な（incapacitated）者であると審判されたときは、県登録官は選挙人登録を取り消さなければならない。アリゾナ州法第16-165条。 判断能力が不十分な（incapacitated）者であると審判されたときは、投票の登録を受ける資格がない。アリゾナ州法第16-101(A)(6)条。	裁判手続において身上監護及び財産管理につき判断できない（incapable）と宣言され、身上及び財産の後見人が選任されたときは、選挙人登録は一定の手続に従って取り消される。アリゾナ州法第16-165(C)条。 判断能力が不十分な（incapacitated）者とは、精神病、精神的障害、身体疾患又は身体障害、常習的薬物使用、慢性的酩酊、又は未成年以外のその他の原因によって、自らの身上について責任ある意思決定を行い、又は伝達するのに十分な理解又は能力を欠く程度まで、損傷している者と定義されている。アリゾナ州法第14-5101(1)条。
アーカンソー	管轄権を有する裁判所によって精神的に無能力である（mentally incompetent）と審判された者は、選挙人登録を取り消される。アーカンソー州憲法第51修正第11(a)(6)条。	2001年10月1日より前に後見人が選任された場合において、投票を禁止するときは後見人は裁判所による明示の承認を得なければならない。アーカンソー州法第28-65-302(a)(1)(E)条。 2001年10月1日以降に選任された後見人は、申立てをして裁判所による明示の承認を得なければ、判断能力が不十分な（incapacitated）者が投票することを許可してはならない。アーカンソー州法第28-65-302(a)(2)(E)条。 後見人が選任されている【右の　　に続く】

精 神 保 健 法	発達障害法と精神遅滞法
精神保健サービスの消費者は、他のアラバマ州民と同様に、投票し政治過程に参加する権利を含む一般的権利を有する。アラバマ州法 第22-56-4(a)(5)条。	発達障害者及び外傷脳傷害者は、適用される法律の制約内において、投票し政治過程に参加する権利を有する。アラバマ州法第38-9C-4(7)条。 発達障害者と外傷脳傷害者は、裁判所が別段の決定をするまでは、能力者である(competent)と推定される。アラバマ州法 第38-9C-4(5)条。
精神保健上の鑑定又は治療を受けている者について投票権を否定することはできない。裁判所によって命じられた精神保健上の治療を受けることは、法的に判断能力が不十分であること(legal incapacity)の決定ではない。アラスカ州法第47.30.835(a)(b)条	
裁判所によって命じられた精神保健上の鑑定又は治療を受けている者は、法的無能力である(legally incompetent)とは決定されない。精神保健上の鑑定又は治療を受けている者について、投票権を否定することはできない。アリゾナ州法第36-506(A)条。	
単に精神保健上の組織に入所したことのみを理由として、いかなる者も投票につき無能力(incompetent)とみなされてはならない。アーカンソー州法第20-47-220(b)条。 【左から続く】判断能力が不十分な者(incapacitated person)は無能力である(incompetent)と推定されず、裁判所の命令によって明示的に制限されているもの又は裁判所によって後見人に命令で特に与えられているものを除き、すべての法的権利及び市民的権利を保有する。アーカンソー州法第28-65-106条。	

第3編　成年被後見人の選挙権

州	州憲法及び選挙法において投票資格を剥奪される者	後　見　法
カリフォルニア	州議会は、精神的に無能力である（mentally incompetent）間は、選挙権者の資格剥奪を規定しなければならない。カリフォルニア州憲法第2章第4条。 以下に規定するいかなる手続過程の間においても、2150条に従って選挙人登録の宣誓供述書を完成することができず後見人（conservator）が選任されている、又は心神喪失（insanity）を理由として無罪を申し立てていると裁判所が認定したときは、その者は精神的に無能力である（mentally incompetent）とみなされ、それゆえに投票資格を剥奪されねばならない。カリフォルニア州選挙法第2208（a）条。 福祉及び施設法による手続が陪審によって審理されているときは、その者が投票資格を剥奪されねばならない前に、陪審は全員一致でその者が選挙人登録の宣誓供述【右の□□に続く】	裁判所が選挙人登録の宣誓供述書を完成することができないと決定したときは、後見制度の下にある者は投票資格を剥奪される。被後見人の当該宣誓供述書を完成する能力は、毎年又は二年に一度の後見制度の審査の間に見直されねばならない。 カリフォルニア州検認法第1910条。 カリフォルニア州選挙法第2208条及び第2209条。 【左から続く】書を完成することができないと認定しなければならない。カリフォルニア州選挙法第2208（b）条。 選挙人登録の宣誓供述書を完成する被後見人の能力は、毎年又は二年に一度見直されねばならない。カリフォルニア州選挙法第2209（a）条。
コロラド	投票資格剥奪に関する規定は憲法上存在しない。州の精神病者用施設に拘禁されていることを理由として、投票権は失われない。コロラド州法第1-2-103（5）条。	
コネチカット	投票資格剥奪に関する規定は憲法上存在しない。精神的に無能力である（mentally incompetent）者は選挙権者として認められない。コネチカット州法第9-12（a）条。	身上後見人又は財産後見人は予備選挙、州民投票、又は通常選挙における被後見人の投票能力を決定するために検認裁判所に申し立てることができる。コネチカット州法第45a-703条。
デラウエア	精神的に無能力である（mentally incompetent）……又はこの憲法の規定によって判断能力が不十分であり（incapacitated）投票できないと審判された者は、選挙権者の権利を享受してはならない。デラウエア州憲法第5章第2条。 精神的に無能力である（mentally incompetent）……と審判された者は、選挙人としての資格を有してはならない。本章の趣旨から、「精神的に無能力である（mentally incompetent）と審判された」という文言は、裁判所における【右の□□に続く】	【左から続く】後見又はそれに相当する手続において、明白かつ確信を抱くに足る証拠に基づいて、その者が投票における基本的な判断の行使を妨げる重度の認識上の損傷を有しているという特段の認定がなされたことを意味する。デラウエア州法第15章第1701条。

精 神 保 健 法	発達障害法と精神遅滞法
後見人の報告書は、被後見人の投票資格剥奪に賛成か反対かの意見表明を含むものでなければならない。カリフォルニア州福祉及び施設法第5357(c)条。	
精神病の鑑定、世話、又は治療を受けている者は、予備選挙及び通常選挙において登録し投票する権利を行使する機会を与えられなければならない。鑑定、世話、又は治療を提供している機関又は施設は、請求があり次第、その者が選挙人登録用紙、不在者投票の申請、及び不在者投票を利用することができ、投票のために必要なその他のあらゆる条件を満たすことができるように援助しなければならない。コロラド州法第27-10-119条。	法律によって投票する資格を有するすべての発達障害者は、投票権を有し、サービス提供機関はサービス受給者を登録、申請、及び投票について援助しなければならない。コロラド州法第27-10.5-119条。
入院し又は治療を受けている者は投票できる。ただし、身上後見手続においてその者が投票できないという特段の認定がなされ、その者が身上後見制度の下に置かれているときはこの限りではない。コネチカット州法第17a-541条。	

第3編　成年被後見人の選挙権

州	州憲法及び選挙法において投票資格を剝奪される者	後　見　法
コロンビア特別区	管轄権を有する裁判所によって精神的に無能力である（mentally incompetent）と決定されたときは、選挙権者としての資格を有しない。コロンビア特別区憲法第5章第1(c)条。 管轄権を有する裁判所によって精神的に無能力である（mentally incompetent）と審判されたときは、選挙権者としての資格を有しない。コロンビア特別区法第1-1001.02条。	判断能力が不十分な（incapacitated）者は、無能力である（incompetent）とみなされず、後見人選任命令、保護手続、又はその後の裁判所の命令において明示的に制限され又は縮小されたもの以外のすべての法的権利及び能力を保有する。コロンビア特別区法第21-2004条。 後見制度の下にある者は、選挙権の資格を有しない。『コロンビア特別区法の歴史』（2001年編集）「コロンビア特別区の創設とその多様な形態の統治機構に関する法律──選挙権の規制」
フロリダ	本州又は他州において精神的に無能力である（mentally incompetent）と審判された者は、当該障害が除去され、又は市民的権利が回復されるまでは、投票資格を有しない。フロリダ州憲法第6章第4(a)条。 18歳の誕生日を迎え、その他の投票適格性を満たす居住施設の居住者は、その者が精神的に無能力である（mentally incompetent）との審判を受けていないときは、投票する資格を有する。1974年1月9日フロリダ州法務総裁意見第074-15号。 本州又は他州において投票に関して精神的に判断能力が不十分である（mentally incapacitated）と審判され、権利が回復していないときは、投票資格を有しない。フロリダ州法第97.041(2)(a)条。	判断能力が不十分である（incapacitated）と決定されたときは、その者の投票権を除去することができる。フロリダ州法第744.3215(2)(b)条。 後見制度の下にある者は、投票資格を剝奪されるときは鑑定されなければならない。フロリダ州法第744.331(3)(d)(2)条。
ジョージア	精神的に無能力である（mentally incompetent）と審判された者は、登録することも、登録したままでいることも、又は投票することもできない。ただし、当該障害が除去されたときはこの限りでない。ジョージア州憲法第2章第1条¶Ⅲ(b)、ジョージア州法第21-2-216(b)条。 投票権が剝奪される前に、その者は精神的に無能力である（mentally incompetent）と審判されなければならない。1995年ジョージア州法務総裁意見第95-27号。	後見人の選任は、被後見人の投票権に関する決定ではない。ジョージア州法第29-4-20(b)条。

精 神 保 健 法	発達障害法と精神遅滞法
本章の規定に従って治療のために入所し又は収容された者は、当該入所又は治療を理由として投票権を否定されることはできない。ただし、その者が無能力である（incompetent）と審判されて、その法的能力を回復していないときはこの限りではない。コロンビア特別区法第21-564(a)条。	
投票資格を有する患者はすべて投票権を有し、担当部署は患者が選挙人登録用紙、不在者投票の申請、及び不在者投票を利用することができるための規則を制定しなければならない。フロリダ州法第394.459(7)条。	その他の投票適格性を満たす者は、発達障害をもつことを理由に、公的選挙における投票権を否定されてはならない。フロリダ州法第393.13(3)(j)条。
患者は州法上他の要件を満たすときは、投票することができる。施設管理者は患者が登録し、投票要件を満たし、不在者投票することにつき許可し、合理的に援助しなければならない。ジョージア州法第37-3-144条。	受療者は、他の要件を満たすときは投票することができる。施設管理者は患者が登録し、投票要件を満たし、不在者投票することにつき許可し、合理的に援助しなければならない。ジョージア州法第37-4-104条。

州	州憲法及び選挙法において投票資格を剥奪される者	後 見 法
ハワイ	「精神が健全でない（non compos mentis）」者は、投票する資格を有してはならない。ハワイ州憲法第2章第2条。 ……第560章によって判断能力が不十分な者（incapacitated person）であると……審判された との情報を精神保健局又は情報機関から得たときは、調査官は当該情報に基づいて、可能であれば本人に告知及び聴聞の機会を与えて、当該情報を証明し又は否定するのに必要だと思われる調査をしなければならない。 当該調査後に、その者は……投票について責任ある意思決定を行い、又は伝達するのに十分な理解又は能力を欠く程度にまで判断能力が不十分である（incapacitated）と認定したときは、調査官はその者の名前を登録簿から削除しなければならない。ハワイ州法第11-23(a)条。	選挙関係法において参照される判断能力が不十分な者（incapacitated person）の定義は次の通りである。「判断能力が不十分な者（incapacitated person）」とは、未成年以外の理由により、適切で合理的に利用可能な技術的援助を受けても、身体的健康、安全、又は自己介護にとって不可欠な要件を満たす能力を欠く程度にまで、情報を受け取り評価し、又は意思決定を行い伝達することができない者をいう。ハワイ州法第560:5-102条。
アイダホ	投票資格剥奪に関する規定は憲法上存在しない。 投票資格剥奪に関する選挙法は存在しない。	
イリノイ	投票資格剥奪に関する規定は憲法上存在しない。 投票資格剥奪に関する選挙法は存在しない。 本州におけるあらゆる病院又は精神治療施設の患者はすべて、当該病院又は精神治療施設の患者になる直前に居住した町、市、村、又は選挙区若しくは投票区の居住者とみなされなくてはならない。ただし、「病院」という文言には専門的養護施設（skilled nursing facilities）は含まれない。イリノイ州法第10章第5/3-4条。 養護施設世話法によって認可され又は認証された施設に30日以上居住する者、及びアメリカ合衆国民であり、選挙に先だって本州及び選挙区に30日居住している者はすべて、その者が居住する当該施設が存在する選挙区で投票する資格を有さなければならない。ただし、その者は宣誓して、当該施設に入所した時点におい【右の□□□に続く】	【左から続く】て当該居住者となることは自分が誠実に意図したことであった旨宣言しなければならない。イリノイ州法第10章第5/3-3条。
インディアナ	投票資格剥奪に関する規定は憲法上存在しない。 投票資格剥奪に関する選挙法は存在しない。	

精 神 保 健 法	発達障害法と精神遅滞法
精神医学施設への入所自体によっては、投票権は変更されない。ハワイ州法第334-61条。	
精神保健施設は投票権を否定することはできない。ただし、それ以前になされた裁判所の命令によって投票権が制限されている場合はこの限りではない。アイダホ州法第66-346(a)(6)条。	発達障害者は投票権を有する。ただし、それ以前になされた裁判所の命令によって投票権が制限されている場合はこの限りではない。アイダホ州法第66-412(3)(j)条。
留置又は収容によって、その者の投票権は剥奪されない。インディアナ州法第12-26-2-8(a)(1)(F)条。	

第3編　成年被後見人の選挙権

州	州憲法及び選挙法において投票資格を剥奪される者	後　見　法
アイオワ	白痴（Idiots）、精神障害（insane）の者及び破廉恥罪で有罪決定を受けた者は、選挙権者の特権を受ける資格を有してはならない。アイオワ州憲法第2章第5条。 「投票について無能力である（incompetent）」者は、登録及び投票について資格を有しない。裁判所がその者はもはや無能力（incompetent）でないと認定した旨の地方裁判所書記官による認証により、その者は、他の要件を満たすときは、再び投票資格を与えられなければならない。アイオワ州法第48A.6（2）条。	精神遅滞者に後見人が選任されたときは、裁判所は被後見人の投票能力について別個の決定をしなければならない。裁判所は投票権について理解し、投票権を行使する十分な精神能力を欠いていると決定した場合においてのみ、被後見人を投票につき無能力である（incompetent）と認定しなければならない。アイオワ州法第633.556条。 裁判所の命令によって投票権につき決定した後見が終了するときは、その者は、終了手続の一部として又は別個の決定によって、投票権の回復を要請することができる。アイオワ州法第633.679条。 法的無能力者（legal incompetent）の投票は、書面の宣誓供述書を添えて後見人によってなされなければならない。アイオワ州法第468.513条。
カンザス	州議会は、精神病により、その者の投票権を剥奪することができる。カンザス州憲法第5章第2条。 投票資格剥奪に関する選挙法は存在しない。	
ケンタッキー	「白痴（Idiots）」及び「精神障害（insane）の」者は、投票権を有してはならない。ケンタッキー州憲法第145（3）条。 憲法によって投票資格を剥奪されている者は、投票することができない。ケンタッキー州法第116.025（1）条。 福祉小切手管理の補佐人選任のためにのみ無能力である（incompetent）と宣言された者は、投票資格を剥奪されず、投票資格を有するものと推定される。1973年 ケンタッキー州法務総裁意見第73-700号。 　無能力である（incompetent）と宣言されているが「精神障害である（insane）」とは宣言されていない者は、その他の投票【右の　　に続く】	身上後見又は財産後見が必要であると認定したときは、裁判所はその者が投票権を保有するか否かを特に決定しなければならない。ケンタッキー州法第387-580（3）（c）条。 被後見人は裁判所が記録に基づいて特に別個に認定した場合にのみ、投票権を剥奪されなければならない。ケンタッキー州法第387.590（10）条。 【左から続く】適格性を満たすときは、投票のための登録資格を有することになろう。1973年ケンタッキー州法務総裁意見第76-549号。
ルイジアナ	後見が開始（interdicted）し、裁判所によって精神的に無能力である（mentally incompetent）と宣言されている間は、その者の投票権を停止することができる。ルイジアナ州憲法第1章第10（A）条。 裁判所によって精神的に無能力である（mentally incompetent）と宣言された後で、全面的に後見が開始している者は、投票【右の　　に続く】	【左から続く】することができない。部分的にのみ後見が開始している者は、投票することが許される。ただし、投票権が特に停止されているときはこの限りでない。ルイジアナ州法第18:102（A）（2）条。

	精 神 保 健 法	発達障害法と精神遅滞法
		収容によって投票権の行使は妨げられない。ただし、裁判所が、その者が投票権について理解し、投票権を行使する精神能力（mental capacity）を欠くという別個の決定をしたときは、この限りでない。アイオワ州法第 222.16 条。 精神遅滞を理由とする収容命令において、裁判所は、その者が投票権について理解し、投票権を行使する十分な精神能力（mental capacity）を有するか否かについて認定をしなければならない。アイオワ州法第 222.31 条。
	治療施設に入所している患者は、治療施設の入所患者であるという身分により、投票権を剥奪されてはならない。ルイジアナ州法第 28:171 (A) 条。	保健病院局（Department of Health and Hospitals）は、投票能力がある（全面的後見も投票権が特に停止されている部分の後見も開始していない）精神遅滞者の投票が許されることを保障するために規則を制定しなければならない。ルイジアナ州法第 18:102.1 (B) 条。

州	州憲法及び選挙法において投票資格を剥奪される者	後 見 法
メイン	精神病により後見制度の下にある者は、選挙権者になってはならない。メイン州憲法第2章第1条。この憲法の規定は、ドウ対ロウ事件〔Doe v.Rowe 156 F. Supp.2d 35（D. Me.2001〕により違憲と判断された。裁判所は、検認裁判所における手続は（後見手続の結果、選挙権を剥奪されると言われていなかった）原告に十分な手続保障を与えていなかった旨、判示した。さらに、目的と手段の間に十分な相関関係が存在しないので、当該規定は厳格な審査を通過していない【右の□に続く】	【左から続く】──従って、メイン州憲法第2章第1条は平等保護条項に違反する旨、判示した。州務次官よりすべての州内事務職員及び登録官へ通知された2001年9月4日付内部文書により、精神病により後見制度の下にある者の投票禁止は2001年8月9日時点で排除された。
メアリーランド	州は、精神障害により後見制度の下にある又は世話を受けている者の投票権を規制し又は禁止することができる。メアリーランド州憲法第1章第4条。精神障害により後見制度の下にある者は、登録された選挙人としての資格を有しない。メアリーランド州選挙法第3-102(b)(2)条。	
マサチューセッツ	……後見制度の下にある者を除く……すべての州民は、当該選挙において投票権を有さなければならない。マサチューセッツ州憲法第3修正。上記規定を解釈する州務長官意見は、選挙権を剥奪する前に、その者が投票につき無能力であること（incompetence）の特段の認定がなされることを要求している。……後見制度の下にある者ではない……すべての州民は、当該市又は町に【右の□に続く】	【左から続く】において選挙人名簿に自らの名前を記載させることができ、あらゆる当該選挙において当該市又は町で投票することができる。マサチューセッツ州法第51章第1条。
ミシガン	州議会は、精神的無能力（mental incompetence）に基づいて、その者の投票権を排除することができる。ミシガン州憲法第2章第2条。投票資格剥奪に関する選挙法は存在しない。	
ミネソタ	後見制度の下にある者、「精神障害である（insane）」者、又は精神的に能力を有しない（not mentally competent）者は、投票する資格がなく、投票することも許可されない。ミネソタ州憲法第7章第1条。裁判所の命令によって投票権が撤回されている後見制度の下にある者、又は法的に無能力である（legally incompetent）と審判されている者は、投票する資格がない。ミネソタ州法第201.014(2)(b)(c)条。	裁判所によって別段の命令がなされている場合を除き、後見制度の下にある者は投票権を保有する。ミネソタ州法第524.5-313(c)(8)条。毎年、その就任記念日から30日以内に、後見人は被後見人に被後見人の投票権の状況に関する……通知書を送付又は交付しなければならない。ミネソタ州法第524.5-310(e)条。

第7章　アメリカ合衆国における精神障害者の投票権

精　神　保　健　法	発達障害法と精神遅滞法
居住世話施設に入所している患者は、投票権を有する。ただし、施設が医療福祉のために制限する必要性を決定し、患者が無能力である（incompetent）と審判され当該認定が覆されておらず、又は他の制定法若しくは規則が、単に病院若しくは居住世話施設への入所のみを理由としないで、投票権を制限しているときはこの限りでない。メイン州法第34-B章第3803（1）(A-C)条。	精神遅滞者又は自閉症者は、精神病を理由として投票権を否定されてはならない。ただし、その者が後見制度の下にあるときはこの限りでない。メイン州法第34-B章第5605（5）条。
単に精神障害により施設に居住しているという理由のみによっては、その者は投票権を失わない。メアリーランド州一般保健法第10-704.条。	発達障害がある又は発達障害によりサービスを受給しているという理由によっては、その者は投票権を失わない。メアリーランド州一般保健法第7-1004.条。
単に精神保健施設への入所又は収容のみに基づいては、その者は投票資格を剥奪されない。マサチューセッツ州規則集第104巻第27-13条、ボイド対選挙人登録官委員会事件〔Boyd v.Board of Registrars of Voters,334 N.E.2d 629 (Mass.1975)〕。	
収容され又は治療を受けている者は、収容又は治療を理由として投票権を剥奪されてはならない。ミネソタ州法第253B.23（2）(a)条。	州の福祉事業局長（the commissioner）を財産後見人（conservator）に選任することは、当該財産後見制度が被後見人に課す制限を除いては、当該精神遅滞者が法的に無能力である（legally incompetent）ことの裁判所による認定となってはならない。財産後見人を選任することによって、被後見人は投票権を剥奪されてはならない。ミネソタ州法第252A.12条。

329

第３編　成年被後見人の選挙権

州	州憲法及び選挙法において投票資格を剥奪される者	後　見　法
ミシシッピィ	「白痴（Idiots）」及び「精神障害（insane）の」者は、選挙権者として資格を有しない。ミシシッピィ州憲法第12章第241条。 「白痴（Idiots）」及び「精神障害（insane）の」者は、投票する資格を有してはならず、投票を許可されてもならない。ミシシッピィ州法第23-15-11条。	
ミズーリ	精神的判断能力が不十分であること（mental incapacity）により財産又は身上の後見制度の下にある者及び精神施設に強制的に拘禁されている者は、投票することができない。ミズーリ州憲法第8章第2条。 判断能力が不十分である（incapacitated）と審判された者は、投票資格を有しない。ミズーリ州法第115.133（2）条。 【右の　　に続く】	【左から続く】以前、長年にわたって精神病院に収容されていたが、後見人を付されていない者は、憲法の規定により投票資格を剥奪されない。ニュー対コロウ事件〔New v. Corrough, 370S.W.2d 323 (Mo. 1963)〕。
モンタナ	「精神が不健全（unsound mind）」であると裁判所によって決定された者は、選挙人としての資格を有しない。モンタナ州憲法第4章第2条。 精神が不健全（unsound mind）であると審判された者は、投票権を有しない。ただし、その者が法の規定に従って能力を回復したときはこの限りでない。モンタナ州法第13-1-111（3）条。	
ネブラスカ	「精神が健全でない（non compos mentis）」者は、投票する資格を有しない。ただし、市民的権利を回復したときはこの限りでない。ネブラスカ州憲法第6章第2条。 「精神が健全でない（non compos mentis）」ときは、いかなる者も投票する資格を有しない。ただし、市民的権利を回復したときはこの限りでない。ネブラスカ州法第32-313（1）条。 「精神が健全でない（non compos mentis）」とは、選挙人登録書類において、精神的に無能力である（mentally incompetent）と言い【右の　　に続く】	【左から続く】換えられている。ネブラスカ州法第32-312条。（「精神的に無能力である（mentally incompetent）」とは後見制度の下にあると同義ではない。ネブラスカ州においては、後者は「精神的に判断能力が不十分であること（mental incapacity）」に基づいて課される）。
ネヴァダ	精神的に無能力である（mentally incompetent）と審判された者は、選挙権者の特権を受ける資格を与えられてはならない。ただし、法的能力を回復したときはこの限りでない。ネヴァダ州憲法第2章第1条。 被登録者の「精神障害（insanity）」又は精神的無能力（mental incompetence）が【右の　　に続く】	【左から続く】法的に証明されたときは、県職員は選挙人登録を取り消さなければならない。ネヴァダ州法第293.540（2）条。

第7章　アメリカ合衆国における精神障害者の投票権

精神保健法	発達障害法と精神遅滞法
入所、治療、又は収容によって、投票権は剥奪されない。ミシシッピィ州法第41-21-101 (b) 条。	入所、治療、又は収容によって、投票権は剥奪されない。ミシシッピィ州法第41-21-101 (b) 条。
本章の規定に従って公的又は私的な精神保健施設に入所した者は、当該入所を理由として、投票権を否定されてはならない。ただし、特に無能力である（incompetent）と審判され、法的能力を回復していないときはこの限りでない。ネヴァダ州法第433A.460 (1) 条。 【右の□□に続く】	【左から続く】医療部長は、投票できない状態を継続させる十分な理由の存在につき決定するために、6ヶ月ごとに鑑定しなければならない。ネヴァダ州法第433A.480 (1) 条。

州	州憲法及び選挙法において投票資格を剥奪される者	後 見 法
ニュー・ハンプシャー	投票資格剥奪に関する規定は憲法上存在しない。 投票資格剥奪に関する選挙法は存在しない。	
ニュー・ジャージー	2007年11月6日に、ニュー・ジャージィ州の選挙人は憲法改正を承認した。新しい文言は「管轄権を有する裁判所によって、投票するという行為の意味を理解する能力を欠いていると審判された者は、選挙権を有してはならない。」である。旧文言は「『白痴（Idiot）』又は『精神障害（insane）の』者は、選挙権を有してはならない。」ニュー・ジャージィ州憲法第2章第1条¶6。 「白痴（Idiot）」又は「精神障害（insane）の」者は、選挙権を有してはならない。ニュー・ジャージー州法第19:4-1（1）条。	
ニュー・メキシコ	「白痴（Idiots）」及び「精神障害（insane）の」者は、投票する資格を有しない。ニュー・メキシコ州憲法第7章第1条。 憲法において投票資格を剥奪されている者は、州の法律において投票資格を有しない。ニュー・メキシコ州法第1-1-4条。 憲法の規定上、その者が法的に精神障害である（legally insane）と決定されたときは、選挙人登録は取り消されなければならない。ニュー・メキシコ州法第1-4-26（B）条。 「自己の行為の性質を理解することができる」精神遅滞者は、「登録及び投票について許されなければならない」。1974年 ニュー・メキシコ州法務総裁意見第74-35号。	後見人が選任されている判断能力が不十分な者（incapacitated person）は、裁判所の命令によって明示的に制限されているもの又は裁判所によって後見人に特に与えられているものを除き、すべての法的権利及び市民的権利を保有する。ニュー・メキシコ州法第45-5-301.1条。 当該権利の留保は、部分後見のために特定される。ニュー・メキシコ州法第45-5-312（A）条。
ニュー・ヨーク	選挙権及び選挙人登録は、法律によって定められなければならない。ニュー・ヨーク州憲法第2章第5条。 無能力である（incompetent）と審判されている者は、投票権を有しない。ただし、後に能力がある（competent）と審判されたときはこの限りでない。ニュー・ヨーク州選挙法第5-106（6）条。 マンハッタン市民グループ有限責任会社対バス事件〔Manhattan Citizens Group, Inc. v. Bass, 524 F. Supp. 1270 (SDNY 1981)〕【右の　　に続く】	【左から続く】（病院への入所に基づいて、その者の選挙権を剥奪するのは違憲である。傍論で、無能力である（incompetent）と審判された者はおそらく投票することができないと推定したが、決定はしなかった）。

第7章　アメリカ合衆国における精神障害者の投票権

	精　神　保　健　法	発達障害法と精神遅滞法
	単に精神保健サービス組織への入所のみを理由として、その者は投票及びそれ以外のいかなる市民的権利の行使についても無能力である（incompetent）とみなされてはならない。ニュー・ハンプシャー州法第135-C:56 (II) 条。	発達障害をもつ又は発達障害に対するサービスを受給していることを理由として、その者が投票権を剥奪されることはできない。担当部の規則は投票権を制限してはならない。ニュー・ハンプシャー州法第171-A:14 (I) 条。
	ニュー・ジャージィ州及びアメリカ合衆国の他のあらゆる法律及び憲法上の規定の制約内において、単に治療を受けているということのみを理由としては、患者は投票権を剥奪されてはならない。ニュー・ジャージー州法第30:4-24.2 (a) 条。 精神病の検査又は治療を受けていることを理由として、無能力である（incompetent）と推定されることはできない。ニュー・ジャージー州法第30:4-24.2 (c) 条。 入院患者として鑑定又は治療を受けている者は、法律及び憲法の制約内において、登録及び投票することができる。ニュー・ジャージー州法第30:4-27.11c (a) 条。	施設に入所し若しくは居住すること、又はサービスを受給することによって、その者は登録及び投票の権利を剥奪されてはならない。ニュー・ジャージー州法第30:6D-4 (a) 条。 精神遅滞に対するサービスの受給資格決定によっては、無能力（incompetency）の推定は生じず、単に居住施設へ入所させたこと（placement）のみを理由として投票権を撤回することはできない。キャロル対コッブ事件〔Carroll v. Cobb, 354A.2d 355 (N.J. Super. Ct.1976)〕。
	精神障害に対するサービスの受給によっては、その他の投票適格性を満たすときは、その者の登録し投票する権利は剥奪されない。ニュー・ヨーク州精神衛生法第33.01条。	精神障害に対するサービスの受給によっては、その他の投票適格性を満たすときは、その者の登録し投票する権利は剥奪されない。ニュー・ヨーク州精神衛生法第33.01条。 州の担当局長（the commissioner）は、地域社会居住型施設（community residence）のために公布された規則に、……投票権を含むがそれに限られない当該施設に住む者の権利の陳述を含めなければならない。ニュー・ヨーク州精神衛生法第41.41条。

州	州憲法及び選挙法において投票資格を剝奪される者	後 見 法
ノース・カロライナ	投票資格剝奪に関する規定は憲法上存在しない。 投票資格剝奪に関する選挙法は存在しない。	
ノース・ダコタ	精神的に無能力である（mentally incompetent）と宣言された者は、投票資格を有してはならない。ただし、当該命令が取り消されたときはこの限りでない。ノース・ダコタ州憲法第 2 章第 2 条。	裁判所によって特段の認定がなされた場合を除いては、被後見人の投票権を剝奪することはできない。ノース・ダコタ州法第 30.1-28-04（3）条。
オハイオ	「白痴（idiot）」及び「精神障害者（insane person）」は、選挙権者の特権を受ける資格を有してはならない。オハイオ州憲法第 5 章第 6 条。 投票のために無能力である（incompetent）と審判されたときは、その者の選挙人登録は取り消される。オハイオ州法第 3503.18 条。	
オクラホマ	州議会は投票資格について例外を定めることができる。オクラホマ州憲法第 3 章第 1 条。 後見法（Guardianship and Conservatorship Act）によって判断能力が不十分な者（incapacitated person）であると審判されたときは、その者は投票資格を有しない。ただし、もはやその者が判断能力が不十分（incapacitated）ではないと審判されたときはこの限りでない。また部分的に判断能力が不十分な者（partially incapacitated person）であると審判され、投票権が制限された（restricted）ときは、その者は投票資格を有しない。オクラホマ州法第 26 章第 4-101(2) 条。 オクラホマ州法第 30 章によって、精神的な判断能力が不十分であること（mental incapacitation）を裁判所が決定したことに基づいて、あらゆる登録済みの選挙人登録は取り消すことができる。オクラホマ州法第 26 章第 4-120 条。	裁判所は、後見制度の下にある者の投票能力について特段の決定をしなければならない。オクラホマ州法第 30 章第 3-113（B）(1)条。
オレゴン	「精神障害をもつ（suffering from a mental handicap）」者は、その他の投票適格性を満たすときは、選挙権者のもつすべての権利に対する資格を与えられる。ただし、その者が法律の規定に従って投票につき無能力である（incompetent）と審判されているときはこの限りでない。オレゴン州憲法第 2 章第 3 条。 投票資格剝奪に関する選挙法は存在しない。	

第7章　アメリカ合衆国における精神障害者の投票権

精神保健法	発達障害法と精神遅滞法
施設の成年受療者は、選挙人登録し投票する権利を有する。ただし、当該権利が撤回されていない無能力（incompetency）審判によって排除されているときはこの限りでない。ノース・カロライナ州法第122C-58条。	施設の成年受療者は、選挙人登録し投票する権利を有する。ただし、当該権利が撤回されていない無能力（incompetency）審判によって排除されているときはこの限りでない。ノース・カロライナ州法第122C-58条。
患者を治療する医師が14日ごとに文書で制限する場合を除いては、治療施設に入所しているすべての患者は「市民的権利」を保有する。ノース・ダコタ州法第25-03.1-40条。	単に入所、居住、又は施設若しくは機関におけるサービスの受給のみを理由としては、発達障害者の投票権を剥奪することはできない。ノース・ダコタ州法第25-01.2-03（1）条。
任意又は強制的に拘置されている者は、投票することができる。ただし、無能力である（incompetent）と審判されたとき、又はオハイオ州法が特に投票権を否定しているときはこの限りでない。オハイオ州法第5122.301条。	精神遅滞者及び発達障害者は、政治過程に参加する権利を有する。オハイオ州法第5123.62(W)条。
患者は投票することができる。ただし、無能力である（incompetent）と審判され、当該認定が覆されていないときはこの限りでない。オレゴン州法第426.385（1）(n)条。 アルコール及び薬物乱用に関するプログラムとの関係で、精神保健及び発達障害のサービスを受給している者は、投票権を含む、すべての州民に与えられている権利を保有する。オレゴン州法第430.210（3）条。	施設居住者は投票権をもたなければならない。ただし、当該居住者が無能力である（incompetent）と審判され、法的能力が回復していないときはこの限りでない。オレゴン州法第427.031（1）条。

州	州憲法及び選挙法において投票資格を剥奪される者	後 見 法
ペンシルヴェニア	投票資格剥奪に関する規定は憲法上存在しない。州法の制約内において、21歳を超えており、最低1ヶ月間はアメリカ合衆国民であり、本州及び県に一定の期間居住している者は、投票することができる。ペンシルヴェニア州憲法第7章第1条。投票資格剥奪に関する選挙法は存在しない。精神病者又は精神遅滞者施設に拘禁されている者は、当該施設が存在する選挙区又は自分が選挙人登録していた若しくは施設入所する前に居住していた選挙区での投票を選択できる。ペンシルヴェニア州法第25章第1302(a)(4)条。精神病者又は精神遅滞者は、単に精神障害の治療を受けている、又は精神障害の治療施設に居住していることが知られているという理由のみによっては、投票資格を剥奪される【右の　　に続く】	【左から続く】ことはできない。1973年ペンシルヴェニア州法務総裁意見第48号。本州の精神病者又は精神遅滞者施設に居住している者は、当該施設が存在する選挙区において有資格者として選挙人登録を受ける権利を合法的に否定されることができない。1973年ペンシルヴェニア州法務総裁意見第48号。
プエルト・リコ	すべての18歳を超える者は、法律によって決定されている他の要件を満たすときは、投票することができる。プエルト・リコ州憲法第6章第4条。毎月、裁判所事務官は、裁判所によって精神的に無能力である（mentally incompetent）と宣言された者の名簿を本準州の委員会に送付する。プエルト・リコ州法第16章第3076条。裁判所によって無能力である（incompetent）と宣言されている者に対しては、選挙人登録されるときに異議を申し立てることが【右の　　に続く】	【左から続く】できる。プエルト・リコ州法第16章第3073.条。裁判所によって投票資格がないと宣言されている者は、投票することができない。プエルト・リコ州法第16章第3055.条。
ロード・アイランド	「精神が健全でない（non compos mentis）」と審判された者は、投票を許されてはならない。ロード・アイランド州憲法第2章第1条。選挙人として資格を有する者とは、法によって本条の規定とは別に資格を剥奪されていない者と定義されている。ロード・アイランド州法第17-1-2(13)条。	
サウス・カロライナ	州議会は精神的無能力（mental incompetence）を理由とする投票資格の剥奪について制定しなければならず、当該資格剥奪の除去について規定することができる。サウス・カロライナ州憲法第2章第7条。精神的に無能力である（mentally incompetent）と審判された者は、登録又は投票の資格を剥奪される。サウス・カロライナ州法第7-5-120(B)(1)条。	

	精 神 保 健 法	発達障害法と精神遅滞法
	施設に入所した患者は、投票し政治活動に参加する権利を剥奪されてはならない。ロード・アイランド州法第 40.1-5-5 (f) (10) 条。	社会居住型施設（community residence）の居住者は、入所のみを理由として投票権を剥奪されることはなく、希望したときは登録及び投票において合理的な援助を受ける権利を有する。ロード・アイランド州法第 40.1-24.5-5 条。
	患者は投票権を有する。ただし、無能力である（incompetent）と審判されたときはこの限りでない。さらに県選挙人登録委員会は、受療者が登録書類及び投票用紙を入手し、投票の要件を満たし、不在者投票で投票することにつき合理的に援助しなければならない。サウス・カロライナ州法第 44-22-80 (7) 条。	施設居住者は投票権を有する。ただし、無能力である（incompetent）と審判されたときはこの限りでない。さらに県選挙人登録委員会は、受療者が登録書類及び投票用紙を入手し、投票の要件を満たし、不在者投票で投票することにつき合理的に援助しなければならない。サウス・カロライナ州法第 44-26-90 (7) 条。

第3編　成年被後見人の選挙権

州	州憲法及び選挙法において投票資格を剥奪される者	後　見　法
サウス・ダコタ	法律によって精神的無能力（mental incompetence）であるとして投票資格を喪失した者は、投票権を有しない。サウス・ダコタ州憲法第7章第2条。 精神的に無能力である（mentally incompetent）と宣言された者の名前は、毎月選挙人名簿から削除されなければならない。サウス・ダコタ州法第12-4-18条。	被後見人に身上又は財産後見人を選任することによっては、裁判所がその旨命じた場合以外は、法的無能力（legal incompetence）についての一般的認定はなされず、裁判所が命じなければ、当該被後見人は身上又は財産後見人に与えられていないすべての権利を保有しなければならない。サウス・ダコタ州法第29A-5-118条。
テネシー	投票資格剥奪に関する規定は憲法上存在しない。 投票資格剥奪に関する選挙法は存在しない。	後見制度 (conservatorship) の下に置かれたときは、その者の投票権を除去することができる。後見人選任の申立てには、除去される権利が含まれていなければならない。テネシー州法第34-3-104（8）条。
テキサス	精神的に無能力である（mentally incompetent）と審判された者は、州議会が定めうる例外の制約内において、投票することが許されてはならない。テキサス州憲法第6章第1条。 精神的に無能力である（mentally incompetent）と裁判所の最終的な判決で決定された者は、投票資格をもつ選挙人ではない。テキサス州選挙法第2章第11.002（3）条。 【右の　　に続く】	【左から続く】選挙人登録資格を有するには、精神的に無能力である（mentally incompetent）と裁判所の最終的な判決で決定されていてはならない。テキサス州選挙法第2章第13.001（a）（3）条。
ユタ	精神的に無能力である（mentally incompetent）者は投票を許されてはならない。ただし、制定法の規定によって投票権が回復したときはこの限りでない。ユタ州憲法第4章第6条。 投票資格剥奪に関する選挙法は存在しない。	

精　神　保　健　法	発達障害法と精神遅滞法
他のいかなる法律の規定にもかかわらず、単に本章の規定に従ってなされた留置、入所、又は収容のみを理由としては、いかなる者も登録及び投票について無能力である（incompetent）とみなされることはできない。サウス・ダコタ州法第27A-12-1.2条。	単に発達障害の診断、又は県審査委員会によってなされた収容のみを理由としては、いかなる者も登録及び投票について無能力（incompetent）ではない。サウス・ダコタ州法第27B-7-44条（2000年会期別法律集第131章第76条により、2000年に旧規定を改正した）。
精神病、重度の感情障害、又は発達障害をもつ者は、任意的であれ強制的であれ入院若しくは入所し、又は本章の規定によって居住を伴わない治療若しくはサービスの受け入れを命令されたときは、単に当該入院、入所、又は命令がなされたという理由のみによっては、投票権を否定されてはならない。ただし、(1) 当該サービス受給者が、管轄権を有する裁判所によって無能力である（incompetent）と審判されており法的能力を回復していないとき、又は (2) 当該投票権の否定が、州又は連邦の制定法によって認められているときはこの限りでない。テネシー州法第33-3-102 (a) 条。	精神病、重度の感情障害、又は発達障害をもつ者は、任意的であれ強制的であれ入院若しくは入所し、又は本章の規定によって居住を伴わない治療若しくはサービスの受け入れを命令されたときは、単に当該入院、入所、又は命令がなされたという理由のみによっては、投票権を否定されてはならない。ただし、(1) 当該サービス受給者が、管轄権を有する裁判所によって無能力である（incompetent）と審判されており法的能力を回復していないとき、又は (2) 当該投票権の否定が、州又は連邦の制定法によって認められているときはこの限りでない。テネシー州法第33-3-102 (a) 条。
患者は登録し投票する権利を有する。ただし、特定の法律が特別の手続により権利を制限するときはこの限りでない。テキサス州保健及び安全法第7章 第576.001 (b) (1) 条。	精神遅滞者は、アメリカ合衆国若しくは本州の憲法及び法律によって保障された権利、利益、及び特権を有する。テキサス州保健及び安全法第7章 第592.011条。 精神遅滞者は、能力の推定についての権利を有する。テキサス州保健及び安全法第7章 第592.021条。
担当部の一般的規則の制約内において、及び患者の福祉のために制限を課すことが必要であるとの部長又はその指名を受けた者の決定の及ぶ範囲を除いて、あらゆる患者は……投票する……権利を……行使する資格を有する。ただし、当該患者が無能力である（incompetent）と審判されており、法的能力を回復していないときはこの限りでない。ユタ州法第62A-15-641 (1) (c) 条。 患者のいかなる権利も……否定されたときは、当該……否定の性質、範囲、及びその理由が当該患者の治療記録に記入されなければならない。いかなる継続的な否定又は制限も【右の◯◯に続く】	担当部の一般的規則の制約内において、及び患者の福祉のために制限を課すことが必要であるとの部長又はその指名を受けた者の決定の及ぶ範囲を除いて、あらゆる患者は……投票する……権利を……行使する資格を有する。ただし、当該患者が無能力である（incompetent）と審判されており、法的能力を回復していないときはこの限りでない。ユタ州法第62A-15-641 (1) (c) 条。 【左から続く】30日……ごとに見直されなければならない。ユタ州法第62A-15-641 (2) 条。

第3編　成年被後見人の選挙権

州	州憲法及び選挙法において投票資格を剥奪される者	後 見 法
ヴァーモント	投票の特権に対する資格を有するためには、その者は「平穏、かつ、平和な行動（quiet and peaceable behavior）」様式を示す者でなければならない。ヴァーモント州憲法第2章第42条。 投票資格剥奪に関する選挙法は存在しない。アメリカ合衆国民であり、ヴァーモント州の居住者であり、投票者の宣誓をした18歳を超える者は、誰でも投票することができる。ヴァーモント州法第17章第2121条。	次のとおり立法の提案がなされている。2005年ヴァーモント州下院法案424号は以下の条項を加えることを提案した。「後見を必要としている者は、ヴァーモント州及びアメリカ合衆国の憲法並びにすべての法律及び規則の下で、すべてのヴァーモント州居住者に保障されているものと同じ法的及び市民的権利を保有する。この権利には以下のものが含まれる。……(3)投票権。」提案されたヴァーモント州法第14章第3060a条。法案は下院を通過し、現在上院で審議されている。
ヴァージニア	法律の規定により、精神的に無能力である（mentally incompetent）と審判された者は、その能力が再び証明されるまでは、投票資格を有してはならない。ヴァージニア州憲法第2章第1条。 判断能力が不十分である（incapacitated）と審判された者は、法律の規定に従ってその能力が再び証明されるまでは、投票資格のある選挙人となってはならない。ヴァージニア州法第24.2-101条。 無能力である（incompetent）と判断能力が不十分である（incapacitated）は矛盾する基準ではない。2001年12月10日ヴァージニア州法務総裁意見第01-102号。	
ワシントン	裁判所によって精神的に無能力である（mentally incompetent）と宣言された間は、すべての者は選挙権を排除される。ワシントン州憲法第6章第3条。 「選挙権者」とは、ワシントン州憲法第6章におけるすべての投票資格を有する者を意味する。ワシントン州法第29A.04.061条。 判断能力が不十分な（incapacitated）者に後見を付しており、その者がワシントン州法第11.88章によって投票権を合理的に行使するために無能力である（incompetent）と裁判所によって決定されている旨の公知の証拠を受け取った場合において、その者が県に登録されている選挙人であるときは、県監査官はその者の選挙人登録を取り消さなければならない。ワシントン州法第29A.08.515条。	判断能力が不十分な者（incapacitated person）に後見を付すことによって、投票権が失われる結果になってはならない。ただし、裁判所が、個人的な選択をすることができない程度までその者が投票の性質及び効果を理解する能力を欠いているという点で、その者は選挙権を合理的に行使するために無能力である（incompetent）と決定したときはこの限りでない。後見を設定する裁判所の命令は、その者が投票権を保有するか否かを特定しなければならない。裁判所が、その者が投票権を合理的に行使するために無能力である（incompetent）と決定するときは、裁判所は適当な県監査官に通知しなければならない。ワシントン州法第11.88.010 (5) 条。

精 神 保 健 法	発達障害法と精神遅滞法
患者は、自らの責任ある決定に基づいて投票権を有する。ただし、その者が無能力である（incompetent）と審判され、法的能力を回復していないとき又は施設が患者の福祉に必要な制限を課すことを決定したときはこの限りでない。ヴァーモント州法第18章第7705(a)(3)条。	
	本章のサービスにつき受給資格を有する旨の、ワシントン州法第71A.16.040条に基づいてなされた州務長官の決定により、その者のいかなる市民的権利又は特権も剥奪されてはならない。単に州務長官の決定がなされただけでは、その者が法的に無能力である（legally incompetent）と宣言する理由とされてはならない。ワシントン州法第71A.10.030条。

第3編　成年被後見人の選挙権

州	州憲法及び選挙法において投票資格を剥奪される者	後　見　法
ウエスト・ヴァージニア	「精神が不健全（unsound mind）」である者は、当該障害が続く間は、投票することが許されてはならない。ウエスト・ヴァージニア州憲法第4章第1条。 「精神が不健全（unsound mind）」である者は、当該障害が続く間は、投票することが許されてはならない。ウエスト・ヴァージニア州法第3-1-3条。 管轄権を有する裁判所によって精神的に無能力である（mentally incompetent）と決定された者は投票資格を剥奪され、当該決定が有効であり続ける限り、選挙人登録を行い又は継続する資格を有してはならない。ウエスト・ヴァージニア州法第3-2-2 (b) 条。 【右の　　に続く】	【左から続く】無能力である（incompetent）と審判されたときは、その者は自動的に投票権を否定される。投票能力に関する特段の決定は必要とされない。1980年3月28日ウエスト・ヴァージニア州法務総裁意見第58-221号。
ウィスコンシン	無能力である（incompetent）又は部分的に無能力である（partially incompetent）と審判された者は、選挙権から排除される。ただし、審判によりその者が選挙過程の目的を理解することができると特定されたとき、又は当該審判が撤回されたときはこの限りでない。ウィスコンシン州憲法第3章第2 (4) (b) 条。 選挙過程を理解することができない者又は後見制度の下にある者は、投票することができない。ただし、当該裁判所が、その者が投票能力を有すると決定したときはこの限りでない。ウィスコンシン州法第6.03 (1) (a) 条。 選挙過程の目的を理解することができないという主張がなされたことによって、その者は投票権を否定されることはできない。ただし、その者が当該州によって当該主張のように裁決されたときはこの限りでない。しかしながら、後見人を選任するあらゆる無能力（incompetency）決定、又はその者が投票能力を有すると明示的に認定しないあらゆる制限された能力の決定は、その者が投票することができない決定とみなされる。ウィスコンシン州法第6.03 (3) 条。	身上に関する制限された後見制度の手続（Limited guardianship of the person proceeding）には、投票権の決定が含まれる。ウィスコンシン州法第880.33 (3) 条。 本条によって無能力である（incompetent）と申し立てられている者に与えられているすべての権利及び特権は、選挙過程の目的を理解することができないという理由によって投票資格がないと主張されているあらゆる者に与えられなければならない。裁判所の当該決定は、当該選挙権者が投票資格を有するか否かの認定に限定されなければならない。ウィスコンシン州法第880.33 (9) 条。
ワイオミング	精神的に無能力である（mentally incompetent）と審判された者はすべて選挙権を剥奪される。ただし、市民的権利を回復したときはこの限りではない。ワイオミン州憲法第6章第6条。 精神的無能力者であると現時点において審判されている者は、選挙権者としての資格を有しない。ワイオミング州法第22-1-102 (a) (xxvi) 条。	

精 神 保 健 法	発達障害法と精神遅滞法
精神病又は精神遅滞サービスの受給自体によっては、その者は登録し投票する権利を否定されず、当該権利を否定するためには、その者は無能力である（incompetent）と審判され当該認定が覆されていないときでなければならない。ウエスト・ヴァージニア州法第 27-5-9（a）条。 ウエスト・ヴァージニア州法第 27-5-9（a）条は、ウエスト・ヴァージニア州憲法第 4 章第 1 条の規定と矛盾しない。1980 年 3 月 28 日ウエスト・ヴァージニア州法務総裁意見第 58-221 号。	精神病又は精神遅滞サービスの受給自体によっては、その者は登録し投票する権利を否定されず、当該権利を否定するためには、その者は無能力である（incompetent）と審判され当該認定が覆されていないときでなければならない。ウエスト・ヴァージニア州法第 27-5-9（a）条。
単に発達障害及び精神保健に関する章の規定によって入所し、留置され、又は収容されたことのみに基づいては、その者は投票について無能力である（incompetent）とみなされない。ウィスコンシン州法第 51.59（1）条。	単に発達障害及び精神保健に関する章の規定によって入所し、留置され、又は収容されたことのみに基づいては、その者は投票について無能力である（incompetent）とみなされない。ウィスコンシン州法第 51.59（1）条。

第8章

成年被後見人と選挙権に関するまとめ
―第3編に関する総括―

I　憲法と成年被後見人の選挙権

　日本国憲法は、公務員の選挙については、成年者による普通選挙を保障する（憲法15条2項）と定めているから、これを制限するには、法律による合理的な制限が必要である。しかし、公職選挙法は、全く単純かつ画一的に、「次に掲げる者は、選挙権及び被選挙権を有しない（公職選挙法11条1項1号）」と定めるのみである。選挙権と直接には関係しない民法の成年後見に関する規定と関連付けることによって、選挙権を剥奪ないし制限していることの合理性が問題になる。取引行為に関する民法上の規定に基づく後見開始審判によって、自動的に選挙権が剥奪される規定には合理性があるとは思われない。従って、この公職選挙法の規定は、部分的に憲法に違反した状態にあると言わざるを得ない。民法上「事理弁識能力」を欠くため（7条）、成年被後見人とされた者を画一的に（自動的に）選挙権を有しない者としているからである。「部分的に」という意味は、憲法15条2項との関連で、「投票行為ができる者について」という意味である。

〈1〉　本章では憲法学の議論ないし解釈には立ち入れないこととし、もっぱら、成年後見制度が抱える問題点について論ずることとする。さし当たり、以下の文献を参照した。
- 有田伸弘「成年被後見人の選挙権」社会福祉学部研究紀要第12号19頁
- 竹中勲「成年被後見人の選挙権の制約の合憲性――公職選挙法11条1項1号の合憲性――」同志社法学61巻2号135（605）頁
- 竹中勲「成年後見制度と憲法」法学教室192号（1996年）53頁
- 伊藤正志「成年後見制度の創設に伴う公職選挙法等の改正について」選挙時報49巻4号（2000年）23頁、実践成年後見19号〔特集Ⅰ：成年被後見人の選挙権〕（2006年）
- 林田和博『選挙法』（有斐閣、1958年）（参考として）
- 倉田玲「禁錮以上の刑に処せられた者の選挙権」立命館法学300・301号（2005年）182頁

当該規定は、部分的に（個別事例において）憲法15条に違反していると思われるが、それは、直ちにこれまで行われた選挙全体が違憲・無効となるとまでは言えないであろう。しかし、選挙権の行使に必要な判断能力を有する者からも選挙権行使の機会を奪っている点は、違憲状態にあると言わざるを得ない。過去に行われた選挙の効力に影響を及ぼすか否かは別として、このような違憲状態は可及的速やかに除去されなければならない。

　また、現時点においては、憲法秩序における問題にとどまらず、障害者権利条約との関連を考えなくてはならない。日本は、すでに同条約に署名しており、その批准が強く求められているからである。その場合に、考察の観点は、成年被後見人の中には投票行為を行うことができる者が含まれているという現実を、憲法との関連で如何に考えるかという問題（法律の違憲問題）と、成年被後見人になったことにより、自動的に選挙人名簿からその名前を削除し、選挙権を剥奪することは、障害を理由とする差別ではないか、という問題とがある。後者の問題から検討しておこう。

Ⅱ　障害者権利条約29条との関連

　日本は、同条約に署名しているが、批准はしていない。従って、条約と国内法の衝突という問題は生じていないが、問題の本質を考えるには、重要な基準となる。同条約29条は、以下のように定めている。

1　締約国は、障害者に対して政治的権利を保障し、及び他の者と平等にこの権利を享受する機会を保障するものとし、次のことを約束する。

（a）特に次のことを行うことにより、障害者が、直接に、又は自由に選んだ代表者を通じて、他の者と平等に政治的及び公的活動に効果的かつ完全に参加することができること（障害者が投票し、及び選挙される権利及び機会を含む。）を確保すること。

　　（ⅰ）投票の手続、設備及び資料が適当であり、利用可能であり、並びにその理解及び使用が容易であることを確保すること。

　　（ⅱ）適当な場合には技術支援及び新たな技術の使用を容易にすることにより、障害者が、選挙及び国民投票において脅迫を受けることなく秘密投票によって投票する権利並びに選挙に立候補する権利並びに政府のあらゆる段階において効果的に在職し、及びあらゆる公務を遂行する権利を保護すること。

(ⅲ) 選挙人としての障害者の意思の自由な表明を保障すること。このため、必要な場合には、障害者の要請に応じて当該障害者が選択する者が投票の際に援助することを認めること。
(b) 障害者が、差別なしに、かつ、他の者と平等に政治に効果的かつ完全に参加することができる環境を積極的に促進し、及び政治への障害者の参加を奨励すること。政治への参加には、次のことを含む。
　　(ⅰ) 国の公的及び政治的活動に関係のある非政府機関及び非政府団体に参加し、並びに政党の活動及び運営に参加すること。
　　(ⅱ) 国際、国内、地域及び地方の各段階において障害者を代表するための組織を結成し、並びにこれに参加すること。

　以上のような条約の内容との関連を意識しつつ、成年被後見人の選挙権の問題を検討する必要がある。
　障害を持つ者とそうでない者との間において、選挙権について差別があってはならない。これは、判断能力の点で、投票行為が可能か否かという問題とは区別されなければならない。つまり、ある人が障害を理由に選挙人名簿に登載されないとすれば、それは不合理な差別である。名簿登載者が判断能力との関連で現実に投票行為ができるか否かとは、別問題である。各国のこの問題に対する立法的対応を見ても、この区別の観点がしだいに明かになっている。

Ⅲ　問題の法的分析——比較法的検討

　可能な範囲内で、比較法的に分析してみると、憲法と民法が一体となって、成年被後見人の選挙権を剝奪ないし制限していた例もある（ハンガリーやスイス——後述）。これらの国においても、現時点では、憲法改正や法律改正により事態は改善され、成年被後見人の選挙に関する権利は守られるようになりつつある。その際には、単に障害者権利条約との関連のみでなく、他の国際法規との関連も考慮されている。最も重要なものは欧州人権規約であろう。
　ちなみに、日本においては、憲法自体の規定には問題がない。むしろ、「Ⅰ」で述べたように、公職選挙法の該当規定が憲法に違反しているのではないかが問題になっている。

Ⅳ　選挙法と憲法の関係

　日本の場合には、冒頭で述べたように、法律改正が必要であると思われるが、その際に、いかなる方向で検討がなされるべきであろうか。ここでも、比較法的検討が有益である。最も早く、選挙権を制限する法律の違憲状態を除去したオーストリアの対応は、この点で基本的に重要である。

（１）違憲の法律を廃止（オーストリア方式）

　同国は、日本の公職選挙法に相当する法律の該当規定が憲法違反であるとの憲法裁判所の判決を受けて、同規定を削除した（第１章・青木論文参照）。日本の成年後見制度に相当する代弁人制度を利用する場合に、特に必要性の原則との関連において、同じ程度の判断能力を有する者でも、代弁人制度を利用している者としていない者とが存在していた。たまたま利用している者のみが選挙権を剥奪されるのは不合理であり、憲法違反であるとされたのである。その結果、法律が改正され、代弁人制度を利用していることを理由として選挙権を剥奪されることはなくなった。広義の成年後見制度が補充性（補足性）の原則の下で利用されたり、されなかったりしている場合には、この観点は特に重要である。つまり家族・親族の援助のもとで生活している高齢者（特に認知症高齢者）と独居の高齢者との間で選挙権について決定的な差が生じることは問題である。

　もちろん、ある人が現実に投票行為を行えるか否かは別問題である。投票行為に当たっては、一定の援助行動が認められるが、その際の不正行為の防止等については、オーストリアでも、選挙管理委員会の対応が前提となっている。

（２）成年後見審判に際して権利行使の可否について配慮する方法（フランス方式）

　日本の成年後見開始の審判に相当する裁判所の決定の際に、成年被後見人になるべき者について、個別的に、裁判官が選挙権の行使の可否についても判断する（第３章・山城論文参照）。この方式は、成年被後見人の判断能力に注目しつつ、問題の解決を図ろうとするものである。選挙権を画一的・自動的に剥奪することなく、具体的・個人的に判断する点で、評価できるシステムである。しかし、推測になるが、選挙に関する判断能力をめぐって鑑定などが重要になるし、当然に「グレーゾーン」の問題が発生する。その結果、鑑定の長期化による審判に要する時間が長くなることは覚悟しなければならないだろう。

(3) あらゆる事務処理のための判断能力を有しない者に限定する方法(ドイツ方式)

　本人につき個別的に判断するという点では、フランス方式と同じであるが、ドイツの世話人制度では、必要性の原則が重視されているので、世話人の権限は可能な限り限定されている。それにも拘わらず、本人の全事務について世話人が代理権を有する場合(裁判所がそのように判断した場合)には、選挙法の規定により、被世話人は選挙権を失う(第2章・片山論文参照)。ドイツでは、世話人が全事務につき権限を有する事例は、実際上は極めて少ないと言われている。つまり、被世話人が事実上、投票行為ができない場合であろうと言われている。全事務について権限を有するという概念は、日本民法の「事理弁識能力を欠く常況」とは相当に距離のある概念である。つまり、日本民法の上記の要件よりもはるかに狭いのである。若干問題になるのは、同程度の判断能力を有する被世話人の間においても、必要性の原則との関連で、身上監護面については、世話人が事務処理をする必要がない場合には、当該被世話人は「全事務」のために世話人を必要とする者には該当しないことになるのではないかという点である。選挙管理委員会側でも、裁判所に対して、「全事務」のための世話人が任命されているか否かについて、形式的にも明確な指示を求めるようになっているようである。

(4) イギリス

　18世紀頃から、コモンロー上の原則として、精神能力を欠く者には投票に関する行為能力を認めないとされてきた。しかし、2006年の選挙管理法によって、その原則を廃止し、精神能力を欠く者についても、他の者と全く平等な選挙権が保障されることとなっている。従って、選挙人名簿への登録制限などはない。選挙管理の責任者が行う本人確認等の質問に答えられればよい。しかも、このチェックは障害の有無に関係なくすべての者について行われる。従って、ここでは障害による差別は存在しない(第4章・橋本論文参照)。

(5) アメリカ

　コモン・ロー系の国であるという点では、イギリス法系に属するが、広大な連邦国家であり、成年後見法制についても、各州での対応はさまざまである。志村氏の概説と翻訳はその概観をわれわれに与えてくれる(第7章)。

(6) その他(ハンガリー憲法・スイス憲法と関連法律)

　日本の場合には、憲法自体に問題があるわけではないが、成年被後見人の選挙権のあり方を考える参考として、足立論文(第5章)と梶谷研究ノート(第

6章）を参照してもらいたい。憲法レベルにおける人権保障の問題の一つである。

V　法改正への基本的視角

　成年被後見人の選挙権の問題は、過去の権利行使をめぐる権利侵害問題は別として、それ自体の解決を目指した単独の法律改正ではなく、障害者権利条約の批准問題との関連で、一体的になされるべきであろう。日本は、同条約の批准を目前にしているからである。特に、現行法上、成年被後見人の選挙権も行為能力も、後見開始審判がなされると、自動的に剥奪されるシステムになっているからである。3類型中の狭義の成年後見については、それに該当するとの判断がなされると、本人の個別的事情よりも、当該類型に該当するか否かの判断により、行為能力も（9条ただし書の場合を除いて）、選挙権も自動的に剥奪される点に問題があるのである。

　行為能力についても、現在の成年被後見人の中には、権利条約が要求している「支援」によって法律行為をなしうる人が含まれていることは否定できない。従って、同条約が批准されれば、狭義の成年後見審判制度は再検討を避けられない。その際に、差別禁止問題と同時に、成年被後見人の判断能力に関して、選挙権の問題も含めて議論されることが望ましい。

　成年後見制度や国の全体的法体系の点では、オーストリア法とイギリス法との間には、大きな相違が存在するが、被後見人の投票行為に対する制限を全廃している点では、両国において共通点を見て取ることができる。具体的には、選挙人名簿への登録を制限しない点が重要である。それを前提としたうえで、成年被後見人が投票行為を現実にできなければ、その結果は甘受せざるをえない。

　フランス方式のように、裁判官が、後見や保佐の審判をする際に、投票行為に関する「行為能力」の有無についても判断する方式は、法律行為に関する行為能力とは異質な能力の判断を同時に行うことを求めることになるから、前述のように、鑑定等の時間を含めて手続きの長期化・複雑化（場合によっては鑑定費用の増加）をもたらす恐れがある。

　従って、現行の狭義の後見制度を思いっきり縮小して、保佐制度を中心とした体系に改変することを前提として、そのような後見の場合にのみ、選挙権の行使を認めないものとするか（ドイツ方式）、またはイギリス・オーストリア

方式を参考にして、新しい選挙システムを構築すべきであろう。

　障害者権利条約との関連では、イギリス・オーストリア方式の方が望ましいように思われる。すなわち、障害を理由とする差別を廃止するためには、狭義の成年後見制度を選挙権の問題とは分離することが望ましいであろう。

（田山輝明）

補論 1

親権および未成年後見制度に関する考察
──児童虐待防止の視角から──

I　親権・未成年後見制度の歴史

　児童虐待は、児童への重大な人権侵害であるだけでなく、社会全体の安全を損なう要因ともなり得る。本稿は、実効性のある児童虐待防止法制確立の視角から、その基幹法たる民法の親権および未成年後見制度について考察する。

1　明治初期の民法編纂過程

　明治新政府は、民法典の編纂を目指し、まずフランス民法典(ナポレオン法典、1804年制定)の翻訳から着手した。1867年のパリ万国博覧会への幕府使節に随行した幕臣箕作麟祥が翻訳に当たり、仏蘭西法律書民法として1871年(明治4年)に完成させたとされる。その後、わが国においては、太政官制度局の民法編纂会議による「民法決議」(1871年)、法曹の養成機関である司法省明法寮の編纂した「皇国民法仮規則」(1872年)、太政官制改正により新設された立法機関である「左院の民法草案」(1873・1874年、家督相続並贈遺規則草案、養子法草案、後見人規則草案、婚姻法草案)、大木喬任が箕作麟祥に命じて1878年に完成させた「明治11年民法草案」などの民法編纂過程があった[1]。

2　旧民法の編纂

(1) 旧民法草案人事編第一草案

　1880年(明治13年)、司法省に民法編纂局が設けられ、ボアソナードが民

---

[1]　前田達明編『史料民法典』2頁、222頁、362頁、458頁、480頁(成文堂、2004年)。親権・未成年後見制度の沿革については、拙論「親権・未成年後見制度の沿革と課題」法政論叢48巻1号31頁～59頁(2011年)参照。

法編纂に参画した。旧民法草案人事編第一草案（以下「旧民法第一草案」という）は、1888年（明治21年）に完成したとされている。旧民法第一草案は、親権の概念の登場とともに、親権者に子の養育・教育義務を課した。さらに、その養育義務不履行を失権理由とし、他にも詳細な親権喪失規定を定めた点で、画期的な親権法案である。

(2) 民法草案人事編理由書

　ア　作成経過

　1889年（明治22年）から、法律取調委員会において旧民法草案の審議が開始された。民法草案人事編理由書は、旧民法第一草案の審議に向けて、その各条項の立法趣旨説明と内容の理解のために、熊野敏三たち報告委員によって作成された。

　イ　親権について

　民法草案人事編理由書は、第8章親権238条以下の定める「親権」について、父母の利益のためではなく、子の教育のために与えられるのであって、監護懲戒権を与えるといっても、それを「真ノ権利」とみなすべきではなく、一切の権利は子に属し、父母はただ義務を有するに過ぎないとしている。

　ウ　親権喪失制度について

　民法草案人事編理由書は、刑法352条の未成年者淫行勧誘罪のような犯罪行為を行う父母は総ての子に対しその親権を剥奪する必要があるとし、また、父母の親権失権宣告の例として「其子ヲ打擲シ又ハ必要ノ養料を給セサル」ことをあげている。

(3) 旧民法の公布と延期

　このような先駆的な内容を持つ旧民法第一草案であったが、法律取調委員会と元老院によって大幅な修正が行われた。その後、1890年（明治23年）に公布されたが、その施行をめぐり、断行派と延期派との間でいわゆる民法典論争が展開されることになる。1892年（明治25年）に旧民法は施行が延期され、ついに施行されることはなかった。

〈2〉　前掲・前田達明編『史料民法典』611頁。
〈3〉　熊野敏三ほか起稿『民法草案人事編理由書（上巻、下巻）』（出版者・出版年不明、早稲田大学中央図書館所蔵）を参照した。その目次に起稿者毎に担当条文を明記している。
〈4〉　前掲・熊野敏三ほか起稿『民法草案人事編理由書（下巻）』50頁。

3 明治民法の編纂

（1）経緯

1893年（明治26年）に設置された法典調査会では、旧民法を修正する方向で明治民法編纂が開始され、親族・相続編については1898年（明治31年）に公布、施行された。

（2）内容

旧民法案で削除された親の監護・教育権が、戸主権ではなく、あらたに親権の内容として規定され、権利とともに義務として位置付けられた。また、親権喪失に関しても、旧民法第一草案の任意的失権に近い規定が設けられることになった。また、「後見人ハ一人タルコトヲ要ス」として後見人一人制が定められた。

4 戦後の民法改正

（1）日本国憲法の施行に伴う民法の応急的措置に関する法律

1947年（昭和22年）、戸主等の家に関する規定の不適用、妻の無能力者・制限規定の不適用、父母の共同親権、家督相続の不適用等が応急的措置として定められた。

（2）民法改正要綱

1946年（昭和21年）7月、内閣に臨時法制調査会が設置され、同年10月には、民法改正要綱案が決定された。親権等に係るものとしては、親権は未成年の子に対するものとすること、母の親権についての制限は撤廃すること、親族会を廃止し、権限の一部を後見監督人に、一部を裁判所に移すことなどがある。

（3）1947年の民法改正

1947年（昭和22年）12月、民法親族編・相続編の全面改正が行われた（以下「1947年民法」という）。しかし、親権・未成年後見に係る規定については改正が及ばず、2011年改正に至るまでの60年余、明治民法の親権規定をほぼ受け継いでいく。

1947年民法における親権規定の概要は、次のとおりである。

　ア　身上監護権

監護教育権について、1947年民法820条は「親権を行う者は、子の監護及び教育をする権利を有し、義務を負う」と規定し、明治民法879条を踏襲した。居所指定権については、明治民法880条と同旨で、1947年民法821条は、「子

は、親権を行う者が指定した場所に、その居所を定めなければならない」とした。懲戒権についても、明治民法882条を引き継いで、1947年民法822条1項は、「親権を行う者は、必要な範囲内で自らその子を懲戒し、又は家庭裁判所の許可を得て、これを懲戒場に入れることができる」とした。この他に、職業許可権や身分行為の法定代理権が規定された。

　イ　財産管理権

1947年民法824条は、「親権を行う者は、子の財産を管理し、かつ、その財産に関する法律行為についてその子を代表する」と規定した。

　ウ　親権の喪失

1947年民法は、親権喪失制度として4類型を規定した。①親権喪失宣告（834条）②管理権喪失宣告（835条）③親権の辞任（837条）④管理権の辞任（837条）である。

　エ　未成年後見

1947年民法838条は、後見は、未成年者に対して親権を行う者がないとき又は親権を行う者が管理権を有しないとき、あるいは禁治産の宣告があったときに開始し、同843条は、後見人は一人でなければならないとした

5　法制審議会民法部会小委員会における仮決定及び留保事項

(1) 議論の経緯

法制審議会民法部会は、1954年（昭和29年）に第1回会議が開催され、小委員会が民法改正要綱試案を起草した。我妻栄が部会長と小委員会委員長を兼ねた[5]。

1955年（昭和30年）に小委員会の検討をまとめたものが、「仮決定及び留保事項（その1）」であり、1959年（昭和34年）に「仮決定及び留保事項（その2）」が報告された[6]。

(2) 親権等に係る仮決定及び留保事項

親権・後見制度に関する事項については、次の5点に留意する必要がある。

　ア　親権（第39）

親権という概念ないし制度の存廃について、親権を存続させる案と親権という概念ないし制度を廃止する案が検討された。前者のうち、①甲案は、現行どおりとし②乙案は、現行第766条の監護権を強化するべきとし③丙案は、親

〈5〉　前掲・前田達明編『史料民法典』1358頁。
〈6〉　前掲・前田達明編『史料民法典』1357頁。

権は身上監護権を本質的内容とするものとし、必要ある場合には財産管理権を親権者以外の者に行わせることができるとした。後者のうち④丁案は、親権という統一的概念を廃止し、身上監護権と財産管理権とに分けるとし⑤戊案は、親権という制度を廃止して後見制度に統一するべきとした。

　イ　懲戒権（第43）

　第822条は削除することとするが、子の監護について必要があるときは、家庭裁判所その他の公の機関に対し必要な措置を求めることができる旨の規定を設けるべきか否かについて、なお検討するとした。

　ウ　親権喪失原因とその他の措置（第49）

　親権者に親権を行わせることを不相当とする事情があるときは、家庭裁判所は親権又は管理権の喪失の審判をすることができるものとすべきか否か、また事情によってこれらの審判とともに又はこれに代えて子の身上の監護又は財産の管理について必要な措置を講ずることができるものとすべきか否かについて、なお検討するとした。前段は、親権喪失理由の緩和などの意である。

　エ　後見人の選任方法（第52）

　後見人の選任については、①後見人はすべて家庭裁判所が選任するものとし、指定又は法定の後見人を廃止すべきか②職権による後見人の選任（解任）を認めるべきか③後見人本人による後見人の選任（解任）を認めるべきかにつき、なお検討するとした。

　オ　後見人の数（第53）

　第843条については、後見人は一人に限らないものとすべきか否か、一人に限らないものとした場合に、各後見人の権限および責任をいかに定めるべきかにつき、なお検討するとした。

（3）その後の経緯

　この親権及び未成年後見に係る法制審議会民法部会小委員会の仮決定及び留保事項は、親権概念存廃の是非の議論、822条の懲戒権条項の削除、843条の後見人は一人に限らないことの検討などいずれも民法改正に向けた重要な仮決定または論点整理であったが、その後は法案としての具体化にまで至らず、2011年の民法改正まで半世紀の歳月を要することになる。

補論

II 2011年の親権・未成年後見制度改正

1 2011年民法改正までの経緯

（1）児童虐待防止のための親権制度研究会

　2007年に改正された「児童虐待の防止等に関する法律」附則2条に基づき、2009年6月、法務省に児童虐待防止のための親権制度研究会が発足した。主な協議内容は、親権の一時制限、親権の一部制限、未成年後見における法人後見と複数後見、懲戒権などである。同研究会は、計9回の論議を経て、2010年1月に報告書を作成した。

（2）法制審議会児童虐待防止関連親権制度部会

　法制審議会の児童虐待防止関連親権制度部会として、2010年3月に第1回会議が開催された。議事は、前述の「児童虐待防止のための親権制度研究会報告書」に基づき、その議論状況をたたき台として開始された。

　その後、全10回の会議を経て、2011年2月、法制審議会第164回会議は、「児童虐待防止のための親権に係る制度の見直しに関する要綱」を全会一致で原案どおり採択し、法務大臣に答申した。3月4日の閣議決定の後、全会一致で衆議院および参議院本会議で可決され、2011年6月3日に公布、2012年4月1日施行となったのである。

2 2011年民法改正の骨子

　2011年民法改正の主な内容は、第一に、親権を「子の利益のために」子を監護教育する権利と義務とし、一方で懲戒権規定を残したこと、第二に、親権喪失の審判の判断基準を変更し、さらに緩和された基準による親権停止の制度を新設したこと、第三に、複数の未成年後見人及び法人の未成年後見人を許容したことである。その主なものを列挙する。

（1）親権を行う者は、「子の利益のために」子の監護および教育をする権利を有し、義務を負う。

（2）親権を行う者は、子の利益のための監護および教育に必要な範囲内でその子を懲戒することができる。1947年民法第822条の懲戒場に関する部分は削除する。

（3）親権喪失の審判

父又は母による虐待または悪意の遺棄があるとき、その他父又は母による親権の行使が、著しく困難又は不適当であることにより子の利益を著しく害するときは、家庭裁判所は、子、その親族、未成年後見人、未成年後見監督人又は検察官の請求により、その父又は母について、親権喪失の審判をすることができる。
（４）親権停止の審判
　父又は母による親権の行使が困難又は不適当であることにより子の利益を害するときは、家庭裁判所は、子、その親族、未成年後見人、未成年後見監督人又は検察官の請求により、その父又は母について、親権停止の審判をすることができる。
　家庭裁判所は、親権停止の審判をするときは、その原因が消滅するまでに要すると見込まれる期間、子の心身の状態および生活の状況その他一切の事情を考慮して、２年を超えない範囲内で、親権を停止する期間を定める。
（５）管理権喪失の審判
　子の財産について、父又は母による管理権の行使が困難又は不適当であることにより子の利益を害するときは、家庭裁判所は、子、その親族、未成年後見人、未成年後見監督人又は検察官の請求により、その父又は母について、子の財産に関する管理権喪失の審判をすることができる。
（６）複数の未成年後見人
　1947 年民法第 842 条「未成年後見人は、一人でなければならない」は削除する。未成年後見人がある場合においても、家庭裁判所は、必要があると認めるときは、未成年被後見人又はその親族その他の利害関係人若しくは未成年後見人の請求により又は職権で、さらに未成年後見人を選任することができる。複数の未成年後見人が許容されたのである。
（７）法人の未成年後見人
　未成年後見人を選任するには、未成年被後見人の年齢、心身の状態並びに生活及び財産の状況、未成年後見人となる者が法人であるときは、その事業の種類及び内容並びにその法人及びその代表者と未成年被後見人との利害関係の有無、未成年被後見人の意見その他一切の事情を考慮しなければならない。法人の未成年後見人が許容されたのである。
（８）未成年後見監督人
　家庭裁判所は、必要があると認めるときは、未成年被後見人、その親族若しくは未成年後見人の請求により又は職権で、未成年後見監督人を選任すること

ができ、複数の未成年後見監督人及び法人の未成年後見監督人が認められる。

III　ドイツ連邦共和国における親権・未成年後見制度

1　ドイツ親権・未成年後見法制の概要

(1) 基本法

　ドイツ基本法(以下GGという)第6条2項は、「子の育成及び教育は、親の自然的権利であり、かつ、何よりもまず親に課せられた義務である。その実行に関しては、国家共同社会がこれを監視する」と、同3項は、「子は、教育権者に故障がある場合、または子がその他の理由で放任されるおそれがある場合に、法律の定めに基づいてのみ、教育権者の意思に反して家族から引き離すことが許される」と規定している。

　GG 6条2項の「親の自然的権利」という規定は、国家介入に対する親の優位、さらには親の権利の防御権としての性格を強調するものであり、同3項は、ナチスのヒットラーユーゲントなどに対する反省から、国家による子の親からの分離を厳格に制限するものである[7]。

　これは、親の自然的権利として子の養育における親の優越的権利を認める一方で、子の養育の監視役を与えられた国家は、民法典の配慮権制限規定に基づいた裁判所の決定や審判によることを条件として、親の権利に介入することができる旨を表明したものと解されている[8]。

(2) 民法典、社会法典第8編、家事事件及び非訟事件手続法

　ドイツにおける児童・少年援助法制は、主に三つの法律で構成されている。

　第一は、親の配慮権や未成年後見などについて規定する民法典（Bürgerliches Gesetzbuch 以下BGBという）である。第二は、親の配慮が十分行われない場合の児童保護と援助手続を定めた社会法典第8編（Sozialgesetzbuch VIII　以下SGB VIIIという）であり、未成年後見に係る官庁後見などを規定している。第三に、家事事件及び非訟事件手続法(以下FamFGという)も、児童の保護における諸手続や暫定命令などについて、重要な役割を果たしている。

〈7〉　横田光平「親の権利・子どもの自由・国家の関与(2)」法学協会雑誌119巻11号13頁、26頁（2002年）。
〈8〉　岩志和一郎ほか「ドイツ『児童ならびに少年援助法』全訳（1）」比較法学36巻1号304頁（2002年）。

2　民法典（BGB）

（1）親の配慮権

　ア　親権から親の配慮へ

　BGB1626条1項1文は、「親は、未成年の子のために配慮する義務と権利を有する」とし、未成年の子を養育する親の義務と権利を、elterliche Sorge（親の配慮）と定義した。同項2文は、親の配慮には子の身上に関する配慮（身上配慮）と子の財産に関する配慮（財産配慮）があると規定している〈9〉。これは、1979年の「親の配慮の権利の新たな規制に関する法律」によって、親権(elterliche Gewalt) の概念が廃止され、親の配慮 (elterliche Sorge) という親の義務を主要な内容とするものに改正されたものである。

　イ　身上配慮の内容

① 身上配慮の定義

　BGB1631条1項は、身上配慮は、子を養育し、教育し、監督し、またその居所を指定する義務と権利を含むとする。すなわち、身上配慮とは子の監護・養育の義務と権利、子の居所を指定する義務と権利を主内容とするものである。

② 体罰等の禁止

　第2次大戦前のBGB1631条2項が、父の教育権に基づく相当の懲戒手段を認めていたため、親による体罰が戦後も引き続き問題となってきた。そこで、2000年の法改正で現行のBGB1631条2項に改められ〈10〉、「子は、暴力によらない教育を受ける権利を有する。体罰、精神的加害その他の辱める処置は許されない」と明記された。

　体罰や精神的加害等により子に危機が生じる場合は、BGB1666条等に基づき、親子分離などによる子の保護がなされることになる。

③ 家庭裁判所の親への援助義務

　BGB1631条3項は、家庭裁判所は、適切な場合には、身上配慮の行使について申し出た親を援助しなければならないとし、子の養育に対する親への援助

〈9〉　本稿で引用したドイツ各法は、2012年3月現在である。BGB邦訳は、BGB1626条〜1666条aについては、岩志和一郎「ドイツ親権法規定（仮訳）」早稲田法学76巻4号225頁（2001年）、岩志和一郎「ドイツの親権法」民商法雑誌136巻4・5号497頁（2007年）を参照した。また、BGB1773条〜1800条については、田山輝明『成年後見法制の研究・下巻』266〜274頁（成文堂、2000年）、ドイツ家族法研究会「親としての配慮・補佐・後見（4）」民商法雑誌145巻1号85頁以下（2011年）を参照した。

〈10〉　岩志和一郎「暴力によらずに教育される子の権利」早稲田法学80巻3号1頁（2005年）。

義務も定めている。

(2) 子の福祉の危機における法的措置

ア　家庭裁判所による措置義務

① 身上配慮における危機

BGB1666条1項は、子の身体的、精神的又は心霊的福祉、あるいはその財産が危険になる場合において、かつ親が危険を防止する意思がないか、または危険を防止することができる状態にないときには、家庭裁判所は危険防止に必要な措置を講じなければならないとして家庭裁判所の法的対応を義務付けている。これは、子の福祉の危機に際して、当該親について子の危険防止の意思または能力の欠如を法的介入の判断基準とするものと解される。[11]

② 財産配慮における危機

1666条2項は、子の財産に対する財産配慮権につき、財産配慮を有する者が、子に対する扶養義務又は財産配慮に関連する諸義務に違反するかまたは財産配慮に関する裁判所の命令に従わない場合は、一般に子の財産が危険にさらされているとみなされると規定している。この場合、家庭裁判所による法的措置がなされることになる。

イ　家庭裁判所による法的措置の内容

BGB1666条3項は、第1項に基づく家庭裁判所の法的措置には、次のことが属するものと例示列挙している。

すなわち、①児童・少年の援助および健康上の配慮の実践について、公的援助を要求するべきことの命令②就学義務の遵守に配慮すべきことの命令③一時的または無期限の家族住宅あるいは他の住宅利用の禁止命令、住宅周辺の特定範囲における滞在の禁止命令、子が通常滞在する他の特定の場所を捜索することの禁止命令④子につきまとい連絡を図ることの禁止命令⑤親の配慮権者の意思表示の代行⑥親の配慮権の一部又は全部剥奪である。

具体的には、①は少年局に養育援助申し立てをするべき命令②は子を学校に通わせる就学命令③は退去命令・はいかい禁止命令④はつきまとい禁止命令⑤は入院、医的侵襲、輸血など医療行為等への同意⑥の配慮権一部剥奪は親子分離の際の居所指定権剥奪などをいうものと解される。

(3) 親の配慮権剥奪

ア　公的援助優先の原則

---

[11] 子の福祉の危機の例として、西谷祐子「ドイツにおける児童虐待への対応と親権制度（2・完）」民商法雑誌142巻1号4頁（2010年）を参照されたい。

BGB1666条a1項は、親の家庭からの子の分離をともなう措置は、公的援助およびその他の方法によっても危険を回避することができない場合に限って許されるとし、在宅援助が原則であることを明記している。このことは、親の一方に、一時的または期限を定めずに家族の住宅の使用を禁ずる場合にも準用されている。これは、GGの規定から、家庭裁判所は、親の配慮権の一部または全部の剥奪において慎重でなければならず、常に公的援助の優先を強調したものと解される。

　イ　相当性の原則

BGB1666条a2項は、身上配慮権の全部剥奪について、他の措置では効果が生じないか、あるいは他の措置では危険を防止するために十分ではないと認められるときに限り、全部剥奪することが許されるとする。これは相当性の原則と呼ばれるもので、安易な身上配慮権全部剥奪の抑止が目的と解される。[12]

（4）親の配慮権停止

親が行為無能力者（1673条1項）あるいは親が制限行為能力者の場合（1673条2項1文）、親が相当期間にわたり親の配慮権を行使できないとき、家庭裁判所は親の配慮権を停止することができる（1674条1項）。ただし、この配慮権停止は児童虐待への対応規定ではない。

3　社会法典第8編（SGB Ⅷ）

（1）意義

社会法典第8編（SGB Ⅷ）として児童・少年援助法が制定されている。[13] GGによって、国家は親の職務の実行を監視する役割を与えられ、さらに、BGBとSGB Ⅷの規定により、家庭裁判所の判断を条件として、行政と司法は親の権利に介入することが義務付けられているのである。

（2）少年局

ドイツの少年局（Jugendamt）は、少年援助の実施および監督に当たる行政機関であり、日本の児童相談所に相当する。少年局は、単独で行動し、独立性の高い機関であるが、家庭裁判所の関与が必要と考えるときは、裁判所の職権発動を要請しなければならない。また、緊急の危機があり裁判所の判断を待つ

〈12〉Bernd Götze『独和法律用語辞典』（成文堂1993年）では、均衡性の原則。
〈13〉SGB Ⅷの引用条項は、2012年3月現在である。SGB Ⅷの邦訳は、岩志和一郎ほか「ドイツ『児童ならびに少年援助法』全訳(1)」比較法学36巻1号304頁（2002年）、「同(2)」比較法学37巻1号219頁（2003年）、「同(3)」比較法学39巻2号267頁（2006年）を参照した。

ことができないとき、少年局は、自ら児童または少年を保護する義務を負っている（SGB Ⅷ 8条a2項）。

少年局は、郡又は郡に属さない大都市の各自治体がこれを設置するものである。たとえば、「ベルリン市ミッテ区少年局」のような形で設置され、ソーシャルワーカーとして少年援助司 (Jugendhilfe) が相談や援助に携わっている。各少年局の広域的機関として州少年局が置かれている（SGB Ⅷ 69条）。少年局は、児童虐待対応、非行対応、一時保護、家事事件での裁判手続への協力、官庁後見の引き受け、里親委託、養子斡旋、保育園設置などの包括的な児童福祉に関する業務を行う。[14]

(3) 一時保護

一時保護は、差し迫った危機にある児童又は少年を保護するために、少年局に与えられた最も重要な職責の一つである。SGB Ⅷ 8条aは児童の福祉に危機が及ぶときの少年局による保護義務を定め、SGB Ⅷ 42条は、少年局の一時保護の手順について詳細に規定している。

(4) 家庭裁判所への少年局の協力

少年局は、児童および少年の身上配慮権に関するすべての措置について家庭裁判所を支援し、また、特に提供され実施された給付について家庭裁判所に報告し、児童または少年の発達についての教育的、社会的見解を示し、援助の将来の可能性について意見を述べる義務がある（SGB Ⅷ 50条）。

4　未成年後見制度

(1) 未成年後見の開始

未成年者は、親の配慮の下にない場合、または親が身上配慮や財産配慮に関する事項について未成年者を代理する権限を有しないときは後見人を付され、家族関係が判明しないときも、同様に後見人を付される（BGB1773条）。[15]

この場合、家庭裁判所は、職権により後見を命ずる（BGB1774条）。BGB1775条は、後見人は原則として一人だけ選任されるとするが、親族や里親などの夫婦が共同後見人になることを認めている。また、特別の理由がある

---

[14] 春田嘉彦「ドイツ連邦共和国における児童虐待の取り扱いの実情について」家庭裁判月報58巻1号123頁（2006年）。平湯真人ほか『ドイツ・フランスの児童虐待防止制度の視察報告書Ⅰ　ドイツ連邦共和国編』（子どもの虹情報研修センター、2004年）。佐藤和英「実務ノートドイツにおける児童虐待に関わる家庭裁判所の手続及び少年局の活動について」ケース研究2003年3号179頁（家庭事件研究会）。

[15] 本稿では、Vormund 後見人、Pfleger 保佐人、Beistand 補助人と邦訳する。

場合は、それ以外にも複数の後見人選任が認められる場合がある。虐待等により親の配慮権が全部剥奪されたときは、BGB 関係条項に基づき、後見人の選任と就任が命ぜられることとなる。

(2) 社団による後見

　権利能力を有する社団は、州少年局が許可を与えた場合は、保佐または後見を引き受けることができ、また、州法が規定する場合には補助を引き受けることができるが、適格な名誉職の個人後見人がいない場合等に限られる（BGB1791条 a、SGB Ⅷ 54条）。具体的には、カトリック系やプロテスタント系の慈善福祉団体などが、この児童・少年の後見業務を行っている[16]。

(3) 少年局による官庁後見等

　BGB1791条 b は、名誉職の個人後見人の適任者がいない場合に、少年局を後見人として選任することができると規定している。しかし、実情は、少年局が後見人または保佐人に選任されることが非常に多いという[17]。

　これを受けて、SGB Ⅷ には、次のように詳細な定めがある。

①少年局は、民法が規定する場合において、補助人、保佐人または後見人になることができる。それぞれを補助、官庁保佐、官庁後見という（SGB Ⅷ 55条1項）。

②少年局は、補助人、官庁保佐人または官庁後見人の職務実行を、経常的な行政事務として個別に官庁職員に委託する（SGB Ⅷ 55条2項）。

③補助、官庁保佐、官庁後見の行使においては、BGB の各規定が適用される（SGB Ⅷ 56条1項）。

　本規定により、児童虐待の事案においては、親の配慮権全部剥奪の場合は少年局による官庁後見が開始され、居所指定権剥奪など配慮権一部剥奪のときは官庁保佐が開始される。

5　家事事件及び非訟事件手続法 (FamFG)

　FamFG が 2008 年に制定され、2009 年 9 月から施行された。これまで FGG（非訟事件法）、ZPO（民事訴訟法典）、BGB その他の法に分散されていた規定が、FamFG で体系化された[18]。FamFG によって後見裁判所が廃止され、す

〈16〉 前掲・春田嘉彦「ドイツ連邦共和国における児童虐待の取り扱いの実情について」154頁。
〈17〉 前掲・西谷祐子「ドイツにおける児童虐待への対応と親権制度（2・完）」44頁は、75〜80％としている。
〈18〉 Kemper『FamFG-FGG-ZPO』(Nomos, 2009)。

べての家事事件を家庭裁判所が管轄する。高齢者の世話については、世話裁判所 (Betreuungsgericht) が創設された。

子への援助に関する事項として、①子の福祉の危機に関する手続の優先（FamFG155条）② BGB1666条及び1666条 a の手続により親の身上配慮権の一部又は全部の剥奪が考察される場合の手続補助人 (Verfahrensbeistand) の選任（同158条）などが規定されている。

なかでも FamFG49 条に基づく暫定命令は、児童虐待防止において重要な意義を持っている。家庭裁判所は、当該法律関係について基準となる諸規定によって認められ、かつ直ちに対応する緊急の必要性が存在するときには、暫定命令により、暫定的な措置をとることができる。さらに FamFG157 条は、BGB1666 条および 1666 条 a の手続において、家庭裁判所は、遅滞なく暫定命令を出すことを審理しなければならないとしている。

Ⅳ　親権制度

1　親権制度について

（1）親権規定の経緯

日本における「親権」は、旧民法第一草案で初めて父権として登場する。その後、明治民法では、親の監護・教育権が親権の内容として規定され、権利とともに義務として位置付けられた。1946 年制定の新憲法により、両性の平等と子の権利が確立され、民法親族編規定も父母の平等と子の権利を基調としたものに改正されるはずであった。しかし、「家」制度の廃止や父母の平等化、個人主義化など一部には変化と発展がみられるものの、1947 年民法は明治民法をおおむね引き継いでおり、憲法の理念に照らすと子の権利等に関しては不徹底であることは否めない。

（2）親権概念等に関する論争

1959 年に法制審議会民法部会小委員会の「仮決定・留保事項（その2）」のうち、「親権という概念ないし制度の存続について（第39）」では、甲・乙・丙・丁・戊の 5 案が提案され、今日でも学説上の争点として存在する。[19] わが

---

[19] 田中通裕「親権に関する一考察」新井誠・佐藤隆夫編『高齢社会の親子法』3 頁（勁草書房、1995 年）。中村恵「わが国における親権法をめぐる現状」民商法雑誌 136 巻 4・5 号 460 頁（2007 年）。

国においても、今日の家族の変容と社会の変化に対応し、さらに1994年に批准した児童の権利に関する条約、児童福祉法や児童虐待の防止等に関する法律など関係各法との整合性も視野に入れながら、子の権利擁護の理念として、親権という概念の再検討を行う必要があろう。

2　親権の意義

　親権の義務性については、明治民法の解釈においても、①子に対する私法上の義務とする私法義務説②社会・国家に対する義務とする公的義務説③子と社会に対して負う義務であるとする折衷説などの諸説が存在した。[20]

　戦後も同様な議論が続いたが、我妻栄は、親権は「子の哺育・監護・教育という職分」であり、「他人を排斥して子を哺育・監護・教育する任に当たりうる意味では権利であるにしても、その内容は、子の福祉をはかることであって、親の利益をはかることではなく、またその適当な行使は子及び社会に対する義務」とした。[21] 子の福祉を優先するとともに、国家ではなく子と社会に対する義務であるとする点で明快な定義であると考える。

3　親権の内容

（1）身上監護

　ア　監護教育権

　2011年に改正された民法（以下「2011年民法」という）820条は「親権を行う者は、子の利益のために子の監護及び教育をする権利を有し、義務を負う」と規定する。

　本条が、子の身上監護についての包括的規定であるためには、子の福祉を優先する権利と義務を明確にし、わが国も1994年に批准した児童の権利に関する条約が、第3条で「児童の最善の利益の考慮」を規定している点に配慮する必要がある。その点、2011年民法の「子の利益のために」という文言挿入は、身上監護の包括的規定として親権の義務的側面をさらに踏み込んで強調したものと評価できる。

　イ　懲戒権

　明治民法を引き継ぐ懲戒権について、2011年民法822条は、「親権を行う

---

[20] 前掲・中村恵「わが国における親権法をめぐる現状」437頁。川田昇『親権と子の利益』37頁（信山社、2005年）。

[21] 我妻栄『親族法』316頁（有斐閣・法律学全集、1961年）。

者は、第820条の規定による監護及び教育に必要な範囲内でその子を懲戒することができる」とし、「子の利益のための監護及び教育に必要な範囲内」との枠を付けて懲戒権を残し、すでに実態のない懲戒場規定のみを削除した。児童虐待防止の観点からは本条の全面削除が望ましい。

　ウ　居所指定権

　居所指定権は、親権を行う者の監護教育権を全うするために、この権利義務から派生するものであるが、子自身が指定に従わない場合、何らの制裁もなく指定を強制する手段も存在しないため、法的義務としての実態は極めて稀薄であると解される[22]。820条の監護教育権に包摂されるべきものと考えられる。

（2）財産管理

　親権を行うものは、未成年の子の財産を管理し、制限行為能力者たる子の法律行為を代理する。被虐待児が財産を有していることは実際には稀であるため、児童虐待防止の視点から、財産管理について論じられることはあまり多くない。

V　親権喪失制度

1　親権喪失の類型

　2011年民法は、親権喪失制度として、親権喪失・管理権喪失・親権の辞任・管理権の辞任に親権停止（834条の2）を加えて5類型とした。

2　親権喪失の審判

　2011年民法834条は、「父又は母による虐待又は悪意の遺棄があるときその他父又は母による親権の行使が著しく困難又は不適当であることにより子の利益を著しく害するときは、家庭裁判所は、子、その親族、未成年後見人、未成年後見監督人又は検察官の請求により、その父又は母について、親権喪失の審判をすることができる」と規定する。

　明治民法以来、親権喪失については、「親権濫用又は著しい不行跡」という親の有責性が判断基準とされてきた。2011年民法は、「父又は母による虐待又は悪意の遺棄」という父母の有責行為を列挙するとともに、「その他父又は母による親権の行使が著しく困難又は不適当であることにより子の利益を著し

---

[22] 於保不二雄・中川淳編『新版注釈民法（25）親族（5）改訂版』103〜106頁（有斐閣、2004年）。

く害するとき」とし、有責行為以外であっても親権喪失が可能となった。

　換言すると、親の非難可能性や有責性の存在を必須の条件とはせず、そのような行為がない場合でも、家庭裁判所は、子の利益が著しく害されていると認められるときには親権喪失の審判を行うことができるのである。親権喪失の原因が親の有責性から子の利益の侵害に転換されたことにより、2011年民法における親権喪失の判断基準は従来よりも緩和され、ハードルは下げられたものと解する。

3　親権停止の審判

　2011年民法834条の2は、「父又は母による親権の行使が困難又は不適当であることにより子の利益を害するときは、家庭裁判所は、子、その親族、未成年後見人、未成年後見監督人又は検察官の請求により、その父又は母について、親権停止の審判をすることができる」と規定し、その期間は「2年を超えない範囲内」と定めた。親権喪失が無期限の親権剥奪であるのに対し、新設の親権停止は有期限（2年以内）の親権剥奪と解される。

　要件においては、親権喪失が「親権の行使が著しく困難又は不適当であることにより子の利益を著しく害するとき」とされているのに対して、親権停止は「親権の行使が困難又は不適当であることにより子の利益を害するとき」と「著しく」が抜けており、その判断基準は大きく緩和されている。親権停止については更新制度が規定されなかったため、引き続き継続の必要がある場合は、2年後に改めて親権停止あるいは無期限の親権喪失の申立が必要となる。

　親権停止制度の創設の背景には、児童虐待に係る被虐待児を親から分離して施設入所措置をしたとしても、医的侵襲をともなう医療行為への同意、病院への入院、精神病院への医療保護入院、予防接種、アパートの賃貸借契約や携帯電話契約等の法律行為などにおいて、どうしても親権者の同意が必須となるという現実が存している。親権停止制度が幅広く活用されることによって、とりわけ親子分離された施設入所児の福祉の向上が期待される。

4　管理権喪失の審判

　2011年民法835条は、「父又は母による管理権の行使が困難又は不適当であることにより子の利益を害するとき」として、親権停止と同一の要件で子の財産に関する父母の管理権喪失の審判を可能とした。これは1947年民法の「管理が失当であったことによってその子の財産を危うくしたとき」と比較して、

財産管理権喪失の要件が緩和され、該当する範囲が「子の利益を害するとき」に広がったものと解される。

5　児童相談所長による親権喪失等の申立

親権喪失、親権停止、管理権喪失の審判の申立は、子や親族や未成年後見人等だけでなく、児童福祉法33条の7により児童相談所長にも認められている。児童福祉法33条の7は、18歳未満の児童だけでなく、児童福祉法による援助対象外の18歳以上20歳未満の未成年者についても、児童相談所長に親権喪失・親権停止等の申立権を認めている。その立法趣旨を勘案すると、児童相談所長は、その親権喪失等の申立権を積極的に活用し、性的虐待などの重大な虐待から未成年者を保護する公的な責務を負っているものと考える。

Ⅵ　未成年後見制度

1　未成年後見制度の概要

(1) 職務

未成年後見人は、未成年者に関する法律行為が主な職務である。後見事務には、未成年被後見人の身上に関する事務と財産に関する事務とがある。

(2) 指定未成年後見人と選定未成年後見人

未成年後見人の種類には、単独親権者が遺言で自己の死亡後に未成年後見人となるべき者を指定する指定未成年後見人(民法839条)と、家庭裁判所の選任する選定未成年後見人(民法840条)がある。

839条の指定がなされないとき、親族等の請求に基づいて、家庭裁判所は選定未成年後見人を選任する。具体的な請求人は、未成年者本人または親族、未成年者を引き取って養育してきた者(里親、児童福祉施設長など)、非行少年の矯正教育に当たる者(少年院長、保護観察所長)などである[23]。また、児童相談所長と生活保護の実施機関(福祉事務所)には、選任請求義務がある。

(3) 児童相談所長等の未成年後見人選任請求

2011年民法838条1号は、未成年者に対して親権を行う者がないときまたは親権を行う者が管理権を有しないときに後見が開始すると規定する。従っ

---

[23] 前掲、於保不二雄・中川淳編『新版注釈民法(25)親族(5)改訂版』[犬伏由子執筆]297頁(有斐閣、2004年)。

て、親権喪失だけではなく親権停止の場合も、本条に基づき未成年後見が開始されることになろう。また、児童福祉法33条の8は、親権者のいない未成年者について、児童相談所長に未成年後見人選任の請求を義務付けており、選任されるまでの間は児童相談所長が親権を行う。未成年後見人については、家庭裁判所の職権による選任が認められないため、親族等の請求がなければ、児童相談所長はすみやかに未成年後見人の選任請求をする必要がある[24]。

一方、児童福祉法には、児童相談所長による未成年後見人選任請求中の親権代行のほか、児童相談所長または児童福祉施設長による里親委託や施設入所中の未成年者に係る親権代行が規定されている（47条）。厚生労働省は、児童相談所長あるいは児童福祉施設長による親権の一時的代行を第一義的とし、多額の相続財産を未成年者が有する場合や医療ネグレクト等における例外的措置として未成年後見人の選任を想定しているものと解される[25]。しかし、これは未成年後見制度の本来の趣旨に反しており、児童相談所長は、親権者のいない未成年者の権利擁護のために未成年後見人選任請求を積極的に行うべきである。

2　未成年後見における法人後見

（1）経緯

民法上、後見人はそもそも法人であってはいけないという規定はなかった。1999年の民法改正まで、法人後見の可否については、解釈上論争があったが、可能とするための条文上の根拠がないという消極的な理由により否定説が多数であった。2011年民法840条3項は、「未成年後見人となる者が法人であるときは……」と成年後見と同様な規定の仕方によって、未成年後見における法人後見を許容したのである。

（2）未成年後見における法人後見の必要性

ア　未成年後見は身上監護が中心

親権者のいない未成年者が財産を有するときは、親の財産の相続、生命保険金あるいは遺族年金や労災年金を受給する場合等に限定される。通常、虐待された未成年者が多額の財産を有していることは稀である。また、施設入所あるいは祖父母など親族による養育の場合であっても、未成年者はやがて成人に

---

[24] 児童相談所長の請求は、全国で2006年度4件、2007年度14件、2008年度9件、2009年度14件と少ない（東京都児童相談所事業概要2011年度版）。

[25] 厚生労働省『児童相談所運営指針』（2012年4月改正）、厚生労働省『全国児童福祉主管課長会資料（平成24年2月27日）』参照。

なって施設や親族の家庭から自立していくものであり、未成年後見は、20歳までの有期限の身上監護が中心となる。親から受け継いだ資産がある場合には、未成年被後見人の教育費等に積極的に使うべきであり、あえて節約して資産を残しておく必要はない。この点で、未成年後見は、親族の相続権が関わる成年後見とは後見内容が大きく異なる。

また、未成年者が施設入所しているとき、施設長や職員との個人的な愛着関係を基礎にした後見は、本人の利益になる場合が少なくない。未成年後見の場合、入所する児童福祉施設を経営する社会福祉法人が後見人になったとしても、施設入所している高齢者のような利益相反問題は比較的少ないのではないかと思われる。もとより、当該未成年者が、相続や生命保険金受領などにより多額の資産を有する場合は、入所施設の社会福祉法人のみによる未成年後見は不適切であり、弁護士など第三者も加わる複数後見が望ましい。

　イ　児童虐待における法人後見の役割

児童虐待において、児童相談所長が、虐待親の親権喪失の申立を行うことは少ない。この背景には、未成年後見人の選任の難しさが存在する。一般に、親権喪失等に至るような父母は親族からも孤立していること、さらにその親族においても健全な状態の家庭が稀であることなどが、未成年後見人選任を難しくさせている。また、未成年後見は、その期間が10年以上の長期にわたる場合も少なくなく、養育に関する責任も重大であることも理由としてあげられる。

親の親権喪失等に係る被虐待児の監護教育においては、未成年後見人の果たすべき役割は非常に大きくて重い。しかし、未成年後見人が個人ではなく法人であれば、複数の職員が関わることなどにより、比較的容易にその役割を果たすことができる。社会福祉法人やNPOなどの福祉団体が、法人として未成年後見人に就任することは日本の実情に適合するものと考える。この点では、2012年度に国の新規事業として始められた未成年後見人の報酬補助事業（月額2万円）や損害賠償保険料補助事業などの活用が期待される。

3　未成年後見における機関後見の必要性

(1)　機関後見の意義

被虐待児について、入所措置や親権喪失申立などの権限を有する児童相談所等の関係機関は、長期間にわたって、児童養護施設等における社会的養護の措置責任を負う。場合によっては、当該未成年者が成人するまで継続することもめずらしくない。また、児童相談所長が、親権喪失や保全処分を家庭裁判所に

申し立てる場合、適格な親権職務代行者や未成年後見人がいなければ、暫定的に所長自身が就任することがある。このとき、所長個人の住所氏名が戸籍に記載されるため、虐待親からの逆恨みによる報復を受けることもあり得る。

このような課題に対応するため、所長個人ではなく、公的機関として未成年後見人に就任できるように法を整備すべきであろう。すなわち、児童相談所あるいは市区町村などの行政機関が、被虐待児の未成年後見人になることができるよう法制化することであり、これを機関後見と呼ぶ。この点については、2011年民法改正に向けた法制審議会部会では、委員からの問題提起がなく、議論の対象事項とはならなかった。

(2) 機関後見の有効性

2011年民法では、法人による未成年後見が認められたところであるが、家庭裁判所の親権喪失や親権停止審判と同時に、あるいは迅速に適格な未成年後見人を選任することは決して容易なことではない。このような場合、暫定的に未成年後見人を選任する制度が必要であり、児童相談所等の行政機関自体をその任に充てるべきであろう。

また、民間の個人や社会福祉法人等より、むしろ行政機関による後見の方が適している場合もある。たとえば、性的虐待を行った親は、親権喪失の審判の後にあっても、未成年者の施設からの連れ去りを図り、未成年後見人への威嚇や脅迫などを執拗に行うことが予想される。虐待親が反社会的勢力の構成員などのときも同様である。このような場合、個人や民間法人での対処はきわめて難しく、公権力を有する行政機関自体が未成年後見人として対応することのほうが機能的であり効果的でもある。

この機関後見について、前述のようにドイツでは、BGB1791条bが、名誉職の個人後見人の適任者がいない場合は、少年局を後見人として選任することができると規定している。SGB Ⅷ55条は、少年局がBGBの規定による後見人等になる場合について定め、これを官庁後見、官庁保佐と定義している。

フランスにおいては、フランス民法典（Code civil）411条が「地方公共団体への付託による未成年後見制度」を規定するとともに、社会福祉家族法典(Code de l'action sociale et des familles)L224条の4は、親権全部剥奪の判決が言い渡された場合などにおける「国の被後見子制度（pupille de l'Etat)」を定めている。[26]

〈26〉久保野恵美子「海外制度調査報告書——イギリス及びフランス」18頁（児童虐待防止のための親権制度研究会報告書、2010年）。

4　未成年後見における複数後見

（1）複数後見の沿革
　ア　明治民法の後見人一人制

　未成年後見人が1名とされることは皇国民法仮規則から一貫しており、それは親権が父権として位置付けられていることと不可分であると考えられる。明治民法906条は、「後見人ハ一人タルコトヲ要ス」と規定した。このように明治民法906条が規定したことについて、民法修正案理由書は、次の二つをその理由としてあげている。[27] ①後見人は、親権に類する権利を行うものであるから、親権者の数（1人）にあわせるべきこと②後見人を複数にすると意見の統一を欠き、家族上の紛議が生じるおそれがあることである。

　イ　成年後見における複数の後見人の許容

　1947年民法843条（1999年改正で842条）も、「後見人は、一人でなければならない」と一人後見人制をとっていたが、1999年の民法改正で、新843条3項が成年後見人の人数について明文で複数を肯定し、成年後見についてのみ一人制が廃止された。しかし、未成年後見の数の是非については、1999年改正における成年後見問題研究会では、とくに論点として取り上げられず、将来の課題として残されたのである。[28]

　ウ　2011年民法改正による複数の未成年後見人の許容

　2011年の民法改正により、1947年民法843条（1999年改正で842条）「後見人は、一人でなければならない」を削除した。さらに、2011年民法840条2項は、「未成年後見人がある場合においても、家庭裁判所は、必要があると認めるときは、前項に規定する者若しくは未成年後見人の請求により又は職権で、さらに未成年後見人を選任することができる」として複数の未成年後見人について定め、同法857条の2では、未成年後見人が数人ある場合の権限の行使等について規定した。

（2）未成年後見における複数後見人の必要性

　2011年改正における法制審議会部会で、この課題について必ずしも十分な議論が尽くされたとはいえない。しかし、複数の未成年後見人制度が許容され

〈27〉前掲、於保不二雄・中川淳編『新版注釈民法(25)親族5（改訂版）』[犬伏由子執筆]303頁（有斐閣、2004年）。
〈28〉前掲、於保不二雄・中川淳編『新版注釈民法(25)親族5（改訂版）』[久貴忠彦執筆]272頁（有斐閣、2004年）。

たことに賛同する立場から、複数の未成年後見人が必要な理由を、次のように整理しておきたい。
① 共同親権の理念

　親権は、子の利益のための権利と義務の融合した親の職分であり、親の権利より親の義務が中心となる。この点では、親権は後見に近いものであり、父母共同の権利・義務である。父母の死亡等により親権を行う者がいない場合、親権の事実上の履行者として近親者に養育されることが多い。まずは祖父母、あるいはおじ・おばであり、これらの親族に適切な者がいない場合は、児童福祉施設や里親による社会的養護として養育される。当該未成年者に資産があれば、弁護士などの専門職を関与させるのが望ましい。いずれも複数の者が当該未成年者の養育に関わることになる。父母共同の権利・義務と同様に、複数の者が未成年後見人に就任することを、あえて否定する理由はなかろう。

　前述のとおりドイツでは、未成年後見人の数は原則として一人であるが、夫婦を共同後見人に選任することが認められ、その他特別の事由がある場合には複数の未成年後見人を選任することができる（BGB1775条、1797条）。

② 未成年後見の責任の重さ

　未成年後見は成年後見に比べて審判件数が少ない。全国家庭裁判所における未成年後見人選任の新受件数は、2008年度2,678件、2009年度2,617件、2010年度2,380件である[29]。このうちの多くは、養子縁組や多額の相続財産の分割協議、死亡した親の多額の生命保険金の管理などのために、親族により家裁に対して未成年後見人の選任請求が行われたものと推測される。

　しかし、いずれのケースでも、両親の死亡、棄児、児童虐待による親権喪失など当該未成年者はきわめて厳しい境遇で生きることを余儀なくされている。そのような未成年者が、心身の発達に応じ、学校や社会での活動を広げていくため、未成年後見人の負担は、時間の経過とともに増え続ける。事例によっては、複数の未成年後見人による対応が不可欠となろう。

③ 児童の最善の利益の理念

　1994年にわが国が批准した児童の権利に関する条約は、「児童の最善の利益」を求めている。この児童の最善の利益の視点に立てば、父母が死亡もしくは親権喪失した未成年者について、その養育責任を果たすために複数の未成年後見人を選任するという選択肢を排除する理由はないと考える。

〈29〉最高裁判所『家事審判事件の受理、既済、未済手続別事件別件数　全家庭裁判所』（平成19年度〜平成22年度）。

④未成年後見の社会化

　明治民法の家制度下においては、未成年者の権利擁護ではなく、「家」の財産を守るために未成年後見制度があったといえよう。戦後60余年、もはや家制度は存在せず、日本の社会と家族は大きく変容し続けている。今日、児童虐待等を原因として社会全体に養育義務が課された未成年者について、その健全な育成を図るためには、法人後見とともに複数後見による未成年後見の社会化が必要不可欠であると考える。

⑤社会資源の効率活用

　社会的養護を要する未成年者については、各種社会資源の積極的な活用を図る必要がある。そのためには、複数の未成年後見人が制度として認められなければならない。たとえば、父母が死亡または親権喪失した未成年者について、その親族と社会福祉法人が未成年後見人に就任することが有効な場合がある。また、里親委託されている未成年者につき、里親の不祥事防止のため、社会福祉士など複数の専門職を未成年後見人に就任させる選択肢もある。未成年者に資産がある場合には、弁護士が未成年後見人の一人に就任することが望ましい。

⑥実務上の利点

　複数の未成年後見人の制度に、次の実務上の長所を認める見解もある。[30]

　第一に、複数の後見人によって職務を分担させることによって、効果的・効率的な後見事務処理を図ることができる。第二に、後見事務の分担が可能となることによって、後見人に適格者を得ることがより容易になる。第三に、複数の後見人が相互監視を行うことによって、後見人の権限濫用を防止できる。第四に、複数の後見人を選任しておけば、ある一人の後見人の職務遂行が不可能となっても他の後見人に引き継がれ後見人の持続性を保つことができる。

Ⅶ　むすび

　親権および未成年後見制度に関する今後の課題として、次の2点をあげたい。

　第一に、2011年の民法改正は、児童虐待防止の観点からの一部改正であり、親権そのものの意義やあり方、家族のあり方等については議論されていない。今後は、民法における親権の意義、「親権」という名称や父母が離婚後の共同親権の是非などを含めた根本的な議論が必要と考える。

〈30〉前掲、於保不二雄・中川淳編『新版注釈民法(25)親族5（改訂版）』[犬伏由子執筆]304頁（有斐閣、2004年）。

第二に、2011 年民法改正に際して、未成年後見における児童相談所などの機関後見についてはほとんど議論されていない。ただ、保全処分として親権の職務が執行停止された際の職務代行者については、厚生労働省社会保障審議会で、児童相談所長が職務として就任することの可否について議論された経緯があるが、消極的な見解が法務省および最高裁判所側の委員から示されている[31]。しかしながら、日本においても、暫定的あるいは困難事例における未成年後見の選択肢の一つとして、保全処分における親権職務代行を含めて、行政機関による機関後見制度の創設を検討すべきものと考える。

（佐柳忠晴）

---

[31]『社会保障審議会児童部会児童虐待防止のための親権の在り方に関する専門委員会第 7 回議事録』（厚生労働省 2010 年 12 月 7 日）。

補論 2

成年後見制度の実務上の課題
――法改正が望まれる点を含めて――

I　地域福祉権利擁護事業等と若干の課題

　2000（平成12）年4月より、介護保険法が施行され、これまで行政の措置により提供されてきた高齢者福祉サービスが、利用者本人の選択・契約による利用に改められることとなった。同時期に、民法改正による新たな成年後見制度が創設された。また、介護保険の導入に先立ち、1999（平成11）年10月より、全国の社会福祉協議会において、判断能力が十分でない方々を対象として、福祉サービスの契約や日常金銭管理を支援する地域福祉権利擁護事業（現在の日常生活自立支援事業）が創設された。地域福祉権利擁護事業は、成年後見制度を補完する制度として位置付けられ、福祉領域において、判断能力が十分でない方々の自己決定を支援し、日常生活を支える制度として着実に定着してきている。

　東京都では、地域福祉権利擁護事業をベースとし、各区市町村において福祉サービスの相談機能や苦情対応機能の充実を図る「福祉サービス総合支援事業」を2002（平成14）年度より実施し、2005（平成17）年度からは、相談機能の中の成年後見制度の部分を強化発展させる事業として成年後見活用あんしん生活創造事業（以下、「あんしん事業」という。）をスタートさせた。あんしん事業は、成年後見制度の利用促進を図るため、各区市町村に成年後見制度推進機関（以下、「推進機関」という。）の設置を進め、制度の周知・広報、後見人等のサポート、後見人等を支える地域ネットワーク作りなどを後押ししてきている。

　東京都社会福祉協議会（以下、「本会」という。）では、地域福祉権利擁護事業を実施し、さらに、あんしん事業の一環として、区市町村および推進機関を対象とした研修や相談事業を実施してきている。東京都内の状況をみると、区

市町村における首長申立て件数、各推進機関における成年後見制度の相談支援件数は毎年増加してきており、本会が実施している地域福祉権利擁護事業においても、認知症の進行等により成年後見制度の利用につなげ契約終了にいたるケースは3割まで増加してきている。

東京都における地域福祉権利擁護事業の取り組み、区市町村や推進機関等の成年後見制度の実務に関わる現場からの相談、福祉や医療関係者からの指摘や声などから、主に法定後見を中心に、成年後見制度およびその運用に関わる問題等を整理するとともに、今後の方向性について若干の課題を提起したい。

Ⅱ　本人や家族の成年後見制度への理解や受け止め

新たな成年後見制度が創設されてから12年が経過し、成年後見制度についてさまざまな媒体で周知が進んできている。また東京都では、前述のとおり、区市町村社会福祉協議会等が推進機関として、成年後見制度の周知を図るとともに、住民からの申立て等制度の利用に関する相談を受け、支援するしくみも整備されてきている。

しかしながら、推進機関に入る親族等からの相談をみると、実際に制度を利用するための手続きや成年後見人、保佐人、補助人（以下、「後見人等」という。）の業務など、具体的な内容についての認知度は必ずしも高いとは言えない。

一人暮らしの高齢者などから、「万が一の場合の頼れる人」を成年後見制度に期待して相談があった場合に、後見人等には、医療同意、入院や施設入所の際の保証人、死後の対応などの権限がないことについて説明を行うと、失望し、利用に至らない場合も少なくないと推進機関の職員から聞く。

障害者本人とその家族においては、介護保険の導入と同時期の創設であったため、高齢者のための制度であるとの意識が強いという声もある。実際に長期入院中の精神障害者の場合等、病院が金銭管理を行うため、制度を利用しなくとも本人も親族も困らず、必要性を感じないという。知的障害者の場合には、障害者自立支援法施行の平成18年度には申立てが増加したものの、親が、福祉施設や福祉サービスの利用契約、財産管理を行っている事例は今なお多い。さらに、障害者の場合、後見類型の審判がなされれば選挙権がなくなるなど資格制限があることへの抵抗も根強い。

また、「親なき後」への制度への期待は大きいものの、親が存命のうちからの専門職等の受任や、親と専門職との複数後見については、専門職後見人等の

報酬がかかることから親の多くは否定的である。

さらに高齢化した親にとって、制度の理解のみならず手続きも大きな負担であるという指摘もある。

本会が2009（平成21）年度に実施した親族後見人を対象にした調査では、金融機関の手続きや相続、施設入所等の必要に迫られて申立てをしている場合など、後見人等の役割や家庭裁判所への報告等の業務について十分理解しないまま受任し、結果として後見業務に負担を感じている状況も見られる。一般的に日常生活の中で裁判所に関わるような経験は少なく、家庭裁判所への申立てそのものに、心理的なハードルを感じるという意見も出されている。

Ⅲ　制度利用を進める上での課題

1　申立て手続き

まず、診断書・鑑定の問題がある。最近の状況として、後見類型で鑑定を行っているのは2割程度まで低下しているという。鑑定がなされない場合には、提出された診断書が家庭裁判所の判断の大きな拠り所であると考えられるが、診断書は、医師であれば専門分野を問わず記載することができる。申立者からは、鑑定費用の負担がないことを歓迎する向きはあるが、家庭裁判所においても、診断書における類型間のボーダーをどのように判断し審判を出していくかの課題の認識はあると思われる。

また、申立て時の本人面接について、保佐類型の場合であっても、調査官の本人面接を行わない傾向が増えていると聞く。本人面接のために家庭裁判所に障害を有する本人を同行しなくてよくなったことで、申立者の負担が軽くなったという声はあるが、書面や申立者からの聞取りのみで本人の意思や状況についてどこまで正確に把握されているのか。

成年後見制度は本人から権利を奪うあるいは制限することによって本人を保護する制度である。制度改正の趣旨である自己決定の尊重、残存能力の活用などの理念に基づく審判の判断根拠となる診断書・鑑定、本人面接の適正さを担保していくことは制度の信頼性からもきわめて重要である。

精神障害者の診断書作成については、いくつかの指摘がある。本人に制度利用の拒否が強い場合、診断書を書いた医師が本人との関係でトラブルになることがあげられる。また審判取消申立てのための診断書について、審判取消し後

の本人の精神状況悪化による犯罪発生等の責任を問われるのではないかと懸念し、医師が躊躇するという声もある。このような状況を考慮し、必要な診断書が記載されるための公的なしくみの検討が必要ではないかという意見がある。

もう一つの問題として、審判前の申立ての取下げがある。後見類型の診断書が出ている場合で、土地の売買のために申立て手続きを進めたが、親族間で売買することにして申立てを取り下げたという事例がある。このような取り下げを認めない裁判官もいると聞くが、現行の制度は申請主義であり、家庭裁判所が取り下げないように親族を説得する実態もあるという。本人の権利擁護のために制度利用が必要にもかかわらず、申立者の意向に左右されることは決して望ましいことではない。制度利用が必要であれば取り下げを認めず、職権で審判手続きを進められるように改善されるべきである。これについては、家事手続き法が改正（2011（平成23）年5月）され、今後、申立ての取下げには家庭裁判所の許可が必要になる見込みである。

2　申立人、首長申立てについて

2010（平成22）年の国勢調査（速報）で、全世帯に占める単身世帯の割合が32.1％と3割を超えたことが発表された。単身世帯が増加し、身近に申立人となるような親族がいない高齢者は少なくない。成年後見制度の利用が必要な単身者について、区市町村が親族調査を行い親族に申立ての協力を求めても、もともと疎遠な親族の場合には協力を得られにくい。また、身近な親族が虐待等の権利侵害をしているなど親族の申立てが困難な場合もある。このような場合に、住民の生命・安全を守る自治体の役割としても、首長申立ての果たす役割は大きい。

長期入院等により住民票が消除されている場合や、住民票所在地と実際の居所（病院や施設等）が異なる場合など、住民票所在地と実際の居所のいずれの自治体も申立てを行うことに消極的で申立てが進まない事例も見られる。申立は実際の居所の自治体の役割と整理した場合に、病院や施設所在地が区市町村で偏在しているため、居所の自治体の負担が増大する懸念も指摘されている。

東京都においては、あんしん事業を始めとした施策の推進もあり、東京家庭裁判所管内で2000（平成12）年には998件の申立（任意後見を除く。以下同じ）に対して首長申立ては8件であったものが、2005（平成17）年には2544件の申立に対して133件、2010（平成22）年には4,350件の申立に対して537件と、首長申立が申立件数の1割以上を占めるまで取組みが進ん

補論

できている（参考　最高裁判所「成年後見関係事件の概況」2010（平成22）年データ：29,477件の申立に対して首長申立て3,108件）。

申立者が得られにくい場合や住民票と居所が異なる場合など、すみやかに本人の権利を守るためにも迅速な制度利用が求められる。そのために、首長申立ての責任の一層の明確化、あるいは首長申立に代わるしくみの整備は不可欠と考える。

3　申立経費・報酬等への補助

申立における課題として、申立手続きの煩雑さとともに、もともと疎遠な親族の場合など、申立経費の問題が一層負担感を増加させている。本人の経済的生活が厳しい場合には、申立経費は親族が負担せざるをえない。本人に負担できる資産等がある場合も、親族が一旦は立替えることが求められるが、この一時的な負担が難しいという相談もある。

また、本人が生活保護受給者や年金のみで生活を営んでおり後見人の報酬負担ができるような資産がない場合など、親族の候補者があればよいが、身寄りのない場合には、第三者後見人の確保が難しい実態も浮かび上がっている。

資産が少ない場合においても、福祉施設の入所契約や銀行手続き等で、あるいは経済的虐待が発生し本人の生活を守るためになど、成年後見制度の利用が求められる場面やケースは増えてきている。十分な資産がない場合も、成年後見制度を必要とする人が制度を利用できるようにするためには、申立経費や後見報酬補助は不可欠なしくみである。

申立経費・後見報酬等に関する自治体の補助は、高齢者については「地域支援事業」、障害者については「地域生活支援事業」の中に、成年後見制度利用支援事業の補助金の根拠がある。ともに包括的な国庫補助事業の中の1メニューであり、区市町村の任意事業のため、他の必須事業に優先的に予算が充当される状況がある。また首長申立てケース以外にも対象拡大されたが、実際の各自治体の運用に当たっては首長申立てに限定するなど、厳しい適用実態が見られる。

東京都においては、国の補助以外に、あんしん事業によっても区市町村に補助を行っている。都内の62区市町村の多くでは、いずれかの補助を活用しているが、それに基づく補助実績は半数以下にとどまっている。また、首長申立

〈1〉　障害者については、2010年12月の障害者自立支援法等の一部改正により、2012年4月1日から必須事業化された。

以外にも拡大して実施している自治体はまだ少ない。

　国および東京都の施策はいずれも区市町村の負担分があり、厳しい財政状況の中、今後増大する一途の認知症高齢者等の後見ニーズを想定すると、継続・増大が見込まれる後見報酬補助について、どのように方針を立て、予算を確保していくべきか、各自治体が苦慮している背景がある。

【参考】東京都内区市町村における申立経費・報酬補助の実施機関数

（平成22年10月　東京都社会福祉協議会調べ）

申立経費　30機関	後見報酬　29機関	後見監督　7機関

＊上記には区市町村社会福祉協議会独自の補助を含む。

4　増加する身寄りのない方に対する後見人候補者の確保

　団塊の世代が後期高齢者に入るとされる2025（平成37）年には、高齢者人口は30％を超えることが予想されている。障害者の地域生活への移行、さらに単身世帯の増加を背景に、後見ニーズは今後激増していくことが見込まれる。

　弁護士会、リーガルサポート（司法書士会）、社会福祉士会をはじめとした専門職団体では、候補者の拡充に取り組んできている。しかしながら、前項で述べたとおり、後見報酬補助の体制が整備されていない区市町村においては、資産のないケースは無報酬で受任せざるを得ず、職業後見人が受任する限りにおいて、多くは受任できない状況になってくる。

　東京都では、今後の後見ニーズの増大を見据えて、推進機関による法人後見の受任、社会貢献型後見人（社会貢献的な精神で後見業務を担う市民による後見人）の養成・選任・法人後見監督の受任を、あんしん事業により後押ししてきている。

　あんしん事業の活用や先駆的な社会福祉協議会の取組みにより、推進機関等による法人後見の受任も少しずつ進み、2011（平成23）年10月時点で、都内では25の推進機関等においてこれまでに482件の法人後見（任意後見5件、終了件数を含む）の受任実績がある。法人後見に積極的に取り組んでいる地区もあるが、社会貢献型後見人の法人後見監督に備えたモデル的な受任や、地域のセーフティネットとして個人の後見人等では対応が困難ケース等の受任を想定している地区が多いと思われる。受任中の350件の状況をみると、首長申

立てケースが63.7％を占め、住民税非課税世帯と生活保護受給世帯が58.9％と高く、身寄りがなく、資産が少ないケースを担っていることがわかる。

社会福祉協議会に法人後見の担い手を期待する声はあるが、社会福祉協議会は社会福祉法において地域福祉の推進の中核を担う団体として位置付けられており、地域福祉を進める一環として、住民に対して直接、地域生活を支える介護保険や障害者自立支援法に基づく福祉サービスを提供している場合も多い。このことから、被後見人との関係で利益相反になる可能性が指摘されている。

一方、法人後見を受任している推進機関等からは、職員の異動がある中での専門性の確保、本人との関係づくりの継続性、適正な後見業務を行うための人員体制、夜間・緊急時の対応、迅速な意思決定のしくみづくりなどを、法人後見に取り組む上での課題としてあげられている。

社会貢献型後見人については、2005（平成17）年度から2010（平成22）年度までの6年間で327名を養成し、その後の実習活動を経て区市町村に後見メンバーとして266名が登録し、これまでに延べ101件（2012（平成24）年2月29日時点）の選任が行われてきている。現在、東京家庭裁判所は社会貢献型後見人選任の条件として推進機関の監督受任を原則としており、推進機関の監督受任を促進することが喫緊の課題となっている。

市民後見については、日本弁護士連合会が2010（平成22）年9月にまとめた「市民後見のあり方に関する意見」において、市民後見は公的な責任のもと、一貫した取組みが必要と指摘している。

東京における市民後見である社会貢献型後見人のしくみが社会的信頼を得て、今後一層充実していくためには、区市町村の責任のもと、推進機関を中心に、専門職・関係機関等の参画を得て、養成から選任・支援・監督までの一連のしくみをそれぞれの地域で構築していくことが不可欠である。その先に、自立した社会貢献型後見人の単独選任などの成年後見の裾野の広がりが期待される。

また、厚生労働省老健局では、2011（平成23）年度から市民後見人養成等のモデル事業を全国37市区町で推進している。さらに、昨年6月には老人福祉法の改正が図られ、2012（平成24）年4月からは、後見等に係る体制の整備等が市町村の努力義務となるなど、国においても、市民後見の推進に大きく踏み出しつつある。

5　3類型

現行の制度は後見・保佐・補助の3類型であるが、類型によって、本人の

同意の有無、権限の制限の範囲など大きな違いがある。類型間の境界をどのように判断し、審判が出されるかという問題がある。

　実態をみると、認知症の場合に今後の判断能力の低下を見越して後見類型と記載された診断書に基づき審判がなされる、障害の程度が軽度であっても管理すべき財産が多額でありそのために後見の審判となる、保佐申立は代理権付与に本人同意が必要なため本人同意が得られない結果後見の申立となる、などの事例が推進機関の相談から見えてくる。

　本人の意思の尊重、現有能力の活用を目指しているはずの制度によって、金融機関取引ができなくなる、選挙権がなくなる（後見類型）など、本人の権利の剥奪・制限となる実態がある。

　精神障害の場合には、服薬や日常生活環境の整備等によって判断能力が回復・安定する場合がある。しかし、本人の判断能力・ニーズと類型との整合性について、審判後にモニタリング（定期的にチェック）するしくみがないため、一度審判が下りると、類型の変更や審判の取り消しはほとんどなされないということも課題である。

6　被後見人の資格制限

　1999（平成11）年の民法改正時に、「禁治産者・準禁治産者に関する欠格条項の見直しに関しては、ノーマライゼーションの理念等の観点から、①新設の補助については欠格条項を付さない②後見・保佐についても、当該法令中の能力審査の手続により当該資格に相応しい判断能力が担保されるものについては、現行の欠格条項を削除するという統一的な方針の下に、関係法律の整備」を行っている。しかしながら、現在も多くの資格制限があることで申立てを躊躇するケースは少なくないと思われる。

　推進機関への相談事例をみると、「成年後見人がつくと会社役員をおりなければならないことで親族が利用を拒否した」「保佐人が選任されている障害者が当事者団体であるNPOの役員になれない」「警備員として就労している精神障害者に相続のために保佐人がついたら仕事をやめなければならない」など、成年被後見人・被保佐人となることによって、制限される資格は数多い。

資格制限の例	成年被後見人	被保佐人
1　選挙権・被選挙権の喪失（公職選挙法第11条）	×	
2　印鑑登録抹消（各自治体の条例・規則等による） ＊印鑑登録証明書が必要な場合には、代理権を持つ成年後見人の印鑑登録証明書を使用。	×	
3　取締役の欠格事由（会社法第331条）	×	×
4　特定非営利活動法人（NPO法人）の役員の欠格事由（特定非営利活動促進法第20条）	×	×
5　公務員の欠格事由（国家公務員法第38条、地方公務員法第16条）	×	×
6　その他の専門的資格の欠格事由（登録抹消手続）弁護士、司法書士、公認会計士、税理士、行政書士、弁理士、社会保険労務士、土地家屋調査士、医師、歯科医師、薬剤師、建築士、社会福祉士、介護福祉士、精神保健福祉士など	×	×

＊補助開始の審判を受けたとき、任意後見契約において任意後見監督人が選任された場合には、上記のような資格・権利制限はない。

Ⅳ　後見人等に権限はないが、求められる事項

　成年後見制度の利用の推移をみると、申立て件数の毎年度の増加、後見類型が申立の85％と多くを占めることのほかに、第三者後見人の増加が特徴としてあげられる。改正前の禁治産制度の時代においては配偶者が後見人等になるという原則があったこともあり親族が大半であったが、2000年（平成12年）の制度改正以降、親族による後見人等の受任件数は一貫して低下し、それにかわって弁護士・司法書士・社会福祉士等の専門職が大幅に増加し、法人後見や先に述べた市民後見等が徐々に増加してきている。2010（平成22）年では親族後見人が58.6％、第三者後見人が41.4％となり、親族後見人が6割を切る状況になってきている。

　従前は親族後見人が親族（あるいは相続人）としての立場で対応してきたが、親族以外の第三者が後見人等を受任することによって、浮かび上がってきた問題が、医療同意、身元保証、死後の対応である。

1　医療同意

　後見人等は、入院手続きや医療費の支払いなど医療契約締結の権限が認められ、療養看護の事務を行うことを求められているが、医療行為の同意は一身専属的なものと言われ、後見人等には医療同意の権限はないとされている。しかし、実際の後見業務においては、服薬、予防接種から胃ろうの設置、生命に関わる手術まで、さまざまに医療を受けることが必要な場面が発生し、医療同意を求められることが課題としてあげられている。

　通常、親族の後見人等の場合には、後見人等としてではなく親族として医療同意を行っているが、第三者の後見人等が選任されているケースでは親族の協力が得られない場合が少なくないため、後見人等が医療同意を求められる。

　軽微な医療行為については、後見人等に医療同意の権限が認められるという見解もあるが、重大な医療行為ほど、被後見人等の生命やその後の生活の質に大きな影響を及ぼす問題を含んでいる。医療同意が求めていることは、いかに適切な医療を本人に代わって選択していくかということであり、第三者の後見人等にとっては大きな責任が発生するものでもある。しかしながら、一方で、同意が得られないため被後見人が必要とする医療を受けられないということも、決してあってはならないことでもある。

　現状では、後見人等は法的には権限がないが同意書に署名する、医師の責任に委ねる、医師の説明を聞いたということについて後見人等として署名を行うなど、それぞれに対応をしている。

　この問題についての対処方策としては、事前にリビングウイルを残しておくことで意思能力低下後もカバーできる部分もあるだろう。しかし、知的障害や精神障害などにより、もともと自分の意思を伝えることが難しい場合には、このような手立てをとれず、また後見人に権限が付与されていても、推定意思に基づく行使が難しいという指摘もある。

　いずれにしても、後見人等の4割を親族以外の第三者が占める現状において、被後見人等の医療を受ける権利をどのように保障していくかはすでに大きな課題となっている。

　このことについて、司法書士会や弁護士会など成年後見制度に関わる諸団体において検討がなされている。

　たとえば軽微な医療行為については本人に関わる関係者全員が立会いのもと本人の推定意思を確認する、重大な医療行為は家庭裁判所などの第三者機関に

よる判断に基づき行使するなど、被後見人等が必要な医療を適切に利用できるよう、医療同意や代行決定に関するルールとしくみづくりが早急に求められている。

2　福祉施設の入所や病院への入院に伴う保証、身元引受け

指定介護老人福祉施設は、正当な理由なくサービスの提供を拒んではならないとされており、身元引受人がいないことを理由に入所を断ることはできない。また、医師にも、正当な事由がなければ診療治療を拒んではならないという応召義務が課せられている。

しかしながら、福祉施設の入所や医療機関への入院の場面では、身元引受人や入院保証人を求められ、親族がいない場合には、後見人等にその役割が求められる。福祉施設や病院が期待する利用料や入院費用の支払いについては後見人等の権限の範囲であるが、万が一の場合など、本来の権限を超えた対応まで求められる現状がある。

3　死後の対応（未払いの医療費・福祉サービス利用料等の支払い、遺体引取り・葬儀、納骨、相続人への財産の引渡し）

後見人の権限は、本人の死亡と同時に終了するが、専門職後見人や市民後見人は、親族がいない、あるいは親族はいても疎遠であり支援を期待できないケースに対応しているため、死後の一連の対応を求められる場合が少なくない。

未払いの生前の利用料等を応急善処義務の規定、あるいは事務管理で支払う、後見人等が葬儀費用も含めて立替払いをしたのち相続人または相続財産管理人に請求するなど、実態に応じて対応をしている。葬儀はもちろん、納骨あるいは遠方の親族への遺骨の引き渡しまで行わざるをえないこともり、相続人間の紛争がある場合には、長期間にわたって相続財産を引き渡しできない場合も発生している。

今後ますます増える身寄りのない方への対応を第三者後見人が担うことが想定される。後見業務の先に必ずある死後に想定される対応のうち、遺体引取りや葬儀等については、後見人等が選任されていない身寄りのない人の場合と同様に一定のしくみの中で迅速に対応できるようにするなど、検討が求められる。また、未払いの利用料等の支払いや相続人への財産引渡しまでの事務など、後見人等が行わざるを得ない実態を踏まえて、後見人等が死後事務を行う根拠を明確にし、業務に見合う報酬を出すことを検討することも必要ではないかとい

う意見もある。

V　関連する制度における課題ほか

1　精神保健及び精神障害者福祉に関する法律における課題

　成年後見人、保佐人は保護者となり、医療保護入院の場合には同意することになる。医療保護入院は本人が拒否する入院を強制することであり、成年後見人、保佐人が権限を有しない居所指定を強制していることになる。また第三者の成年後見人、保佐人は後見業務を行う上で、本人の意思尊重、信頼関係が重要となる中で、本人の望まない医療保護入院に同意することによって、本人の意思尊重に反し、本人と良好な関係を保つことが困難になる可能性がある。

　医療保護入院等については、障害者権利条約に批准するうえで、人権保護上で問題があるとの指摘がある。

　厚生労働省の「新たな地域精神保健医療体制の構築に向けた検討チーム」において保護者制度・入院制度についても検討がなされ、2012（平成24年）6月、医療保護入院において保護者の同意を必要としない、権利擁護の強化などの見直しが報告として公表されている。

2　任意後見制度について

　任意後見制度の利用も定着化しつつあるが、判断能力が低下したにもかかわらず任意後見受任者が申立てしない場合も、現行は罰則規定がない。

　また、法定後見と比して、任意後見人の報酬に加え、任意後見監督人の報酬を負担することから、より使いにくいと考える人が多い。このことについては、法定後見同様に、原則、家庭裁判所の監督とすれば、報酬負担の問題が軽減され、軽度の知的障害者、安定期の精神障害者などが、より活用できるのではないかという意見はある。

3　後見制度支援信託について

　2011（平成23）年2月に後見制度支援信託が発表された。これは、成年後見制度の利用の増加に伴い、親族の後見人等による不正事例が発生していることも踏まえて、適切な後見事務を確保するため、最高裁判所、法務省民事局、信託協会において検討を行ったものである。しかしながら、後見制度支援信託

の導入について、元本保証の確実性、手数料等信託商品の情報が発表されない中での提案であったこと、運用上の専門職に求められる役割など、弁護士会等専門職団体よりさまざまな課題が指摘された。これを受けて、最高裁判所は専門職団体との協議を行い、2012（平成24）年2月より導入された。

　後見制度支援信託は、日常生活に要する経費以外の多額な財産を信託とし、家庭裁判所の指示書なしには信託財産を取り崩すことができないスキームとなっている。信託財産の取崩しには家庭裁判所の関与があるため、財産の流用等は回避できるが、その都度の手続き等が必要になる。従って、本人の身上監護のために積極的に財産を活用しようとすればするほど、後見人等の手続きは煩雑になることが想定され、財産の活用が進まない懸念がある。

　また、障害者の場合、親が本人の年金等を親名義の口座に入金するようにし管理している、逆に本人の将来に備えて、親の財産を本人名義にしていることがある。後見制度支援信託の導入は、このような財産管理の状況を整理しなければならないため、成年後見制度利用において心理的な障害になるのではないかという指摘もある。

4　後見人業務の円滑化のための整備

（1）金融機関手続き

　新たな制度となってから、この間、後見人等による金融機関取引については、一定の改善がなされてきた。しかしながら、金融機関側のリスク回避のため、本来は可能である本人取引が制限される運用を行っている場合が少なくない。保佐・補助類型である場合において一部で代理権が設定されていると、本人取引を一切認めない金融機関がある。後見人等が本人に同行し金融機関に赴き同意した場合においても本人取引を認めない場合もあった。

　また、後見類型であっても、地域で生活をしている精神障害者など、自分で口座から引出し、日常生活の中での小額の買い物などできる場合もある。このような場合に、本人の現有能力を活かした生活を支援するため、後見人等の責任において、あえて本人名義の口座を残し本人自身が取引できるように工夫している実態もみられる。

　日常生活の範囲の金銭管理において本人の現有能力が活かされるよう、制度の正しい理解に基づいた対応がなされるよう社会的にも整備されることが望まれる。

（2）行政手続き等

地方自治体の窓口や社会保険事務所等の諸手続きにおいて、後見人等の説明や理解に時間がかかる、窓口ごとに証明が求められるなど、制度の周知が進んできている一方で、正しい制度理解やそれに基づく事務の見直しがなされていないことによって、後見業務が煩雑さを増しているとの声がある。

東京都豊島区においては、後見人等から、選任後の各種変更手続きをそれぞれの窓口に出向いて行うことが負担であるとの声を受けて、被後見人等に関わる税金、健康保険、年金等の区役所関係の手続きを円滑に行えるよう、1か所の窓口で、必要な通知等の送付先の変更を同時に行うことができるしくみを整えた。行政等においても、制度理解を進めるとともに、このような取り組みが求められる。

(3) 信書の自由（憲法21条）

後見業務として、適切な財産管理のために、本人宛の郵便物の内容の確認は不可欠である。しかしながら、本人が遠方の施設や病院におり、頻繁に訪問して郵便物の確認ができない場合の対応や、在宅生活の被後見人等が郵便物の管理ができず紛失してしまうことへの対応が課題としてあげられている。通信の秘密に抵触するとの指摘はあるが、実務上は、請求書等の書類のみならず、本人宛の郵便物すべてを転送手続き等により、後見人等が本人不在のところで開封して対応せざるをえない現状がある。

VI 本人の権利擁護のための制度に向けて
——福祉領域からの提起——

前述の「成年後見関係事件の概況」によると、申立件数（法定後見の開始、任意後見監督人選任を含む）は、2000（平成12）年度（4月～2001年3月）の9,007件から、2010（平成22）年（1月～12月）には30,079件と3倍を超える状況となっている。障害者自立支援法が導入された2006（平成18）年度には申立件数は32,000件を越え、福祉領域においても一定の理解が進んだ結果と見ることができよう。また、主な申立動機をみると、制度改正前と同様に財産管理処分が最も多いことは変わらないが、身上監護や介護保険契約のための申立が明らかに増加している。

このように、制度の利用定着は一定程度進んできているが、制度改正の基本理念である「自己決定の尊重」「残存能力の活用」「ノーマライゼーション」と従前からの「本人の保護」の理念との調和が本当に図られているだろうか。現

在の制度が、制度を必要とする人にとって、柔軟で弾力的な利用しやすい制度となっているだろうか。

　これまで、区市町村や推進機関等の現場に近いところから見える制度そのものの課題、運用上の課題などについて述べてきた。障害者権利条約の批准に向けた検討、障害者自立支援法に代わる障害者総合福祉法〈2〉の具体化が進んでいる今、成年後見制度が、意思能力が低下し、自己決定に支援が必要な方々のための真に権利擁護のための制度となっていくことを期待し、成年後見制度を支える周辺の制度やしくみの構築も含めて、大小さまざまであるが、いくつかの提起をしたい。

1　自己決定の尊重、残存能力の活用と本人保護との調和

　現行制度は、改正前と比べると、申立のしくみや類型ごとに応じた権限など、本人の自己決定や残存能力を尊重した制度に改められた。しかし、審判後、本人の判断能力・ニーズと類型との整合性について定期的に確認するようなしくみがないため、本人の判断能力やニーズが変化しても変更や取り消しがほとんどなされない実態がある。

　認知症など不可逆的に進行する病気による場合と異なり、知的障害の場合には、年齢や他の障害の状況にもよるが、訓練や経験を重ねることで日常生活のさまざまな能力を獲得していくことができることは少なくない。また精神障害の場合にも服薬や生活環境が安定することで病状が回復することがあることは前述のとおりである。

　現行の制度を障害の特性やニーズを踏まえた、より柔軟な制度に見直していくとすれば、個々の判断能力（できること）とニーズ（相続や土地等の売買など一時的なニーズであるか、長期的な財産管理や身上監護が必要なのか）に応じて柔軟に「個別の後見プラン」を作ることができる制度であることが望ましいだろう。

　また、生命・安全に関わる保護と、平時の保護（本人の自己決定の尊重）の二つの軸をもって、障害を持つ本人が平時の生活の中でさまざまな経験を積み、可能性を伸ばしていくことができるよう、小さな失敗を含めリスクを飲みこんでいけるようなものとなることが求められている。

〈2〉　障害者自立支援法を「障害者の日常生活及び社会生活を総合的に支援するための法律（障害者総合支援法）」とすることが、2012（平成25）年6月に成立・公布され、2013（平成25）年4月1日に施行される予定である。

被後見人等の欠格事由については、前述したとおりであるが、成年後見制度の審判を前提に一律に資格制限すべきでなく、個々の資格が必要とする能力が何であるかに基づき、それぞれに判断するものに見直すなどの検討が必要である。

2013（平成25）年の障害者総合福祉法（仮称）の制定に向けて、国において当事者も参加した場において検討が進められ、2011（平成23）年8月に以下のような提言が出された。その中で成年後見制度について、本人の意思決定の支援として機能すること、欠格条項の見直しなどが期待されている。

また、この提言では、「広く意思決定支援のしくみ」の検討が必要と提起している。障害者の自己決定を支える制度として、パーソナルアシスタントなど先駆的な取組みがすでに行われているが、意思能力が十分でない障害者などにおいて、本人の立場に立ち、一貫した寄り添い型・伴走型で、本人の自己決定を支援するしくみが創設されることによって、成年後見制度に期待される役割も変わってくる可能性があるのではないだろうか。

〈参考〉

「障害者総合福祉法の骨格に関する総合福祉部会の提言──新法の制定を目指して──」平成23(2011)年8月30日 障がい者制度改革推進会議総合福祉部会

【成年後見制度】

- 現行の成年後見制度は、権利擁護という視点から本人の身上監護に重点を置いた運用が望まれるが、その際重要なことは、改正された障害者基本法にも示された意思決定の支援として機能することであり、本人の意思を無視した代理権行使は避けなければならない。また、本人との利害相反の立場にない人の選任が望まれる。
- 同制度については、その在り方を検討する一方、広く意思決定支援のしくみを検討することが必要である。
- 同制度において、被成年後見人であることが選挙権等のはく奪をもたらす欠格事由とされているなど、さまざまな欠格条項と関連しており、関係法の改正が検討されるべきである。

2　後見業務の質を担保するしくみ

福祉施設に入所されている方について、本人の財産があるにもかかわらず後見人等が必要以上に制限して本人にお金を渡さないといった事例や、精神障害

により長期入院中の方について、後見人等が財産管理を行うものの身上監護は病院にまかせきりであるという事例がある。

現行の家庭裁判所の監督体制の強化は不可欠だが、さらに言えば、本人のよりよい身上監護のための財産管理という視点でのチェックのしくみを求める意見もある。

このようなしくみの構築は困難だとしても、本人を支援する関係者が不適切な後見業務を発見した場合、家庭裁判所に上申することは可能であるが、そのようなことができること自体が知られていない。後見人業務の適正さを担保するしくみとして、不適切な後見業務を通報でき、実態を調査・指導する公的なしくみの整備も求められる。

3　本人の権利擁護と家族全体の福祉

本人の年金で配偶者や親等の家族が生活をしている、同じ家族の中に複数の被後見人等がいるというケースも出てきている。同一世帯に複数の被後見人等がいる場合、同一の後見人等が選任される場合もあるが、本人の自己決定への支援や権利擁護、家族間での利益相反を考慮する一方で、家族の中でのバランスや家族全体の福祉を誰がどのように考えていくのかといった課題がある。

4　後見人のサポートシステムとケアマネジメント

被後見人等の身上監護を行ううえで、在宅生活であればさまざまな福祉サービスを活用することが必要となる。また、被後見人等の障害の状況等によって、在宅生活の継続が困難になった場合には、福祉施設への入所や病院への入院などを検討しなければならない。

しかしながら、親族の後見人等にとって、そのような身上監護のための制度やサービスの利用は、多くの場合初めての経験であること、同居をしていない場合には本人の日常生活の状況が見えず、またその地域の社会資源の情報を得られにくいことなどから、負担に感じ、戸惑うことが少なくないのではないかと思われる。

高齢者の場合には、介護保険のケアマネジャーが必要なサービスをフォーマル・インフォーマル含めてマネジメントすることとなっているが、障害者の福祉制度においては身上監護を支えるためのケアマネジメント機能が十分でない現状がある。

親族であっても、第三者の専門職であっても、後見人として、適切に本人の

希望する生活を組み立てられるような身上監護を行うことができるよう、後見人のサポートシステムが必要である。

東京では、推進機関が身近なところで、制度の周知や利用相談のほか、地域の中の福祉・医療・保健・司法・消費生活などのネットワークづくり、親族を含めた後見人等の学習の場、つながることにより支えあうことができる場としての連絡会の開催などに取り組んでいる。

被後見人等の希望する生活を支えるための諸制度の利用を支えるケアマネジメント、さらに、身近な地域における後見人等を支えるしくみの整備拡充が求められる。

5　より理解しやすく使いたいと思われる制度に

成年後見制度で使われる用語は、日常生活の中の言葉でないものが多い。たとえば「身上監護」という用語一つとっても、成年後見制度に関わらなければ聞く言葉ではない。また「身上監護の」の監護は保護・監督と言う意味であり、本人の財産を守るための保護という印象が強い言葉である。

改正の一つのポイントでもある補助類型の活用を進めるためにも、制度を利用する障害等をもつ本人自身が理解しやすく、活用を積極的に検討していくことができるよう、用語だけでなく、制度の周知においても考えていくことが必要である。

6　行政の役割等

ゴミ屋敷の一人暮らしの精神障害者、財産管理していた父亡き後経済生活の管理ができないまま暮らす認知症の母と精神障害を持つ子ども、知的障害を持つ子どもの障害年金で家族全員が生活……推進機関に入る相談事例を見ると、セルフネグレクト（自己放任）、家族内での権利侵害（年金搾取、ネグレクト等）、ファミリーサポートの観点が必要なケースなど、成年後見制度の利用で解決できる問題もあるが、それだけでは解決できないさまざまな問題を抱えていることが見えてくる。また、このようなケースを制度利用につなげる前に、多くの課題を整理しなければいけない状況がある。

行政をはじめ関係機関が連携し、縦割りの制度を横につなぐ、家族全員のそれぞれの福祉を考えていくといった視点を持ち、時には介入的アプローチで関わる必要がある。

児童、高齢者に続き、2011（平成23）年6月に障害者虐待防止法が成立し、

2012（平成24）年10月に施行されるが、高齢者と同様に、区市町村、都道府県それぞれに障害者の虐待対応の窓口の設置がなされることとなっている。虐待ケースをはじめ、このようなケースにおける行政の役割はますます大きい。

また、上記のようなケースにおいて、制度利用のための申立者が身近に得られないことは多い。制度利用が必要な場合の迅速な申立てのためにも、首長申立ての責任の明確化、行政内での担当部署の設置、あるいはそれに代わるものとして、たとえば区市町村からの通報や通知に基づく家庭裁判所の職権申立の制度化なども求められている。

さらに、国においても推進が始まった市民後見においては、多様な団体がその養成に取り組み始めている。市民後見は、後見の社会化の中で、市民参加のしくみの一つとしてあるべき方向性であろうが、後見人の権限の大きさや責任の重大さを踏まえると、公的な関与がある中での養成や選任後の支援・監督などがきわめて重要である。

また、親族による年金等の搾取や、身寄りのない生活保護受給者への権利侵害など、市民後見ではなく専門職が後見人として関わる必要がある場合も少なくない。このような場合の後見報酬補助は、現在は、区市町村がそれぞれ整備していくことになっているが、官庁後見や生活保護費の中での「後見扶助」の創設なども検討すべき課題と言えよう。

判断能力が不十分である人の権利擁護を進めるために、地域福祉権利擁護事業で対応できる範囲を超えている場合には、すべて成年後見制度でカバーしていくのか。諸外国にあるような限定された代理権等の制度を創設するなどによって、対象を絞り込んでいくのか。あるいは、福祉分野における自己決定支援のしくみの充実によりどこまで対応していくことができるのか。またこのような権利擁護に関わる社会的コストをどのように考えていくのか。

超高齢社会の進展、単身世帯の増加、家族関係の希薄化など、今後の日本の社会構造の変化を見据えて、成年後見制度をどのように位置付け、再構築していくのかが問われている。

（松田京子）

◇◇ 索 引 ◇◇

事項索引

〈あ〉

遺言……14, 23, 28
　　――能力……14
　　――無能力……28, 120, 152
　　――の自由……14
一身専属的権利……200, 312
医的侵襲（医師の侵襲行為）……24, 53, 69（医療的侵襲行為），312（身体への侵襲）
医療同意……102, 115, 116, 377, 385
　　代諾権（医療同意の）……102, 117
医療保護入院……367, 387
インフォームド・コンセント……312
ヴェニス委員会……265, 277
エホバの証人……14
欧州人権裁判所……121, 202, 205（ただしヨーロッパ人権裁判所），254
欧州評議会……277

〈か〉

患者配慮処分
　　オーストリアにおける――……45, 47, 58
　　スイスにおける――……60
官庁による後見
　　官庁による職務と結合した措置（スイスの場合）……287
鑑定……32, 102, 109, 140, 347, 349, 378
基本権……11, 12, 13, 42, 120, 134, 220
強制的監護……13
居所……34, 57, 123, 242, 354, 359
居所決定……137, 139
居所指定権……21, 353, 360, 366, 387
近親者代理権（オーストリアの）……46, 50, 141
禁治産宣告
　　スイスにおける――……286, 287.295
　　台湾における――……79, 81
　　ドイツにおける――……12
クリアリング（オーストリアの）……34, 37
欠格事由……174, 233, 384
憲法……11, 309, 347
　　憲法上の基準……11, 12
行為能力……14, 19
　　自然的行為無能力……19
　　――剥奪宣告……26, 28, 31, 40, 129
　　（行為能力剥奪の）宣告令……26, 28, 31
後見監督人……65, 66, 71, 107, 113, 114
合憲限定解釈（アメリカ合衆国の）……314, 316
後見制度支援信託……387
後見人
　　韓国における――……64, 66, 67, 68, 69
　　スイスにおける――……287
　　台湾における――……82, 83, 86
　　日本における――……164
　　アメリカ合衆国における――……312
　　――の養成……381
　　――の報酬……102, 110
後見の終了……89, 259
コモン・ロー原則……235, 239

〈さ〉

財産管理権喪失の審判……367
支援……21, 23, 105, 121, 131, 146, 151, 156, 162, 165, 166, 167, 168, 170, 173, 174, 201, 232, 349, 391
自己決定（権）……12, 15, 16, 18, 22, 65
死後の対応……377, 386

自傷行為……21
施設収容……68
自損行為……155, 158, 162, 165
市民後見……382, 394
社会貢献型後見人……381, 382
社会福祉協議会……174, 377, 381, 382
　　　　区市町村――……377
自由剥奪的措置……16, 24
自由権的基本権……12, 16
住居……68
少年局……361
　　　　――による官庁後見……363
人格権……16, 33, 69
人格的自由権……13
人格的基本権……13
親権……351
　　　　――喪失の審判……356, 366, 367
　　　　――停止の審判……357, 367
　　　　――等に係る仮決定及び留保事項……354
身上監護……23, 28, 34, 312
信書の自由……389
親族後見人……102, 111, 378, 384
親族法定代理権（オーストリアの）……102, 111
診断……37, 54, 228, 378
成年後見制度
　　　　韓国における――……62, 63, 64, 65, 70, 71, 72
　　　　台湾における――……81, 82, 83, 84, 85, 86, 87, 88, 89, 90
成年後見制度利用支援事業……380
成年者保護法
　　　　ドイツにおける――……11
　　　　スイスにおける――……291
成年後見人
　　　　韓国における――……64, 67, 68, 69, 70
　　　　台湾における――……82, 84, 86
　　　　日本における――……164
　　　　アメリカにおける――……312
世話回避のための私的配慮……17
世話の侵害的性格……17

世話人（ドイツ）……20, 121, 154, 190
　　　　コントロール――……15, 23
世話法……190
選挙人名簿への登録……197, 227
相当性の原則……14, 16, 361
措置入所……13, 124

〈た〉
第三者後見人……380, 384, 386
代弁人（オーストリア）……26, 28, 29, 30, 35, 36, 48, 49
　　　　――協会（オーストリアの）……27, 35, 37, 38
代弁人法（オーストリア）……26, 27, 30, 31, 32, 35, 178
代理投票……247, 312
地域生活支援事業……380
手続支援
　　　　オーストリアにおける――……39
デュー・プロセス条項（アメリカ合衆国）……315
同意権留保……121, 128, 129, 156, 160, 198, 202
同意能力……20, 21
投票権……213, 218, 228, 233, 240, 243, 248, 250, 296, 314, 316
　　　　――行使の欠格事由……233, 236
　　　　――の代理行使……245, 246, 312
投票に必要な精神能力……236

〈な〉
日常生活自立支援事業（地域福祉権利擁護事業）……174, 376
日常生活に関する法律行為……29, 51
任意後見……174
　　　　韓国における――……65, 71
　　　　台湾における――……94
　　　　日本における――……387
任意後見人
　　　　韓国における――……65, 71
　　　　日本における――……387
人間の尊厳……12, 13, 18, 192

〈は〉
配慮代理権（配慮委託）
　　　ドイツにおける―― ……17, 22, 24, 128
　　　老齢――（オーストリアの）……32, 54, 55, 56, 57, 58, 141
　　　スイスにおける―― ……291, 296
配慮代理権者
　　　ドイツにおける―― ……17, 22, 24
必要性の原則……66, 128, 157, 161, 163, 197, 204, 228, 347
費用……45, 53, 58, 86, 143
平等保護条項……315
比例（性の）原則……126, 152, 153, 161, 162, 243, 263, 264, 271, 288, 290
法人後見……369, 370, 381, 382
　　　――監督……381
法定代理……95, 127, 137, 154, 156, 158, 162, 165, 170, 171, 289
法定代理権……43, 47, 50, 51, 64, 147, 170, 171, 195, 354
法定代理人……64, 84, 95, 121, 127, 137, 145, 154, 164, 195, 257, 289, 312
　　　――としての監護人……13
法的世話……14, 18, 20, 22, 120, 127, 155, 199
保護者……241, 387
保佐（人）……228, 326
　　　日本における―― ……164, 168, 172, 173, 382, 387, 388
　　　スイスにおける―― ……288, 292, 293, 294, 295, 296, 267
　　　フランスにおける―― ……218
補佐人（スイスにおける）……289, 290
補充性の原則……34, 67, 94, 188, 195, 224, 228
補助〔制度としての〕……363, 382, 388, 393
　　　台湾における―― ……90, 91, 92, 93
　　　日本における―― ……164, 165, 166, 172

ボランティア……27, 30, 42, 72, 102, 103, 104, 110
本人の意思の尊重……65, 169, 170, 171, 172, 383, 387

〈ま〉
未成年後見
　　　韓国における―― ……71, 72
　　　台湾における―― ……83
　　　日本における―― ……354, 356, 368, 369, 370, 371, 372, 373, 374
　　　ドイツにおける―― ……358, 362
申立て……377
　　　首長―― ……377, 379
　　　――経費・報酬……380, 381
　　　――権者……259
　　　――手続……378, 379

〈や〉
要保護者（被保護者）……62, 63, 65, 68, 71, 221

〈ら〉
連邦憲法裁判所……11, 12, 13, 14, 15, 16, 17, 121, 193, 204

法令索引

〈イギリス〉
1983年国民代表法……233, 241
2000年国民代表法……233〈注〉, 241, 242, 250
国民代表法……238
精神能力法……245, 246
2006年選挙管理法……233, 250, 348
　　──73条1項……236, 237〈注〉, 239, 252
スコットランド無能力成年者法……245
精神保健法……240, 242, 245〈注〉

〈アメリカ〉
精神保健法……308, 309, 310

〈ドイツ〉
家事事件および非訟事件における手続に関する法律……197〈注〉
　　──309条……204
基本法
　　──1条1項……15, 16, 18, 25
　　──1条1項1文……12
　　──1条3項……18, 31, 143〈注〉, 203
　　──2条1項……15, 16, 152
　　──2条2項……13
　　──3条1項……18
　　──3条3項……200
　　──6条2項……358
　　──20条……192
　　──38条1項1文……200
　　──39条……358
　　──51条1項……191〈注〉
　　──54条1項……191
　　──100条1項……16
　　──103条1項……15
　　──104条2項……13
届出法についての大綱的法律
　　──2条2項1文……191
家事非訟事件法
　　──110条……104
　　──168条1項2号……110
　　──274条……104
　　──292条1項……110
ドイツ非訟事件法
　　──69条b　2項1文……197〈注〉
　　──691条……197, 198〈注〉
　　──691条1項……204, 363
　　──691条1項1文……191
民法
　　──104条……14
　　──104条2号……19, 20
　　──105条……14, 19
　　──105条1項……20
　　──105条2項……20
　　──131条1項……20
　　──164条1項1文……23
　　──166条2項1文……23
　　──167条……113
　　──168条1文……23
　　──611条……22, 113
　　──662条……22
　　──675条……22, 113
　　──827条……19, 20
　　──1108条f……103
　　──1304条……19, 20
　　──1835条……110
　　──1835条4項……111
　　──1836条……110
　　──1836条c……111
　　──1836条d……111
　　──1836条1項……110
　　──1873条1文……105
　　──1873条2文……105
　　──1896条……124, 159, 204
　　──1896条1項……155, 156, 158
　　──1896条1項1文……154, 204
　　──1896条1項a……157, 159
　　──1896条2項……155, 157, 196
　　──1896条2項1文……193
　　──1896条2項2文……22, 154, 194, 197
　　──1896条3項……113, 157

法令索引

　　――1896 条 4 項……191, 193, 193〈注〉
　　――1897 条……159
　　――1897 条 4 項……157, 159
　　――1901 条……161
　　――1901 条 1 項……158, 161
　　――1901 条 a……155, 158
　　――1901 条 a 5 項……17
　　――1901 条 b 3 項……17
　　――1901 条 2 項……155, 159
　　――1901 条 3 項……155, 158, 159
　　――1901 条 3 項 1 文……15, 158, 159, 161
　　――1901 条 4 項……159
　　――1901 条 5 項……159
　　――1902 条……21, 121, 145, 154, 156
　　――1903 条……43, 137, 146, 154, 156, 160, 161
　　――1903 条 1 項 2 文……158
　　――1903 条 2 項……160
　　――1903 条 3 項……160
　　――1904 条……57〈注〉, 115
　　――1904 条 4 項……17
　　――1904 条 5 項……23, 24
　　――1905 条……191, 193
　　――1905 条 1 項……193〈注〉
　　――1905 条 1 項 1 号……24〈注〉
　　――1905 条 2 項……193〈注〉
　　――1906 条……17, 21, 57〈注〉, 115, 121, 156
　　――1906 条 5 項……16, 23, 25
　　――1908 条 f 1 項 2 号……23
　　――1908 条 f 2 号……105
　　――1908 条 i……105, 159
　　――1908 条 i 1 項……159
　　――1908 条 d……159
　　――2229 条 1 項……14
　　――2229 条 4 項……19, 20
連邦選挙法
　　――12 条……192
　　――13 条……191, 192, 198, 199
　　――13 条 2 号……117, 191, 190, 199, 200, 201, 203, 205
　　――13 条 2 項……192
　　――14 条……192
　　――15 条 2 項 1 号……191
連邦選挙令
　　――16 条 7 項……191

〈フランス〉
選挙法典
　　――L5 条……208, 225, 226
民事訴訟法
　　――1219 条……228

〈欧州〉
欧州人権条約 13 条
　　――13 条……254〈注〉
　　――14 条……254〈注〉
第一議定書
　　――3 条……205, 254

〈条約〉
障害者の権利に関する条約
　　――12 条……42, 43, 123, 126, 127, 128, 134, 136〈注〉, 139, 146, 148, 155, 161, 162, 165, 168, 172, 201, 212〈注〉, 232〈注〉, 269
　　――19 条……132, 134
　　――29 条……134, 201, 205, 212〈注〉, 231, 252, 269, 345

〈日本〉
障害者虐待防止法……393
公職選挙法
　　――11 条 1 項 1 号……168, 188, 206, 231, 250, 309, 314, 344
衆議院議員選挙法
　　――11 条 1 号……251
　　――14 条 1 号……251

＊韓国、台湾、スイス、ハンガリーの関連法令は、それぞれの章末に掲げた。

編著者	田山　輝明（たやま　てるあき）	
	早稲田大学教授・早稲田大学比較成年後見法制研究所所長・法学博士	
執筆者・訳者	フォルカー・リップ	ゲッチンゲン大学法学部教授・法学博士
	ミヒャエル・ガナー	インスブルック大学法学部准教授・法学博士
	ペーター・バート	オーストリア法務省（裁判官）
	李　銀榮	韓国外国語大学校法学専門大学院教授・法学博士
	李　聲杓	東北文化学園大学総合政策学部教授・法学博士
	林　秀雄	輔仁大学法律学系教授・法学博士
	毛　熠宸	早稲田大学大学院博士前期課程
	青木　仁美	早稲田大学法学部助手
	足立　祐一	早稲田大学大学院博士後期課程
	片山　英一郎	税務大学校東京研修所非常勤講師
	梶谷　康久	早稲田大学大学院博士前期課程
	佐柳　忠晴	元東京都多摩児童相談所所長
	志村　武	関東学院大学法務研究科教授
	橋本　有生	早稲田大学法学部助手
	松田　京子	東京都社会福祉協議会地域福祉部長
	山城　一真	早稲田大学法学部助教

装丁　志岐デザイン事務所（坂井正規）

成年後見制度と障害者権利条約
東西諸国における成年後見制度の課題と動向

2012年10月10日 第1刷発行

編著者	田　山　輝　明	
発行者	株式会社　三省堂	
	代表者　北口克彦	
印刷者	三省堂印刷株式会社	
発行所	株式会社　三省堂	

〒101-8371 東京都千代田区三崎町二丁目22番14号
電話　編集　（03）3230-9411
　　　営業　（03）3230-9412
振替口座　00160-5-54300
http://www.sanseido.co.jp/
Ⓒ T. Tayama, 2012　　Printed in Japan

落丁本・乱丁本はお取替えいたします。　　〈成年後見と権利条約・400pp.〉

ISBN 978-4-385-36344-8

Ⓡ本書を無断で複写複製することは、著作権法上の例外を除き、禁じられています。本書をコピーされる場合は、事前に日本複製権センター（03-3401-2382）の許諾を受けてください。また、本書を請負業者等の第三者に依頼してスキャン等によってデジタル化することは、たとえ個人や家庭内での利用であっても一切認められておりません。